이 책을 집필하게 된 계기는 비주얼 C++ 언어를 초보자들이 어떤 점을 어려워하는가? 그리고 어떻게 비주얼 C++을 설명해야 쉽게 이해하는가를 잘 파악하게 된 시점에서부터입니다. 비주얼 C++ 언어를 시작하는 사람들이 이 책을 실습해 가는 동안 무엇인가를 배워 가고 있다는 성취감과 자신감이 계속 이어지고 또 이 때문에 누구나 한번 시작하면 싫증을 느끼지 않고 응용에까지 적용할 수 있도록 최선을 다해서 유도했습니다.

그러나 이 책 한 권으로 비주얼 C++ 언어를 완전히 마스터하거나 프로그래밍 기법을 100% 터득하는 것은 결코 아닙니다. 이 책을 통해서 비주얼 C++ 언어의 기본과 활용법을 터득한 후 더 많은 고급 기법이 필요하면 그 다음에 다른 책을 선택하시면 될 것입니다. 비주얼 C++ 언어를 이 책으로 시작하면 절대로 중도에 포기하는 일은 없을 것입니다.

이제 막 비주얼 C++ 언어를 시작하는 사람들에게는 이 책이 최선의 선택이 될 것입니다.

기초부터 실전 예제까지

Visual C++ 2010 MFC 프로그래밍

MFC 프로그래밍 연구회

질의 응답 Mail : taegyu58@empal.com
예제 파일 : www.webhard.co.kr(아이디, 비번 판권 참고)

머리말

프로그래밍을 필요로 하는 거의 대부분의 사람들은 여러 과정을 거쳐 궁극적으로 비주얼 C++ 언어의 필요성과 중요성을 잘 인식하고 그로 인해 학습을 시작하고 있습니다. 비주얼 C++ 언어는 그만큼 강력한 기능들을 제공하고 있으며 실제로 프로그래밍 효율성도 매우 높습니다. 그러나 비주얼 C++ 언어는 초보자가 이해하기에는 다소 까다로운 개념을 포함하고 있어 흔히들 **"필요하기는 하지만 어려운 언어"**로 인식하고 있습니다.

이 책을 집필하게 된 계기는 비주얼 C++ 언어를 초보자들이 어떤 점을 어려워하는가? 그리고 어떻게 비주얼 C++을 설명해야 쉽게 이해하는가를 잘 파악하게 된 시점에서부터입니다. 비주얼 C++ 언어를 시작하는 사람들이 이 책을 실습해 가는 동안 무엇인가를 배워 가고 있다는 성취감과 자신감이 계속 이어지고 또 이 때문에 누구나 한번 시작하면 싫증을 느끼지 않고 응용에까지 적용할 수 있도록 최선을 다해서 유도했습니다.

그러나 이 책 한 권으로 비주얼 C++ 언어를 완전히 마스터하거나 프로그래밍 기법을 100% 터득하는 것은 결코 아닙니다. 이 책을 통해서 비주얼 C++ 언어의 기본과 활용법을 터득한 후 더 많은 고급 기법이 필요하면 그 다음에 다른 책을 선택하시면 될 것입니다. 비주얼 C++ 언어를 이 책으로 시작하면 절대로 중도에 포기하는 일은 없을 것입니다.

이제 막 비주얼 C++ 언어를 시작하는 사람들에게는 이 책이 최선의 선택이 될 것입니다.

Mail : taegyu58@empal.com

저자 씀

차례

Chapter 01   비주얼 C++의 시작

(1) 새로운 Visual C++ 프로젝트 생성   10
(2) 프로젝트 컴파일과 실행   13
(3) 프로젝트 저장   14
(4) 프로젝트 불러오기   16
(5) 헝가리안 표기법   17
(6) 윈도우즈 OS 시스템의 구성에 대하여 알아보자   17
(7) 메시지란 무엇인가?   18
(8) 이벤트란?   18
(9) 자주 쓰이는 메시지   20

Chapter 02   MFC란 무엇인가?

2-1   MFC란?   24
2-2   MFC의 구조   25

Chapter 03   기초 프로그래밍

3-1   버튼(Button) 컨트롤을 이용한 메시지 상자 출력   30
3-2   에디터 상자(Edit Control)   47
3-3   체크 상자(Check Box)   54
3-4   콤보 상자(Combo Box)와 스테틱 상자(Static Text)   57
3-5   Progress 컨트롤(Progress Control)   60
3-6   리스트 상자(List Box)   63
3-7   리스트 컨트롤(List Control)   71
3-8   그림 상자(Picture Control) 만들기   83
3-9   메뉴(Menu)   89
3-10   스크롤바(Scroll Bar)   99
3-11   트리 컨트롤(Tree Control)   112
3-12   스핀 컨트롤(Spin Control)   122
3-13   애니메이션 컨트롤(Animation Control)   127
3-14   슬라이드 컨트롤(Slider Control)   131

Chapter 04 다이얼로그 상자

4-1 다이얼로그 상자의 아이콘 변경하기 136
4-2 다이얼로그 상자의 제목을 메시지 상자로 출력 141
4-3 다이얼로그 상자의 제목 변경하기 144
4-4 다이얼로그 상자의 크기 변경하기 148

Chapter 05 텍 스 트

5-1 다이얼로그 상자에 텍스트 출력하기 152
5-2 WM_PAINT 메시지를 이용하여 텍스트 출력 155
5-3 텍스트의 색 변경하기 159

Chapter 06 마우스에 대하여 알아보자

6-1 마우스 버튼에 대한 메시지의 반응 168
6-2 마우스 볼의 x, y 좌표 값을 알아보자 173

Chapter 07 타 이 머

7-1 초 재는 프로그램 178
7-2 텍스트 움직이기 182

Chapter 08 간단한 그림 그리기 프로그램

8-1	점찍는 프로그램 Ver1.0	188
8-2	점찍는 프로그램 Ver2.0	191
8-3	선 그리는 프로그램 Ver1.0	194
8-4	선 그리는 프로그램 Ver2.0	198
8-5	선 그리는 프로그램 Ver3.0	201
8-6	선 그리는 프로그램 Ver4.0	205

Chapter 09 간단하게 시스템의 정보를 알아보자

9-1	간단한 시스템 정보	212
9-2	메모리의 정보를 알아보자	227
9-3	실시간 메모리 정보 출력 프로그램	231
9-4	디스크 정보 출력 프로그램 Ver 1.0	234
9-5	디스크 정보 출력 프로그램 Ver2.0	238
9-6	디스크 정보 출력 프로그램 Ver3.0	244
9-7	프로세스의 환경 변수를 출력하는 프로그램	250
9-8	현재 쓰레드의 사용자 이름을 출력하는 프로그램	254
9-9	윈도우즈가 설치된 폴더를 알아내는 프로그램	257
9-10	윈도우즈의 버전을 알아내는 프로그램	260
9-11	프로세스가 시작될 때 그 부모 프로세서가 설정해 놓은 정보들을 출력하는 프로그램	264
9-12	현재의 시간과 날짜를 구하는 프로그램	270

Chapter 10 비트맵에 대하여 알아보자

10-1	비트맵을 다이얼로그 상자에 출력하기	276
10-2	애니메이션 로그 만들기	282
10-3	투명 비트맵	286
10-4	비트맵 스크롤	290

Chapter 11 트라이 아이콘

11-1 트라이 아이콘 만들기   296

Chapter 12 공통 대화상자

12-1 폰트 선택 공통 대화상자   306
12-2 파일 선택 공통 대화상자   316
12-3 색상 선택 공통 대화상자   323

Chapter 13 서로 다른 프로그램간의 통신

13-1 다른 프로그램의 WM_TIMER 메시지 발생하기   328
13-2 Spy++   333

Chapter 14 사운드와 동영상 연주하기

14-1 Wav 파일 연주하기   338
14-2 리소스에 있는 Wav 파일 연주하기   345
14-3 레지스트리에 등록된 Wav 연주   351
14-4 MCI를 이용한 Wav파일 연주하기   357
14-5 MID 연주하는 프로그램   365
14-6 AVI연주하는 프로그램   373

Chapter 15 캐럿

15-1 캐럿 생성하기   381

Chapter 16 초기화 파일

16-1 win.ini 초기화 파일 읽어오는 프로그램 387
16-2 사용자 초기화 파일 392

Chapter 17 문자열 변환

17-1 문자열 대↔소문자 변환 398

Chapter 18 데이터베이스

18-1 MS-Access를 이용한 MDB 파일 생성하기 404
18-2 OLE DB를 이용한 MDB 파일 읽기 411
18-3 ODBC를 사용한 데이터베이스 프로그램 425

Chapter 01

비주얼 C++의 시작

(1) 새로운 Visual C++ 프로젝트 생성

이 책의 모든 프로젝트들은 Visual Studio 2010버전으로 테스트를 마쳤다.

이제 Visual Studio를 실행시키고 새로운 프로젝트를 생성해 보자.

따라하기   Step by Step

Step 01 메뉴에서 [파일] → [새로 만들기] → [프로젝트]를 선택한다.

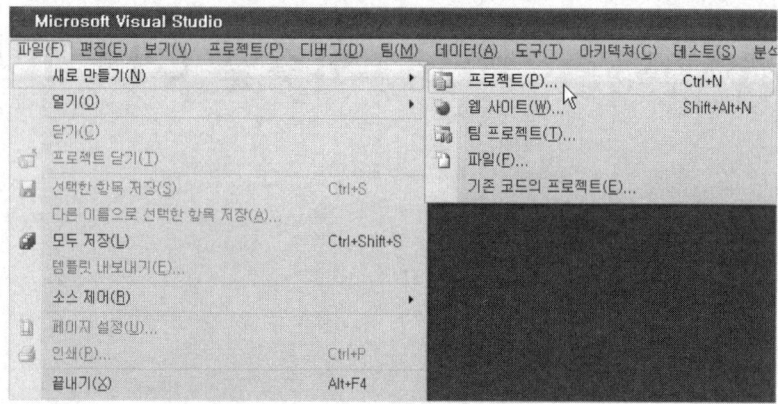

○ 새 프로젝트 생성

Step 02 '새 프로젝트' 창이 뜨면

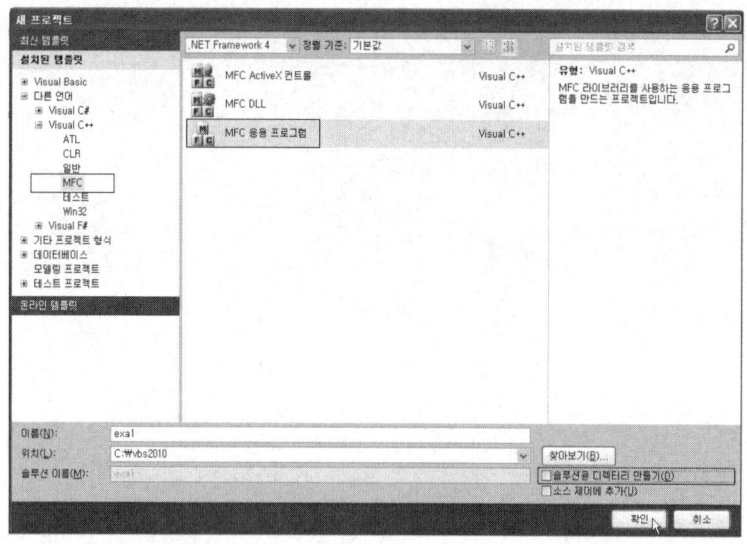

○ 새 프로젝트 팝업창

Step 03) 프로젝트 형식을(MFC 응용 프로그램) 선택한다.
Step 04) 작성할 프로젝트 이름(예:exa1)을 지정한다.
Step 05) 작성된 프로젝트가 저장될 폴더 위치(예:C:\vbs2010)를 지정한다.
Step 06) '솔루션용 디렉터리 만들기'에 체크를 해제한다.
(이 부분이 체크되어 있으면 프로젝트 폴더가 하나 더 생긴다)
Step 07) [확인] 버튼을 클릭하고 다음 단계로 넘어 간다. MFC 응용 프로그램 마법사' 창이 나타나면

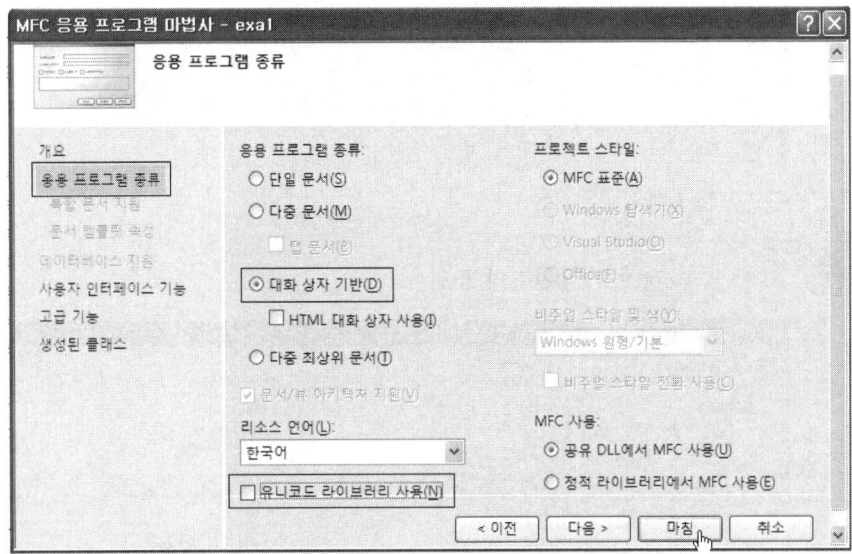

◐ MFC 응용 프로그램 마법사

Step 08) '응용 프로그램 종류'를 클릭하고
Step 09) '응용 프로그램 종류'를 '대화 상자 기반'으로 설정하고
Step 10) '유니코드 라이브러리 사용'에 체크를 해제한다.
('유니코드 라이브러리 사용'에 체크가 되어 있으면 VC++ 6.0 버전과 변수 Byte 크기가 달라져서 호환에 문제가 발생할 수 있다.)
Step 11) [마침] 버튼을 누른다.

그 외 설정 사항이 남아있으나 변경할 필요가 없으므로 생략하자.

이제 새로운 프로젝트가 생성되었다. 컴파일 하기 전에 실행파일이 생성되는 폴더

를 지정하도록 하자. 실행파일 폴더는 '프로젝트 속성'에서 지정한다.

Step 12 메뉴에서 [프로젝트] → [exa1 속성]을 선택한다.

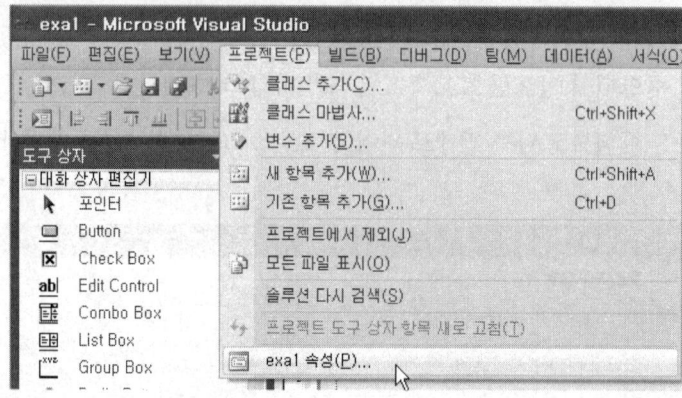

○ 프로젝트 속성 메뉴

Step 13 'exa1 속성 페이지' 팝업창이 뜨면

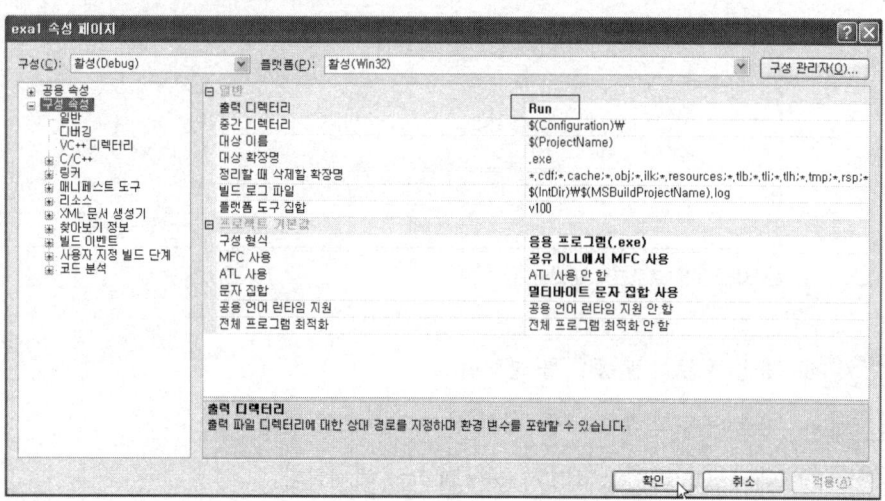

○ exa1 속성 페이지

Step 14 '왼쪽 트리구조에서 '구성 속성'을 선택하고

Step 15 '출력 디렉터리'를 Run 혹은 bin으로 변경한다.
(본인이 원하는 폴더명 아무거나 지정해도 상관없다.)

Step 16 [확인] 버튼을 클릭하고 팝업창을 닫는다.

(2) 프로젝트 컴파일과 실행

이제 새 프로젝트를 컴파일 해 보자. 메뉴에서 [디버그] → [디버깅 시작]을 선택한다.

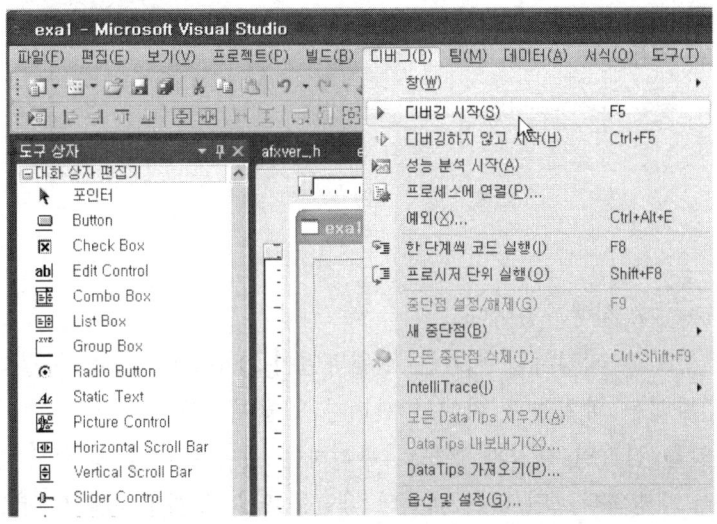

○ 컴파일

컴파일이 이상 없이 끝났으면 아래 그림과 같은 실행 화면이 화면에 나타날 것이다. [확인] 버튼을 누르고 종료한다.

○ 실행 화면

'내 컴퓨터'나 '탐색기'를 이용해서 실행파일이 생성된 폴더를 열어보자. C 드라이브의 vbs2010 폴더에서 exa1 폴더로 들어가서 다시 Run 폴더로 들어간다. 아래 그림과 같이 3개의 파일이 생성된 것을 확인할 수 있다.

○ 실행 폴더

이중에서 'exa1.exe'가 실행파일이다.

실행파일 폴더를 별도로 지정하는 이유는 실행파일이 Debug나 Release 폴더에 생성되면 다른 컴파일용 파일들과 섞여서 관리가 힘들어진다.

앞으로는 실행파일을 컴파일 파일과 별도로 관리하는 것이 편리할 것이다. 실제 프로젝트를 맡아서 개발하다보면 많은 데이터 파일을 필요로 하고 따라서 별도로 관리해야할 필요가 있기 때문이다.

(3) 프로젝트 저장

컴퓨터를 사용해서 중요한 작업을 진행하던 중 갑자기 하드웨어의 충돌이나 메모리의 부족으로 윈도우즈가 다운되면 그 동안 진행되었던 모든 작업은 수포로 돌아가 낭패를 보게 된다. 이러한 경우를 대비해서 사전에 작성된 내용을 파일로 저장해 두는 작업은 매우 중요한 일이다.

파일을 저장하기 위해서는 우선 프로그램을 작성한 후 메뉴에서 [파일] 메뉴를 클릭한다. 이 결과 다음과 같은 메뉴 상자가 나타난다.

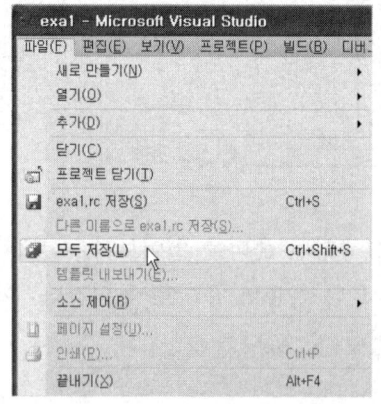

○ 파일 메뉴

① **파일이름.rc 저장**

.rc 파일은 리소스 파일임을 의미한다. 리소스는 사용자에게 정보를 제공하는 인터페이스 요소이다. 즉, 비트맵, 아이콘, 도구 모음 및 커서는 모두 리소스이다. 일부 리소스는 메뉴에서 선택하거나 대화 상자에서 데이터를 입력하는 등의 작업을 수행하도록 조작할 수 있다.

다음 표는 Visual C++ 프로젝트에서 일반적으로 사용되는 파일 형식과 파일 확장명이다.

파일 확장명	형 식	내 용
.bmp, .dib, .gif, .jpg, .jpe, .png	리소스	일반 이미지 파일
.cpp; .c	소스	응용 프로그램의 주 소스 코드 파일
.cur	리소스	커서 비트맵 그래픽 파일
.dbp	프로젝트	데이터베이스 프로젝트 파일
.exe, .dll	프로젝트	실행 파일 또는 동적 연결 라이브러리 파일
.h	소스	헤더(포함) 파일
.htm, .html, .xsp, .asp, .htc, .hta, .xml	리소스	일반 웹 파일
.ico	리소스	아이콘 비트맵 그래픽 파일
.idb	컴파일	클래스 정의와 소스 파일 간의 종속성 정보가 들어 있는 상태 파일.
.idl	컴파일	인터페이스 정의 언어 파일
.ilk	링크	증분 링크 파일. 증분 링크(incremental linking)는 링크 시간을 줄이는 좋은 도구이다. 특히 파일 한 두 개만 살짝 고치고 링크할 때 최상의 효과를 얻을 수 있다. 비주얼 C++에서 프로젝트를 생성하면, 디버그 버전에서는 이 옵션이 기본적으로 켜져 있으므로 따로 신경 쓰지 않아도 된다.
.map	링크	링커 정보를 포함하는 텍스트 파일
.obj, .o		컴파일 되었지만 링크되지 않은 개체 파일
.pch	디버그	미리 컴파일된 헤더 파일
.pdb	디버그	프로그램 디버그 데이터베이스 파일
.rc, .rc2	리소스	리소스를 생성하는 리소스 스크립트 파일
.sbr	컴파일	소스 브라우저 중간 파일. BSCMAKE를 위한 입력 파일
.sln	해결책	솔루션 파일
.suo	해결책	솔루션 옵션 파일
.txt	리소스	텍스트 파일. 보통 "추가 정보" 파일
.vap	프로젝트	Visual Studio Analyzer 프로젝트 파일
.vbg	해결책	호환 가능한 프로젝트 그룹 파일

파일 확장명	형 식	내 용
.vbp, .vip, .vbproj	프로젝트	Visual Basic 프로젝트 파일
.vcxproj	프로젝트	Visual C++ 프로젝트 파일.
.vdproj	프로젝트	Visual Studio deployment 프로젝트 파일

Visual Studio와 관련된 그 밖의 파일에 대한 자세한 내용은 Visual Studio .NET 에서의 파일 형식 및 파일 확장명을 참조한다.

② 다른 이름으로 파일이름.rc 저장

다른 이름으로 리소스 파일을 저장한다.

③ 모두 저장

내용이 변경되었건 되지 않았건 모두 저장한다.

(4) 프로젝트 불러오기

메뉴에서 [파일] → [열기] → [프로젝트/솔루션] 을 선택하면 다음과 같은 프로젝트 열기 상자가 나타난다.

○ 프로젝트 열기

파일 이름은 위에서 저장했던 vbs2010 폴더에서 exa1 폴더를 가보면 exa1.vcxproj 나 exa1.sln 파일이 있을 것이다. 이들 중 아무 파일이나 클릭해서 선택한 후 [열기] 버튼을 클릭하면 된다.

(5) 헝가리안 표기법

프로그램을 작성할 때 프로그램의 소스가 길어지면 당연히 코드도 길어지고 에러도 많이 생긴다. 그래서 조금이라도 버그를 줄여 보자고 만든 방법이 헝가리안 표기법이다. 한마디로 자주 쓰이는 변수나 함수의 앞글자만 따서 사용자가 만든 변수나 함수의 이름을 쉽게 알아보기 위해서 만든 표기법이다.

접두사	의 미	접두사	의 미
a	Array	n	short
b	BOOL	np	near pointer
by	Unsigned char(byte)	p	pointer
c	char	l	LONG(long)
cb	byte의 수	lp	long pointer
cr	색참조	rc	RECT
cx	넓이	s	string
cy	높이	sz	₩0으로 끝나는 문자열
dw	DWORD(unsigned long)	tm	TextMetrix
f	flag를 의미	w	WORD(unsigned int)
fn	fuction	x	x 좌표
h	handle	y	y 좌표
m	class의 자료 멤버		

(6) 윈도우즈 OS 시스템의 구성에 대하여 알아보자

Windows operating system은 DLL(Dynamic link library)이라고 부르는 많은 라이브러리를 이용해서 만들어진 operating system이다. 쉽게 말하자면 윈도우즈가 설치된 시스템 폴더(c:₩windows₩system)에 가보면 확장자가 DLL인 파일들을 많이 볼 수 있을 것이다. 바로 그 파일들이 윈도우즈 OS의 심장이라고 할 수 있다. 시스템 폴더를 자세하게 보면 DLL 라이브러리 파일 중에서 상당히 중요한 역할을 하는 라이브러리 파일이 있다. 바로 kernel32.dll, gdi32.dll, user32.dll 이렇게 세 개이다. 그럼 간단하게 이 세 개의 파일들이 어떤 역할을 하는지 알아보겠다.

① kernel32.dll

메모리와 외부 기억 장치 등을 사용할 수 있게 하는 함수들이 정의되어 있다.

② gdi32.dll

선을 그리거나 색을 칠하거나 하는 그리기를 할 수 있게 하는 함수들이 정의되어 있다.

③ **user32.dll**
창, 버튼, 메뉴 등을 만들 수 있게 하는 함수들이 정의되어 있다.

(7) 메시지란 무엇인가?

간단하게 말해서 메시지는 하나의 이벤트라고 보면 된다. 예를 들어서 우리가 다이얼로그 상자를 종료하면 WM_DESTROY라는 메시지 발생한다. 즉 WM_DESTROY 메시지라는 이벤트가 일어난 것이다. WM_DESTROY 메시지는 우선 메시지 큐라는 곳에 저장된다. 그래서 나중에 다시 우리가 만든 프로그램이 메시지 큐라는 곳에서 WM_DESTROY 메시지를 가져와서 해당 코드를 실행하는 것이다.

위 그림의 프로그램을 종료하면 WM_DESTROY 메시지가 발생하게 된다. 즉 이벤트가 발생하게 되는 것이다.

(8) 이벤트란?

무엇과 무엇이 일치해야 발행하는 것이다. 우리가 게임을 하다보면 수없이 많은 이벤트를 경험한다. 그 중에서도 이벤트, 예를 하나 들자면 어떠한 열쇠가 있어야 문을 열고 안으로 들어 갈 수 있는 게임이 있다. 그래서 게임 속의 주인공들은 여기 저기 여행을 하면서 열쇠를 찾는다. 나중에 열쇠를 찾아서 문을 열면 바로 그때 이벤트가 발생하게 되는 것이다. 메시지도 마찬가지이다. 즉 우리가 만든 프로그램과 윈도우즈와 무엇과 무엇이 일치해야 이벤트(메시지)가 발생한다. 윈도우즈는 항상 이벤트가 준비되어있다. 즉 이벤트가 일어나기만을 기다리고 있다. 단지 우리는 이벤트가 발생하게끔 환경만 만들어 주면 된다.

앞에서도 말했듯이 다이얼로그 상자가 종료되면 WM_DESTROY라는 메시지가 발생한다고 하였다. 또한 윈도우즈는 이벤트가 일어나기만을 기다린다고 하였다. 다이얼로그 상자를 종료하는 순간 바로 윈도우즈와 다이얼로그 상자 사이에서 무엇과 무엇이 일치하였으므로 WM_DESTROY라는 메시지의 이벤트가 일어나게 되는 것이다. WM_DESTROY라는 메시지는 위에서 말했듯이 메시지 큐라는 곳에 저장되게 된다.

메시지 큐

```
WM_DESTROY
WM_CREATE
WM_KEYDOWN
WM_MOVEMOUSE
WM_LBUTTONDOWN
WM_LBUTTONDOWN
```

메시지 큐에는 여러 가지 메시지가 저장되어 있다. 즉 키보드를 클릭하여 발생한 메시지나 마우스의 버튼을 클릭하여 발생한 메시지 등 수 없이 많은 메시지가 저장되어 있다. 우리가 만든 프로그램은 다시 메시지 큐에 저장되어 있는 WM_DESTROY라는 메시지를 가져온다. WM_DESTROY라는 메시지를 가져와서 해당 소스코드를 실행하게 되는 것이다.

예를 들어 WM_DESTROY라는 메시지에 아래와 같은 소스코드가 있다면

```
MessageBox("우리가 만든 프로그램이 종료되었습니다.","알림",NULL);
```

우리가 만든 프로그램을 종료할 때마다 위 메시지 상자가 출력된다.

- 다이얼로그 상자를 종료한다.
- WM_DESTROY라는 메시지가 발생하여 이벤트가 일어난다.
- WM_DESTROY라는 메시지는 메시지 큐에 저장된다.
- 메시지 큐에 저장된 WM_DESTROY라는 메시지를 다시 다이얼로그 상자가 불러온다.
- WM_DESTROY라는 메시지에 있는 해당 소스코드를 실행한다.

(9) 자주 쓰이는 메시지

① WM_CREATE
프로그램을 실행하면 발생하는 메시지이다.

② WM_DESTROY
프로그램을 종료하면 발생하는 메시지이다.

③ WM_HELPINFO
도움말을 사용할 때 발생하는 메시지이다.

④ WM_HSCROLL
수평 스크롤을 움직이면 발생하는 메시지이다.

⑤ WM_INITDIALOG
다이얼로그 상자를 초기화할 때 사용하는 메시지이다.

⑥ WM_KEYDOWN
키보드의 키를 클릭하면 발생하는 메시지이다.

⑦ WM_KEYUP
키보드의 키가 떨어지면 발생하는 메시지이다.

⑧ WM_LBUTTONDBLCLK
마우스의 왼쪽 버튼이 더블클릭되면 발생하는 메시지이다.

⑨ WM_LBUTTONDOWN
마우스의 왼쪽 버튼이 클릭되면 발생하는 메시지이다.

⑩ WM_LBUTTONUP
마우스의 왼쪽 버튼이 떨어지면 발생하는 메시지이다.

⑪ WM_MOUSERMOVE
마우스의 볼이 움직이면 발생하는 메시지이다.

⑫ WM_NCHITTEST
마우스의 커서가 어떤 객체 위에 있는지를 검사하는 메시지이다.

⑬ WM_NCMOUSEMOVE
마우스의 커서를 다이얼로그 상자의 클라이언트 영역 밖으로 이동시켰을 때

발생하는 메시지이다.

⑭ WM_PAINT
지워진 부분을 항상 다시 그려주는 메시지이다.

⑮ WM_RBUTTONDBLCLK
마우스의 오른쪽 버튼이 더블클릭되면 발생하는 메시지이다.

⑯ WM_RBUTTONDOWN
마우스의 오른쪽 버튼이 클릭되면 발생하는 메시지이다.

⑰ WM_RBUTTONUP
마우스의 오른쪽 버튼이 떨어지면 발생하는 메시지이다.

⑱ WM_SIZE
다이얼로그 상자의 크기를 변경하면 발생하는 메시지이다.

⑲ WM_TIMER
지정된 시간마다 발생하는 메시지이다.

⑳ WM_VSCROLL
수직 스크롤을 움직이면 발생하는 메시지이다.

Chapter 02

MFC란 무엇인가?

2-1 MFC란? / 2-2 MFC의 구조

2-1 MFC란?

Microsoft Foundation Class의 약자로 C++언어를 기반으로 한 윈도우즈 응용 프로그램(Win32) 제작을 위한 C++ 클래스 라이브러리의 집합이다.

MFC 크게 다음과 같은 역할을 한다.

- ✓ Win32 API의 래퍼 클래스(Wrapper class) 역할을 한다.
- ✓ 운영체제의 확장된 지원을 프로그램 하는데 편리한 클래스를 제공한다.
- ✓ 문자열, 자료구조, 날짜, 시간 등에 관련된 다양한 클래스를 제공한다.

MFC는 기본적으로 700개가 넘는 방대한 Win32 API를 기반으로 윈도우즈 응용 프로그램을 제작할 때 자주 사용되는 API들을 클래스 화하여 묶어 놓고, 마이크로소프트사의 새로운 기술들이 소개 될 때마다 해당 API를 클래스 화하여 윈도우즈 응용 프로그램을 제작하는 프로그래머에게 제공되는 아주 유용한 클래스 라이브러리이다. 이를테면 API의 GetClientRect()함수는 CWnd::GetClientRect() 멤버 함수와 동일한 역할을 한다. 즉 API의 GetClientRect()함수를 해당 클래스의 멤버함수로 클래스 화 한 것이다. 또한, MFC는 OLE, ODBC/DAO(데이터베이스 프로그래밍), ISAPI(IIS(웹서버 프로그래밍)), WinSock(네트워크 프로그래밍)등에 대한 클래스를 포함하고 있으며 CString(문자열처리), CTime(날짜와 시간에 대한 클래스) 등등과 다양한 목적으로 사용할 수 있는 자료관련 클래스들도 준비되어 있다.

윈도우즈 응용 프로그램을 개발할 때 Win32 SDK(API)를 사용하는 것보다 MFC를 사용하면 많은 이점을 누릴 수 있다.

간단하게 아래와 같은 이점이 있다.

- ✓ 객체지향을 이용하여 C++프로그래밍을 하면서도 Win32 SDK함수를 그대로 사용할 수 있다.
- ✓ Win32 SDK 함수를 이용하여 윈도우즈 응용 프로그램을 개발하는 것에 비하여 MFC를 사용하면 덜 복잡하다.
- ✓ C++에서 제공하는 강한 타입 체크(strong type-checking), 예외처리(exception-handling), 객체의 생성자와 소멸자를 이용한 메모리 할당과 해지 등등에 대한 이점을 누릴 수 있다.

✓ 안전한 동적 메모리 관리 그리고 할당 영역 검증, 디버깅 등의 기능을 활용하여 버그가 적은 즉 안전한 프로그램을 작성할 수 있다.
✓ 다른 운영 체제로 이식을 할 수 있다. 즉 MFC로 작성된 프로그램을 매킨토시나 유닉스 버전으로 포팅할 수 있다.
✓ Win32 SDK(API)에 비하여 많은 노동(?)을 하지 않아도 된다.
✓ Win32 SDK(API)에 비하여 유지 보수가 쉽다.

2-2 MFC의 구조

MFC에서 제공되는 클래스들은 아래의 표와 같이 분야별 상속관계 구조를 하고 있다.

큰 범주	작은 범주	주요 클래스	설 명
CObject		CObject	기본베이스클래스
어플리케이션 구조	어플리케이션	CWinApp	응용 프로그램(.EXE)을 표현하는 클래스
	커멘트 라우팅	CCmdTarget	커멘드 라우팅을 수행
	도큐먼트	CDocument	어플리케이션이 다루는 데이터와 파일을 표현하는 클래스
	뷰	CView CCtrlView CScrollView CFormView CDaoRecordView CHtmlView CRecordView	응용 프로그램의 데이터를 화면과 프린터로 표현하는 클래스
	프레임윈도우	CFrameWnd	프레임윈도우를 표현하는 클래스
	도큐먼트 템플릿	CDocTemplate CSingleDocTemplate CMultiDocTemplate	응용 프로그램의 프레임윈도우, 뷰, 도큐먼트 리소스를 관리하는 클래스
윈도우, 다이얼로그, 컨트롤	윈도우	CWnd	윈도우를 표현하는 클래스
	다이얼로그 상자	CDialog CCommonDialog CFileDialog	다이얼로그 상자를 표현하는 클래스
	컨트롤	CEdit CListBox CListCtrl	각종 컨트롤을 표현하는 클래스
	컨트롤 바	CControlBar CReBar CStatusBar CToolBar	컨트롤 바를 표현하는 클래스
그리기와 페인팅	DC	CDC CClientDC CPaintDC CWindowDC	디바이스 컨텍스트(DC)를 표현하는 클래스

큰 범주	작은 범주	주요 클래스	설 명
	그리기 툴	CGdiObject CBitmap CBrush CFont CPalette CPen CRgn	다양한 GDI 객체를 표현하는 클래스
데이터 타입		CPoint CRect CSize CString CTime	POINT, RECT, SIZE 와 스트링, 날짜/시간을 표현하는 클래스
배열, 리스트, 맵	템플릿	CArray CList CMap	배열, 리스트, 맵의 템플릿 클래스
	만들어진 타입	CPtrArray CStringArray CPtrList CStringList CMapStringToPtr CMapWordToPtr	타입이 정해진 배열, 리스트, 맵에 대한 클래스
파일, 데이터베이스	파일입출력	CFile	파일입출력 클래스
	DAO	CDaoWorkspace CDaoDatabase CDaoRecordset CDaoQueryDef CDaoTableDef CDaoException	DAO 데이터베이스 지원을 위한 클래스
	ODBC	CDatabase CRecordset CRecordView	ODBC 데이터베이스 지원을 위한 클래스
인터넷, 네트워킹	ISAPI	CHttpFilter CHttpFilterContext CHttpServer CHttpServerContext	웹서버 IIS 프로그래밍을 위한 API 래퍼 클래스
	소켓	CAsyncSocket CSocket CSocketFile	윈도우 소켓 (TCP, UDP)프로그래밍을 위한 클래스
	인터넷	CInternetSession CInternetConnection CHttpConnection CFtpConnection CGopherConnection CInternetException	HTTP, FTP, Gopher 프로그래밍을 위한 클래스
OLE		컨테이너, 서버, 오토메이션 등 관련 클래스들	
디버깅, 예외	디버깅	CObject::Dump	덤프를 위한 멤버함수
	예외	CException CArchiveException CDaoException CDBException CFileException CMemoryException	예외처리를 위한 클래스

위의 표에 나와 있는 클래스 중 중요한 클래스는 CObject, CCmdTarget, CWinApp, CDocument, CFrameWnd, CView, CWnd등이다. 이 클래스들은 윈도우즈 프로그램을 구성하는 가장 기본이 되는 클래스들이다. 하나씩 살펴보자.

① CObject(최상의 클래스)

MFC의 모든 클래스 중 가장 기본이 되는 클래스이므로 거의 대부분의 MFC 클래스들이 CObject로부터 상속을 받는다. 이를테면 CFile나 CObList와 같은 클래스에 대하여 기본이 되는 클래스로써 존재할 뿐만 아니라 새롭게 만들어진 다른 많은 클래스들에 대해서도 기본 클래스로 취급된다.

CObject는 다음과 같은 기본 서비스를 제공해 준다.

- ✓ 직렬화 지원
- ✓ 실행 중인 클래스에 대한 정보
- ✓ 객체에 대한 진단 정보 출력
- ✓ 컬렉션 클래스와의 호환성

② CCmdTarget

command메시지를 처리하는 기본 클래스이다.

③ CWinApp

CDocument, CFreamWnd, CView 클래스들을 연결시켜 주는 고리 역할을 한다. 즉 CDocument, CFreamWnd, CView는 모두 서로 상속되지 않은 객체이므로 서로 다른 객체가 된다. 그러므로 CWinApp 클래스에 이 클래스들을 연결시켜 주는 고리 역할을 하여 서로 관련된 작업을 할 수 있는 것이다.

④ CDocument

프로그램의 실행에 사용되는 데이터를 보관하고 관리하는데 사용된다.

⑤ CFrameWnd

창을 구성하는데 사용된다. 즉 창의 외곽선, 제목 표시줄, 메뉴, 도구 바, 상태 창 등을 구성할 때 사용된다.

⑥ CView

창안에서 작업을 할 수 있는 영역을 구성하고 기본적인 화면 출력을 담당한다.

⑦ CWnd

MFC의 모든 창 클래스 기능을 제공한다.

Chapter 03

기초 프로그래밍

3-1 버튼(Button) 컨트롤을 이용한 메시지 상자 출력 / 3-2 에디터 상자(Edit Control) / 3-3 체크 상자(Check Box) / 3-4 콤보 상자(Combo Box)와 스테틱 상자(Static Text) / 3-5 Progress 컨트롤(Progress Control) / 3-6 리스트 상자(List Box) / 3-7 리스트 컨트롤(List Control) / 3-8 그림 상자(Picture Control) 만들기 / 3-9 메뉴(Menu) / 3-10 스크롤바(Scroll Bar) / 3-11 트리 컨트롤(Tree Control) / 3-12 스핀 컨트롤(Spin Control) / 3-13 애니메이션 컨트롤(Animation Control) / 3-14 슬라이드 컨트롤(Slider Control)

3-1 버튼(Button) 컨트롤을 이용한 메시지 상자 출력

우리가 처음 만들어 볼 프로젝트 화면은 다음과 같이 두 개의 버튼을 만들어 각 버튼에 기능을 부여한다.

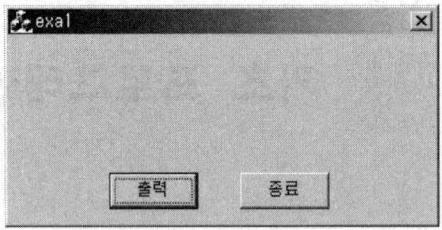

[출력] 버튼을 클릭하면 다음 그림 같은 메시지 상자가 출력된다. [종료] 버튼을 클릭하면 프로그램이 종료된다.

따라하기

Step 01 메뉴에서 [파일] → [새로 만들기] → [프로젝트]를 선택한다.

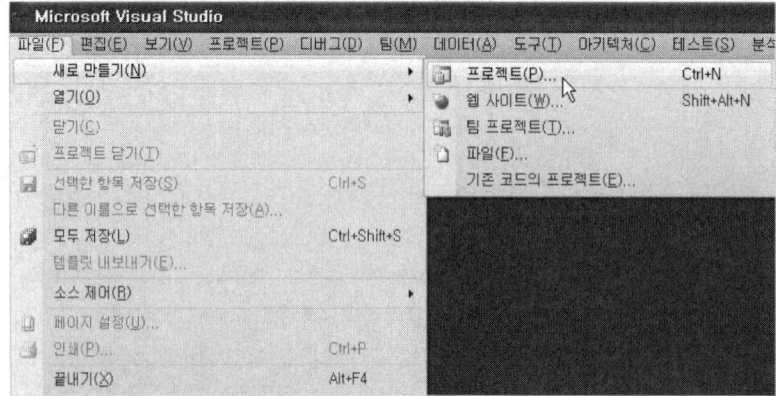

Chapter 03 기초 프로그래밍

Step 02) '새 프로젝트' 창이 뜨면

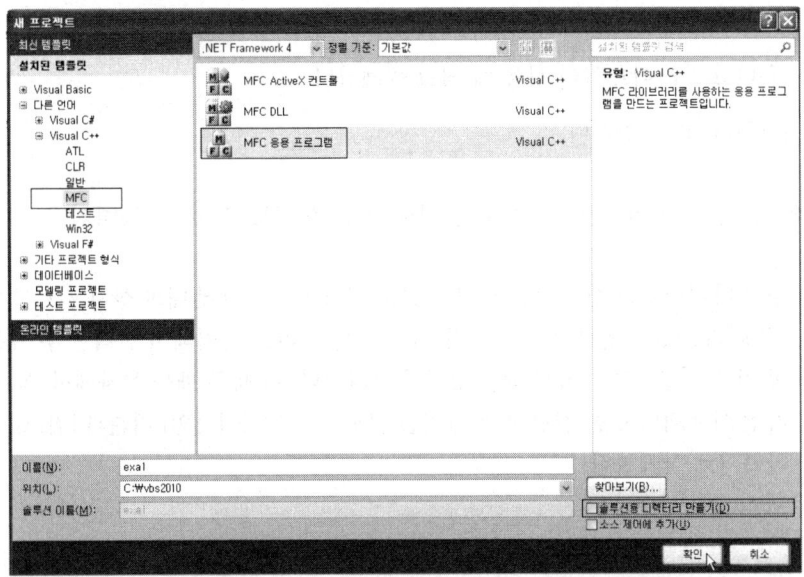

Step 03) 프로젝트 형식을(MFC 응용 프로그램) 선택하고,

Step 04) 프로젝트 이름(exa1)을 지정하고,

Step 05) 폴더 위치(C:₩source)를 지정하고

Step 06) '솔루션용 디렉터리 만들기'에 체크 해제한다.
(이 부분이 체크되어 있으면 프로젝트 폴더가 하나 더 생긴다)

Step 06) [확인] 버튼을 클릭하고 다음 단계로 넘어 간다.

Step 07) 'MFC 응용 프로그램 마법사' 창이 나타나면

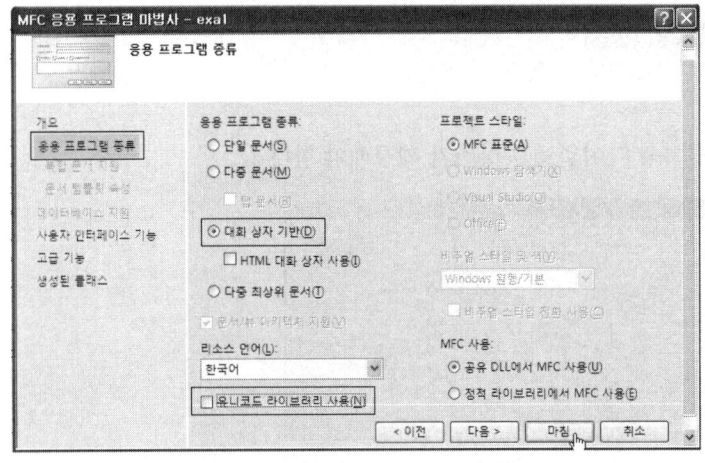

31

Step 08 '응용 프로그램 종류'를 클릭하고

Step 10 '응용 프로그램 종류'를 '대화 상자 기반'으로 설정하고

Step 11 '유니코드 라이브러리 사용'에 체크 해제한다.

Step 12 [마침] 버튼을 누른다.

그 외 설정 사항이 남아있으나 변경할 필요가 없으므로 생략하자.

Step 13 우선 다이얼로그 상자에 표시되어 있는 "TODO: 여기에 대화 상자 컨트롤을 배치합니다."라는 문자열을 지우기 위해 마우스 왼쪽 버튼 클릭해서 선택한 후 마우스 오른쪽 버튼을 클릭하면 빠른 메뉴 상자가 나타난다. 이 빠른 메뉴 상자에서 [삭제]를 선택하면 삭제되며 또는 간단하게 Del키를 클릭해도 된다. [확인] 버튼과 [취소] 버튼도 마찬가지로 삭제한다.

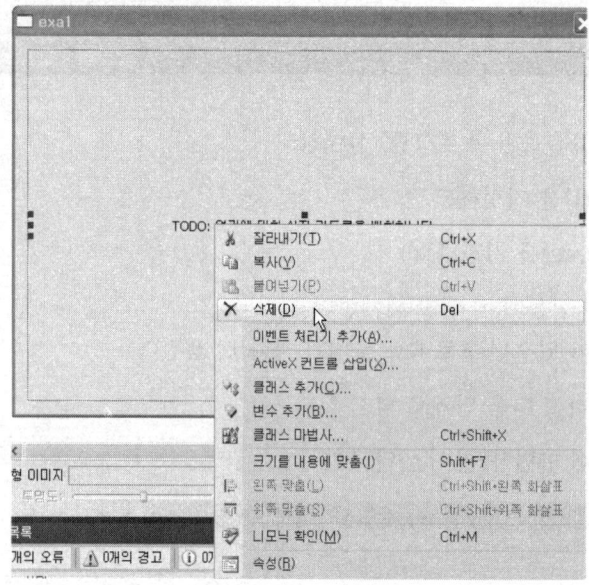

Step 14 다음 그림처럼 다이얼로그 상자가 깨끗해야 한다.

Step 15) 다음으로 [출력] 버튼을 만들어야 한다. 이를 위해 도구 상자를 보면 Button 컨트롤이 있는데 이를 마우스 버튼으로 클릭한다.

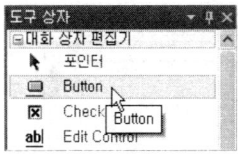

Step 16) 이어서 다이얼로그 상자에 드래그 하여 다음 그림처럼 버튼을 만든다.

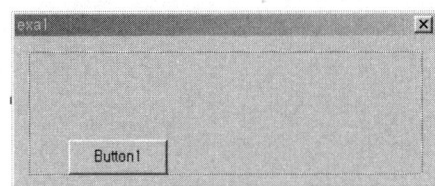

Step 17) 만들어진 버튼의 ID와 Caption을 바꾸어 주어야 한다. 이를 위해 다음 그림과 같이 화면 오른쪽 하단부의 속성창에서 ID를 IDC_BUTTON1을 IDC_BUTT_PRINT로 Caption은 Button1을 '출력'으로 바꿔준다.

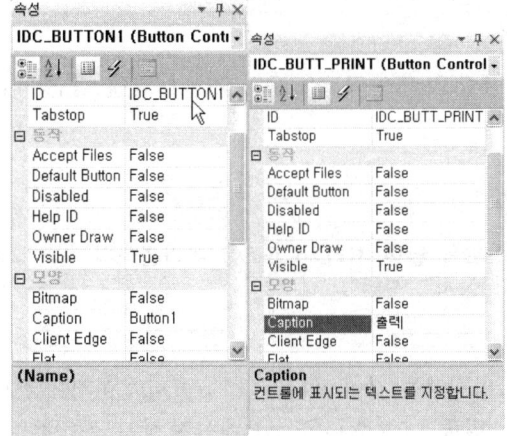

Step 18) 이와 마찬가지로 버튼 하나를 더 만들어 ID는 IDC_BUTT_EXIT로 바꾸어 주고 Caption을 '종료'로 바꾸어 준다.

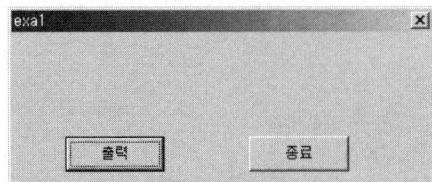

Step 19 이제 소스 코드를 입력해야 한다. 우선 [출력] 버튼을 더블클릭하면 다음 그림과 같은 대화 상자가 나타난다.

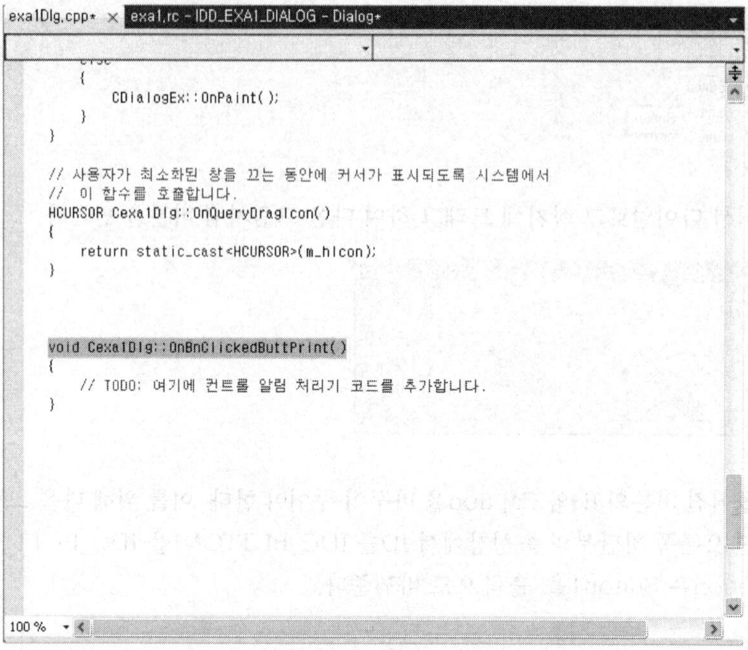

exa1Dlg.cpp*
exa1.rc - IDD_EXA1_DIALOG - Dialog*
{
CDialogEx::OnPaint();
}
}
// 사용자가 최소화된 창을 끄는 동안에 커서가 표시되도록 시스템에서
// 이 함수를 호출합니다.
HCURSOR Cexa1Dlg::OnQueryDragIcon()
{
return static_cast<HCURSOR>(m_hIcon);
}
void Cexa1Dlg::OnBnClickedButtPrint()
{
// TODO: 여기에 컨트롤 알림 처리기 코드를 추가합니다.
}
100 %

Step 20 // TODO : 여기에 컨트롤 알림 처리기 코드를 추가합니다.'밑에 다음과 같이 소스 코드를 입력한다.

```
void CExa1Dlg::OnButtPrint()
{
    // TODO : 여기에 컨트롤 알림 처리기 코드를 추가합니다.
    MessageBox("메시지 상자","출력");
}
```

참고로 위 소스코드는 모두 입력하는 것이 아니라 "// TODO : 여기에 컨트롤 알림 처리기 코드를 추가합니다." 밑줄에 MessageBox("메시지 상자","출력");를 입력하는 것이다.

함수설명 MessageBox() 함수

```
int MessageBox( LPCTSTR lpszText,
                LPCTSTR lpszCaption = NULL,
                UINT nType = MB_OK );
```

위의 함수는 다음 그림과 같이 특정 문자열을 메시지 상자로 출력할 때 사용한다.

LPCTSTR lpszText
⇨ 메시지 상자에 출력될 문자열을 지정한다. 예를 들면 "메시지 상자" 같은 문자열을 지정하면 된다.

LPCTSTR lpszCaption = NULL
⇨ 메시지 상자의 캡션을 지정해 준다. 예를 들면 "출력" 같은 문자열을 지정하면 된다.

UINT nType = MB_OK
⇨ 메시지 상자에서 사용될 버튼을 지정한다. 대부분 NULL 값으로 지정한다.

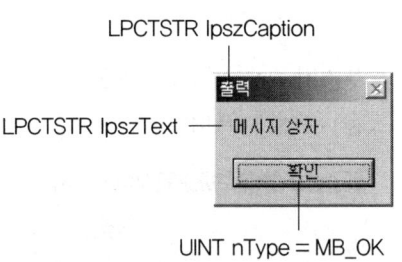

Step 21) 위와 같은 방식으로 [종료] 버튼도 마찬가지로 만들면 된다. 다만 소스코드는 아래의 소스코드를 입력한다.

```
void CExa1Dlg::OnButtExit()
{
    // TODO : 여기에 컨트롤 알림 처리기 코드를 추가합니다.
    OnOK();
}
```

.OnOK() 함수는 단지 대화 상자를 종료할 때 쓰인다.

Step 22) 메뉴에서 [디버그] → [디버깅 시작]을 실행시켜 본다. 이 결과 다음 그림과 같은 실행 화면을 확인할 수 있다.

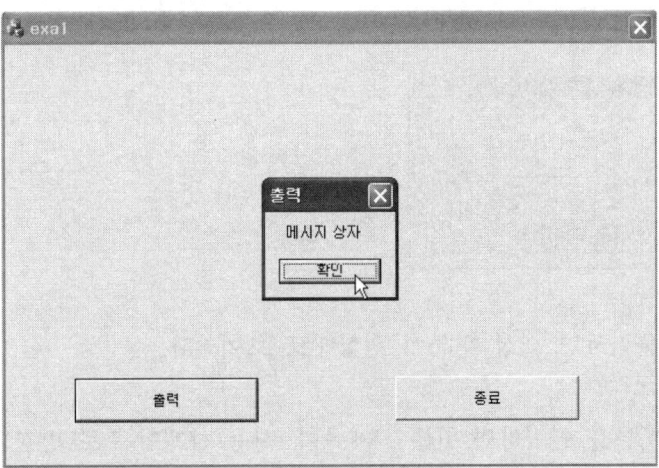

실습 2

우리가 만들 프로그램은 다음의 그림과 같이 다섯 개의 버튼을 만들어 각각의 기능을 부여해 본다.

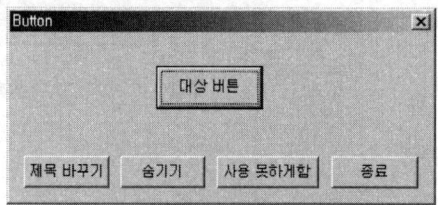

[제목 바꾸기] 버튼을 클릭하면 다음의 그림처럼 대상 버튼의 제목이 '안녕하세요?'로 변경된다.

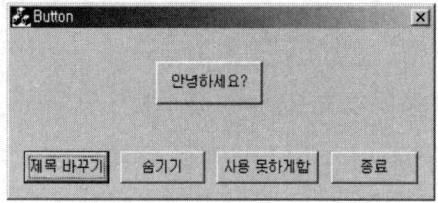

다시 [제목 바꾸기]버튼을 클릭하면 원 상태로 제목이 '대상 버튼' 으로 변경된다.

[숨기기]버튼을 클릭하면 버튼의 제목이 "보이기"로 변경되고 다음의 그림처럼 대상 버튼이 숨겨진다.

[보이기]버튼을 클릭하면 대상 버튼이 원상태로 보여진다.

[사용 못하게함]버튼을 클릭하면 버튼의 제목이 "사용 하게함"으로 변경되고 다음의 그림처럼 대상 버튼이 클릭 되지 못하게 한다.

[사용 하게함]버튼을 클릭하면 대상 버튼이 원 상태로 돌아간다. 즉! 다시 클릭할 수 있게 한다.

[종료]버튼을 클릭하면 다이얼로그 상자를 종료하고 윈도우즈로 복귀한다.

따라하기 *Step by Step*

Step 01 메뉴에서 [파일] → [새로 만들기] → [프로젝트]를 선택한다.

Step 02 '새 프로젝트' 창이 뜨면 프로젝트 형식을(MFC 응용 프로그램) 선택하고,

Step 03 프로젝트 이름(Button)을 지정하고,

Step 04 폴더 위치(C:₩source)를 지정하고

Step 05 '솔루션용 디렉터리 만들기'에 체크 해제한다.
(이 부분이 체크되어 있으면 프로젝트 폴더가 하나 더 생긴다)

Step 06 [확인] 버튼을 클릭하고 다음 단계로 넘어 간다.

Step 07 'MFC 응용 프로그램 마법사' 창이 나타나면

Step 08 '응용 프로그램 종류'를 클릭하고

Step 09 '응용 프로그램 종류'를 '대화 상자 기반'으로 설정하고

Step 10 '유니코드 라이브러리 사용'에 체크 해제한다.

Step 11 [마침] 버튼을 누른다.

Step 12 우선 다이얼로그 상자에 표시되어 있는 "TODO: 여기에 대화 상자 컨트롤을 배치합니다."라는 문자열을 지우기 위해 마우스 왼쪽 버튼 클릭해서 선택한 후 마우스 오른쪽 버튼을 클릭하면 빠른 메뉴 상자가 나타난다. 이 빠른 메뉴 상자에서 [삭제]를 선택하면 삭제되며 또는 간단하게 Del키를 클릭해도 된다. [확인] 버튼과 [취소] 버튼도 마찬가지로 삭제한다.

Step 13 컨트롤 도구 상자에서 버튼(Button)을 선택한 다음 우선 버튼 하나를 만든다.

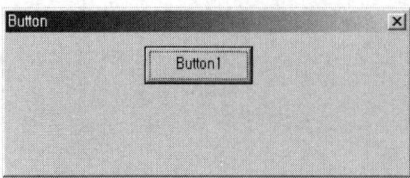

Step 14 만들어진 버튼(Button1)을 클릭한 후 화면 오른쪽 하단의 속성 창에서 ID가 IDC_BUTTON1을 IDC_BUTT_TARGET로 변경하고 이어서 Caption의 Button1을 "대상 버튼"으로 변경한다. 여기서 ID는 버튼의 고유 번호를 말하는 것이고 Caption은 버튼의 제목을 말하는 것이다.

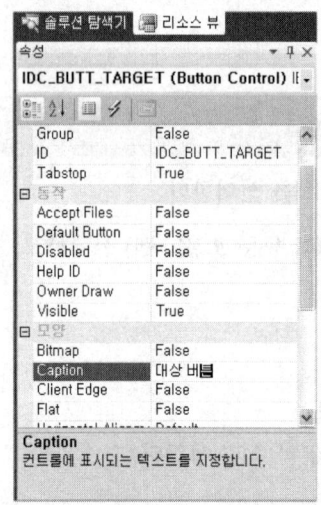

Step 15 나머지 버튼들도 이와 같은 방식으로 다음의 표를 보고 만들기 바란다.

컨트롤	ID	Caption	메시지	함수
Button	IDC_BUTT_TARGET	대상 버튼	BN_CLICKED	OnClickedButtDisable
Button	IDC_BUTT_TITLE	제목 바꾸기	BN_CLICKED	OnClickedButtTitle
Button	IDC_BUTT_HIDE	숨기기	BN_CLICKED	OnClickedHide
Button	IDC_BUTT_DISABLE	사용 못하게 함	BN_CLICKE	OnClickedDisable
Button	IDC_BUTT_EXIT	종료	BN_CLICKE	OnClickedExit

Step 16 버튼을 다 만들었다면 이제부터는 소스코드를 연결하기 위해 각 버튼에 함수를 만들어 주어야 한다. 우선 [제목 바꾸기]버튼에 함수를 만들어보고 코드를 연결하여 보겠다. 그러기 위해 먼저 [제목 바꾸기] 버튼을 클릭한 후 이어서 마우스 오른쪽 버튼을 클릭하고 나타나는 메뉴에서 [클래스 마법사]를 선택한다.

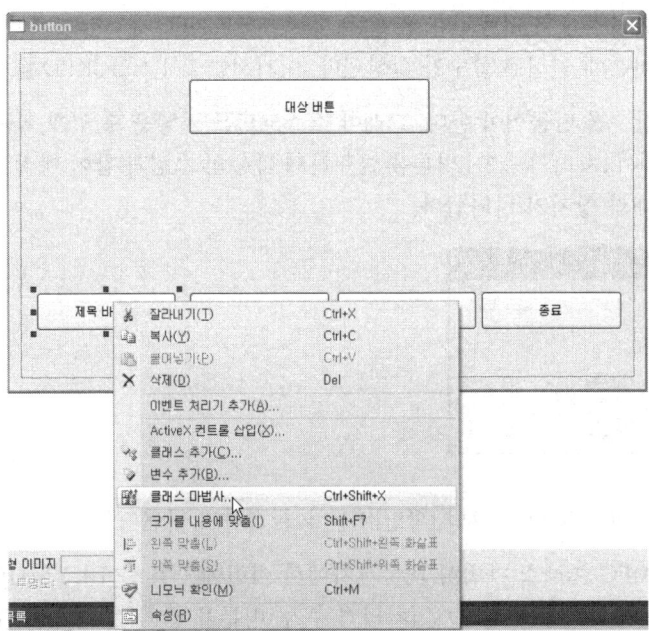

Step 17 위 선택에 의해 다음과 같은 MFC 클래스 마법사 대화상자가 나타난다.

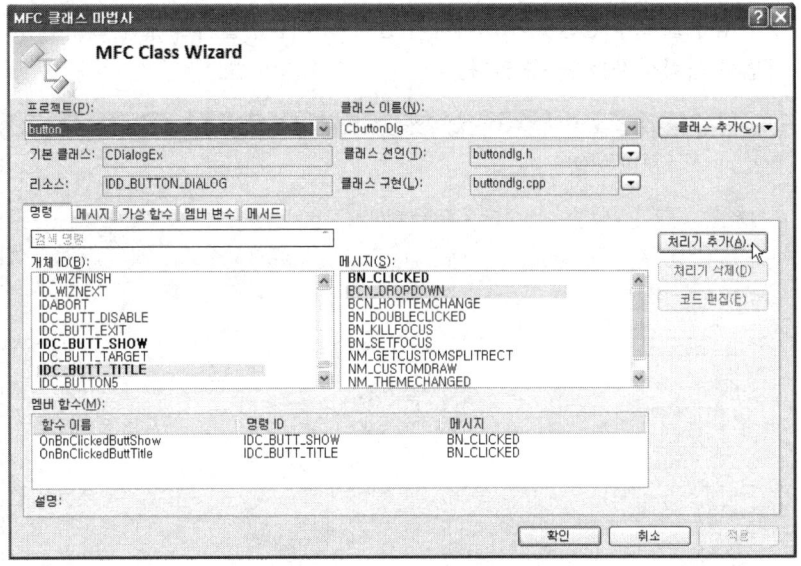

Step 18 "개체 ID"를 보면 우리가 지금까지 만들어 왔던 버튼들의 아이디가 보일 것이다. 여기서 IDC_BUTT_TITLE를 선택한다.

Step 19 이어서 "메시지"는 버튼에 어떤 메시지를 사용할 것인지를 선택하는 것이다. 버튼에는 두 개의 메시지를 선택할 수 있다. BN_CLICKED메시지는 버튼을 한번 클릭하였을 때 버튼에 연결된 함수가 실행된다. BN_DOUBLECLICKED메시지는 버튼을 더블클릭하였을 때 버튼에 연결된 함수가 실행된다. 여기서는 BN_CLICKED를 선택한다.

Step 20) 이제 버튼에 함수를 만들어야 한다. 그래야 소스코드를 써넣을 수 있게 되는 것이다. 위 대화상자에서 [처리기 추가] 버튼을 클릭하면 다음의 그림과 같이 멤버 함수 이름을 결정하는 대화 상자가 나타난다.

Step 21) 특별히 이름을 바꾸지 말고 그냥 [확인]버튼을 클릭하기 바란다.

Step 22) 계속 이어서 MFC 클래스 마법사 대화상자에서 이번에는 IDC_BUTT_HIDE를 선택해서 메시지를 BN_CLICKED로 [처리기 추가] 버튼을 클릭 멤버 함수 추가 화면에서 [확인] 버튼을 클릭한다. 이하 18번부터 21번 까지를 IDC_BUTT_TARGET, IDC_BUTT_DISABLE, IDC_BUTT_EXIT에도 적용해서 멤버 함수를 추가한다.

Step 23) 멤버 함수를 모두 만들었다면 다음과 같이 멤버 함수들이 모두 만들어진 MFC 클래스 마법사 대화상자를 볼 수 있다.

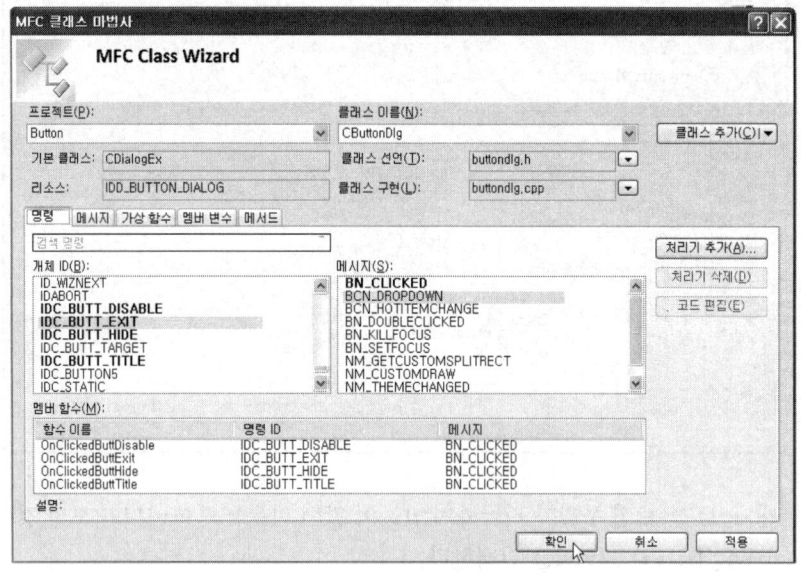

Step 24) [확인] 버튼을 클릭해서 MFC 클래스 마법사 대화상자를 빠져 나간다.

Step 25 이제 각각의 버튼에 알맞은 실행 코드를 써넣어야 한다. 이를 위해 먼저 [제목 바꾸기] 버튼을 더블클릭한다.

Step 26 그럼 자동으로 다음의 그림과 같은 화면이 나타나며 소스코드를 입력할 수 있게 된다.

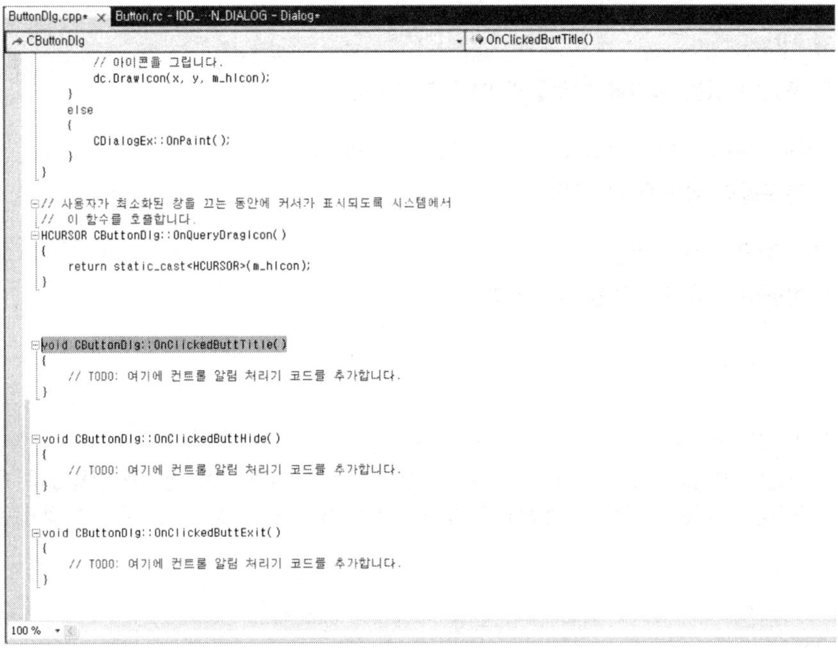

```
ButtonDlg.cpp  Button.rc - IDD_ ..N_DIALOG - Dialog
CButtonDlg                                          OnClickedButtTitle()
            // 아이콘을 그립니다.
            dc.DrawIcon(x, y, m_hIcon);
        }
        else
        {
            CDialogEx::OnPaint();
        }
    }

    // 사용자가 최소화된 창을 끄는 동안에 커서가 표시되도록 시스템에서
    //  이 함수를 호출합니다.
    HCURSOR CButtonDlg::OnQueryDragIcon()
    {
        return static_cast<HCURSOR>(m_hIcon);
    }

    void CButtonDlg::OnClickedButtTitle()
    {
        // TODO: 여기에 컨트롤 알림 처리기 코드를 추가합니다.
    }

    void CButtonDlg::OnClickedButtHide()
    {
        // TODO: 여기에 컨트롤 알림 처리기 코드를 추가합니다.
    }

    void CButtonDlg::OnClickedButtExit()
    {
        // TODO: 여기에 컨트롤 알림 처리기 코드를 추가합니다.
    }
```

Step 27 "// TODO: 여기에 컨트롤 알림 처리기 코드를 추가합니다." 다음 줄부터 아래 소스 코드를 써넣는다.

```
void CButtonDlg::OnButtTitle()
{
    // TODO: 여기에 컨트롤 알림 처리기 코드를 추가합니다.

    static int iSw=0;

    switch(iSw)
    {
    case 0:
        GetDlgItem(IDC_BUTT_TARGET)->SetWindowText("안녕하세요?");
        iSw=1;
        break;
    case 1:
        GetDlgItem(IDC_BUTT_TARGET)->SetWindowText(m_szTitle);
        iSw=0;
        break;
    }
}
```

함수설명

HWND GetDlgItem(int nID) const;
⇨ 해당 컨트롤의 포인터 값을 구해온다.

int nID
⇨ 포인터 값을 알아올 컨트롤의 ID를 지정한다.

BOOL SetWindowText(LPCTSTR lpszString);
⇨ 컨트롤의 제목을 변경한다.

LPCTSTR lpszString
⇨ 변경할 제목(문자열)을 지정한다.

소스코드설명

static int iSw=0;
⇨ 버튼이 클릭되면 값을 다르게 하기 위해서 스위치 역할을 하는 변수를 만들었다. 우선 iSw의 초기값을 0을 입력했기 때문에 다음의 switch(iSw) 문은 case 0: 을 실행하게 된다.

switch(iSw)
{
case 0:
⇨ 이 소스코드는 첫 번째로 버튼이 클릭되면 실행된다.

    GetDlgItem(IDC_BUTT_TARGET)->SetWindowText("안녕하세요?");
⇨ 버튼의 제목을 "안녕하세요?"로 바꾼다.

    iSw=1;
    break;
⇨ iSw=1를 1로 바꿔서 다음번 실행 때는 case 1:을 실행하도록 한 후 break; 문에 의해서 switch 문을 탈출한다.

case 1:
    GetDlgItem(IDC_BUTT_TARGET)->SetWindowText(m_szTitle);
⇨ m_szTtile함수는 우리가 아직 만들지 않은 변수로 이 값에는 버튼의 처음 제목이 저장된다. 아래에서 이 변수에 어떤 함수를 이용하여 값을 집어넣는지 알아보겠다.

    iSw=0;
    break;
}
⇨ siwtch()문에서 iSw변수의 역할은 계속 "case 0"과 "case 1"을 반복되게 만든다는 것이다. 그러므로 버튼의 제목이 바뀌었다가 원래의 제목을 돌아가는 것이다.

Step 28 위의 소스코드 설명에서 말한 버튼의 제목을 저장하기 위해서 이를 저장할 변수를 만들어야 하는데 이때 사용되는 변수가 멤버 변수 이다 여기서는 (m_szTitle)가 멤버 변수 이름이다. 코드입력 화면에서 좌측 상단의 다이얼로그 탭을 클릭하면 Button 디자인 화면이 나타난다.

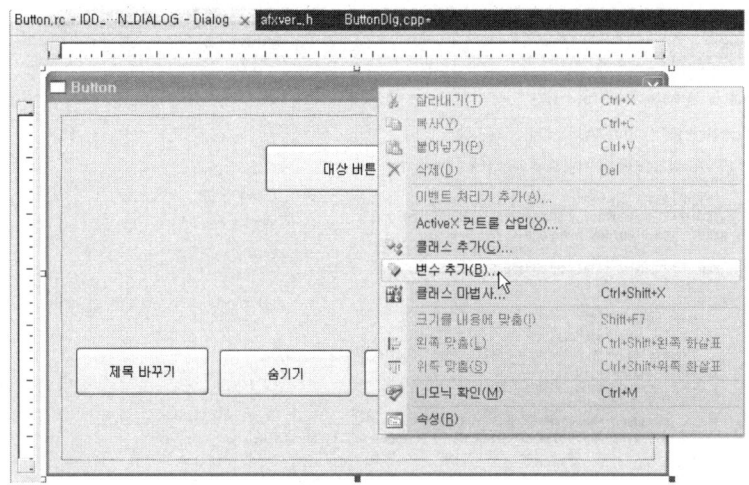

Step 29 전체 다이얼로그 화면을 클릭한 후 마우스 오른쪽 버튼을 눌러 나타나는 메뉴에서 [변수 추가]를 선택한다.

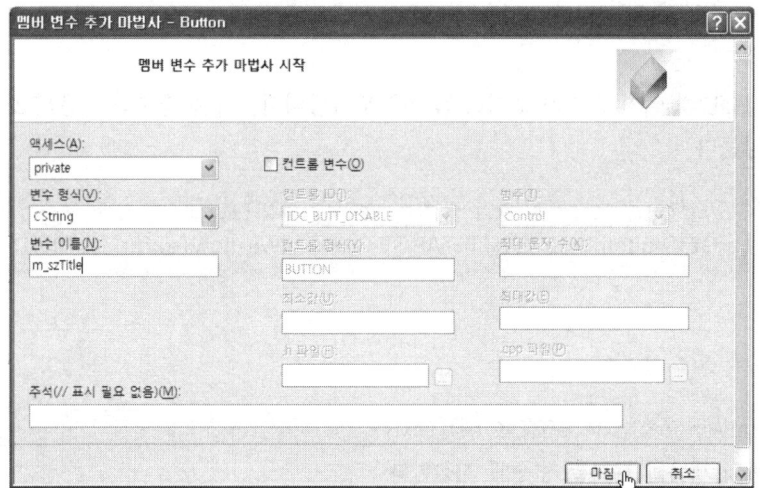

Step 30 위 화면에서 "액세스"는 [Private]로 선택, "변수 형식"은 [CString]로 직접 입력, "변수 이름"을 [m_szTitle]로 직접 입력한 후 [마침] 버튼을 클릭한다.

Step 31 이제 버튼의 제목을 m_szTitle 변수에 저장하여 보자. 버튼의 제목은 처음 한번만 저장되면 된다. 즉, 계속 반복적으로 저장할 필요는 없다는 말이다. 그러면 이런 역할을 하는 소스코드를 어떤 함수에 작성하는 것이 좋을까? 아마도 처음 다이얼로그 상자가 실행되면서 실행되는 OnInitDialog()함수가 좋을 듯하다. 이 함수는 다이얼로그 상자를 초기화하는 함수로 다이얼로그 상자가 실행됨과 동시에 실행된다. 소스 코드 입력화면에서 다음과 같이 BOOL CButtonDlg::OnInitDialog() 부분을 찾는다.

```
BOOL CButtonDlg::OnInitDialog()
{
    CDialogEx::OnInitDialog();

    // 시스템 메뉴에 "정보..." 메뉴 항목을 추가합니다.

    // IDM_ABOUTBOX는 시스템 명령 범위에 있어야 합니다.
    ASSERT((IDM_ABOUTBOX & 0xFFF0) == IDM_ABOUTBOX);
    ASSERT(IDM_ABOUTBOX < 0xF000);

    CMenu* pSysMenu = GetSystemMenu(FALSE);
    if (pSysMenu != NULL)
    {
        BOOL bNameValid;
        CString strAboutMenu;
        bNameValid = strAboutMenu.LoadString(IDS_ABOUTBOX);
        ASSERT(bNameValid);
        if (!strAboutMenu.IsEmpty())
        {
            pSysMenu->AppendMenu(MF_SEPARATOR);
            pSysMenu->AppendMenu(MF_STRING, IDM_ABOUTBOX, strAboutMenu);
        }
    }

    // 이 대화 상자의 아이콘을 설정합니다. 응용 프로그램의 주 창이 대화 상자가 아닐 경우에는
    // 프레임워크가 이 작업을 자동으로 수행합니다.
    SetIcon(m_hIcon, TRUE);         // 큰 아이콘을 설정합니다.
    SetIcon(m_hIcon, FALSE);        // 작은 아이콘을 설정합니다.

    // TODO: 여기에 추가 초기화 작업을 추가합니다.

    return TRUE;  // 포커스를 컨트롤에 설정하지 않으면 TRUE를 반환합니다.
}
```

Step 32 "// TODO: 여기에 추가 초기화 작업을 추가합니다." 다음 줄부터 다음의 소스코드들을 써넣는다.

```
// TODO: 여기에 추가 초기화 작업을 추가합니다.
GetDlgItem(IDC_BUTT_TARGET)->GetWindowText(m_szTitle);
```

함수설명

BOOL GetWindowText(BSTR& bstrText);
⇨ 컨트롤의 제목을 문자열 변수에 저장한다.

BSTR& bstrText
⇨ 저장될 문자열 변수를 지정한다.

함수만 보아도 대충 이 소스코드가 어떻게 동작하는지 알 수 있을 것이다.
단지 컨트롤의 제목을 GetWindowText()함수가 m_szTitle변수에 저장하는 것뿐이다.

Step 33 이번에는 버튼을 숨기는 기능을 위해 [숨기기] 버튼을 더블클릭한 후 다음의 소스코드를 써넣는다.

```cpp
void CButtonDlg::OnClickedButtHide()
{
    // TODO: 여기에 컨트롤 알림 처리기 코드를 추가합니다.
    static int iSw=0;

    switch(iSw)
    {
    case 0:
        GetDlgItem(IDC_BUTT_TARGET)->ShowWindow(FALSE);
        GetDlgItem(IDC_BUTT_HIDE)->SetWindowText("보이기");
        iSw=1;
        break;
    case 1:
        GetDlgItem(IDC_BUTT_TARGET)->ShowWindow(TRUE);
        GetDlgItem(IDC_BUTT_HIDE)->SetWindowText("숨기기");
        iSw=0;
        break;
    }
}
```

함수설명

BOOL ShowWindow(int nCmdShow);

⇨ 이 함수는 어떠한 값을 지정하느냐에 따라 컨트롤을 숨기거나 다시 보이게 한다.

이 외에도 여러 가지 기능이 있지만 위에서 말한 두 가지 기능만 설명하기로 한다.

int nCmdShow
TRUE
⇨ 버튼을 보이게 한다.

FALSE
⇨ 버튼을 숨기게 한다.

Step 34 이번에는 [사용 못하게함] 버튼을 더블클릭한 후 다음의 소스코드를 써넣는다.

```cpp
void CButtonDlg::OnClickedButtDisable()
```

```
{
    // TODO: 여기에 추가 초기화 작업을 추가합니다.
    static int iSw=0;

    switch(iSw)
    {
    case 0:
        GetDlgItem(IDC_BUTT_TARGET)->EnableWindow(FALSE);
        GetDlgItem(IDC_BUTT_DISABLE)->SetWindowText("사용 하게함");
        iSw=1;
        break;
    case 1:
        GetDlgItem(IDC_BUTT_TARGET)->EnableWindow(TRUE);
        GetDlgItem(IDC_BUTT_DISABLE)->SetWindowText("사용 못하게함");
        iSw=0;
        break;
    }
}
```

함수설명

BOOL EnableWindow(BOOL bEnable = TRUE);

⇨ 이 함수도 마찬가지로 어떠한 값을 지정하느냐에 따라 컨트롤을 사용하게 하거나 사용하지 못하게 한다.

BOOL bEnable = TRUE
TRUE

⇨ 컨트롤을 사용하게 한다.

FALSE

⇨ 컨트롤을 사용하지 못하게 한다.

Step 35 [종료]버튼을 더블클릭한 후 다음의 소스코드를 써넣는다.

```
void CButtonDlg::OnClickedButtExit()
{
    // TODO: 여기에 추가 초기화 작업을 추가합니다.
    OnOK();
}
```

OnOK()함수는 다이얼로그 상자를 종료한다. 다이얼로그 상자를 종료하고 싶을 땐 단지 이 함수를 호출하면 된다.

Step 36 컴파일한 후 실행시켜 본다.

3-2 에디터 상자(Edit Control)

에디터 상자는 주로 텍스트를 입력받는데 사용되는 컨트롤로 많이 사용되며 만드는 방법은 버튼 만들기와 동일하다.

우리가 만들 프로그램은 다음의 그림이다.

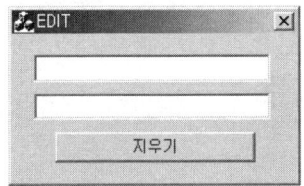

위에 있는 에디터 상자에 문자열을 입력하면 다음 그림과 같이 아래에 있는 에디터 상자에 문자열이 똑같이 출력된다.

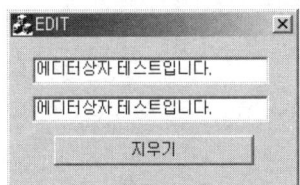

따라하기

Step 01 메뉴에서 [파일] → [새로 만들기] → [프로젝트]를 선택한다.
Step 02 '새 프로젝트' 창이 뜨면 프로젝트 형식을(MFC 응용 프로그램) 선택하고,
Step 03 프로젝트 이름(EDIT)을 지정하고,
Step 04 폴더 위치(C:₩source)를 지정하고
Step 05 '솔루션용 디렉터리 만들기'에 체크 해제한다.
Step 06 [확인] 버튼을 클릭하고 다음 단계로 넘어 간다.
Step 07 'MFC 응용 프로그램 마법사' 창이 나타나면
Step 08 '응용 프로그램 종류'를 클릭하고

Step 09 '응용 프로그램 종류'를 '대화 상자 기반'으로 설정하고

Step 10 '유니코드 라이브러리 사용'에 체크 해제한다.

Step 11 [마침] 버튼을 누른다.

Step 12 우선 다이얼로그 상자에 표시되어 있는 "TODO: 여기에 대화 상자 컨트롤을 배치합니다."라는 문자열을 지우기 위해 마우스 왼쪽 버튼 클릭해서 선택한 후 마우스 오른쪽 버튼을 클릭하면 빠른 메뉴 상자가 나타난다. 이 빠른 메뉴 상자에서 [삭제]를 선택하면 삭제되며 또는 간단하게 Del키를 클릭해도 된다. [확인] 버튼과 [취소] 버튼도 마찬가지로 삭제한다.

Step 13 에디터 상자를 만들어야 한다.

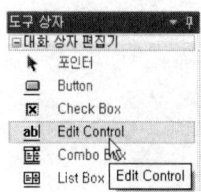

Step 14 도구 상자에서 에디터 상자(Edit Control)를 클릭한 뒤 다이얼로그 상자에 드래그해서 다음 그림처럼 에디터 상자를 작성한다.

Step 15 이어서 속성 창에서 ID를 IDC_EDIT_ONE 로 변경하여 준다.

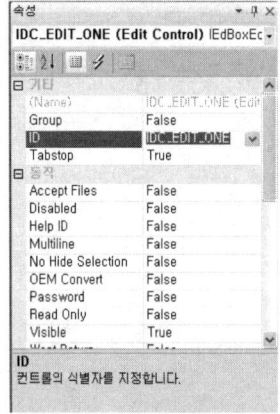

Step 16 이제 에디터 상자를 사용하려면 에디터 상자에 변수를 만들어 주어야하므로 먼저 에디터 상자를 마우스 왼쪽 버튼으로 클릭해서 선택한 후 마우스 오른쪽 버튼을 클릭하고 나타나는 메뉴에서 [클래스 마법사]를 선택한다. 이 결과 다음 그림과 같은 'MFC 클래스 마법사' 대화 상자가 나타난다.

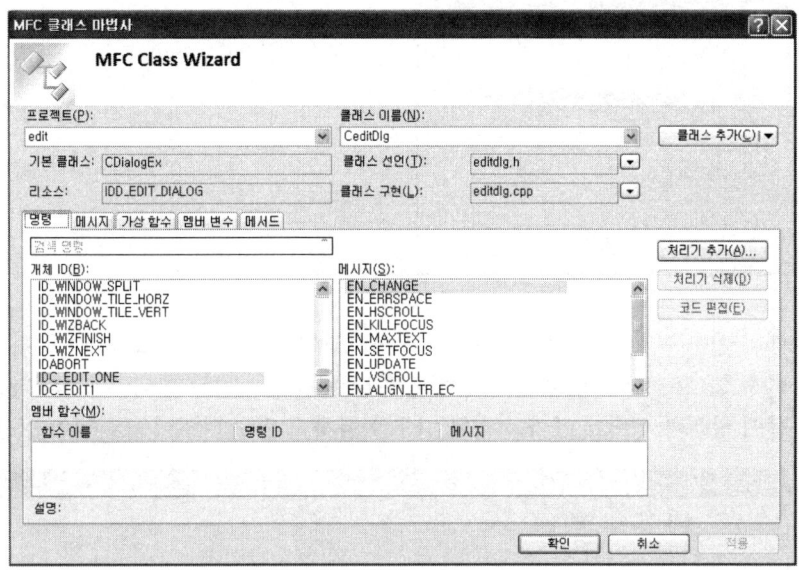

Step 17 에디터 상자에 변수를 만들려면 위 화면에서 [멤버 변수] 버튼을 선택한다. 이 결과 다음과 같이 나타난다.

Step 18 위 그림을 보면 아까 지정해 주었던 에디터 상자의 "컨트롤 ID"가 보일 것이다. 그러면 [IDC_EDIT_ONE]을 선택하고 옆에 보이는 [변수 추가] 버튼을 클릭한다. 이 결과 다음 그림과 같은 '멤버 변수 추가' 대화 상자가 나타난다.

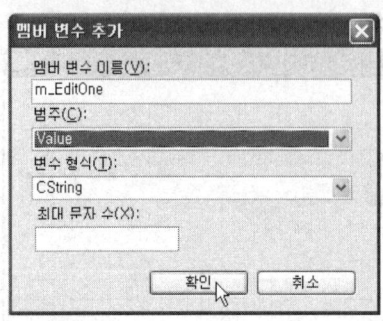

Step 19 멤버 변수 이름은 "m_EditOne"라고 지정해 준다. 범주는 "Value"라고 지정해 주고 변수 형식은 "CString"라고 지정해준 후 [확인] 버튼을 클릭한다. 이 결과 다음 그림과 같이 형식과 멤버에 아까 지정한 변수 이름하고 변수 타입이 표시되어 있을 것이다.

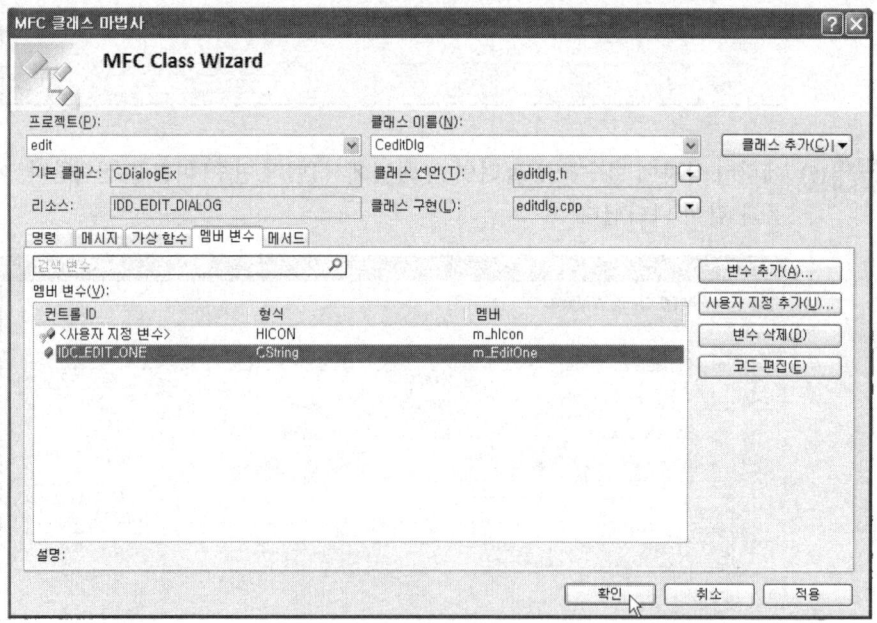

Step 20) 이제 멤버 함수를 지정해 주기 위해서 위 화면에서 [명령] 탭을 클릭한다.

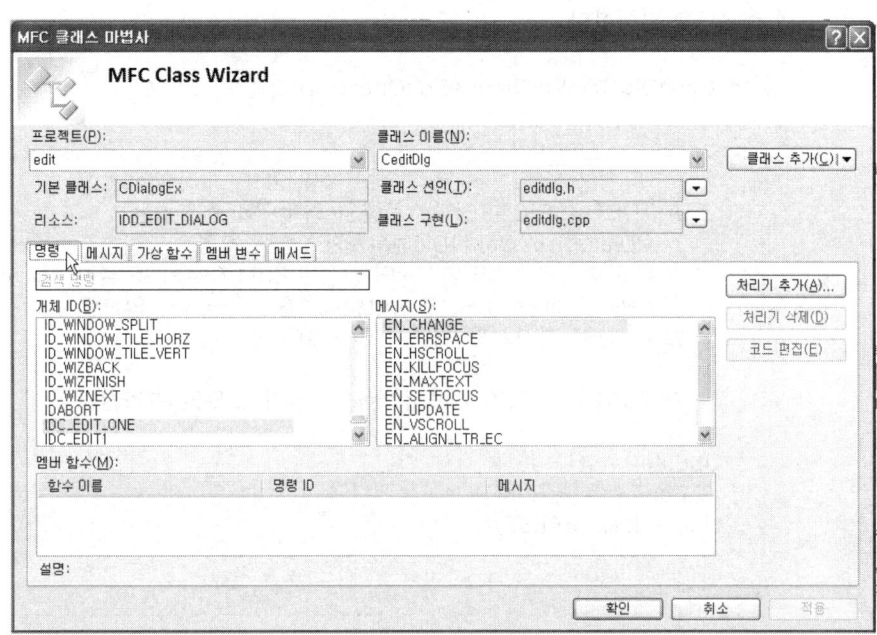

Step 21) 이어서 [처리기 추가] 버튼을 클릭한다. 이 결과 멤버 함수 추가 화면이 나타난다.

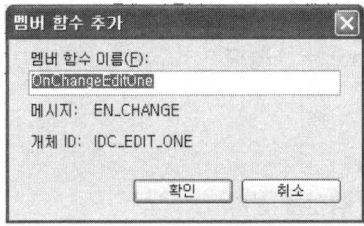

Step 22) 멤버 함수 이름을 OnChangeEditOne 로 지정한 후 [확인] 버튼을 클릭하고 'MFC 클래스 마법사 대화' 상자에서 [확인] 버튼을 클릭해서 빠져 나온다.

Step 23) 나머지는 아래의 표를 보고 만든다.

컨트롤	ID	Caption	메시지	멤버 변수 이름	멤버 함수 이름
Edit Control	IDC_EDITt_One		EN_CHANGE	m_EditOne	OnChangeEditOne
Edit Control	IDC_EDIT_Two		EN_CHANGE	m_EditTwo	OnChangeEditTwo
Button	IDC_BUTT_CLEAN	지우기	EN_CHANGE		OnButtClean

Step 24 EDIT 다이얼로그 상자에서 IDC_EDIT_ONE 에디터 상자를 더블클릭한 후 아래의 소스코드를 입력한다.

```
void CeditDlg::OnEnChangeEditOne()
{
    // TODO:  RICHEDIT 컨트롤인 경우, 이 컨트롤은
    // CDialogEx::OnInitDialog() 함수를 재지정
    // 하고 마스크에 OR 연산하여 설정된 ENM_CHANGE 플래그를 지정하여
    // CRichEditCtrl().SetEventMask()를  호출하지 않으면
    // 이 알림 메시지를 보내지 않습니다.

    // TODO:  여기에 컨트롤 알림 처리기 코드를 추가합니다.

    UpdateData(TRUE);
    m_EditTwo=m_EditOne;
    UpdateData(FALSE);

}
```

함수설명

BOOL UpdateData(BOOL bSaveAndValidate = TRUE);
➪ 위 함수는 데이터를 갱신한다.

BOOL bSaveAndValidate = TRUE
➪ TRUE : 컨트롤에 있는 값을 변수로 보내고 갱신을 한다.
➪ FALSE : 변수에 있는 값을 컨트롤에 보내고 갱신을 한다.

비주얼 C++을 처음으로 공부하는 독자들은 위 함수를 도대체 어디에 어떻게 써야하는지 잘 모를 수 있다. 소스코드를 보면서 어떤 경우에 쓰는지 생각해 보자.

소스코드 설명

UpdateData(TRUE);
➪ MFC에서 컨트롤과 변수는 다음의 그림과 같이 서로 가리키고 있다.

단지 서로 가리키고만 있을 뿐 초기에 가지고 있는 값은 서로 다르다. 즉, 우리가 컨트롤에

대한 변수에 값을 대입하였더라도 그 값은 컨트롤로 보내지는 것이 아니다. 또한 우리가 컨트롤에 문자열을 입력하였더라도 마찬가지로 그 값은 변수로 보내지는 것이 아니다. 반드시 컨트롤에 있는 값을 변수로 보내거나 컨트롤에 입력된 값을 변수로 보낼 때에는 UpdateData()함수를 사용해야 한다.

UpdateData() 함수의 파라미터의 값을 TRUE로 한 이유는 컨트롤에 있는 값을 변수로 보내기 위해서이다. 위에 있는 에디터 상자의 변수에 문자열이 저장되어야만 아래에 있는 에디터 상자에 문자열이 출력되는 것이다. 그러므로 TRUE로 지정해서 현재 에디터 상자 컨트롤 안에 있는 문자열을 변수로 저장해야 한다. 한번 UpdateData(TRUE)소스를 지우고 꼭 컴파일 해 보기 바란다.

m_EditTwo=m_EditOne;

⇨ m_EditTwo 에디터 변수에 m_EditOne 변수의 값을 저장한다.

UpdateData(FALSE);

⇨ UpdateData() 함수의 값을 FALSE로 한 이유는 변수의 값을 컨트롤에 보내기 위해서이다. 위에 있는 에디터 상자에 저장된 변수의 값을 아래에 있는 에디터 상자에 출력하기 위해서는 FALSE로 지정해야 한다. 한번 UpdateData(FALSE)소스를 지우고 꼭 컴파일 해 보기 바란다.

Step 25 EDIT 다이얼로그 상자에서 [지우기] 버튼을 더블클릭한 후 다음의 소스 코드를 입력한다.

```
void CeditDlg::OnButtClean()
{
    // TODO : 여기에 컨트롤 알림 처리기 코드를 추가합니다.

    m_EditOne="";
    m_EditTwo="";
    UpdateData(FALSE);
}
```

에디터 상자의 내용을 지우기 위해서는 ""로 초기화하면 된다. 위 에디터 상자와 아래의 에디터 상자에 변수에 저장된 문자열을 보내기 위해서 UpdateData(FALSE)를 사용하였다.

Step 26 컴파일 한 후 실행시켜 본다.

3-3 체크 상자(Check Box)

체크 상자는 참(True)과 거짓(False) 이렇게 두 가지의 상태를 표현하며 체크 상자를 선택해서 체크를 할 경우는 참(True)이 되고 체크를 하지 않을 경우에는 거짓(False)이 되는 것이다.

우리가 만들 프로그램은 다음의 그림이다.

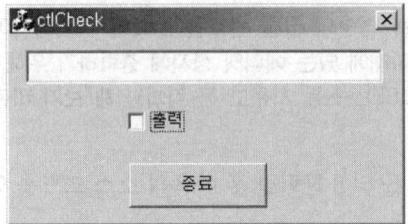

체크 상자를 체크하면 에디터 상자에 다음의 그림과 같은 문자열이 출력된다.

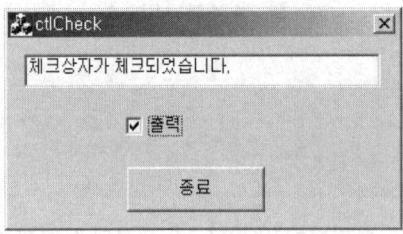

체크 상자를 해제하면 에디터 상자에 다음의 그림과 같은 문자열이 출력된다.

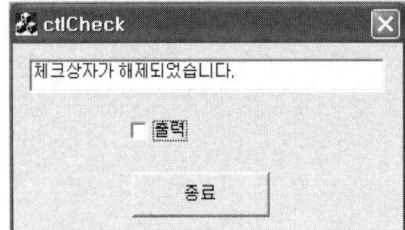

따라하기

Step 01 메뉴에서 [파일] → [새로 만들기] → [프로젝트]를 선택한다.

Step 02 '새 프로젝트' 창이 뜨면 프로젝트 형식을(MFC 응용 프로그램) 선택하고,

Step 03 프로젝트 이름(ctlCheck)을 지정하고,

Step 04 폴더 위치(C:\source)를 지정하고

Step 05 '솔루션용 디렉터리 만들기'에 체크 해제한다.

Step 06 [확인] 버튼을 클릭하고 다음 단계로 넘어 간다.

Step 07 'MFC 응용 프로그램 마법사' 창이 나타나면

Step 08 '응용 프로그램 종류'를 클릭하고

Step 09 '응용 프로그램 종류'를 '대화 상자 기반'으로 설정하고

Step 10 '유니코드 라이브러리 사용'에 체크 해제한다.

Step 11 [마침] 버튼을 누른다.

Step 12 우선 다이얼로그 상자에 표시되어 있는 "TODO: 여기에 대화 상자 컨트롤을 배치합니다."라는 문자열을 지우기 위해 마우스 왼쪽 버튼 클릭해서 선택한 후 마우스 오른쪽 버튼을 클릭하면 빠른 메뉴 상자가 나타난다. 이 빠른 메뉴 상자에서 [삭제]를 선택하면 삭제되며 또는 간단하게 Del 키를 클릭해도 된다. [확인] 버튼과 [취소] 버튼도 마찬가지로 삭제한다.

Step 13 다음 표를 보고 컨트롤들을 작성한다.

컨트롤	Edit Box	Check Box	Button
ID	IDC_EDIT	IDC_CHECK_MESS	IDC_BUTT_EXIT
Caption		출력	종료
멤버 변수 이름	m_strEdit	m_ctlCheck	
범주	Value	Value	
변수 형식	CString	BOOL	
메시지		BN_CLICKED	BN_CLICKED
멤버 함수 이름		OnCheckMess()	OnButtExit

Step 14 [출력]체크 상자를 더블클릭한 후 다음의 소스코드를 써넣는다.

```
void CCtlCheckDlg::OnCheckMess()
{
    // TODO : 여기에 컨트롤 알림 처리기 코드를 추가합니다.
    UpdateData(TRUE);

    if(m_ctlCheck==TRUE)
        m_strEdit="체크 상자가 체크되었습니다.";
    else
        m_strEdit="체크 상자가 해제되었습니다.";

    UpdateData(FALSE);

}
```

소스코드 설명

UpdateData(TRUE);

⇨ 컨트롤의 변수에 있는 값을 알아보기 위해서 함수에 TRUE값을 주어 체크 상자의 현재 상태 값을 m_ctlCheck변수로 보내게 하였다.

```
if(m_ctlCheck==TRUE)
    m_strEdit="체크 상자가 체크되었습니다.";
else
    m_strEdit="체크 상자가 해제되었습니다.";
```

⇨ 체크 상자가 체크되었으면 m_ctlCheck변수의 값은 TRUE이고 체크가 되지 않았으면 FALSE 값이다. 그러므로 if문을 이용하여 이 값을 검사해 주면 된다.

UpdateData(FALSE);

⇨ 에디터 상자에 변수 값을 보내기 위해서 위의 함수에 FALSE값을 주었다.

Step 15 [종료]버튼을 더블클릭한 후 함수를 만든 뒤 다음의 소스코드를 써넣는다.

```
void CCtlCheckDlg::OnButtExit()
{
    // TODO : 여기에 컨트롤 알림 처리기 코드를 추가합니다.
    OnOK();
}
```

Step 16 컴파일 한 후 실행 시켜본다.

3-4 콤보 상자(Combo Box)와 스테틱 상자(Static Text)

콤보 상자는 사용자에게 여러 가지 목록 중 어느 하나를 선택할 수 있도록 하는 컨트롤이고, 스테틱 상자는 단지 이 컨트롤이 어떠한 역할을 하는지 등등을 설명하려고 할 때 쓰인다.

우리가 만들 프로그램은 다음의 그림이다.

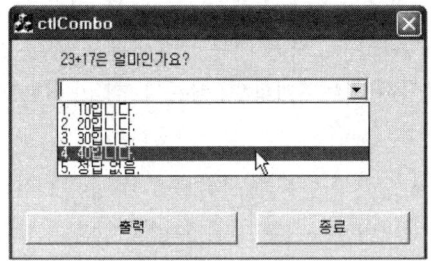

콤보 상자에서 화살표 "▼"를 선택하면 위 그림과 같이 선택할 수 있는 목록이 나타난다. 목록을 선택하고 [출력] 버튼을 클릭하면 다음의 그림과 같이 선택한 목록의 문자열이 메시지 상자로 출력된다.

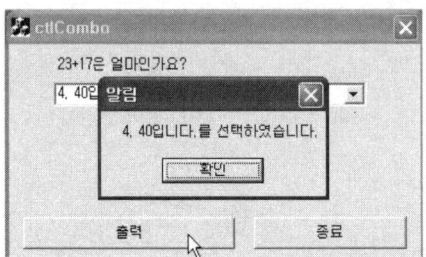

따라하기

Step 01 메뉴에서 [파일] → [새로 만들기] → [프로젝트]를 선택한다.

Step 02 '새 프로젝트' 창이 뜨면 프로젝트 형식을(MFC 응용 프로그램) 선택하고,

Step 03 프로젝트 이름(ctlCombo)을 지정하고,

Step 04 폴더 위치(C:\source)를 지정하고

Step 05 '솔루션용 디렉터리 만들기'에 체크 해제한다.

Step 06 [확인] 버튼을 클릭하고 다음 단계로 넘어 간다.

Step 07 'MFC 응용 프로그램 마법사' 창이 나타나면

Step 08 '응용 프로그램 종류'를 클릭하고

Step 09 '응용 프로그램 종류'를 '대화 상자 기반'으로 설정하고

Step 10 '유니코드 라이브러리 사용'에 체크 해제한다.

Step 11 [마침] 버튼을 누른다.

Step 12 우선 다이얼로그 상자에 표시되어 있는 "TODO: 여기에 대화 상자 컨트롤을 배치합니다."라는 문자열을 지우기 위해 마우스 왼쪽 버튼 클릭해서 선택한 후 마우스 오른쪽 버튼을 클릭하면 빠른 메뉴 상자가 나타난다. 이 빠른 메뉴 상자에서 [삭제]를 선택하면 삭제되며 또는 간단하게 Del 키를 클릭해도 된다. [확인] 버튼과 [취소] 버튼도 마찬가지로 삭제한다.

Step 13 콤보 상자의 목록을 작성하기 위해서 콤보 상자를 만들고 선택한 후 속성 창의 [Data] 항목에 "1. 10입니다.;2. 20입니다.;3. 30입니다.;4. 40입니다.;5. 정답 없음.;" 처럼 항목을 세미콜론(;)으로 구분해서 입력한다.

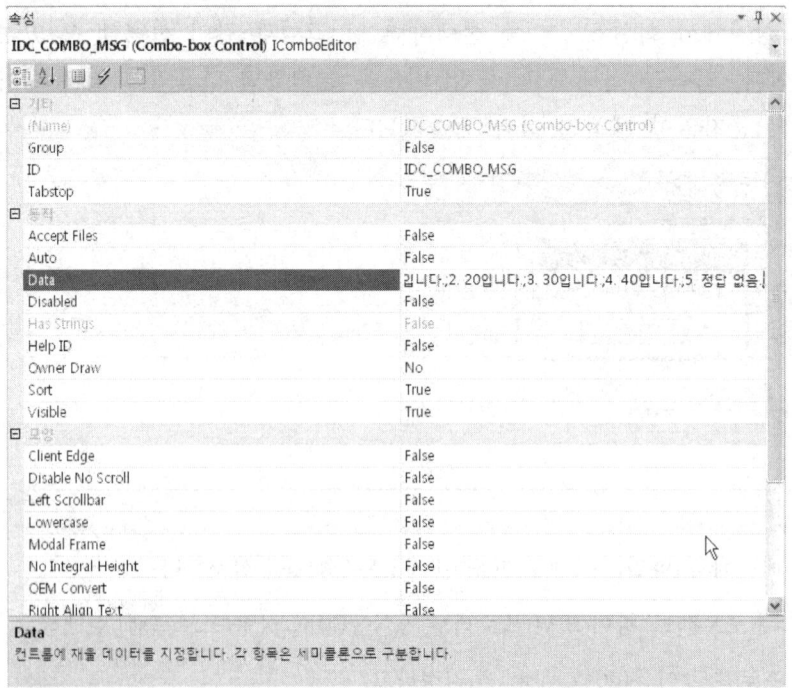

Step 14 나머지는 다음의 표와 같이 컨트롤들을 만든다.

컨트롤	Static Text	Combo Box	Button	Button
ID	IDC_STATIC	IDC_COMBO_MSG	IDC_BUTT_PRINT	IDC_BUTT_EXIT
Caption	23+17은 얼마인가요?		출력	종료
멤버 변수 이름		m_strCombo		
범주		Value		
변수 형식		CString		
메시지			BN_CLICKED	BN_CLICKED
멤버 함수 이름			OnButtPrint	OnButtExit

Step 15 [출력]버튼을 더블클릭한 후 다음의 소스코드를 써넣는다.

```
void CCtlComboDlg::OnButtPrint()
{
    // TODO : 여기에 컨트롤 알림 처리기 코드를 추가합니다.
    UpdateData(TRUE);

    if(m_strCombo=="1. 10입니다.")
        MessageBox(m_strCombo+"를 선택하였습니다.","알림",NULL);
    else if(m_strCombo=="2. 20입니다.")
        MessageBox(m_strCombo+"를 선택하였습니다.","알림",NULL);
    else if(m_strCombo=="3. 30입니다.")
        MessageBox(m_strCombo+"를 선택하였습니다.","알림",NULL);
    else if(m_strCombo=="4. 40입니다.")
        MessageBox(m_strCombo+"를 선택하였습니다.","알림",NULL);
    else if(m_strCombo=="5. 정답 없음.")
        MessageBox(m_strCombo+"를 선택하였습니다.","알림",NULL);
}
```

Step 16 [종료]버튼을 더블클릭한 후 함수를 만든 뒤 다음의 소스코드를 써넣는다.

```
void CCtlComboDlg::OnButtExit()
{
    // TODO : 여기에 컨트롤 알림 처리기 코드를 추가합니다.
    OnOK();
}
```

Step 17 컴파일 한 후 실행 시켜본다.

3-5 Progress 컨트롤(Progress Control)

Progress컨트롤은 간단하게 현재의 진행 사항을 표시할 때 사용한다.

우리가 만들 프로그램은 다음의 그림이다.

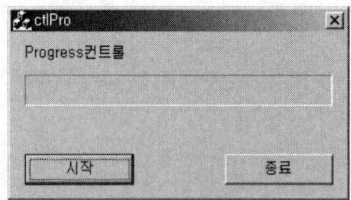

[시작] 버튼을 클릭하면 다음의 그림처럼 Progress컨트롤이 진행된다.

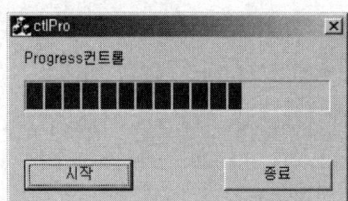

따라하기

Step 01) 메뉴에서 [파일] → [새로 만들기] → [프로젝트]를 선택한다.

Step 02) '새 프로젝트' 창이 뜨면 프로젝트 형식을(MFC 응용 프로그램) 선택하고,

Step 03) 프로젝트 이름(ctlPro)을 지정하고,

Step 03) 폴더 위치(C:\source)를 지정하고

Step 04) '솔루션용 디렉터리 만들기'에 체크 해제한다.

Step 05) [확인] 버튼을 클릭하고 다음 단계로 넘어 간다.

Step 06) 'MFC 응용 프로그램 마법사' 창이 나타나면

Step 07) '응용 프로그램 종류'를 클릭하고

Step 08) '응용 프로그램 종류'를 '대화 상자 기반'으로 설정하고

Step 09 '유니코드 라이브러리 사용'에 체크 해제한다.

Step 10 [마침] 버튼을 누른다.

Step 11 우선 다이얼로그 상자에 표시되어 있는 "TODO: 여기에 대화 상자 컨트롤을 배치합니다."라는 문자열을 지우기 위해 마우스 왼쪽 버튼 클릭해서 선택한 후 마우스 오른쪽 버튼을 클릭하면 빠른 메뉴 상자가 나타난다. 이 빠른 메뉴 상자에서 [삭제]를 선택하면 삭제되며 또는 간단하게 Del키를 클릭해도 된다. [확인] 버튼과 [취소] 버튼도 마찬가지로 삭제한다.

Step 12 다음의 표와 같이 컨트롤들을 만든다.

컨트롤	Static Text	Progress	Button	Button
ID	IDC_STATIC	IDC_PROGRESS	IDC_BUTT_START	IDC_BUTT_EXIT
Caption	Progress컨트롤		시작	종료
멤버 변수 이름		m_ctlPro		
범주		Control		
변수 형식		CProgressCtrl		
메시지			BN_CLICKED	BN_CLICKED
멤버 함수 이름			OnButtStart	OnButtExit

Step 13 [시작]버튼을 더블클릭 다음의 소스코드를 써넣는다.

```
void CCtlProDlg::OnButtStart()
{
    // TODO : 여기에 컨트롤 알림 처리기 코드를 추가합니다.
    m_ctlPro.SetRange(0,19);
    m_ctlPro.SetStep(1);

    for(int a=0; a<=18; a++)
    {
        m_ctlPro.StepIt();
        Sleep(100);
    }
}
```

함수설명

void SetRange(short nLower, short nUpper);
⇨ 진행 폭을 지정한다.

short nLower
⇨ 최소값을 지정한다.

short nUpper
⇨ 최대값을 지정한다.

int SetStep(int nStep);
⇨ 얼마씩 진행할 것인지를 지정한다.

int nStep
⇨ 값을 지정한다.

int StepIt( );
⇨ SetStep()함수로 설정한 것을 토대로 진행한다.

```
VOID Sleep(
   DWORD dwMilliseconds    // sleep time in milliseconds
);
```
⇨ 소스코드를 지연되게 한다.

DWORD dwMilliseconds
⇨ 지연되게 할 초를 지정한다. 1000을 지정하면 1초를 지연하는 것이다.

소스코드 설명

m_ctlPro.SetRange(0,19);
⇨ 진행 폭을 0부터 19까지 지정하였다.

m_ctlPro.SetStep(1);
⇨ 1씩 진행된다.

```
for(int a=0; a<=18; a++)
{
   m_ctlPro.StepIt();
   Sleep(100);
}
```
⇨ for문을 이용하여 StepIt()함수를 여러 번 호출하며, for문이 워낙 빠르기 때문에 Sleep()함수를 이용하여 for문의 속도를 느려지게 하였다.

Step 14 [종료]버튼을 더블클릭한 후 함수를 만든 뒤 다음의 소스코드를 써넣는다.

```
void CCtlProDlg::OnButtExit()
{
    // TODO : 여기에 컨트롤 알림 처리기 코드를 추가합니다.
    OnOK();
}
```

Step 15 컴파일 한 후 실행 시켜본다.

3-6 리스트 상자(List Box)

리스트 상자의 주 용도는 많은 문자열을 가지런히 정리하고 싶을 때 주로 사용된다.

실습 1 리스트 상자에 목록을 추가, 삭제

우리가 만들 프로그램은 다음의 그림이다.

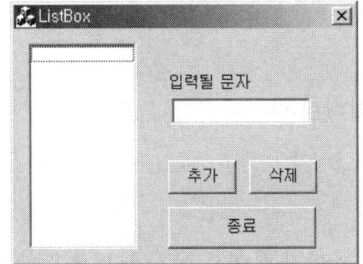

에디터 상자에 문자열을 입력하고 [추가]버튼을 클릭하면 다음과 같이 리스트 상자에 목록이 추가되는 것을 볼 수 있다.

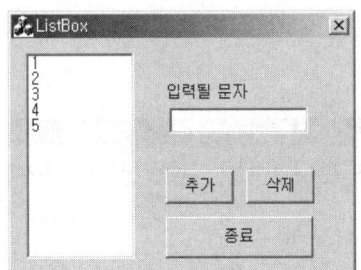

리스트 상자에 있는 목록을 지우기 위해서는 리스트 상자에서 목록을 선택하고 [삭제] 버튼을 클릭하면 다음과 같이 목록이 삭제되는 것을 볼 수 있다.

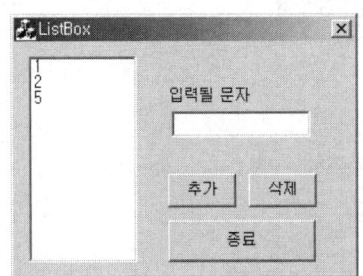

따라하기

Step 01 메뉴에서 [파일] → [새로 만들기] → [프로젝트]를 선택한다.

Step 02 '새 프로젝트' 창이 뜨면 프로젝트 형식을(MFC 응용 프로그램) 선택하고,

Step 03 프로젝트 이름(ListBox)을 지정하고,

Step 04 폴더 위치(C:\source)를 지정하고

Step 05 '솔루션용 디렉터리 만들기'에 체크 해제한다.

Step 06 [확인] 버튼을 클릭하고 다음 단계로 넘어 간다.

Step 07 'MFC 응용 프로그램 마법사' 창이 나타나면

Step 08 '응용 프로그램 종류'를 클릭하고

Step 09 '응용 프로그램 종류'를 '대화 상자 기반'으로 설정하고

Step 10 '유니코드 라이브러리 사용'에 체크 해제한다.

Step 11 [마침] 버튼을 누른다.

Step 12 우선 다이얼로그 상자에 표시되어 있는 "TODO: 여기에 대화 상자 컨트롤을 배치합니다."라는 문자열을 지우기 위해 마우스 왼쪽 버튼 클릭해서 선택한 후 마우스 오른쪽 버튼을 클릭하면 빠른 메뉴 상자가 나타난다. 이 빠른 메뉴 상자에서 [삭제]를 선택하면 삭제되며 또는 간단하게 Del키를 클릭해도 된다. [확인] 버튼과 [취소] 버튼도 마찬가지로 삭제한다.

Step 13 다음의 표와 같이 컨트롤들을 만든다.

컨트롤	List Box	Static Text	Edit Box	Button
ID	IDC_LISTBOX	IDC_STATIC	IDC_EDIT_INPUT	IDC_BUTT_ADD
Caption		입력될 문자		추가
멤버 변수 이름	m_cListBox		m_strInput	
범주	Control		Value	
변수 형식	CListBox		CString	
메시지				BN_CLICKED
멤버 함수 이름				OnButtAdd

컨트롤	Button	Button
ID	IDC_BUTT_DELETE	IDC_BUTT_EXIT
Caption	삭제	종료
멤버 변수 이름		
범주		
변수 형식		
메시지	BN_CLICKED	BN_CLICKED
멤버 함수 이름	OnButtDelete	OnButtExit

Chapter 03 기초 프로그래밍

Step 14 [추가]버튼을 더블클릭한 후 함수를 만든 뒤 다음의 소스코드를 써넣는다.

```
void CListBoxDlg::OnButtAdd()
{
    // TODO : 여기에 컨트롤 알림 처리기 코드를 추가합니다.
    UpdateData(TRUE);
    m_cListBox.AddString(m_strInput);
    m_strInput="";
    UpdateData(FALSE);
}
```

함수설명

한 개의 함수만 알면 되므로 그리 복잡하지 않다.

int AddString(LPCTSTR lpszItem);
⇨ 함수 이름 그대로 문자열을 추가한다.

LPCTSTR lpszItem
⇨ 추가될 문자열을 지정한다.

소스코드 설명

UpdateData(TRUE);
⇨ 에디터 상자에 있는 문자열을 변수에 저장되어야 하므로 UpdateData()함수에 TRUE값을 주었다.

m_cListBox.AddString(m_strInput);
⇨ 리스트 상자의 변수에 AddString()함수를 이용하여 문자열을 추가한다.

m_strInput="";
⇨ 리스트 상자에 문자열이 추가되고 난 후 에디터 상자를 지우기 위해 에디터 상자의 변수인 m_strInput변수에 NULL값을 넣어준다.

UpdateData(FALSE);
⇨ 변수에 있는 값을 에디터 상자로 보내기 위해 FALSE값을 주었다.

Step 15 [삭제]버튼을 더블클릭한 후 함수를 만든 뒤 다음의 소스코드를 써넣는다.

```cpp
void CListBoxDlg::OnButtDelete()
{
    // TODO : 여기에 컨트롤 알림 처리기 코드를 추가합니다.
    int nList=0;
    nList=m_cListBox.GetCurSel();
    m_cListBox.DeleteString(nList);
}
```

함수설명

int GetCurSel( ) const;
⇨ 선택된 목록의 인덱스를 리턴한다.

int DeleteString(UINT nIndex);
⇨ 목록의 인덱스를 삭제한다.

UINT nIndex
⇨ 삭제할 인덱스를 지정한다.

소스코드 설명

int nList=0;
⇨ 목록에서 선택된 인덱스를 받기 위해 정수형 변수를 만든다.

nList=m_cListBox.GetCurSel();
⇨ 이 함수를 이용해서 우리가 선택한 목록의 인덱스를 알아온다.

m_cListBox.DeleteString(nList);
⇨ 선택한 목록의 인덱스를 삭제한다.

Step 16 [종료]버튼을 더블클릭한 후 함수를 만든 뒤 다음의 소스코드를 써넣는다.

```cpp
void CListBoxDlg::OnButtExit()
{
    // TODO : 여기에 컨트롤 알림 처리기 코드를 추가합니다.
    OnOK();
}
```

Step 17 컴파일 한 후 실행 시켜본다.

Chapter 03 기초 프로그래밍

실습 2 리스트 상자의 목록을 변수로 저장

□ 소스폴더 source\ListBox2 □

이번에는 리스트 상자의 목록을 선택하면 그 목록을 변수로 저장하는 방법에 대하여 알아보겠다.

우리가 만들 프로그램은 다음의 그림이다.

리스트 상자의 목록을 선택하면 목록에 따라 메시지상자에 각기 다른 동물의 이름이 출력된다.

0을 선택했을 경우   1을 선택했을 경우   2를 선택했을 경우

따라하기

Step by Step

Step 01) 메뉴에서 [파일] → [새로 만들기] → [프로젝트]를 선택한다.

Step 02) '새 프로젝트' 창이 뜨면 프로젝트 형식을(MFC 응용 프로그램) 선택하고,

Step 03) 프로젝트 이름(ListBox2)을 지정하고,

Step 04) 폴더 위치(C:\source)를 지정하고

Step 05) '솔루션용 디렉터리 만들기'에 체크 해제한다.

Step 06) [확인] 버튼을 클릭하고 다음 단계로 넘어 간다.

Step 07) 'MFC 응용 프로그램 마법사' 창이 나타나면

Step 08) '응용 프로그램 종류'를 클릭하고

Step 09) '응용 프로그램 종류'를 '대화 상자 기반'으로 설정하고

Step 10) '유니코드 라이브러리 사용'에 체크 해제한다.

Step 11) [마침] 버튼을 누른다.

Step 12) 우선 다이얼로그 상자에 표시되어 있는 "TODO: 여기에 대화 상자 컨트롤을 배치합니다."라는 문자열을 지우기 위해 마우스 왼쪽 버튼 클릭해서 선택한 후 마우스 오른쪽 버튼을 클릭하면 빠른 메뉴 상자가 나타난다. 이 빠른 메뉴 상자에서 [삭제]를 선택하면 삭제되며 또는 간단하게 Del키를 클릭해도 된다. [확인] 버튼과 [취소] 버튼도 마찬가지로 삭제한다.

Step 13) 다음의 표와 같이 컨트롤들을 만든다.

컨트롤	List Box	Static Text	Button
ID	IDC_LIST	IDC_STATIC	IDC_BUTT_EXIT
Caption		리스트 상자 두 번째	종료
멤버 변수 이름	m_cListBox		
범주	Control		
변수 형식	CListBox		
메시지	LBN_DBLCLK		BN_CLICKED
멤버 함수 이름	OnDblclkList		OnButtExit

Step 14) 위 컨트롤이 모두 완성되면 메뉴의 [보기] → [개체 브라우저]의 [CListBox2Dlg]에서 OnInitDialog()함수를 더블클릭한 후 다음과 같이 추가한다.

```
BOOL CListBox2Dlg::OnInitDialog()
{
    CDialog::OnInitDialog();
        .
        .
        .
    // Set the icon for this dialog.  The framework does this automatically
    // when the application's main window is not a dialog
    SetIcon(m_hIcon, TRUE);            // Set big icon
    SetIcon(m_hIcon, FALSE);           // Set small icon

    // TODO: Add extra initialization here
    char szText[]="  ";
    for(int i=0; i<3; i++)
    {
        sprintf(szText,"%d",i);
        m_cListBox.AddString(szText);
    }

    return TRUE;  // return TRUE  unless you set the focus to a control
}
```

Step 15 리스트 상자의 LBN_DBLCLK 메시지에 함수를 만든 후 다음의 소스코드를 입력한다. 이 메시지는 리스트 상자의 목록을 더블클릭하면 발생하는 메시지이다.

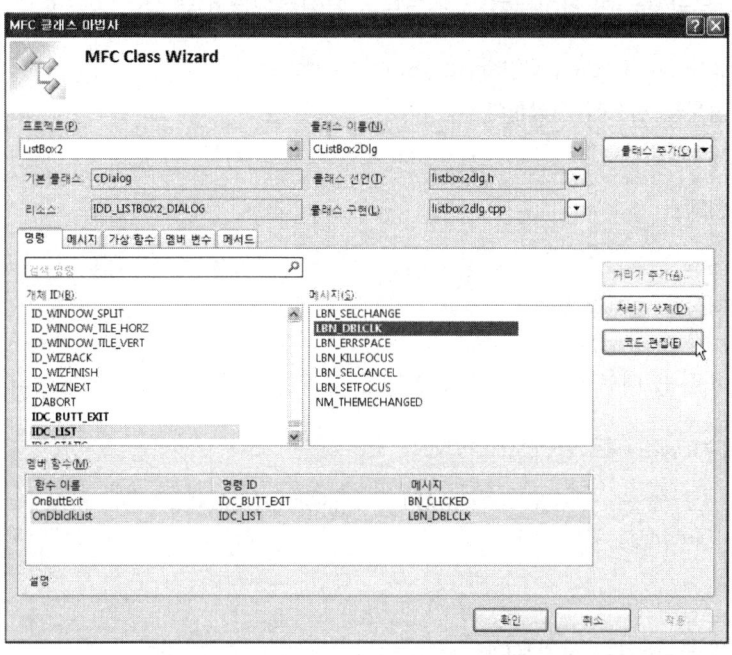

```
void CListBox2Dlg::OnDblclkList()
{
    // TODO: Add your control notification handler code here
    CString szText;
    int nList=0;

    nList=m_cListBox.GetCurSel();

    if(nList==0)
    {
        m_cListBox.GetText(nList,szText);
        MessageBox(szText+". 원숭이","알림",NULL);
    }
    else if(nList==1)
    {
        m_cListBox.GetText(nList,szText);
        MessageBox(szText+". 호랑이","알림",NULL);
    }
    else if(nList==2)
    {
        m_cListBox.GetText(nList,szText);
        MessageBox(szText+". 사자","알림",NULL);
    }
}
```

함수설명

여기에서 사용된 함수만 알아보자. 소스코드는 간단하므로 따로 설명을 할 필요가 없겠다.

void GetText(int nIndex, CString& rString) const;
⇨ 선택된 목록을 변수에 저장한다.

int nIndex
⇨ 목록의 인덱스

CString& rString
⇨ 목록을 저장할 문자열 변수

Step 16 [종료]버튼을 더블클릭한 후 함수를 만든 뒤 다음의 소스코드를 써넣는다.

```
void CListBox2Dlg::OnButtExit()
{
    // TODO: Add your control notification handler code here
    OnOK();
}
```

Step 17 컴파일 한 후 실행 시켜본다.

3-7 리스트 컨트롤(List Control)

이번에는 리스트 컨트롤에 칼럼 만드는 방법을 알아보겠다.

리스트 컨트롤은 리스트 상자(List Box)의 발전된 컨트롤로 리스트 상자와는 다르게 다음 그림과 같이 칼럼이라는 것이 있어 목록을 좀 더 자세히 구분할 수 있게 해준다.

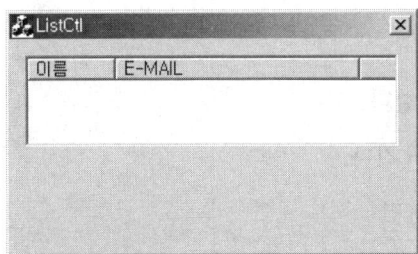

물론 리스트 컨트롤에서 칼럼만 제공하는 것이 아니라 칼럼 외의 여러 가지 기능을 제공한다.

리스트 컨트롤은 다음의 그림을 참고한다.

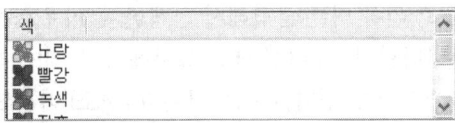

실습 1 칼럼 만들기

□ 소스폴더 source\ListCtl □

우리가 첫 번째로 만들어볼 프로그램은 다음의 그림이다.

단지 칼럼밖에 없어서 썰렁할지도 모르겠다. 하지만 한 번에 많은 것을 알기보다는 조금씩 알아 가는 것이 좋을 거 같아서 칼럼만 만들어 보았다.

따라하기

Step 01 메뉴에서 [파일] → [새로 만들기] → [프로젝트]를 선택한다.

Step 02 '새 프로젝트' 창이 뜨면 프로젝트 형식을(MFC 응용 프로그램) 선택하고,

Step 03 프로젝트 이름(ListCtl)을 지정하고,

Step 04 폴더 위치(C:\source)를 지정하고

Step 05 '솔루션용 디렉터리 만들기'에 체크 해제한다.

Step 06 [확인] 버튼을 클릭하고 다음 단계로 넘어 간다.

Step 07 'MFC 응용 프로그램 마법사' 창이 나타나면

Step 08 '응용 프로그램 종류'를 클릭하고

Step 09 '응용 프로그램 종류'를 '대화 상자 기반'으로 설정하고

Step 10 '유니코드 라이브러리 사용'에 체크 해제한다.

Step 11 [마침] 버튼을 누른다.

Step 12 우선 다이얼로그 상자에 표시되어 있는 "TODO: 여기에 대화 상자 컨트롤을 배치합니다."라는 문자열을 지우기 위해 마우스 왼쪽 버튼 클릭해서 선택한 후 마우스 오른쪽 버튼을 클릭하면 빠른 메뉴 상자가 나타난다. 이 빠른 메뉴 상자에서 [삭제]를 선택하면 삭제되며 또는 간단하게 Del 키를 클릭해도 된다. [확인] 버튼과 [취소] 버튼도 마찬가지로 삭제한다.

Step 13 다음의 표와 같이 컨트롤들을 만든다.

컨트롤	List Control
ID	IDC_LIST_CTL
Caption	
멤버 변수 이름	m_ListC
범주	Control
변수 형식	CListCtrl

Chapter 03 기초 프로그래밍

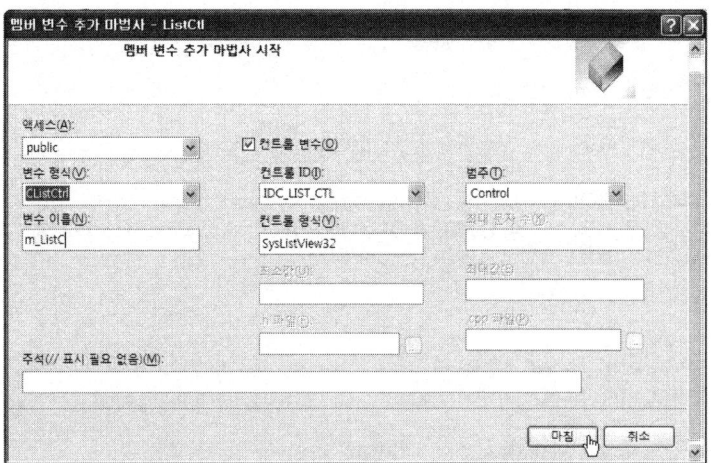

Step 14 리스트 컨트롤을 작성한 후 속성 창에서 [View]를 "Report"로 선택해 준다. 이는 리스트 컨트롤의 목록을 칼럼 형식으로 사용하겠다는 것이다.

Step 15 클래스 마법사에서 [가상함수] 탭을 클릭한 후 OnInitDialog()함수에 [코드 편집] 버튼을 클릭한 후 다음과 같이 추가로 입력한다.

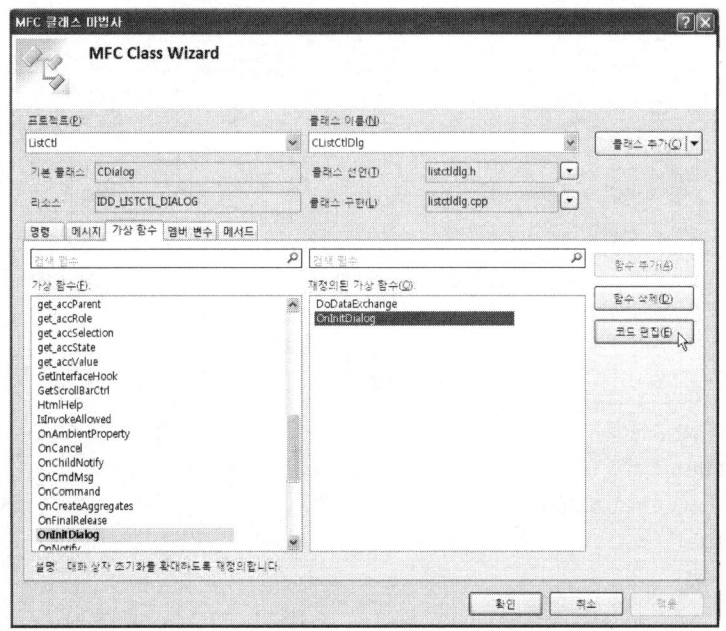

```
BOOL CListCtlDlg::OnInitDialog()
{
    CDialog::OnInitDialog();

    // Add "About..." menu item to system menu.

    // IDM_ABOUTBOX must be in the system command range.
    ASSERT((IDM_ABOUTBOX & 0xFFF0) == IDM_ABOUTBOX);
    ASSERT(IDM_ABOUTBOX < 0xF000);

        .
        .
        .
    SetIcon(m_hIcon, TRUE);         // Set big icon
    SetIcon(m_hIcon, FALSE);        // Set small icon

    // TODO: Add extra initialization here
    char *szText[2]={"이름","E-MAIL"};
    int nWid[2]={65,180};

    LV_COLUMN lCol;

    lCol.mask=LVCF_FMT|LVCF_SUBITEM|LVCF_TEXT|LVCF_WIDTH;
    lCol.fmt=LVCFMT_LEFT;

    for(int i=0 ; i<2; i++)
    {
        lCol.pszText=szText[i];
        lCol.iSubItem=i;
        lCol.cx=nWid[i];
        m_ListC.InsertColumn(i,&lCol);
    }
    return TRUE;  // return TRUE  unless you set the focus to a control
}
```

함수설명

```
typedef struct _LVCOLUMN {
    UINT mask;
    int fmt;
    int cx;
    LPTSTR pszText;
    int cchTextMax;
    int iSubItem;
#if (_WIN32_IE >= 0x0300)
    int iImage;
    int iOrder;
#endif
```

} LVCOLUMN, FAR *LPLVCOLUMN;
⇨ 이 구조체는 칼럼을 정의할 때 사용된다.

UINT mask;
⇨ 이 구조체의 기능을 확장할 플래그를 지정한다.

LVCF_FMT
⇨ fmt확장

LVCF_SUBITEM
⇨ iSubItem확장

LVCF_TEXT
⇨ pszText확장

LVCF_WIDTH
⇨ cx확장

int fmt;
⇨ 칼럼의 정렬을 어떻게 할 것인지 설정한다.

LVCFMT_CENTER
⇨ 가운데 정렬

LVCFMT_LEFT
⇨ 왼쪽 정렬

LVCFMT_RIGHT
⇨ 오른쪽 정렬

int cx;
⇨ 칼럼의 넓이를 지정

LPTSTR pszText;
⇨ 칼럼의 제목지정

int cchTextMax;
⇨ 제목의 크기를 지정

int iSubItem;
⇨ 서브 아이템의 넘버를 지정

int InsertColumn(int nCol, const LVCOLUMN* pColumn);
⇨ LVCOLUMN구조체로 만들어진 값을 토대로 리스트 컨트롤에 칼럼을 삽입한다.

int nCol
⇨ 칼럼의 넘버를 지정

const LVCOLUMN* pColumn
⇨ LVCOLUMN구조체의 포인터

소스코드 설명

char *szText[2]={"이름","E-MAIL"};
⇨ 칼럼의 이름을 사용할 변수를 선언

int nWid[2]={65,180};
⇨ 칼럼의 각각의 넓이를 지정할 변수 선언

LV_COLUMN lCol;
⇨ 칼럼을 정의할 구조체 선언

lCol.mask=LVCF_FMT|LVCF_SUBITEM|LVCF_TEXT|LVCF_WIDTH;
⇨ 확장할 플래그들을 지정

lCol.fmt=LVCFMT_LEFT;
⇨ 칼럼을 왼쪽으로 정렬

for(int i=0 ; i<2; i++)
{
⇨ 칼럼이 하나면 괜찮은데 이 프로그램에서는 하나 이상의 칼럼을 사용하므로 for문을 이용하였다.

    lCol.pszText=szText[i];
⇨ 칼럼의 이름을 지정

    lCol.iSubItem=i;
⇨ 서브아이템의 넘버를 지정
    즉! 칼럼의 인덱스를 지정한다.

    lCol.cx=nWid[i];
⇨ 각 칼럼의 넓이를 지정

    m_ListC.InsertColumn(i,&lCol);
⇨ 리스트 컨트롤에 칼럼을 추가한다.

Step 16 컴파일 한 후 실행 시켜본다.

실습 2 목록 추가

□ 소스폴더 source₩ListCtl □

이번에는 위의 칼럼 만들기에 이어서 칼럼에 목록을 추가 방법에 대하여 알아보겠다. 리스트 상자에 목록을 추가하는 것보다는 복잡하다

우리가 만들 프로그램은 다음의 그림이다.

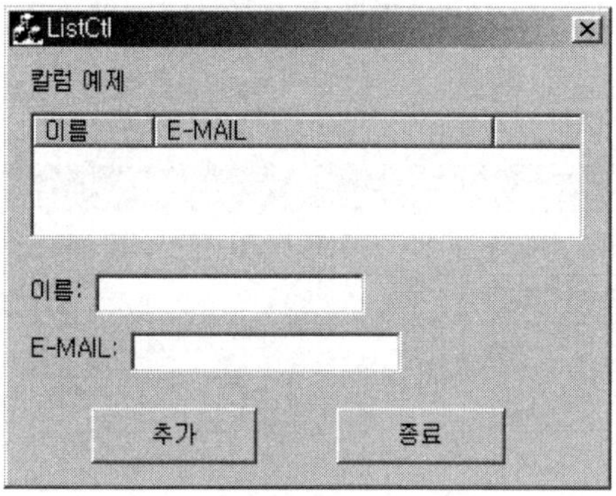

에디터 상자에 문자열을 입력하고 [추가]버튼을 클릭하면 리스트 컨트롤에 다음과 같이 목록이 추가된다.

따라하기

Step 01 다음의 표를 보고 추가로 컨트롤을 만든다.

컨트롤	Static Text	Static Text	Edit Box	Static Text
ID	IDC_STATIC	IDC_STATIC	IDC_EDIT_NAME	IDC_STATIC
Caption	칼럼 예제	이름:		E-Mail:
멤버 변수 이름			m_strName	
범주			Value	
변수 형식			CString	
메시지				
멤버 함수 이름				

컨트롤	Edit Box	Button	Button
ID	IDC_EDIT_MAIL	IDC_BUTT_ADD	IDC_BUTT_EXIT
Caption		추가	종료
멤버 변수 이름	m_strMail		
범주	Value		
변수 형식	CString		
메시지		BN_CLICKED	BN_CLICKED
멤버 함수 이름		OnButtAdd	OnButtExit

Step 02 [추가]버튼을 더블클릭한 후 함수를 만든 뒤 다음의 소스코드를 써넣는다.

```
void CListCtlDlg::OnButtAdd()
{
    // TODO: Add your control notification handler code here
    char szText[50]="";
    int nIndex=0;

    UpdateData(TRUE);

    LVITEM lItem;

    lItem.mask=LVIF_TEXT;
    lItem.iItem=nIndex;

    lItem.iSubItem=0;
    sprintf(szText,"%s",m_strName);
    lItem.pszText=(LPSTR)szText;
    m_ListC.InsertItem(&lItem);

    lItem.iSubItem=1;
```

```
    sprintf(szText,"%s",m_strMail);
    lItem.pszText=(LPSTR)szText;
    m_ListC.SetItem(&lItem);

    m_strName="";
    m_strMail="";

    nIndex++;
    UpdateData(FALSE);
}
```

함수설명

```
typedef struct _LVITEM {
    UINT    mask;
    int     iItem;
    int     iSubItem;
    UINT    state;
    UINT    stateMask;
    LPTSTR  pszText;
    int     cchTextMax;
    int     iImage;
    LPARAM lParam;
#if (_WIN32_IE >= 0x0300)
    int iIndent;
#endif
} LVITEM, FAR *LPLVITEM;
```

⇨ 이 구조체는 리스트 컨트롤의 목록을 정의할 때 사용된다.

UINT   mask;

⇨ 이 구조체의 기능을 확장할 플래그를 지정한다.

LVIF_TEXT

⇨ pszText확장

LVIF_IMAGE

⇨ iImage확장

LVIF_PARAM

⇨ lParam확장

LVIF_STATE
⇨ state확장

int   iItem;
⇨ 목록의 번호를 지정한다. 이 번호에 따라 몇 번째 목록에 등록되는지 결정된다.

int   iSubItem;
⇨ 세부 항목의 번호를 지정한다.

UINT   state;
⇨ 목록의 현재 상태를 지정한다.

UINT   stateMask;
⇨ 어떤 상태가 가능한가를 지정한다.

LVIS_CUT
⇨ 잘라내기가 된 상태이며 텍스트와 이미지가 흐리게 나타난다.

LVIS_DROPHILITED
⇨ 드래그 앤 드롭의 목표가 되어 있는 상태.

LVIS_FOCUS
⇨ 포커를 가지고 있는 상태이고, 목록 주변에는 점으로 된 직사각형이 생긴다.

LVIS_SELECTED
⇨ 선택되어 있는 상태이고, 목록이 파란색으로 반전된다.

LPTSTR pszText;
⇨ 목록의 이름

int   cchTextMax;
⇨ 목록 이름의 크기를 지정

int   iImage;
⇨ 목록의 왼쪽에 나타날 이미지 번호를 지정한다.

LPARAM lParam;
⇨ 목록별로 추가 정보를 가진다.

int InsertItem(const LVITEM* pItem);
⇨ 최상의 목록을 추가할 때 사용된다.

const LVITEM* pItem
⇨ LVITEM구조체에 대한 포인터

BOOL SetItem(const LVITEM* pItem);
➪ 최상의 목록 다음 하위 목록을 추가할 때 사용되는 함수이다.

const LVITEM* pItem
➪ LVITEM구조체에 대한 포인터

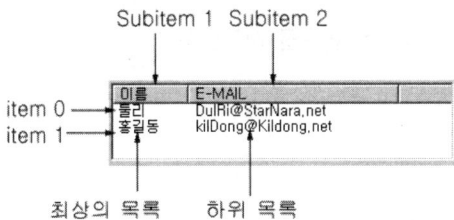

소스코드 설명

char szText[50]="";
➪ 문자열을 저장할 변수

int nIndex=0;
➪ 목록의 인덱스를 저장할 변수

UpdateData(TRUE);
LVITEM lItem;
➪ 이 구조체를 이용하여 목록에 대한 정보를 작성한다.

lItem.mask=LVIF_TEXT;
lItem.iItem=nIndex;
➪ 목록의 인덱스를 지정한다.
  즉! 각각의 번호를 준다.

lItem.iSubItem=0;
➪ 최상의 목록이므로 0을 준다.

sprintf(szText,"%s",m_strName);
➪ m_strName변수가 CSstring형이라 szText변수로 바로 값을 전송할 수가 없다. 그러므로 sprintf()함수를 이용하면 간단히 전송할 수 있다.

lItem.pszText=(LPSTR)szText;
➪ 목록의 내용을 지정

m_ListC.InsertItem(&lItem);
➪ 최상의 목록일 때만 InsertItem()함수를 사용한다.

```
lItem.iSubItem=1;
```
⇨ 하위 목록

```
sprintf(szText,"%s",m_strMail);
lItem.pszText=(LPSTR)szText;
m_ListC.SetItem(&lItem);
```
⇨ 최상의 목록이 아닌 하위 목록부터는 SetItem()함수를 사용한다.

```
m_strName="";
m_strMail="";
nIndex++;
```
⇨ 새로운 목록을 추가하기 위해 1값을 올린다.

```
UpdateData(FALSE);
```

Step 03 [종료]버튼을 더블클릭한 후 함수를 만든 뒤 다음의 소스코드를 써넣는다.

```
void CListCtlDlg::OnButtExit()
{
    // TODO: Add your control notification handler code here
    OnOK();
}
```

Step 04 컴파일 한 후 실행 시켜본다.

3-8 그림 상자(Picture Control) 만들기

그림 상자는 간단하게 다이얼로그 상자에 그림이나 아이콘을 표시하고 싶을 때 사용하면 아주 유용하다.

실습 1 리소스에 비트맵 파일 등록하기

□ 소스폴더 source\ImageCtl □

리소스란 간단하게 자원이라고 생각하면 된다. 비주얼 C++에서의 자원이라고 하면 비트맵, 아이콘, 대화상자 등등이 있다. 그림 상자에 비트맵 파일을 표시하기 위해서는 반드시 리소스에 등록해야 한다.

우리가 리소스에 등록할 리소스는 비트맵 파일과 아이콘 파일이다.

◎ BitMap.bmp

◎ jin3.ico

이 파일들은 부록파일의 source폴더에 있다. 여기서 한 가지 알아 둘 점은 비트맵 파일을 등록하는 방법과 아이콘 파일을 등록하는 방법이 동일하다. 그러므로 비트맵 파일을 등록하는 방법만 알아보자.

다음과 같은 순서로 비트맵 파일을 리소스에 등록하면 된다.

따라하기 *Step by Step*

Step 01 메뉴에서 [파일] → [새로 만들기] → [프로젝트]를 선택한다.
Step 02 '새 프로젝트' 창이 뜨면 프로젝트 형식을(MFC 응용 프로그램) 선택하고,
Step 03 프로젝트 이름(ImageCtl)을 지정하고,
Step 04 폴더 위치(C:\source)를 지정하고

Step 05) '솔루션용 디렉터리 만들기'에 체크 해제한다.

Step 06) [확인] 버튼을 클릭하고 다음 단계로 넘어 간다.

Step 07) 'MFC 응용 프로그램 마법사' 창이 나타나면

Step 08) '응용 프로그램 종류'를 클릭하고

Step 09) '응용 프로그램 종류'를 '대화 상자 기반'으로 설정하고

Step 10) '유니코드 라이브러리 사용'에 체크 해제한다.

Step 11) [마침] 버튼을 누른다.

Step 12) 우선 다이얼로그 상자에 표시되어 있는 "TODO: 여기에 대화 상자 컨트롤을 배치합니다."라는 문자열을 지우기 위해 마우스 왼쪽 버튼 클릭해서 선택한 후 마우스 오른쪽 버튼을 클릭하면 빠른 메뉴 상자가 나타난다. 이 빠른 메뉴 상자에서 [삭제]를 선택하면 삭제되며 또는 간단하게 Del 키를 클릭해도 된다. [확인] 버튼과 [취소] 버튼도 마찬가지로 삭제한다.

Step 13) 워크스페이스의 리소스 뷰에서 [ImageCtl]를 선택하고 마우스 오른쪽 버튼을 클릭하면 메뉴가 나타나는데 [추가] → [리소스]를 차례로 선택한다.

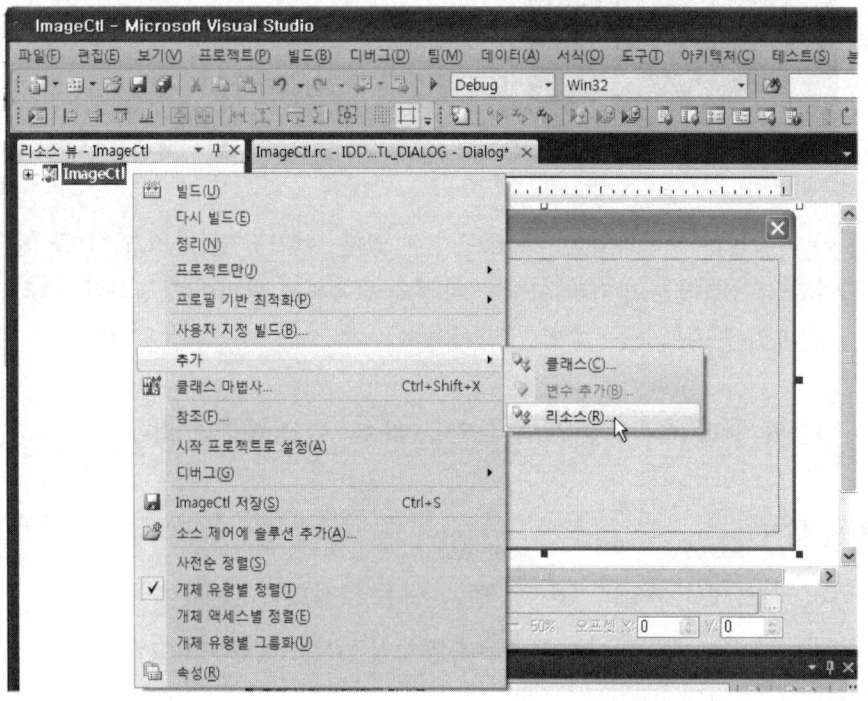

Step 14) 위 작업 결과 "리소스 추가" 대화 상자가 나타나는데 [Bitmap]을 선택하고 [가져오기] 버튼을 클릭한다. 참고로 여기서 [Icon]을 선택하면 아이콘 파일이 리소스에 등록하게 된다.

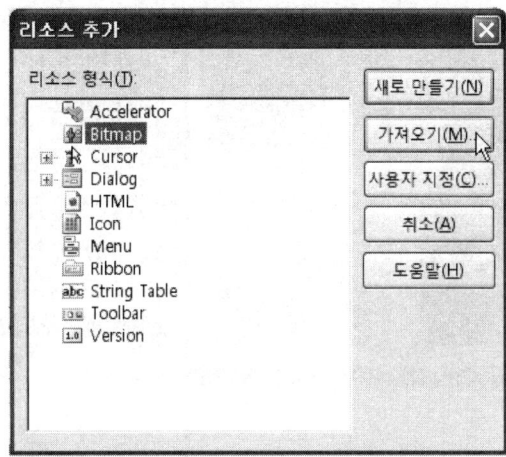

Step 15) 다음과 같이 "가져오기" 대화상자가 나타난다. 참고로 이 파일들은 부록파일의 source폴더에 있다.

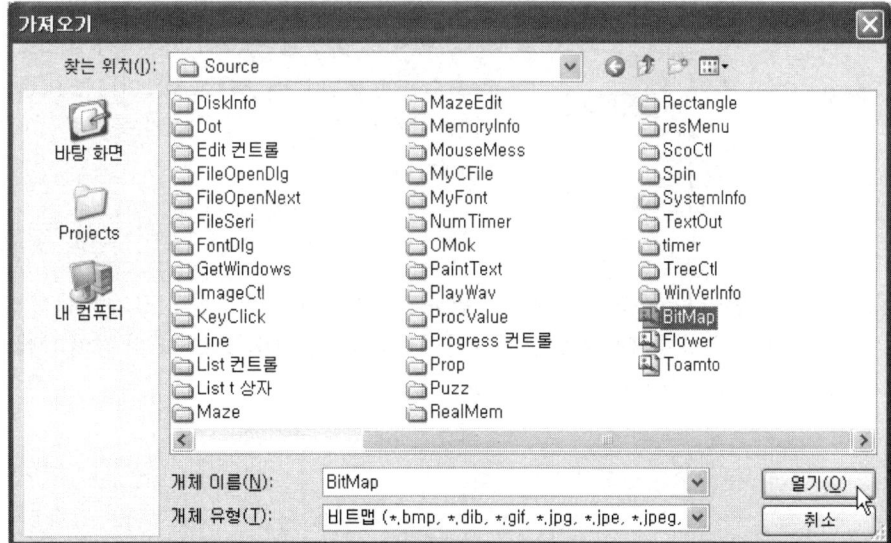

Step 16 [열기] 버튼을 클릭하면 다음과 같이 비트맵 파일이 리소스에 등록되었을 것이다.

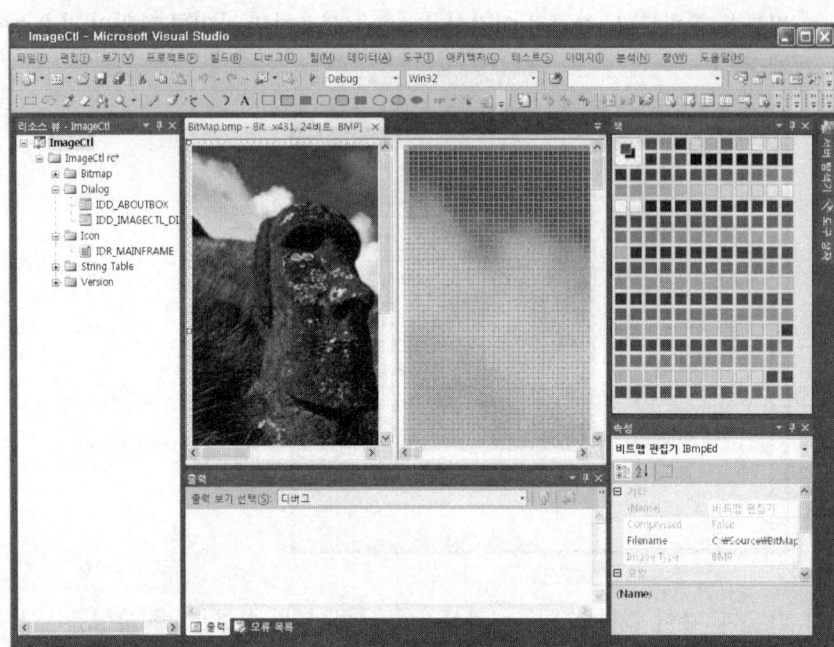

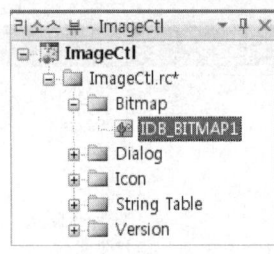

리소스에 등록된 비트맵 파일은 파일명이 나오는 것이 아니라 위의 그림과 같이 아이디라는 개념으로 등록된다. 리소스뷰에 보면 IDB_BITMAP1이라는 이름이 보일 것이다. 이게 바로 방금 전에 우리가 등록했던 비트맵 파일의 아이디이다.

Step 17 이 아이디를 우리가 사용하기 편하게끔 바꾸어 주어야 한다. IDB_BITMAP1을 선택하고 속성 창에서 비트맵 파일의 아이디(ID)를 IDB_IMAGE 와 같이 같이 변경한다.

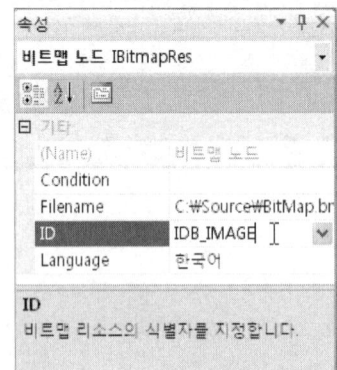

Step 18 여지까지 하였다면 비트맵 파일을 리소스에 등록 한 것이다. 이와 같은 방식으로 jin3.ico아이콘 파일도 다음과 같이 리소스에 등록하기 바란다. 단 아이디(ID)는 "IDI_ICON"으로 한다.

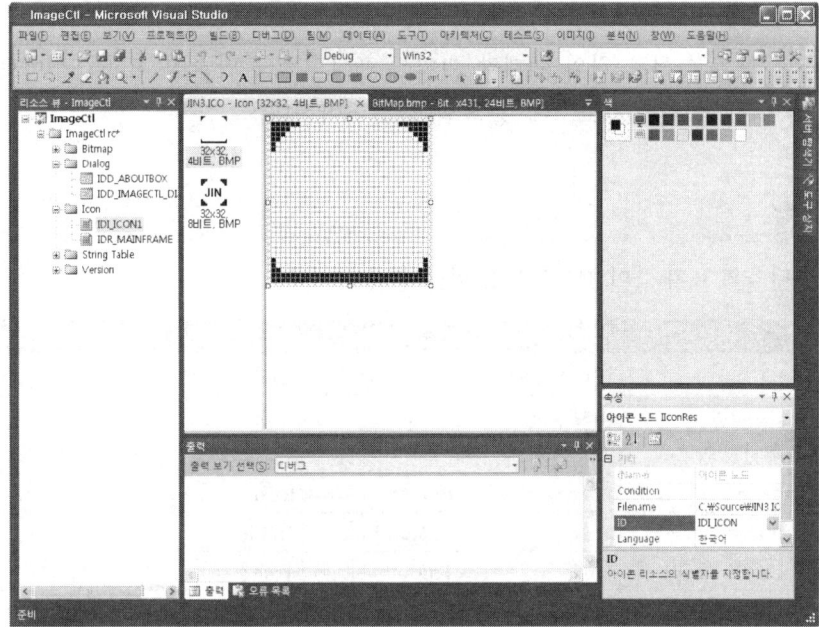

실습 2 그림 상자에 이미지 표시하기

□ 소스폴더 source\ImageCtl □

이번에는 위의 리소스에 등록된 이미지(비트맵(Bitmap), 아이콘(Icon))들을 그림상자에 등록하는 방법에 대하여 알아보겠다. 우리가 만들 프로그램은 다음의 그림이다.

다이얼로그 상자를 보면 비트맵(Bitmap) 파일과 아이콘(Icon) 파일의 그림이 표시된 것을 볼 수 있다. 그림 상자를 이용하면 소스코드 한 줄 안 쓰고 이렇게 간단하게 다이얼로그 상자에 원하는 이미지들을 표시할 수 있다.

다음과 같은 순서로 위의 예제와 이어서 프로그램을 만들면 된다. 단 비트맵 파일과 아이콘 파일이 리소스에 등록되어 있어야한다.

따라하기

Step 01 다음의 표와 같이 컨트롤들을 만든다.

컨트롤	Static Text	Picture	Picture	Button
ID	IDC_STATIC	IDC_STATIC	IDC_STATIC	IDC_BUTT_EXIT
Caption	그림상자			종료
메시지				BN_CLICKED
Type		Bitmap	Icon	
Image		BitMap.bmp	jin3.ico	
Center Image		True	True	
멤버 함수 이름				OnClickedButtExit

Step 02 비트맵이 표시될 Picture 컨트롤의 속성 창에서 Type은 Bitmap를 선택하고 Image를 보면 전에 등록했던 비트맵 파일의 아이디가 보일 것이다. 그러면 이를 선택해 주기만 하면 된다.

Step 03 아이콘 파일은 Type에서 Icon을 선택하고 마찬가지로 Image를 보면 전에 등록했던 아이콘파일의 아이디가 보일 것이다. 그러면 이를 선택하면 된다.

Step 04 [종료]버튼을 더블클릭한 후 함수를 만든 뒤 다음의 소스코드를 써넣는다.

```
void CImageCtlDlg::OnButtExit()
{
    // TODO: Add your control notification handler code here
    OnOK();
}
```

Step 05 컴파일 한 후 실행 시켜본다.

3-9 메뉴(Menu)

이번에는 메뉴에 대하여 알아보겠다.

우리가 만들 프로그램은 다음의 그림이다.

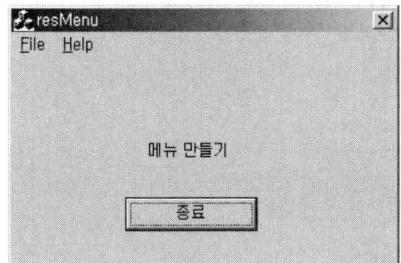

아직 소스코드를 써넣지 않았으므로 메뉴를 클릭해도 아무 일도 발생하지 않는다.
File 메뉴에는 다음과 같이 하위 메뉴가 존재한다.

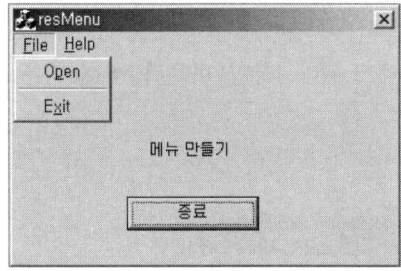

Help메뉴에는 다음과 같이 하위 메뉴가 존재한다.

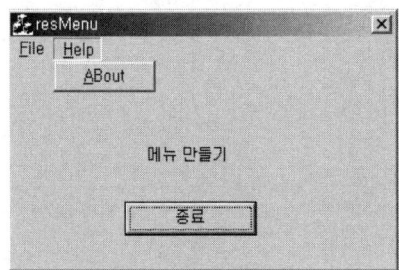

따라하기

Step 01 메뉴에서 [파일] → [새로 만들기] → [프로젝트]를 선택한다.

Step 02 '새 프로젝트' 창이 뜨면 프로젝트 형식을(MFC 응용 프로그램) 선택하고,

Step 03 프로젝트 이름(resMenu)을 지정하고,

Step 04 폴더 위치(C:\source)를 지정하고

Step 05 '솔루션용 디렉터리 만들기'에 체크 해제한다.

Step 06 [확인] 버튼을 클릭하고 다음 단계로 넘어 간다.

Step 07 'MFC 응용 프로그램 마법사' 창이 나타나면

Step 08 '응용 프로그램 종류'를 클릭하고

Step 09 '응용 프로그램 종류'를 '대화 상자 기반'으로 설정하고

Step 10 '유니코드 라이브러리 사용'에 체크 해제한다.

Step 11 [마침] 버튼을 누른다.

Step 12 우선 다이얼로그 상자에 표시되어 있는 "TODO: 여기에 대화 상자 컨트롤을 배치합니다."라는 문자열을 지우기 위해 마우스 왼쪽 버튼 클릭해서 선택한 후 마우스 오른쪽 버튼을 클릭하면 빠른 메뉴 상자가 나타난다. 이 빠른 메뉴 상자에서 [삭제]를 선택하면 삭제되며 또는 간단하게 Del키를 클릭해도 된다. [확인] 버튼과 [취소] 버튼도 마찬가지로 삭제한다.

Step 13 다음의 표와 같이 컨트롤들을 만든다.

컨트롤	Static Text	Button
ID	IDC_STATIC	IDC_BUTT_EXIT
Caption	메뉴 만들기	종료
메시지		BN_CLICKED
멤버 함수 이름		OnClickedButtExit

Step 14) 워크스페이스의 리소스뷰에서 [resMenu]선택하고 오른쪽 마우스 버튼을 클릭하면 메뉴가 나타나는데 [추가] → [리소스]를 차례로 선택한다.

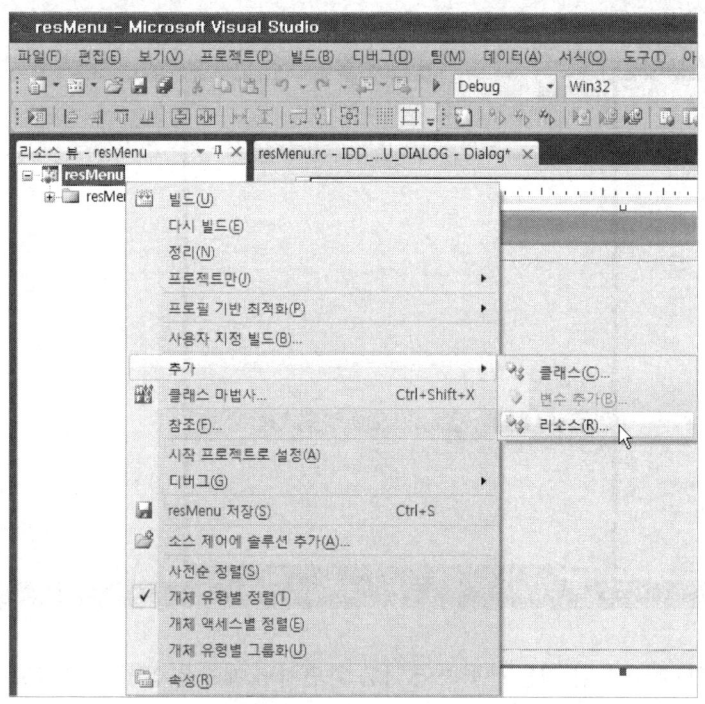

Step 15) 위 작업 결과 리소스 추가 대화 상자가 나타나는데 [Menu]를 더블클릭한다.

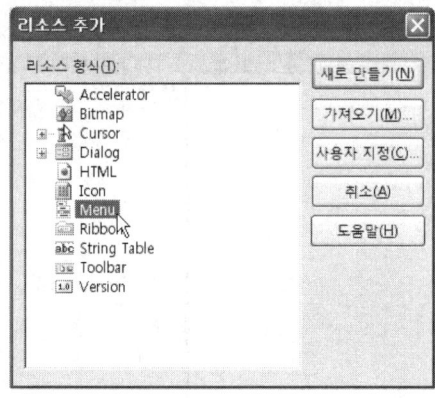

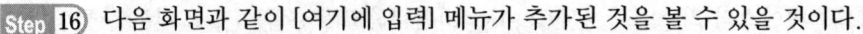

Step 16 다음 화면과 같이 [여기에 입력] 메뉴가 추가된 것을 볼 수 있을 것이다.

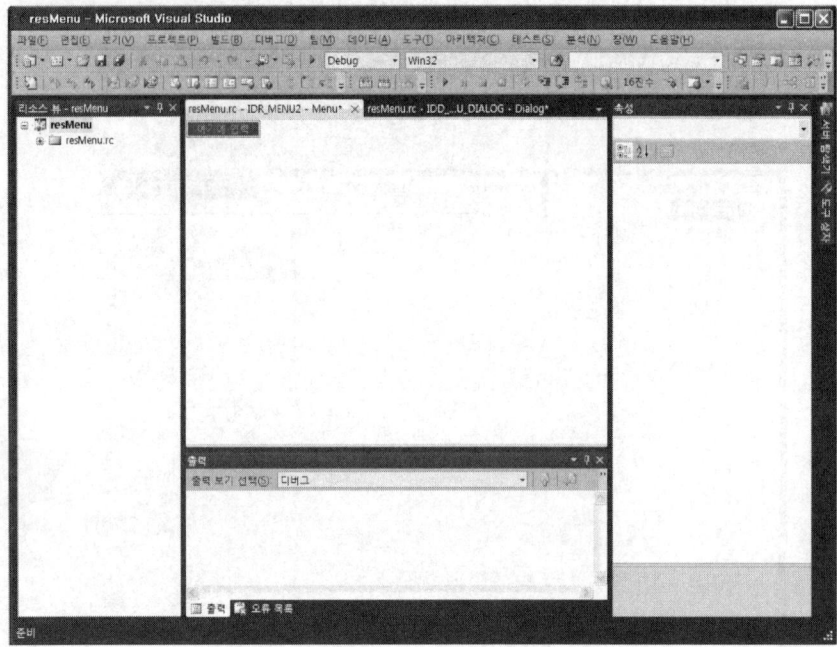

Step 17 위 화면의 [여기에 입력]을 클릭하면 다음 화면처럼 메뉴를 입력할 수 있도록 커서가 위치한다.

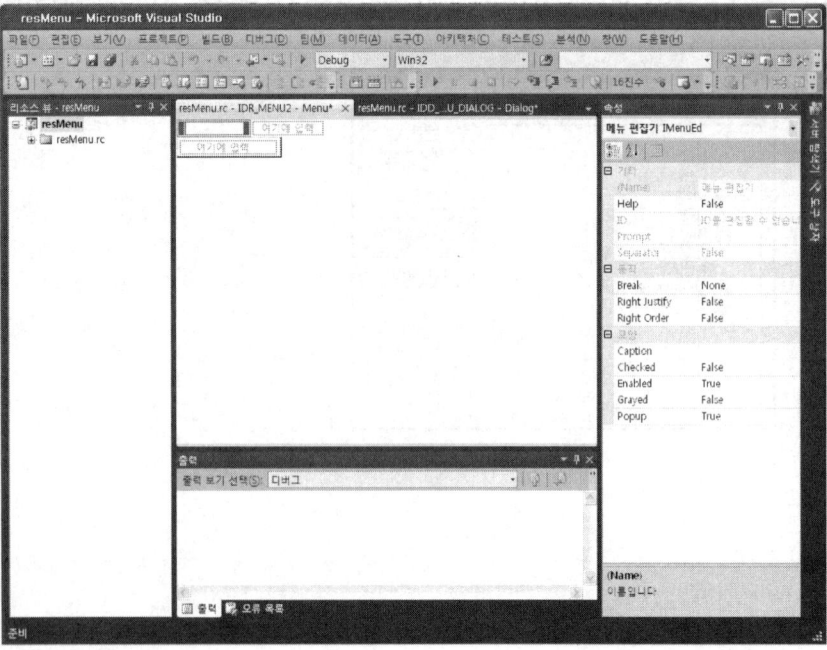

Step 18) 위 화면의 빈 란에 최상위 메뉴인 &File 라고 입력한다.

Step 19) 최상위 메뉴 [File]을 만들었다면 하위 메뉴 [Open]을 만들 수 있도록 위 화면의 &File 밑에 [여기에 입력]을 더블클릭한다. & 기호를 붙이는 이유는 Ctrl키를 사용한 단축키 기능을 부여하기 위해서 이다. 즉, &F는 Ctrl+F키를 사용해도 된다는 의미이다.

Step 20) 빈 란에는 O&pen이라고 입력한 후 속성 창의 ID는 FILE_OPEN 으로 한다.

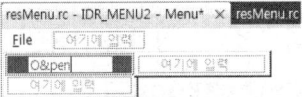

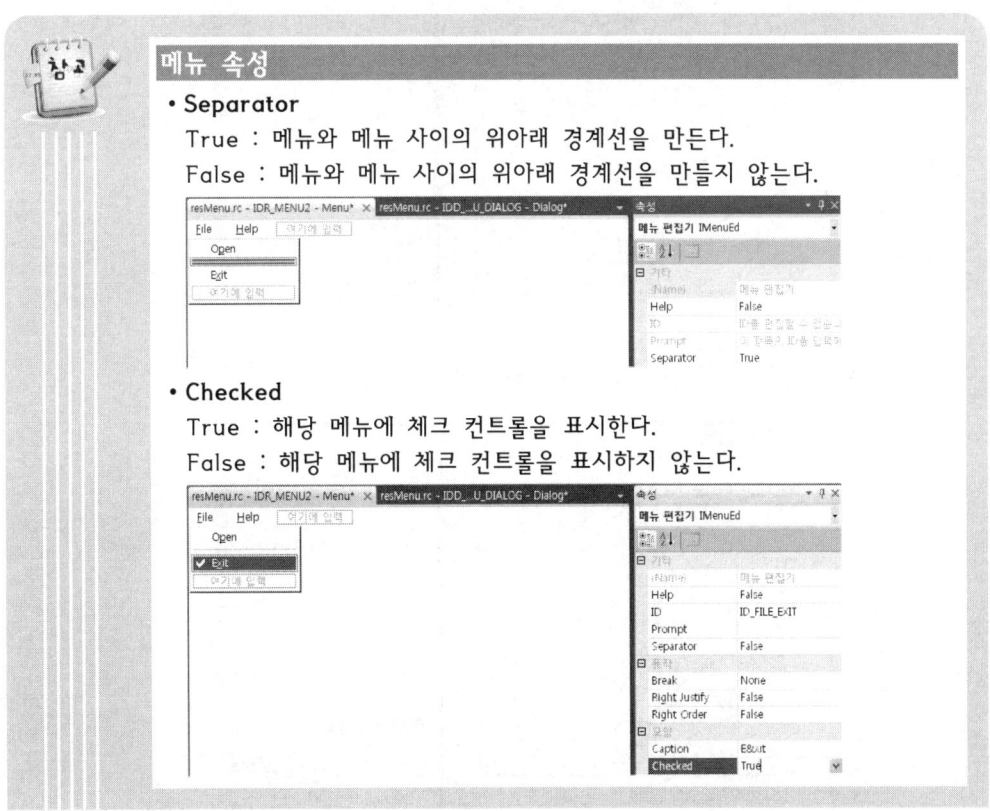

Step 21) 이제 Exit 메뉴를 만들기 위해 마찬가지로 [O&pen] 밑에 빈 메뉴를 선택하고 E&xit 이라고 입력한 후 ID는 FILE_EXIT 로 입력 한다.

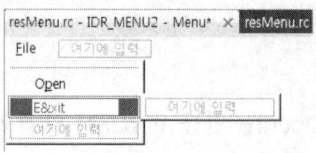

Step 22) 이와 같은 방식으로 다음의 그림을 참고하여 최상의 Help 메뉴와 ABout 메뉴를 만들도록 한다. 이때 Help 메뉴의 하위 메뉴인 ABout 메뉴를 만든 후 에는 속성 창의 ID를 HELP_ABOUT 로 입력한다.

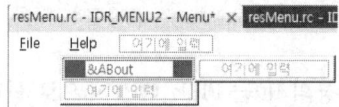

Step 23) 다이얼로그 상자에 메뉴를 연결하기 위해서 다이얼로그 상자를 선택한다.

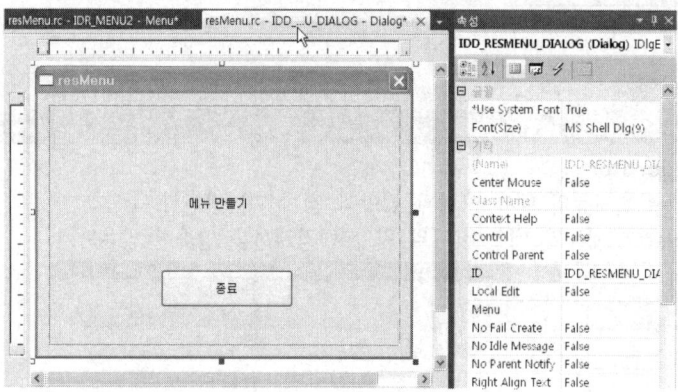

Step 24) 속성 창에서 Menu의 아이디를 선택하여 주면 된다.

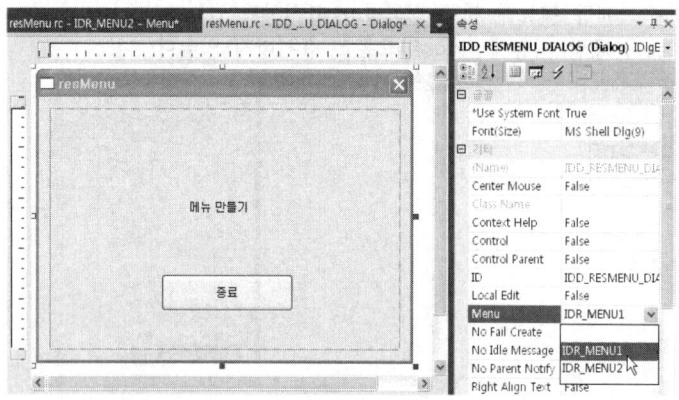

Chapter 03 기초 프로그래밍

Step 25 [종료] 버튼을 더블클릭한 후 함수를 만든 뒤 다음의 소스코드를 써넣는다.

```
void CresMenuDlg::OnBnClickedButtExit()
{
    // TODO: Add your control notification handler code here
    OnOK();
}
```

Step 26 컴파일 한 후 실행 시켜본다.

실습 2 메뉴에 소스코드 연결하기

이번에는 위에서 만든 메뉴에 소스코드를 연결하는 방법에 대하여 알아보겠다.

[File] 메뉴에서 [Open] 메뉴를 선택하면 다음과 같은 메시지 상자가 나타나게 한다.

[File] 메뉴에서 [Exit] 메뉴를 선택하면 종료되고, [Help] 메뉴에서 [ABout] 메뉴를 선택하면 다음과 같은 대화상자가 나타나게 한다.

따라하기

Step 01 메뉴에 소스코드를 연결하기 위해 resMenu 다이얼로그 상자가 있는 화면에서 마우스 오른쪽 버튼을 누르고 나타나는 메뉴에서 [클래스 마법사]를 선택한다.

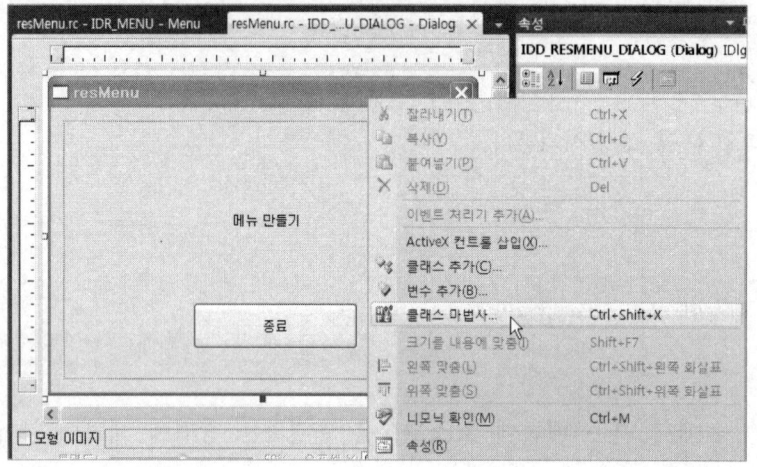

Step 02 클래스 마법사 대화 상자가 나타나면 다음 그림과 같이 "개체 ID" 목록을 찾아보면 FILE_OPEN, FILE_EXIT, HELP_ABOUT 와 같은 목록이 나올 것이다.

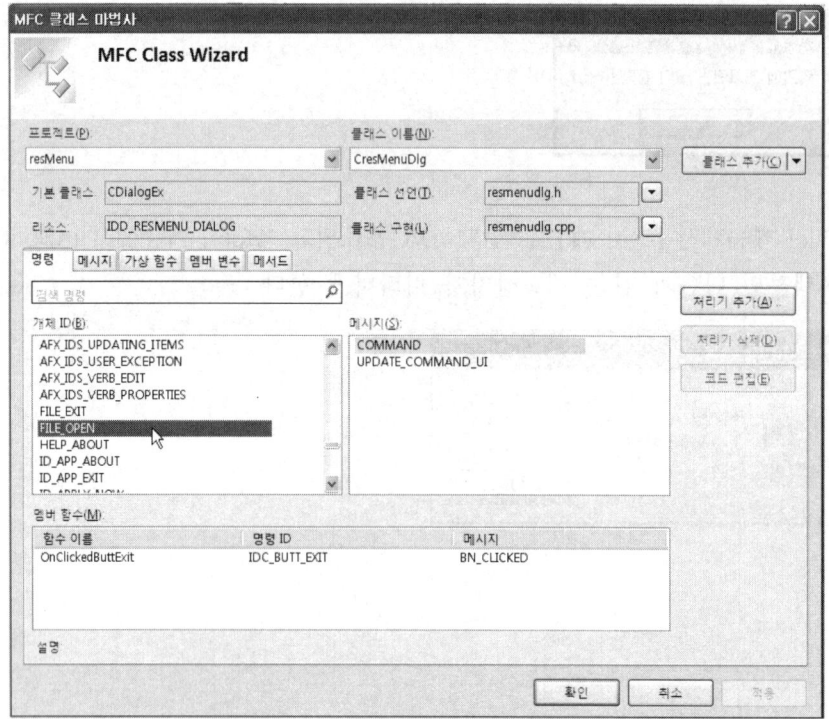

Step 03 FILE_OPEN, FILE_EXIT, HELP_ABOUT 각각을 선택한 후 [처리기 추가] 버튼을 클릭한 후 다음 그림처럼 멤버 함수 이름을 만든다(특별한 이유가 없다면 멤버 함수 이름은 다음 그림처럼 컴퓨터에서 지정해준 이름을 그냥 사용하기 바란다.).

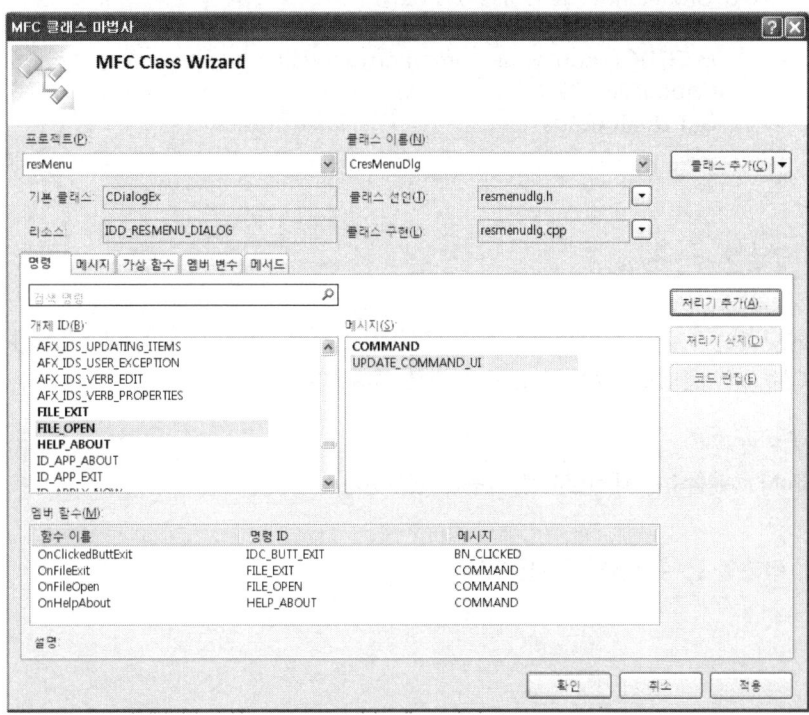

Step 04 위 클래스 마법사 화면에서 FILE_OPEN을 선택한 후 [코드 편집] 버튼을 클릭하여 다음의 소스코드를 써넣는다.

```
void CresMenuDlg::OnFileOpen()
{
    // TODO: Add your command handler code here
    MessageBox("여기에  표시되는  글이  출력됩니다.","메시지  박스  알림",NULL);
}
```

Step 05 위 소스코드를 입력하고 난 후 바로 위쪽에 있는 FILE_EXIT 메뉴의 소스코드도 써넣는다.

```
void CresMenuDlg::OnFileExit()
{
    // TODO: Add your command handler code here
    OnFileExit();
}
```

Step 06 위 소스코드를 입력하고 난 후 바로 아래쪽에 있는 HELP_ABOUT 메뉴의 소스코드를 써넣는다.

```
void CresMenuDlg::OnHelpAbout()
{
    // TODO: Add your command handler code here
    CAboutDlg Dlg;
    Dlg.DoModal();
}
```

소스코드 설명

CAboutDlg Dlg;
➪ CAboutDlg클래스는 About 상자에 관한 클래스이다.

Dlg.DoModal();
➪ DoModal()함수는 대화상자를 띄우는 함수이다.

Step 07 컴파일 한 후 실행 시켜본다.

3-10 스크롤바(Scroll Bar)

이번에는 스크롤바에 대하여 알아보겠다.

스크롤바는 다음 그림처럼 수직 스크롤바와 수평 스크롤바 이렇게 두 가지 종류가 있다.

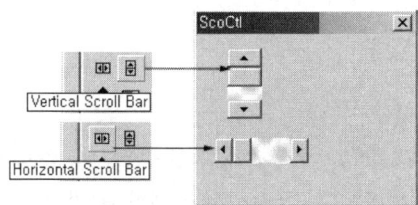

□ 소스폴더 source₩ScoCtl □

우리가 만들 프로그램은 다음의 그림이다.

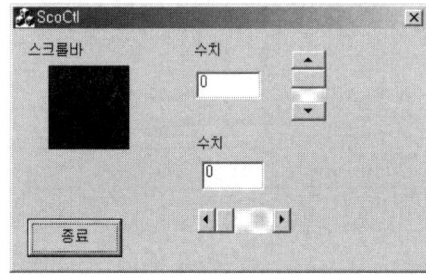

다이얼로그 상자의 스크롤바를 움직이면 사각형의 색이 변하는 것을 볼 수 있을 것이다.

따라하기

Step 01 메뉴에서 [파일] → [새로 만들기] → [프로젝트]를 선택한다.

Step 02 '새 프로젝트' 창이 뜨면 프로젝트 형식을(MFC 응용 프로그램) 선택하고,

Step 03 프로젝트 이름(ScoCtl)을 지정하고,

Step 04 폴더 위치(C:₩source)를 지정하고

Step 05 '솔루션용 디렉터리 만들기'에 체크 해제한다.

Step 06 [확인] 버튼을 클릭하고 다음 단계로 넘어 간다.

Step 07 'MFC 응용 프로그램 마법사' 창이 나타나면

Step 08 '응용 프로그램 종류'를 클릭하고

Step 09 '응용 프로그램 종류'를 '대화 상자 기반'으로 설정하고

Step 10 '유니코드 라이브러리 사용'에 체크 해제한다.

Step 11 [마침] 버튼을 누른다.

Step 12 우선 다이얼로그 상자에 표시되어 있는 "TODO: 여기에 대화 상자 컨트롤을 배치합니다."라는 문자열을 지우기 위해 마우스 왼쪽 버튼 클릭해서 선택한 후 마우스 오른쪽 버튼을 클릭하면 빠른 메뉴 상자가 나타난다. 이 빠른 메뉴 상자에서 [삭제]를 선택하면 삭제되며 또는 간단하게 Del 키를 클릭해도 된다. [확인] 버튼과 [취소] 버튼도 마찬가지로 삭제한다.

Step 13 다음의 표와 같이 컨트롤들을 만든다.

컨트롤	Static Text	Static Text	Edit Box	Vertical Scroll Bar
ID	IDC_STATIC	IDC_STATIC	IDC_EDIT_NUM	IDC_SCR_VERT
Caption	스크롤바	수치		
멤버 변수 이름			m_iEdit	m_scrVert
범주			Value	Control
변수 형식			int	CScrollBar
메시지				
멤버 함수 이름				OnVScroll

컨트롤	Static Text	Edit Box	Horizontal Scroll Bar	Button
ID	IDC_STATIC	IDC_EDIT_NUM2	IDC_SCR_HORI	IDC_BUTT_EXIT
Caption	수치			종료
멤버 변수 이름		m_iEdit2	m_scrHori	
범주		Value	Control	
변수 형식		int	CScrollBar	
메시지				BN_CLICKED
멤버 함수 이름			OnHScroll	OnClickedButtExit

Chapter 03 기초 프로그래밍

Step 14 변수를 두 개 만들어야 한다. 이 변수들은 색을 지정하는데 쓰일 것이다. 컨트롤들이 완성된 다이얼로그 상자에서 다음 그림처럼 오른쪽 마우스 버튼을 클릭하면 메뉴가 나타나는데 [변수 추가]를 선택한다.

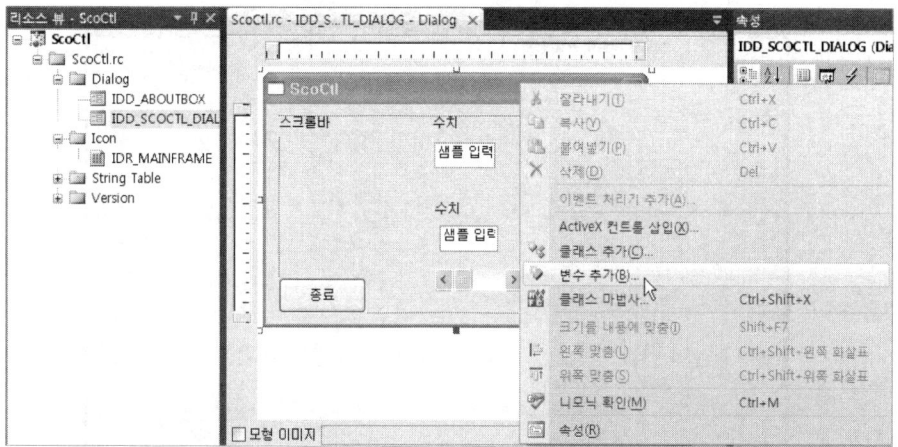

Step 15 다음의 그림과 같이 엑세스는 "Private", 변수 형식은 "int", 변수 이름은 "m_iRed"를 입력해 준 후 [마침] 버튼을 클릭한다. 이 변수는 빨간색을 지정하는데 쓰일 것이다.

101

Step 16 작업 14~15를 참고로 다시 두 번째 변수를 다음의 그림과 같이 엑세스는 "Private", 변수 형식은 "int", 변수 이름은 "m_iGeen"를 입력해 준 후 만들고 [마침] 버튼을 클릭한다. 이 변수는 초록색을 지정하는데 쓰일 것이다.

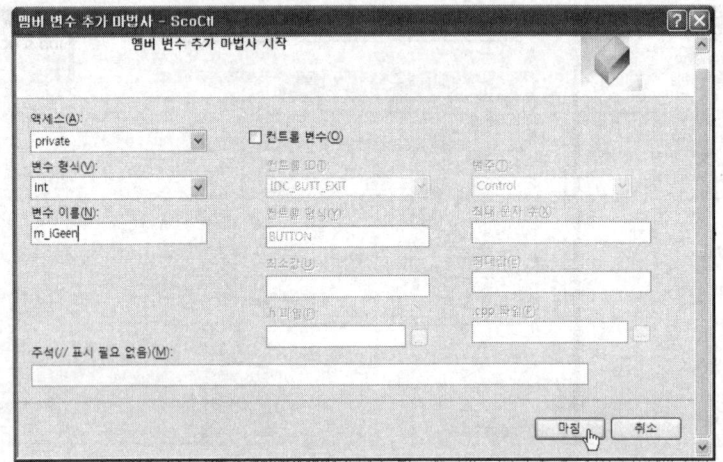

Step 17 위와 같이 두 개의 변수를 만들었다면 이제 코드를 입력하기 위해 다이얼로그 상자 화면에서 마우스 오른쪽 버튼을 클릭하고 나타나는 메뉴에서 [클래스 마법사]를 선택한다. 클래스 마법사 대화상자가 나타나면 다음 그림처럼 [가상 함수] 탭을 선택, 재정의된 가상함수에서 [OnInitDialog]를 선택한 다음 [코드 편집] 버튼을 클릭한다.

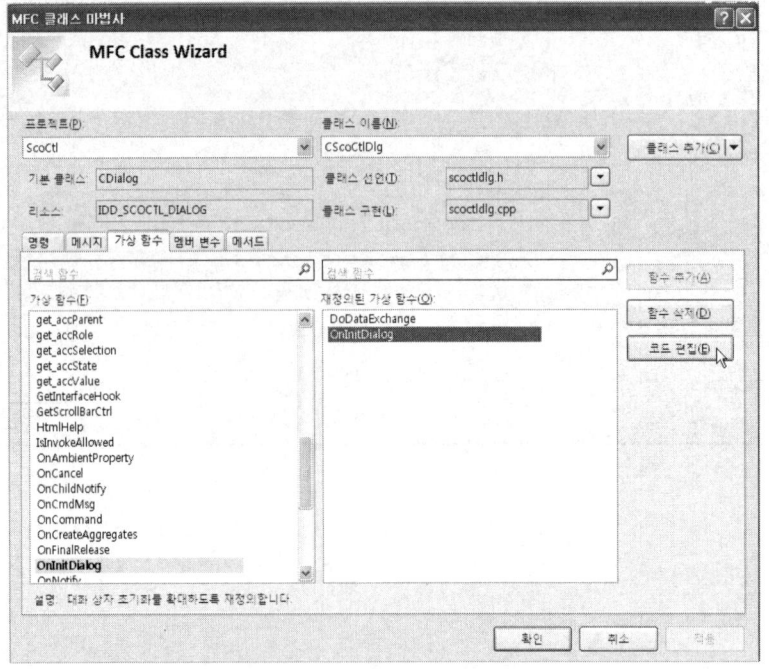

Chapter 03 기초 프로그래밍

Step 18 OnInitDialog()함수에 다음과 같이 입력한다.

```
BOOL CScoCtlDlg::OnInitDialog()
{
    CDialog::OnInitDialog();

    // Add "About..." menu item to system menu.

    // IDM_ABOUTBOX must be in the system command range.
    ASSERT((IDM_ABOUTBOX & 0xFFF0) == IDM_ABOUTBOX);
    ASSERT(IDM_ABOUTBOX < 0xF000);
         .
         .
         .
    SetIcon(m_hIcon, TRUE);         // Set big icon
    SetIcon(m_hIcon, FALSE);        // Set small icon

    // TODO: Add extra initialization here
    m_iRed=0;
        m_iGreen=0;

    m_scrVert.SetScrollRange(0,255);
    m_scrVert.SetScrollPos(0);

    m_scrHori.SetScrollRange(0,255);
    m_scrHori.SetScrollPos(0);
    return TRUE;  // return TRUE  unless you set the focus to a control
}
```

함수설명

void SetScrollRange(int nMinPos, int nMaxPos, BOOL bRedraw = TRUE);
⇨ 스크롤바의 범위 값을 지정한다.
예를 들어 0, 100이라고 지정하면 0부터 100까지의 범위를 가진다.

int nMinPos
⇨ 최소값

int nMaxPos
⇨ 최대값

BOOL bRedraw = TRUE
⇨ 다시 그릴지를 지정한다. 기본 값은 TRUE이다

int SetScrollPos(int nPos, BOOL bRedraw = TRUE);
⇨ 스크롤바의 위치를 지정한다.

int nPos
⇨ 위치 값

BOOL bRedraw = TRUE
⇨ 다시 그릴지를 지정한다. 기본 값은 TRUE이다

소스코드 설명

m_iRed=0;
m_iGreen=0;
⇨ 색의 초기 값을 지정하였다.

m_scrVert.SetScrollRange(0,255);
m_scrVert.SetScrollPos(0);
⇨ 수직 스크롤바의 범위와 초기 위치를 지정하였다.

m_scrHori.SetScrollRange(0,255);
m_scrHori.SetScrollPos(0);
⇨ 수평 스크롤바의 범위와 초기 위치를 지정하였다.

Step 19 다이얼로그 상자 화면에서 마우스 오른쪽 버튼을 클릭하고 나타나는 메뉴에서 [클래스 마법사]를 선택한다. 클래스 마법사 대화상자가 나타나면 다음 그림처럼 [메시지] 탭을 선택, 기존 처리기에서 [OnPaint]를 선택한 다음 [코드 편집] 버튼을 클릭한 후 다음과 같이 입력한다.

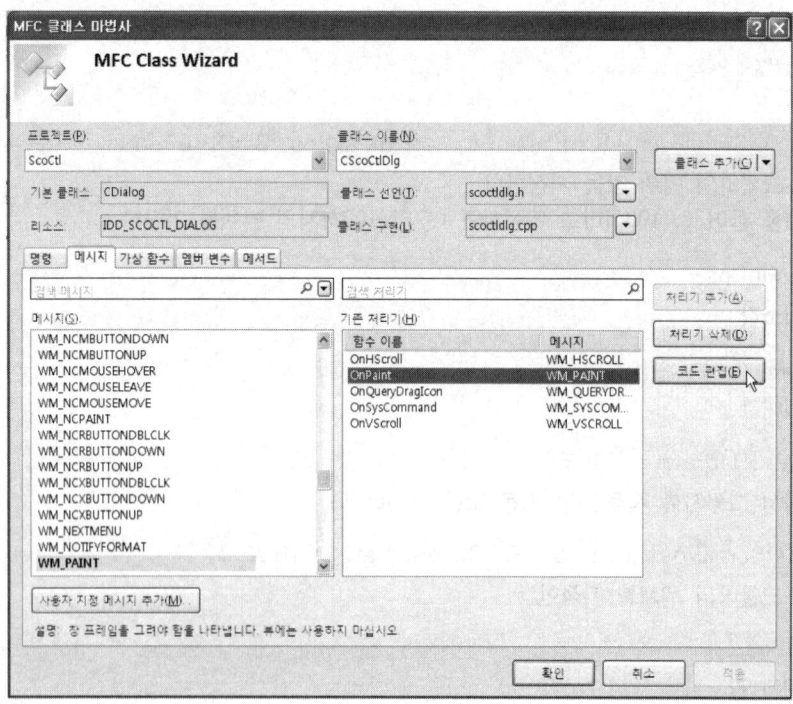

```
void CScoCtlDlg::OnPaint()
{
    if (IsIconic())
    {
        CPaintDC dc(this); // device context for painting
        .
        .
        .
        {
            CDialog::OnPaint();
        }
    CClientDC dc(this);
    CBrush br;
    br.CreateSolidBrush(RGB(m_iRed,m_iGreen,0));

    CBrush *Oldbr=dc.SelectObject(&br);

    dc.Rectangle(30,30,100,100);

    dc.SelectObject(br);
}
```

함수설명

CClientDC

⇨ 이 클래스는 일종에 가상화면에 관련된 클래스라고 생각하면 쉽다.
윈도우즈에서는 화면에 텍스트, 그림 등등을 화면에 출력하기 위해서는 우선 가상화면이라는 곳에 출력을 해야 한다. 바로 이 가상화면에 관련된 클래스가 CClientDC이다.
이 클래스를 이용하여 디바이스컨텍스트라는 DC를 생성해서 사용하면 된다.

CBrush

⇨ 이 클래스는 브러시에 관련된 클래스이다. 즉, 사각형을 만들 때, 사각형의 배경색을 지정하기 위해서는 이 클래스를 사용하면 된다.

BOOL CreateSolidBrush(COLORREF crColor);

⇨ 브러시를 생성한다.

COLORREF crColor

⇨ RGB값을 지정한다. 이 값을 지정할 때는 RGB()라는 함수를 사용하면 된다.

```
COLORREF RGB(
  BYTE bRed,     // red component of color
  BYTE bGreen,   // green component of color
  BYTE bBlue     // blue component of color
);
```

BYTE bRed
⇨ 빨간색

BYTE bGreen
⇨ 초록색

BYTE bBlue
⇨ 파란색

SelectObject(CBrush* pBrush);
⇨ 오브젝트를 선택한다. 즉, 지금과 같이 색을 가진 사각형을 출력하기 위해서는 어떠한 색을 사용하는지 컴퓨터에게 알려줘야 하는데 바로 이 함수를 사용해서 지정해 주면 된다. 어렵게 느껴질 수도 있겠지만 차차 이해가 갈 것이다.

BOOL Rectangle(int x1, int y1, int x2, int y2);
⇨ 화면에 사각형을 그린다.

int x1
⇨ 위쪽 꼭지점 x좌표

int y1
⇨ 위쪽 꼭지점 y좌표

int x2
⇨ 아래쪽 꼭지점 x좌표

int y2
⇨ 아래쪽 꼭지점 y좌표

소스코드 설명

CClientDC dc(this);
⇨ dc를 만든다.

CBrush br;
⇨ 브러시를 만든다.

br.CreateSolidBrush(RGB(m_iRed,m_iGreen,0));
⇨ 브러시의 색을 지정한다.

CBrush *Oldbr=dc.SelectObject(&br);
⇨ 이러한 색을 사용할 것이라는 것을 지정한다.

```
dc.Rectangle(30,30,100,100);
```
⇨ 사각형을 화면에 그린다.

```
dc.SelectObject(br);
```
⇨ 메모리를 반환한다.

Step 20 클래스 마법사에서 [OnVScroll]을 선택하고 [코드 편집] 버튼을 클릭한 후 다음과 같이 입력한다. 이 메시지는 수직 스크롤을 클릭하면 발생하는 메시지이다.

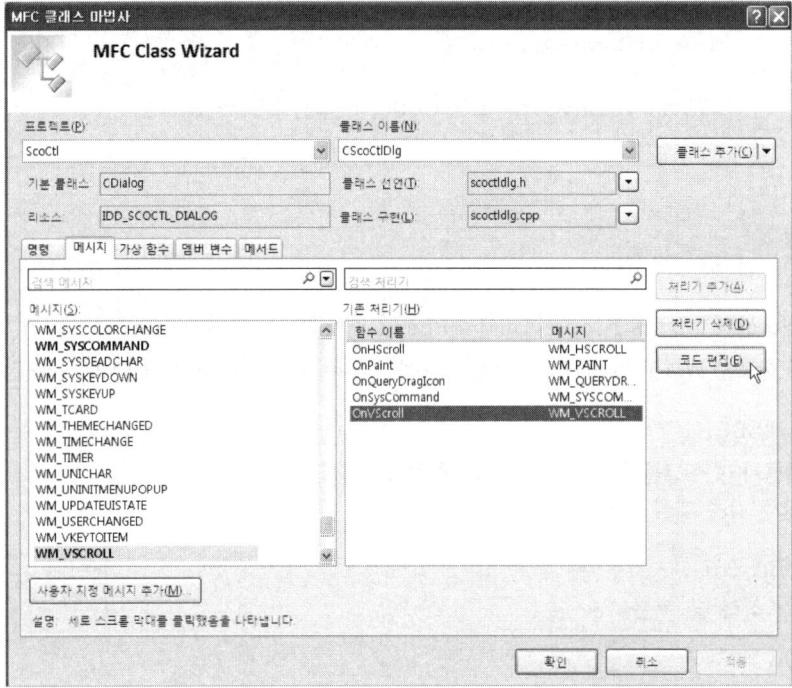

```
void CScoCtlDlg::OnVScroll(UINT nSBCode, UINT nPos, CScrollBar* pScrollBar)
{
    // TODO: Add your message handler code here and/or call default
    switch(nSBCode)
    {
    case SB_LINELEFT:
        m_iRed--;
        break;
    case SB_LINERIGHT:
        m_iRed++;
        break;
    case SB_PAGELEFT:
        m_iRed--;
```

```
            break;
        case SB_PAGERIGHT:
            m_iRed++;
            break;
        case SB_THUMBPOSITION:
            m_iRed=nPos;
            break;
    }
    m_iEdit=m_scrVert.GetScrollPos();
    m_scrVert.SetScrollPos(m_iRed);
    Invalidate(FALSE);
    UpdateData(FALSE);

    CDialog::OnVScroll(nSBCode, nPos, pScrollBar);
}
```

함수설명

OnVScroll(UINT nSBCode, UINT nPos, CScrollBar* pScrollBar)
⇨ 이 함수는 WM_VSCROLL메시지를 이용하여 만든 함수로 수직 스크롤바에 관련된 함수이다.

UINT nSBCode
⇨ 사용자가 스크롤바의 어느 위치를 클릭했는지를 나타낸다.
위치 값은 다음과 같다.

SB_LEFT
⇨ 좌측 끝 부분

SB_RIGHT
⇨ 우측 끝 부분

SB_ENDSCROLL
⇨ 스크롤 종료

SB_LINELEFT
⇨ 왼쪽 끝의 버튼을 클릭

SB_LINERIGHT
⇨ 오른쪽 끝의 버튼을 클릭

SB_PAGELEFT
⇨ 왼쪽 몸통 부분을 클릭

SB_PAGERIGHT
⇨ 오른쪽 몸통 부분을 클릭

SB_THUMBPOSITION
➪ 스크롤바를 드레그하였다.

SB_THUMBTRACK
➪ 절대적인 위치로 드래그 하였다.

UINT nPos
➪ 스크롤된 위치 값

CScrollBar* pScrollBar
➪ 메시지를 보낸 스크롤바 객체의 포인터

int GetScrollPos( ) const;
➪ 스크롤바의 위치 값을 반환한다.

void Invalidate(BOOL bErase = TRUE);
➪ 이 함수는 화면을 갱신하고 WM_PAINT메시지를 호출한다.

BOOL bErase = TRUE
➪ TRUE값을 주면 화면을 갱신하고, WM_PAINT메시지를 호출하고 FALSE값을 주면 화면을 갱신하지 않고 WM_PAINT메시지를 호출한다.
여기서 한가지 알아둘 점은 WM_PAINT메시지를 이용하여 만든 함수는 OnPaint()함수이므로 이 함수가 호출된다.

소스코드 설명

switch문을 이용하여 스크롤바의 어떠한 위치를 클릭한지 알아낸다.

```
switch(nSBCode)
{
case SB_LINELEFT:
    m_iRed--;
    break;
case SB_LINERIGHT:
    m_iRed++;
    break;
case SB_PAGELEFT:
    m_iRed--;
    break;
case SB_PAGERIGHT:
    m_iRed++;
    break;
```

```
case SB_THUMBPOSITION:
    m_iRed=nPos;
    break;
}
m_iEdit=m_scrVert.GetScrollPos();
```
⇨ 스크롤바의 위치 값을 에디터 상자로 보낸다.

```
m_scrVert.SetScrollPos(m_iRed);
```
⇨ 스크롤바의 위치를 지정한다.

```
Invalidate(FALSE);
```
⇨ 화면을 갱신하지 않고 WM_PAINT메시지를 호출한다.

```
UpdateData(FALSE);
```

Step 21) 클래스 마법사에서 [OnHScroll]을 선택하고 [코드 편집] 버튼을 클릭한 후 다음과 같이 입력한다. 이 메시지는 수평 스크롤을 클릭하면 발생하는 메시지이다.

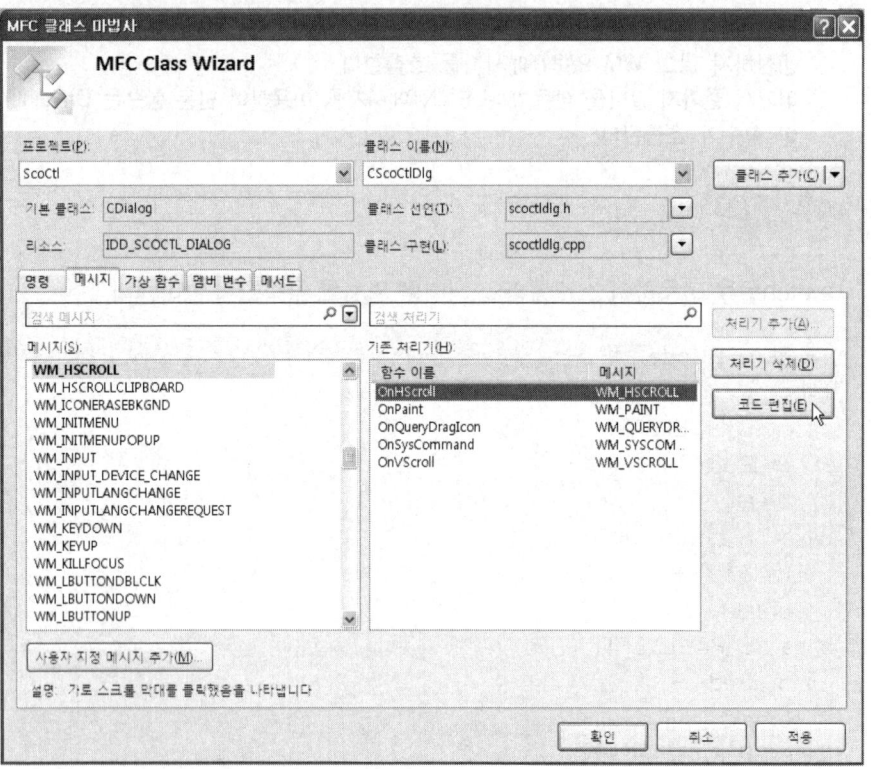

```
void CScoCtlDlg::OnHScroll(UINT nSBCode, UINT nPos, CScrollBar* pScrollBar)
{
    // TODO: Add your message handler code here and/or call default
    switch(nSBCode)
    {
    case SB_LINELEFT:
        m_iGreen--;
        break;
    case SB_LINERIGHT:
        m_iGreen++;
        break;
    case SB_PAGELEFT:
        m_iGreen--;
        break;
    case SB_PAGERIGHT:
        m_iGreen++;
        break;
    case SB_THUMBPOSITION:
        m_iGreen=nPos;
        break;
    }
    m_iEdit2=m_scrHori.GetScrollPos();
    m_scrHori.SetScrollPos(m_iGreen);
    Invalidate(FALSE);
    UpdateData(FALSE);
    CDialog::OnHScroll(nSBCode, nPos, pScrollBar);
}
```

Step 22 [종료]버튼을 더블클릭한 후 함수를 만든 뒤 다음의 소스코드를 써넣는다.

```
void CScoCtlDlg::OnClickedButtExit()
{
    // TODO: Add your control notification handler code here
    OnOK();
}
```

Step 23 컴파일 한 후 실행 시켜본다.

3-11 트리 컨트롤(Tree Control)

트리 컨트롤은 탐색기와 같은 프로그램을 만들 때 폴더의 계층 구조를 표현하기 적절한 컨트롤이다.

다음의 그림을 참고한다.

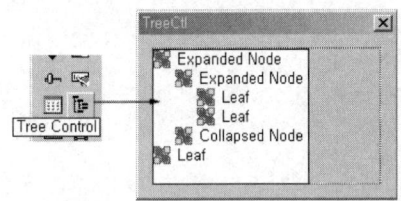

□ 소스폴더 source₩TreeCtl □

우리가 만들 프로그램은 다음의 그림이다.

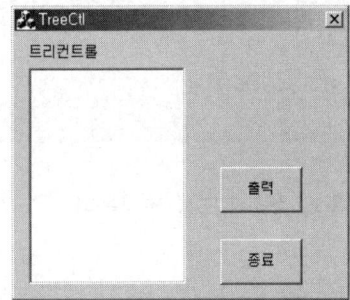

[출력] 버튼을 클릭하면 다음의 그림과 같이 트리구조가 출력된다.

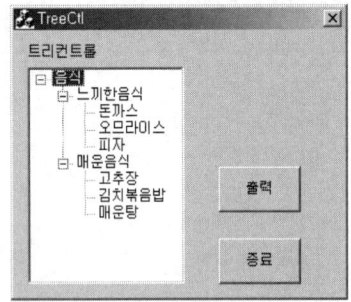

따라하기

Step 01 메뉴에서 [파일] → [새로 만들기] → [프로젝트]를 선택한다.

Step 02 '새 프로젝트' 창이 뜨면 프로젝트 형식을(MFC 응용 프로그램) 선택하고,

Step 03 프로젝트 이름(TreeCtl)을 지정하고,

Step 04 폴더 위치(C:₩source)를 지정하고

Step 05 '솔루션용 디렉터리 만들기'에 체크 해제한다.

Step 06 [확인] 버튼을 클릭하고 다음 단계로 넘어 간다.

Step 07 'MFC 응용 프로그램 마법사' 창이 나타나면

Step 08 '응용 프로그램 종류'를 클릭하고

Step 09 '응용 프로그램 종류'를 '대화 상자 기반'으로 설정하고

Step 10 '유니코드 라이브러리 사용'에 체크 해제한다.

Step 11 [마침] 버튼을 누른다.

Step 12 우선 다이얼로그 상자에 표시되어 있는 "TODO: 여기에 대화 상자 컨트롤을 배치합니다."라는 문자열을 지우기 위해 마우스 왼쪽 버튼 클릭해서 선택한 후 마우스 오른쪽 버튼을 클릭하면 빠른 메뉴 상자가 나타난다. 이 빠른 메뉴 상자에서 [삭제]를 선택하면 삭제되며 또는 간단하게 Del키를 클릭해도 된다. [확인] 버튼과 [취소] 버튼도 마찬가지로 삭제한다.

Step 13 다음의 표와 같이 컨트롤들을 만든다.

컨트롤	Static Text	Tree Control	Button	Button
ID	IDC_STATIC	IDC_TREE_CTL	IDC_BUTT_PRINT	IDC_BUTT_EXIT
Caption	트리 컨트롤		출력	종료
멤버 변수 이름		m_ctlTree		
범주		Control		
변수 형식		CTreeCtrl		
메시지			BN_CLICKED	BN_CLICKED
멤버 함수 이름			OnClickedButtPrint	OnClickedButtExit

Step 14 위 컨트롤들을 모두 만들고 난 후 트리 컨트롤을 선택한 후 속성 창에서 다음의 그림과 같이 Has Buttons, Has Lines, Lines At Root를 True로 선택한다.

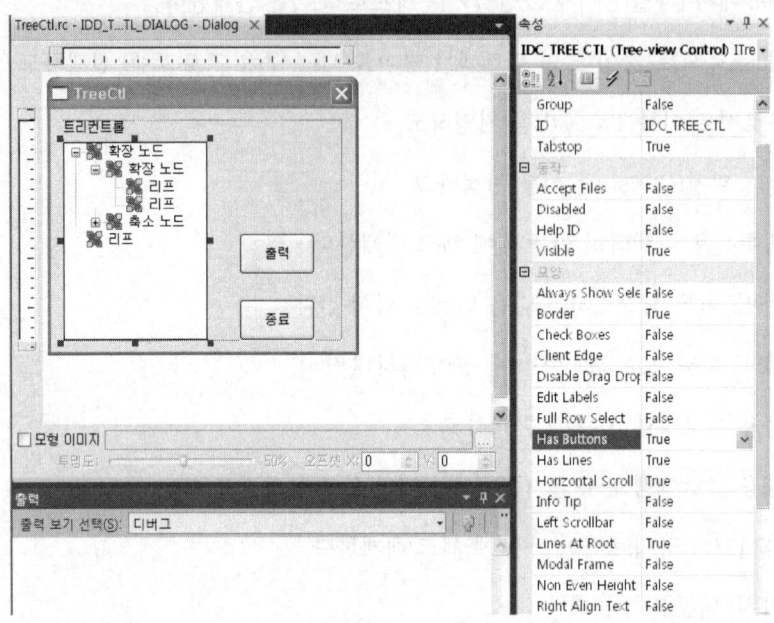

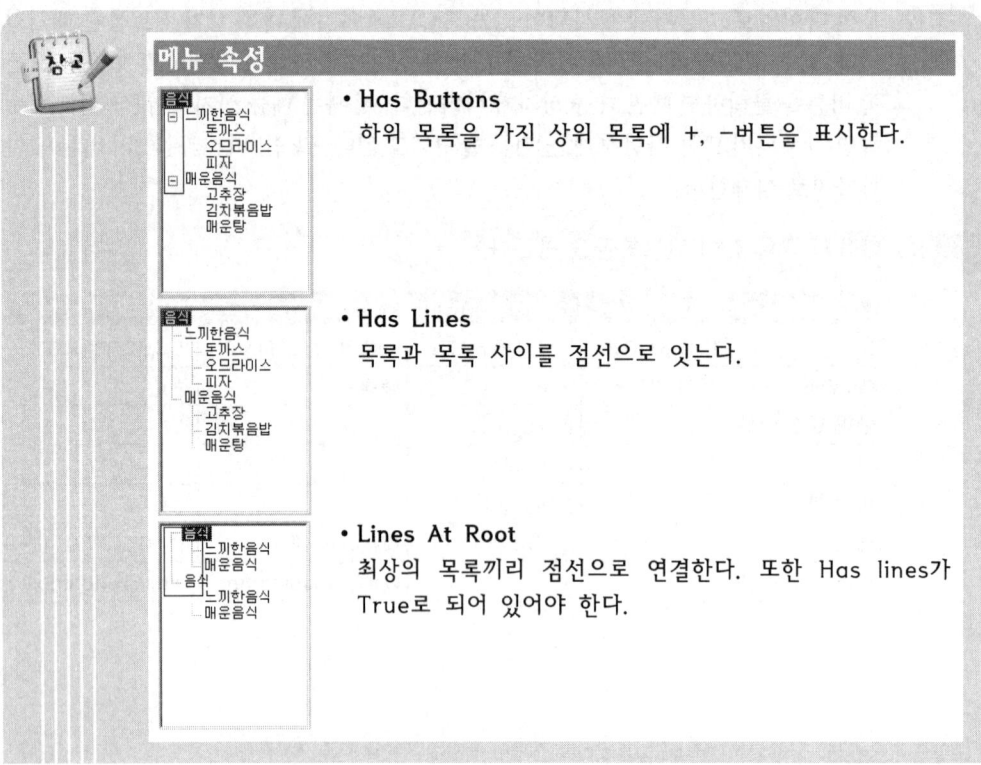

메뉴 속성

- **Has Buttons**
  하위 목록을 가진 상위 목록에 +, -버튼을 표시한다.

- **Has Lines**
  목록과 목록 사이를 점선으로 잇는다.

- **Lines At Root**
  최상의 목록끼리 점선으로 연결한다. 또한 Has lines가 True로 되어 있어야 한다.

Step 15 [출력] 버튼을 더블클릭한 후 함수를 만든 뒤 다음의 소스코드를 써넣는다.

```cpp
void CTreeCtlDlg::OnClickedButtPrint()
{
    // TODO: Add your control notification handler code here
    TVINSERTSTRUCT tInsert;

    // 음식
    HTREEITEM hFood;
    // 음식의 종류
    HTREEITEM hFoodSort;

    // 최상위 목록
    tInsert.hParent=0;
    tInsert.hInsertAfter=TVI_SORT;
    tInsert.item.mask=TVIF_TEXT;
    tInsert.item.pszText="음식";
    hFood=m_ctlTree.InsertItem(&tInsert);

    // 상위 목록
    tInsert.hParent=hFood;
    tInsert.item.pszText="느끼한음식";
    hFoodSort=m_ctlTree.InsertItem(&tInsert);

    // 최하위 목록
    tInsert.hParent=hFoodSort;
    tInsert.item.pszText="돈까스";
    m_ctlTree.InsertItem(&tInsert);

    // 최하위 목록
    tInsert.hParent=hFoodSort;
    tInsert.item.pszText="오므라이스";
    m_ctlTree.InsertItem(&tInsert);

    // 최하위 목록
    tInsert.hParent=hFoodSort;
    tInsert.item.pszText="피자";
    m_ctlTree.InsertItem(&tInsert);

        // 상위 목록
    tInsert.hParent=hFood;
    tInsert.item.pszText="매운음식";
    hFoodSort=m_ctlTree.InsertItem(&tInsert);

    // 최하위 목록
    tInsert.hParent=hFoodSort;
    tInsert.item.pszText="고추장";
```

```
        m_ctlTree.InsertItem(&tInsert);

        // 최하위 목록
        tInsert.hParent=hFoodSort;
        tInsert.item.pszText="김치볶음밥";
        m_ctlTree.InsertItem(&tInsert);

        // 최하위 목록
        tInsert.hParent=hFoodSort;
        tInsert.item.pszText="매운탕";
        m_ctlTree.InsertItem(&tInsert);
}
```

함수설명

```
typedef struct tagTVINSERTSTRUCT {
    HTREEITEM hParent;
    HTREEITEM hInsertAfter;
#if (_WIN32_IE >= 0x0400)
    union
    {
        TVITEMEX itemex;
        TVITEM item;
    } DUMMYUNIONNAME;
#else
    TVITEM item;
#endif
} TVINSERTSTRUCT, FAR *LPTVINSERTSTRUCT;
```
⇨ 이 구조체는 트리컨트롤의 목록에 대한 값을 가진다.

HTREEITEM hParent;
⇨ 목록의 부모 값을 지정한다.

HTREEITEM hInsertAfter;
⇨ 목록의 어느 위치에 지정할 것인지를 지정한다.

TVI_FIRST
⇨ 첫 위치

TVI_LAST
⇨ 마지막 위치

TVI_SORT
⇨ 알파벳순으로 정렬한 위치

```
typedef struct tagTVITEM{
    UINT        mask;
    HTREEITEM   hItem;
    UINT        state;
    UINT        stateMask;
    LPTSTR      pszText;
    int         cchTextMax;
    int         iImage;
    int         iSelectedImage;
    int         cChildren;
    LPARAM      lParam;
} TVITEM, FAR *LPTVITEM;
```

⇨ TVINSERTSTRUCT 구조체와 연동되어 사용된다.

UINT   mask;
⇨ 확장할 기능을 지정한다.

TVIF_CHILDREN
⇨ cChildren 확장

TVIF_HANDEL
⇨ hItem 확장

TVIF_IMAGE
⇨ iImage 확장

TVIF_PARAM
⇨ lParam 확장

TVIF_SELECTEDIMAGE
⇨ iSelectedImage 확장

TVIF_STATE
⇨ state, stateMask 확장

TVIF_TEXT
⇨ pszText, cchTextMax 확장

UINT   state;
⇨ 목록의 현재 상태

UINT   stateMask;
⇨ 목록의 어떤 상태가 가능한지 지정

TVIS_BOLD
⇨ 두꺼운 글씨

TVIS_CUT
⇨ 오려두기가 된 상태이며 흐리게 나타난다.

TVIS_DROOHILITED
⇨ 드래그 앤 드롭의 목표가 되어 있는 상태

TVIS_EXPANDED
⇨ 현재 목록이 확장되어 있는 상태이고 세부 목록들이 보이는 상태

TVIS_EXPANDEDONCE
⇨ 현재 목록이 최소한 한번 이상 확장된 적이 있는 상태

TVIS_FOCUSED
⇨ 포커스를 가지고 있는 상태이고, 항목 주변에 직사각형이 있는 상태

TVIS_OVERLAYMSAK
⇨ 목록이 그려질 때 오버레이 이미지가 포함되어 있는 상태

TVIS_SELECTED
⇨ 선택되어 있는 상태

TVIS_STATEIMAGEMASK
⇨ 이미지가 있는 상태

TVIS_USERMASK
⇨ TVIS_STATEIMAGEMASK와 동일한 상태

LPTSTR   pszText;
⇨ 목록의 제목

int   cchTextMax;
⇨ 목록 제목의 길이

int   iImage;
⇨ 목록에 나타낼 이미지

int   iSelectedImage;
⇨ 목록이 선택되었을 때 나타낼 이미지

int   cChildren;
⇨ 하위 목록의 수

LPARAM   lParam;

소스코드 설명

```
TVINSERTSTRUCT tInsert;

HTREEITEM hFood;
HTREEITEM hFoodSort;
```

⇨ HTREEITEM는 트리컨트롤의 형이라고 생각하면 쉽다. 즉, int, char 등등의 이러한 형을 말하는 것이다.

```
tInsert.hParent=0;
tInsert.hInsertAfter=TVI_SORT;
tInsert.item.mask=TVIF_TEXT;
tInsert.item.pszText="음식";
hFood=m_ctlTree.InsertItem(&tInsert);
```

⇨ 최상의 목록을 생성한다.

```
tInsert.hParent=hFood;
tInsert.item.pszText="느끼한음식";
hFoodSort=m_ctlTree.InsertItem(&tInsert);
```

⇨ 상위 목록을 생성한다.

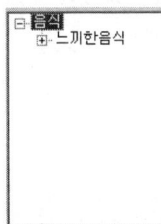

```
tInsert.hParent=hFoodSort;
tInsert.item.pszText="돈까스";
m_ctlTree.InsertItem(&tInsert);

tInsert.hParent=hFoodSort;
tInsert.item.pszText="오므라이스";
m_ctlTree.InsertItem(&tInsert);
```

```
tInsert.hParent=hFoodSort;
tInsert.item.pszText="피자";
m_ctlTree.InsertItem(&tInsert);
```
⇨ 돈까스, 오므라이스, 피자의 최하의 목록을 생성한다.

```
tInsert.hParent=hFood;
tInsert.item.pszText="매운음식";
hFoodSort=m_ctlTree.InsertItem(&tInsert);
```
⇨ 또 다른 상위 목록을 생성한다.

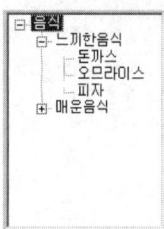

```
tInsert.hParent=hFoodSort;
tInsert.item.pszText="고추장";
m_ctlTree.InsertItem(&tInsert);

tInsert.hParent=hFoodSort;
tInsert.item.pszText="김치볶음밥";
m_ctlTree.InsertItem(&tInsert);

tInsert.hParent=hFoodSort;
tInsert.item.pszText="매운탕";
m_ctlTree.InsertItem(&tInsert);
```
⇨ 고추장, 김치볶음밥, 매운탕의 최하의 목록을 생성한다.

Step 16 [종료]버튼을 더블클릭한 후 함수를 만든 뒤 다음의 소스코드를 써넣는다.

```
void CTreeCtlDlg::OnClickedButtExit()
{
    // TODO: Add your control notification handler code here
    OnOK();
}
```

Step 17 컴파일 한 후 실행 시켜본다.

3-12 스핀 컨트롤(Spin Control)

이번에는 스핀 컨트롤을 만들어 보겠다. 스핀 컨트롤은 값을 증가, 감소시킬 때 사용하는 컨트롤을 만들 때 아주 좋다.

다음의 그림을 참고한다.

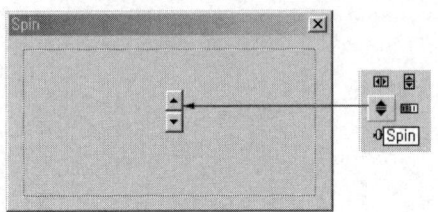

우리가 만들 프로그램은 다음의 그림이다.

스핀 컨트롤을 클릭하면 수가 증가하거나 감소한다.

따라하기　　　　　　　　　　　　　　　　　　　Step by Step

Step 01 메뉴에서 [파일] → [새로 만들기] → [프로젝트]를 선택한다.

Step 02 '새 프로젝트' 창이 뜨면 프로젝트 형식을(MFC 응용 프로그램) 선택하고,

Step 03 프로젝트 이름(SpinCtl)을 지정하고,

Step 04 폴더 위치(C:₩source)를 지정하고

Step 05 '솔루션용 디렉터리 만들기'에 체크 해제한다.

Step 06) [확인] 버튼을 클릭하고 다음 단계로 넘어 간다.

Step 07) 'MFC 응용 프로그램 마법사' 창이 나타나면

Step 08) '응용 프로그램 종류'를 클릭하고

Step 09) '응용 프로그램 종류'를 '대화 상자 기반'으로 설정하고

Step 10) '유니코드 라이브러리 사용'에 체크 해제한다.

Step 11) [마침] 버튼을 누른다.

Step 12) 우선 다이얼로그 상자에 표시되어 있는 "TODO: 여기에 대화 상자 컨트롤을 배치합니다."라는 문자열을 지우기 위해 마우스 왼쪽 버튼 클릭해서 선택한 후 마우스 오른쪽 버튼을 클릭하면 빠른 메뉴 상자가 나타난다. 이 빠른 메뉴 상자에서 [삭제]를 선택하면 삭제되며 또는 간단하게 Del키를 클릭해도 된다. [확인] 버튼과 [취소] 버튼도 마찬가지로 삭제한다.

Step 13) 다음의 표와 같이 컨트롤들을 만든다.

컨트롤	Static Text	Edit Control	Spin	Button
ID	IDC_STATIC	IDC_EDIT_NUM	IDC_SPIN_NUM	IDC_BUTT_EXIT
Caption	스핀 컨트롤			종료
멤버 변수 이름			m_ctlSpin	
범주			Control	
변수 형식			CSpinButtonCtrl	
메시지				BN_CLICKED
멤버 함수 이름				OnClickedButtExit

Step 14) 위 컨트롤들을 모두 만들고 난 후 스핀 컨트롤을 선택한 후 속성 창에서 다음의 그림과 같이 Auto Buddy, Set Buddy Integer, Arrow Keys를 반드시 True로 선택한다.

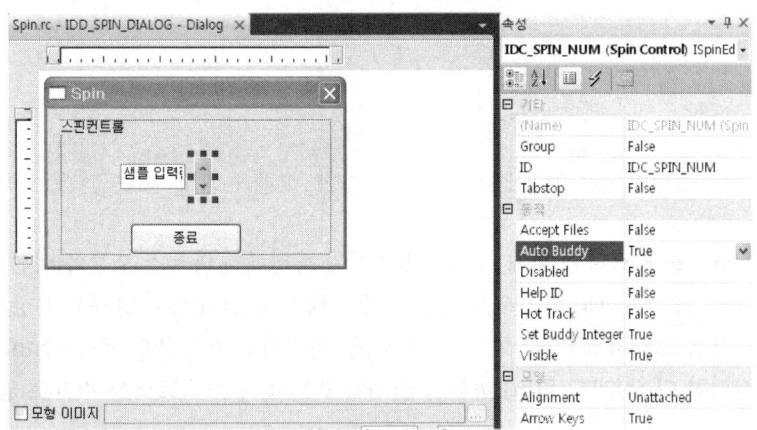

메뉴 속성

- **Orientation**
  스핀컨트롤의 방향을 설정한다.
  - Vertical : 위아래 방향
  - Horizontal : 좌우 방향
- **Alignment**
  스핀컨트롤이 버디의 어느 쪽에 위치할 것인가를 지정한다.
  - Unattached : 다이얼로그상주를 디자인할 때의 위치에 그대로 둔다.
  - Left : 버디 윈도우의 왼쪽에 위치한다.
  - Right Align : 버디 윈도우의 오른쪽에 위치한다.
- **Auto Buddy**
  스핀 컨트롤보다 탭 순서가 하나 더 빠른 컨트롤을 버디 컨트롤로 사용한다.
- **Arrow Key**
  스핀 컨트롤이 포커스를 가지고 있을 때 위, 아래 화살표 키를 사용해서 값을 변경할 수 있게 해준다.
- **Set Buddy Integer**
  스핀 컨트롤의 값이 변경되면 버디 윈도우의 값을 변경한다.
- **No Thousands**
  세자리마다 콤마를 삽입해준다.
- **Wrap**
  스핀 컨트롤의 처음과 끝을 연결하여 양쪽 끝에서 서로 이동할 수 있게 해준다.

Step 15 메뉴의 [서식] → [탭 순서]를 선택해서 컨트롤의 탭 순서를 다음과 같이 해준다.

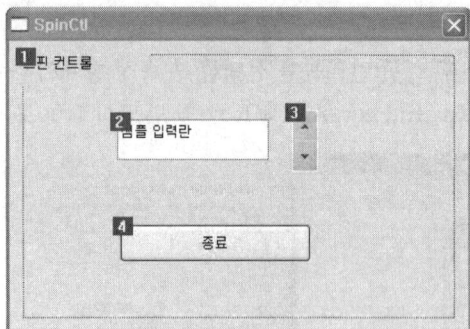

이렇게 해주는 이유는 스핀 컨트롤은 탭 순선가 자기 이전에 있는 컨트롤을 버디 윈도우로 정하기 때문이다.

Step 16 이제 코드를 입력하기 위해 다이얼로그 상자 화면에서 마우스 오른쪽 버튼을 클릭하고 나타나는 메뉴에서 [클래스 마법사]를 선택한다. 클래스 마법사 대화상자가 나타나면 다음 그림처럼 [가상 함수] 탭을 선택, 재정의된 가상함수 에서 [OnInitDialog]를 선택한 다음 [코드 편집] 버튼을 클릭하고 다음의 소스코드를 추가로 입력한다.

Chapter 03 기초 프로그래밍

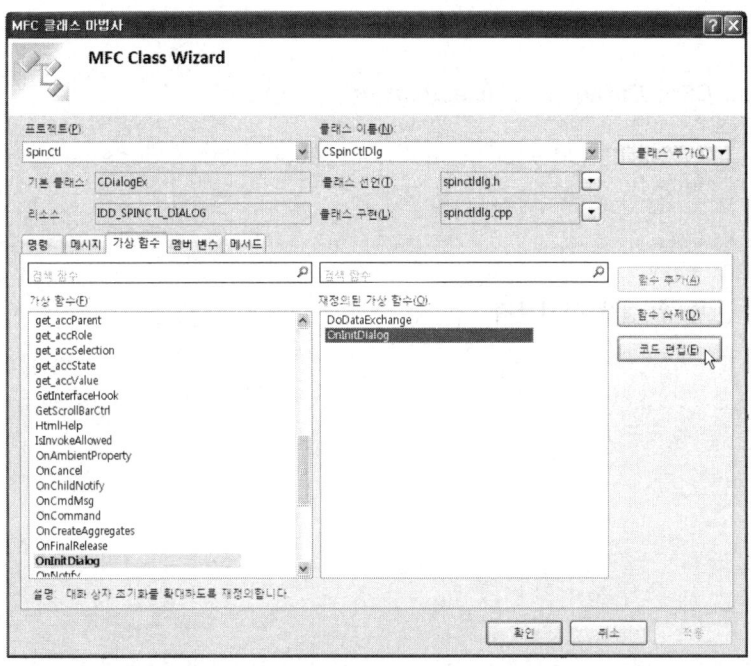

```
BOOL CSpinDlg::OnInitDialog()
{
    CDialog::OnInitDialog();

    // Add "About..." menu item to system menu.

    // IDM_ABOUTBOX must be in the system command range.
    ASSERT((IDM_ABOUTBOX & 0xFFF0) == IDM_ABOUTBOX);
    ASSERT(IDM_ABOUTBOX < 0xF000);

    CMenu* pSysMenu = GetSystemMenu(FALSE);
    if (pSysMenu != NULL)
    {
        .
        .
        .
    }

    // Set the icon for this dialog.  The framework does this automatically
    //  when the application's main window is not a dialog
    SetIcon(m_hIcon, TRUE);         // Set big icon
    SetIcon(m_hIcon, FALSE);        // Set small icon

    // TODO: Add extra initialization here
    m_ctlSpin.SetRange(0,100);

    return TRUE;  // return TRUE  unless you set the focus to a control
}
```

Step 17 [종료] 버튼을 더블클릭한 후 함수를 만든 뒤 다음의 소스코드를 써넣는다.

```
void CSpinCtlDlg::OnClickedButtExit()
{
    // TODO: Add your control notification handler code here
    OnOK();
}
```

Step 18 컴파일 한 후 실행 시켜본다.

3-13 애니메이션 컨트롤(Animation Control)

애니메이션 컨트롤은 주로 간단한 동영상을 연주할 때 사용한다. 이 컨트롤은 사운드를 지원하지 않으며 단지 연주만 한다. 애니메이션 컨트롤 만드는 방법은 버튼 만들기와 동일하다.

다음의 그림을 참고하기 바란다.

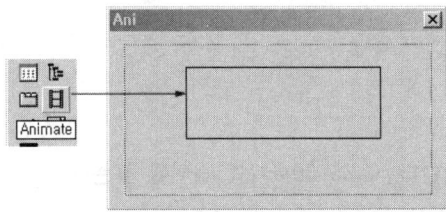

실습 1 동영상 플레이하기

□ 소스폴더 Source\Ani □

이번에는 애니메이션 컨트롤을 이용하여 간단한 동영상을 플레이해 보겠다.

우리가 만들 프로그램은 다음 그림과 같다.

[Play] 버튼을 클릭하면 다음의 그림과 같이 동영상이 플레이된다.

함수설명

BOOL Open(LPCTSTR lpszFileName);
⇨ 위 함수는 파일을 열 때 사용한다.

> **LPCTSTR lpszFileName**
> ⇨ 파일 이름을 지정한다.

BOOL Close();
⇨ 위 함수는 연 파일을 닫을 때 사용된다. 닫는 순간 메모리에서 제거된다.

BOOL Play(UINT nFrom, UINT nTo, UINT nRep);
⇨ 위 함수는 AVI파일을 연주한다.

> **UINT nFrom**
> ⇨ 연주를 시작할 프레임의 범위를 지정한다. 0~65536까지의 범위를 갖는다.
>
> **UINT nTo**
> ⇨ 연주를 끝낼 마지막 프레임 수를 지정한다. -1로 지정하면 끝까지 연주한다.
>
> **UINT nRep**
> ⇨ 몇 번 연주할 것인지 지정한다. -1이면 무한 반복 연주한다.

BOOL Stop();
⇨ 연주를 멈춘다.

BOOL Seek(UINT nTo);
⇨ 위 함수는 연주를 하는 것이 아니라 지정하는 프레임만 보여준다.

> **UINT nTo**
> ⇨ 프레임을 지정한다. -1이면 마지막 프레임만 보여준다.

따라하기
Step by Step

Step 01) 메뉴에서 [파일] → [새로 만들기] → [프로젝트]를 선택한다.

Step 02) '새 프로젝트' 창이 뜨면 프로젝트 형식을(MFC 응용 프로그램) 선택하고,

Step 03) 프로젝트 이름(Ani)을 지정하고,

Step 04) 폴더 위치(C:\source)를 지정하고

Step 05) '솔루션용 디렉터리 만들기'에 체크 해제한다.

Step 06) [확인] 버튼을 클릭하고 다음 단계로 넘어 간다.

Step 07) 'MFC 응용 프로그램 마법사' 창이 나타나면

Step 08 '응용 프로그램 종류'를 클릭하고

Step 09 '응용 프로그램 종류'를 '대화 상자 기반'으로 설정하고

Step 10 '유니코드 라이브러리 사용'에 체크 해제한다.

Step 11 [마침] 버튼을 누른다.

Step 12 우선 다이얼로그 상자에 표시되어 있는 "TODO: 여기에 대화 상자 컨트롤을 배치합니다."라는 문자열을 지우기 위해 마우스 왼쪽 버튼 클릭해서 선택한 후 마우스 오른쪽 버튼을 클릭하면 빠른 메뉴 상자가 나타난다. 이 빠른 메뉴 상자에서 [삭제]를 선택하면 삭제되며 또는 간단하게 Del키를 클릭해도 된다. [확인] 버튼과 [취소] 버튼도 마찬가지로 삭제한다.

Step 13 아래의 표를 보고 컨트롤을 만든다.

컨트롤	Static Text	Animation	Button	Button
ID	IDC_STATIC	IDC_ANIMATE	IDC_BUTT_PLAY	IDC_BUTT_STOP
Caption	애니메이션 컨트롤		Play	Stop
멤버 변수 이름		m_Ani		
범주		Control		
변수 형식		CAnimateCtrl		
메시지			BN_CLICKED	BN_CLICKED
멤버 함수 이름			OnClickedButtPlay	OnClickedButtStop

컨트롤	Button
ID	IDC_BUTT_EXIT
Caption	종료
메시지	BN_CLICKED
멤버 함수 이름	OnClickedButtExit

Step 14 위 컨트롤 배치가 모두 완료되면 애니메이션 컨트롤을 클릭하고 속성 창에서 [Border] 속성과 [Transparent] 속성을 모두 True 로 설정한다.

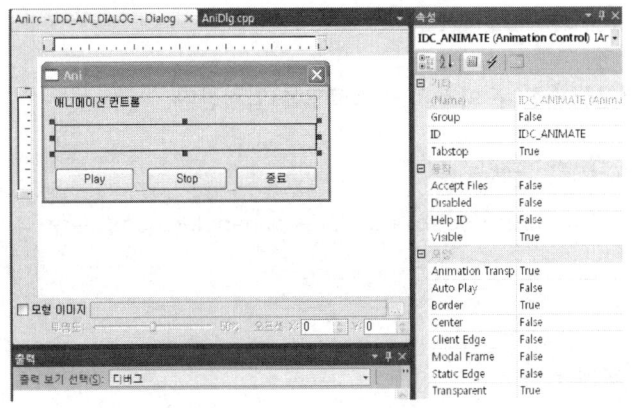

메뉴 속성

- **Center**
  애니메이션 컨트롤의 중앙에서 연주하며 크기를 변경하지 못하게 한다. 이를 체크하지 않으면 AVI의 크기에 따라 자동으로 확장된다.
- **Auto Play**
  AVI를 반복 연주한다.
- **Border**
  테두리를 만든다.
- **Transparent**
  투명한 배경 색상을 사용할 수 있도록 한다.

Step 15 [Play] 버튼을 더블클릭한 후 아래의 소스코드를 입력한다.

```
void CAniDlg::OnButtPlay()
{
    // TODO: Add your control notification handler code here
    m_Ani.Open("Avi.AVI");
    m_Ani.Play(0,-1,-1);
}
```

참고로 Avi.AVI 파일은 부록파일의 Source폴더에 있다. 반드시 이 파일을 Ani 폴더의 Debug 폴더에 복사해 넣어줘야 한다.

Step 16 [Stop] 버튼을 더블클릭한 후 아래의 소스코드를 입력한다.

```
void CAniDlg::OnButtStop()
{
    // TODO: Add your control notification handler code here
    m_Ani.Stop();
    m_Ani.Close();
}
```

Step 17 [종료] 버튼을 더블클릭한 후 아래의 소스코드를 입력한다.

```
void CAniDlg::OnButtExit()
{
    // TODO: Add your control notification handler code here
    OnOK();
}
```

Step 18 컴파일 한 후 실행해 본다.

3-14 슬라이드 컨트롤(Slider Control)

슬라이드 컨트롤은 주로 동영상의 플레이 시간을 나타낼 때 많이 사용한다. 슬라이드 컨트롤 만드는 방법은 버튼 만들기와 동일하다.

다음의 그림을 참고하기 바란다.

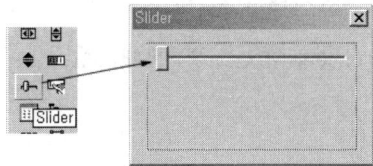

> 실습 슬라이드 컨트롤을 움직이면 에디터 상자에 위치 출력하기
> □ 소스폴더 Source₩Slider □

이번에는 슬라이드 컨트롤을 움직이면 에디터 상자에 슬라이드 컨트롤의 위치를 출력하는 프로그램을 만들어 보겠다.

우리가 만들 프로그램은 다음 그림과 같다.

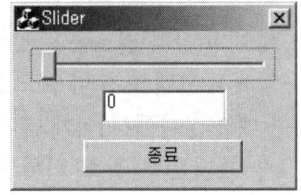

슬라이드 컨트롤을 움직이면 그림과 같이 슬라이더 컨트롤의 위치가 에디터 상자에 출력된다.

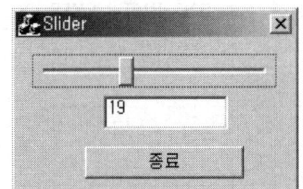

함수설명

int GetPos( ) const;

⇨ 위 함수는 슬라이드의 위치를 알려준다.

따라하기 *Step by Step*

Step 01 메뉴에서 [파일] → [새로 만들기] → [프로젝트]를 선택한다.

Step 02 '새 프로젝트' 창이 뜨면 프로젝트 형식을(MFC 응용 프로그램) 선택하고,

Step 03 프로젝트 이름(Slider)을 지정하고,

Step 04 폴더 위치(C:₩source)를 지정하고

Step 05 '솔루션용 디렉터리 만들기'에 체크 해제한다.

Step 06 [확인] 버튼을 클릭하고 다음 단계로 넘어 간다.

Step 07 'MFC 응용 프로그램 마법사' 창이 나타나면

Step 08 '응용 프로그램 종류'를 클릭하고

Step 09 '응용 프로그램 종류'를 '대화 상자 기반'으로 설정하고

Step 10 '유니코드 라이브러리 사용'에 체크 해제한다.

Step 11 [마침] 버튼을 누른다.

Step 12 우선 다이얼로그 상자에 표시되어 있는 "TODO: 여기에 대화 상자 컨트롤을 배치합니다."라는 문자열을 지우기 위해 마우스 왼쪽 버튼 클릭해서 선택한 후 마우스 오른쪽 버튼을 클릭하면 빠른 메뉴 상자가 나타난다. 이 빠른 메뉴 상자에서 [삭제]를 선택하면 삭제되며 또는 간단하게 Del키를 클릭해도 된다. [확인] 버튼과 [취소] 버튼도 마찬가지로 삭제한다.

Step 13 아래의 표를 보고 컨트롤을 만든다.

컨트롤	Slider	Edit Box	Button
ID	IDC_SLIDER	IDC_EDIT_A	IDC_BUTT_EXIT
Caption			종료
멤버 변수 이름	m_Sli	m_EditA	
범주	Control	Value	
변수 형식	CSliderCtrl	int	
메시지			BN_CLICKED
멤버 함수 이름	OnCustomdrawSlider		OnClickedButtExit

Step 14 다이얼로그 상자에서 마우스 오른쪽 버튼을 클릭하고 나타나는 메뉴에서 [클래스 마법사]를 선택한 후 나타나는 클래스 마법사 대화상자에서 OnInitDialog 함수를 선택하고 [코드 편집] 버튼을 클릭해서 다음의 소스코드를 입력한다.

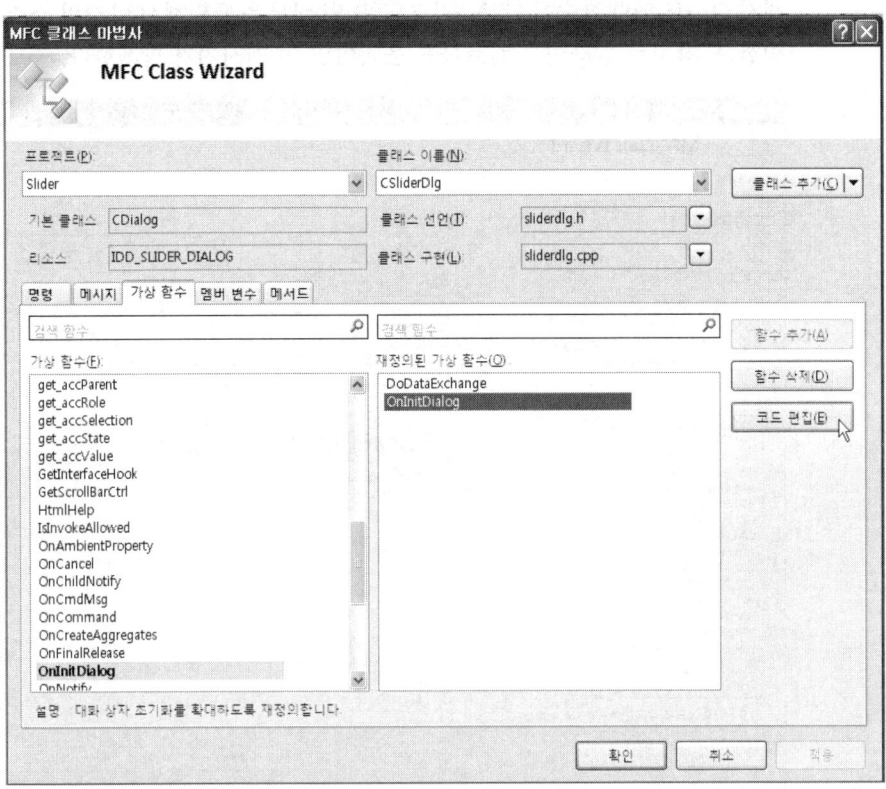

```
BOOL CSliderDlg::OnInitDialog()
{
    CDialog::OnInitDialog();

    // Add "About..." menu item to system menu.
    // IDM_ABOUTBOX must be in the system command range.
      .
      .
      .
    // TODO: Add extra initialization here
    m_Sli.SetRange(1,50);

    return TRUE;  // return TRUE  unless you set the focus to a control
}
```

Step 15) 다이얼로그 상자에서 마우스 오른쪽 버튼을 클릭하고 나타나는 메뉴에서 [클래스 마법사]를 선택한다. 나타나는 클래스 마법사 대화상자에서 [메시지] 탭을 선택한 후 메시지 목록에서 WM_HSCROLL 메시지를 찾아서 선택하고 [처리기 추가] 버튼을 클릭해서 OnHScroll 함수를 만든 후 [코드 편집] 버튼을 클릭해서 아래의 소스코드를 입력한다. 참고로 슬라이드 컨트롤을 움직이면 이 메시지가 발생한다.

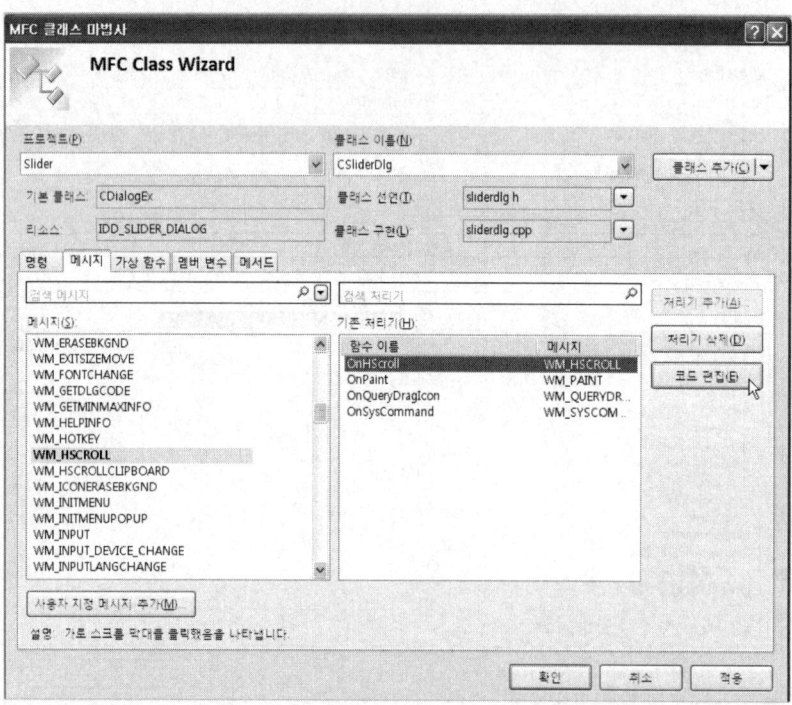

```
void CSliderDlg::OnHScroll(UINT nSBCode, UINT nPos, CScrollBar* pScrollBar)
{
    // TODO: Add your message handler code here and/or call default
    m_EditA=m_Sli.GetPos();
    UpdateData(FALSE);
    CDialog::OnHScroll(nSBCode, nPos, pScrollBar);
}
```

Step 16) [종료] 버튼을 더블클릭한 후 아래의 소스코드를 입력한다.

```
void CSliderDlg::OnClickedButtExit()
{
    // TODO: Add your control notification handler code here
    OnOK();
}
```

Step 17) 컴파일한 후 실행시켜 본다.

Chapter 04

다이얼로그 상자

이번 장에서는 다이얼로그 상자에 대하여 알아보겠다.

4-1 다이얼로그 상자의 아이콘 변경하기 / 4-2 다이얼로그 상자의 제목을 메시지 상자로 출력 / 4-3 다이얼로그 상자의 제목 변경하기 / 4-4 다이얼로그 상자의 크기 변경하기

4-1 다이얼로그 상자의 아이콘 변경하기

아이콘은 프로그램의 첫 인상이라고 할 수 있다. 우리가 새로운 프로그램을 설치하고 나서 제일 먼저 바탕화면에서 확인할 수 있는 것이 바로 아이콘일 것이다. 아이콘을 보면 그 프로그램이 어떤 프로그램인지 어느 기업에서 만든 프로그램인지 등의 성격은 대략 알 수 있다.

이번에는 다이얼로그 상자의 멋없는 아이콘을 다음의 그림과 같이 예쁘게(?) 바꾸어 보겠다.

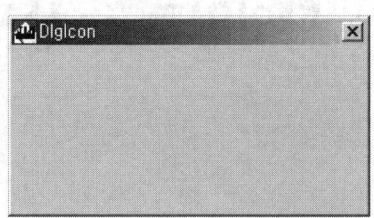

실습 리소스에 아이콘 등록하기
□ 소스폴더 Source\DlgIcon □

아이콘을 사용하기 위해서는 리소스에 아이콘을 등록해야 한다. 워크스페이스를 보면 리소스 뷰(ResourceView)가 있을 것이다. 바로 여기에다가 아이콘을 등록하는 것이다.

따라하기   Step by Step

Step 01 메뉴에서 [파일] → [새로 만들기] → [프로젝트]를 선택한다.

Step 02 '새 프로젝트' 창이 뜨면 프로젝트 형식을(MFC 응용 프로그램) 선택하고,

Step 03 프로젝트 이름(DlgIcon)을 지정하고,

Step 04 폴더 위치(C:\source)를 지정하고

Step 05 '솔루션용 디렉터리 만들기'에 체크 해제한다.

Step 06 [확인] 버튼을 클릭하고 다음 단계로 넘어 간다.

Step 07 'MFC 응용 프로그램 마법사' 창이 나타나면

Step 08 '응용 프로그램 종류'를 클릭하고

Step 09 '응용 프로그램 종류'를 '대화 상자 기반'으로 설정하고

Step 10 '유니코드 라이브러리 사용'에 체크 해제한다.

Step 11 [마침] 버튼을 누른다.

Step 12 우선 다이얼로그 상자에 표시되어 있는 "TODO: 여기에 대화 상자 컨트롤을 배치합니다."라는 문자열을 지우기 위해 마우스 왼쪽 버튼 클릭해서 선택한 후 마우스 오른쪽 버튼을 클릭하면 빠른 메뉴 상자가 나타난다. 이 빠른 메뉴 상자에서 [삭제]를 선택하면 삭제되며 또는 간단하게 Del 키를 클릭해도 된다. [확인] 버튼과 [취소] 버튼도 마찬가지로 삭제한다.

Step 13 리소스 뷰에서 [DlgIcon]를 클릭하고 오른쪽 마우스 버튼을 클릭해서 나타나는 메뉴에서 [추가] → [리소스]를 차례로 선택한다.

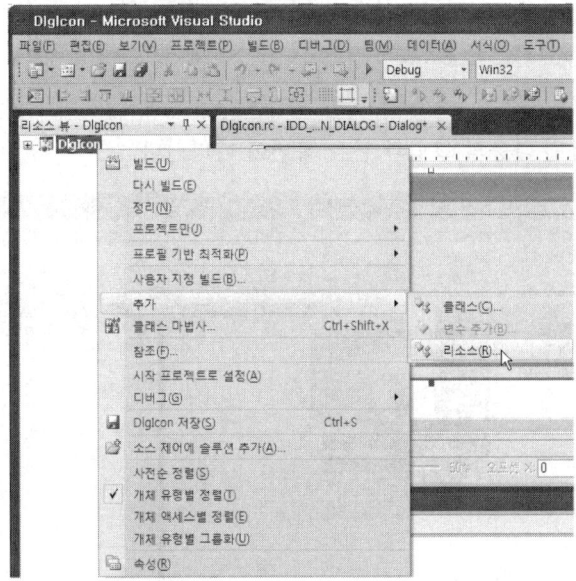

Step 14 나타나는 리소스 추가 대화 상자에서 [Icon]을 선택하고 [가져오기] 버튼을 클릭한다.

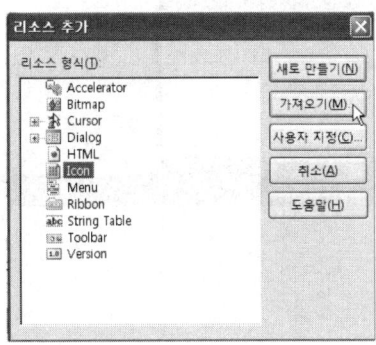

Step 15) 다음의 그림과 같이 가져오기 대화상자가 나타나는데 아이콘의 위치를 지정해 준다. 참고로 아이콘은 부록파일의 Source 폴더에 "Jin5.ico"라는 파일이 있을 것이다.

Step 16) [열기] 버튼을 클릭하면 다음의 그림과 같은 화면이 나타난다.

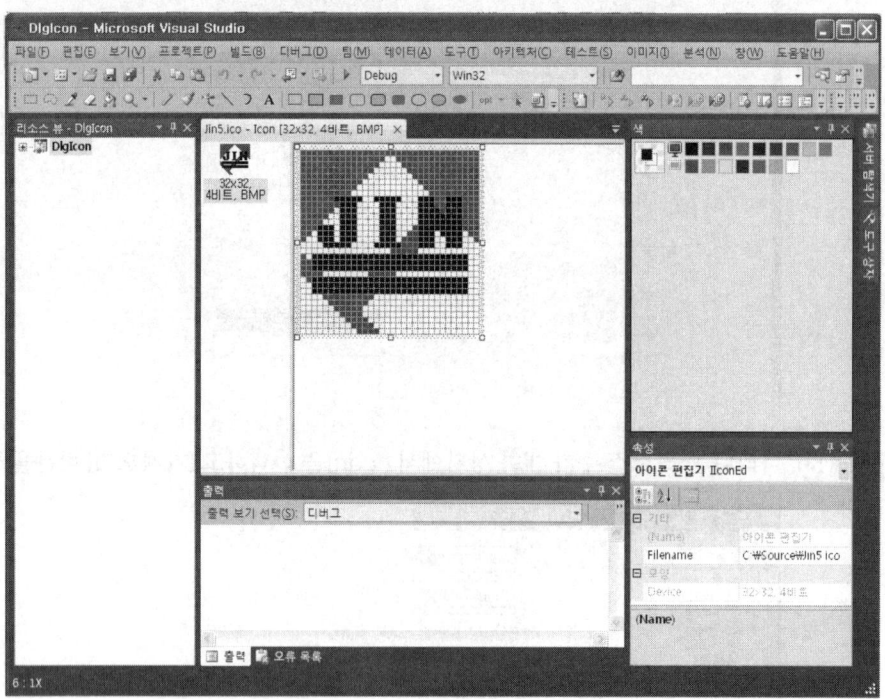

Step 17 위의 그림에서 리소스 뷰의 목록을 모두 펼쳐보면 다음 그림과 같이 "IDI_ICON1"을 확인할 수 있을 것이다.

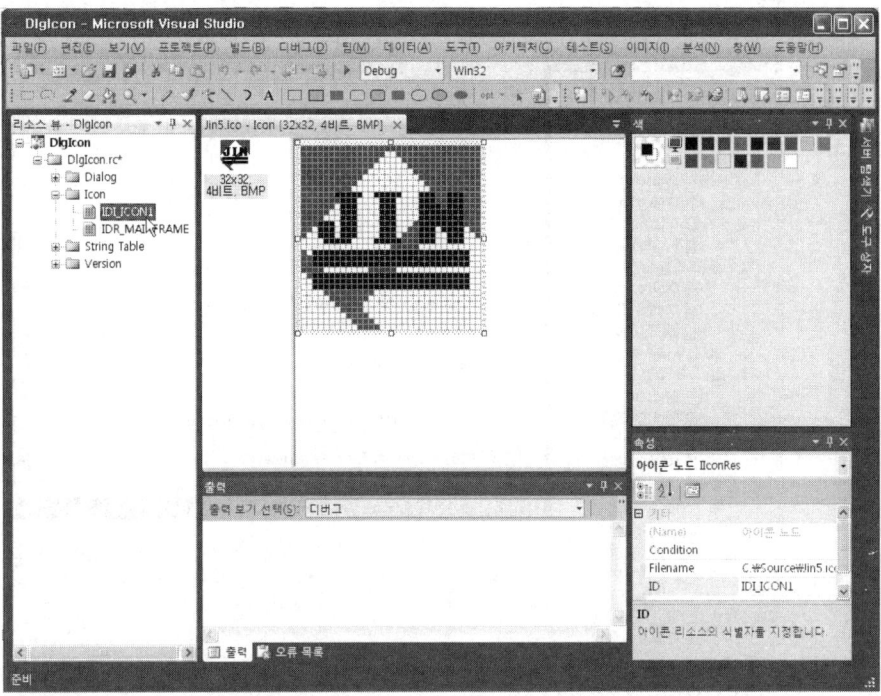

Step 18 속성 창에서 ID:를 IDI_ICON으로 바꾸어 준다.

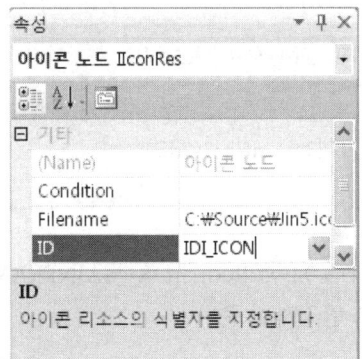

Step 19 메뉴의 [보기] → [솔루션 탐색기]를 차례로 선택해서 솔루션 탐색기 창을 띄우고 "소스파일"에서 DlgIconDlg.cpp 파일을 더블클릭하고 다음과 같은 소스코드를 찾는다.

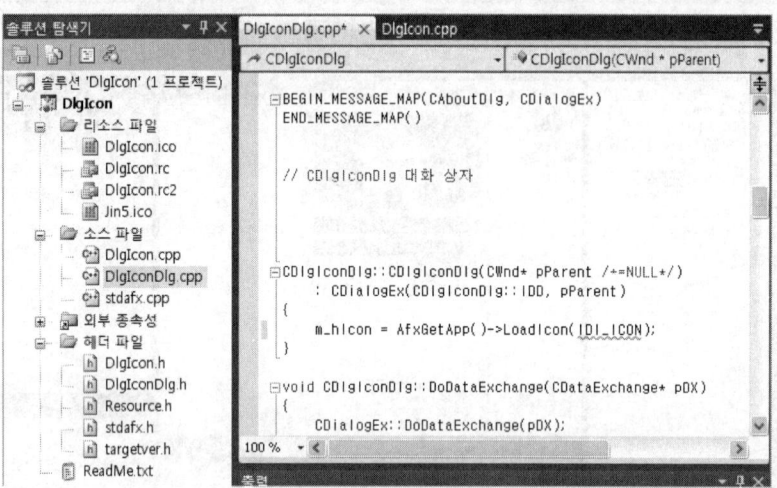

```
.
.
.
BEGIN_MESSAGE_MAP(CAboutDlg, CDialogEx)
END_MESSAGE_MAP()


// CDlgIconDlg 대화 상자

CDlgIconDlg::CDlgIconDlg(CWnd* pParent /*=NULL*/)
: CDialogEx(CDlgIconDlg::IDD, pParent)
{
m_hIcon = AfxGetApp()->LoadIcon(IDR_MAINFRAME);
}
```

Step 20 위 소스 코드에서 m_hIcon = AfxGetApp()->LoadIcon(IDR_MAINFRAME);부분의 IDR_MAINFRAME를 IDI_ICON으로 변경하여 준다.

Step 21 컴파일 한 후 실행하면 다이얼로그 상자의 아이콘이 바뀌어져 있을 것이다.

4-2 다이얼로그 상자의 제목을 메시지 상자로 출력

이번에는 다이얼로그 상자의 제목을 메시지 상자로 출력하는 방법에 대하여 알아보겠다.

우리가 만들 프로그램은 다음 그림과 같다.

출력 버튼을 클릭하면 위 그림과 같이 메시지 상자에 다이얼로그 상자의 제목이 출력된다.

int GetWindowText(LPTSTR lpszStringBuf, int nMaxCount) const;
⇨ 위 함수는 다이얼로그 상자의 제목을 알아온다.

LPTSTR lpszStringBuf
⇨ 다이얼로그 상자의 제목을 저장할 변수를 지정한다.

int nMaxCount
⇨ 그 변수의 최대 크기를 지정한다.

따라하기

Step 01 메뉴에서 [파일] → [새로 만들기] → [프로젝트]를 선택한다.

Step 02 '새 프로젝트' 창이 뜨면 프로젝트 형식을(MFC 응용 프로그램) 선택하고,

Step 03 프로젝트 이름(TitlePrint)을 지정하고,

Step 04 폴더 위치(C:\source)를 지정하고

Step 05 '솔루션용 디렉터리 만들기'에 체크 해제한다.

Step 06 [확인] 버튼을 클릭하고 다음 단계로 넘어 간다.

Step 07 'MFC 응용 프로그램 마법사' 창이 나타나면

Step 08 '응용 프로그램 종류'를 클릭하고

Step 09 '응용 프로그램 종류'를 '대화 상자 기반'으로 설정하고

Step 10 '유니코드 라이브러리 사용'에 체크 해제한다.

Step 11 [마침] 버튼을 누른다.

Step 12 우선 다이얼로그 상자에 표시되어 있는 "TODO: 여기에 대화 상자 컨트롤을 배치합니다."라는 문자열을 지우기 위해 마우스 왼쪽 버튼 클릭해서 선택한 후 마우스 오른쪽 버튼을 클릭하면 빠른 메뉴 상자가 나타난다. 이 빠른 메뉴 상자에서 [삭제]를 선택하면 삭제되며 또는 간단하게 Del 키를 클릭해도 된다. [확인] 버튼과 [취소] 버튼도 마찬가지로 삭제한다.

Step 13 아래의 표를 보고 컨트롤을 만든다.

컨트롤	Static Text	Button	Button
ID	IDC_STATIC	IDC_BUTT_PRINT	IDC_BUTT_EXIT
Caption	다이얼로그 상자의 제목을 메시지 상자로 출력하는 프로그램	출력	종료
메시지		BN_CLICKED	BN_CLICKED
멤버 함수 이름		OnButtPrint	OnButtExit

Step 14 [출력] 버튼을 더블클릭한 후 아래의 소스코드를 입력한다.

```
void CTitlePrintDlg::OnButtPrint()
{
    // TODO: Add your control notification handler code here
    char szText[100];

    GetWindowText(szText,lstrlen(szText));

    MessageBox(szText,"알림",NULL);
}
```

Step 15 [종료] 버튼을 더블클릭한 후 아래의 소스코드를 입력한다.

```
void CTitlePrintDlg::OnButtExit()
{
    // TODO: Add your control notification handler code here
    OnOK();
}
```

Step 16 컴파일 한 후 실행해 본다.

4-3 다이얼로그 상자의 제목 변경하기

이번에는 리스트 상자에서 리스트를 클릭하면 해당 문자열로 다이얼로그 상자의 제목을 변경하는 프로그램을 만들어 보겠다.

우리가 만들 프로그램은 다음 그림과 같다.

리스트 상자에서 리스트를 클릭하면 다음의 그림과 같이 다이얼로그 상자의 제목이 변경된다.

BOOL SetWindowText(LPCTSTR lpszString);
⇨ 위 함수는 다이얼로그 상자의 제목을 변경한다.

따라하기

Step 01 메뉴에서 [파일] → [새로 만들기] → [프로젝트]를 선택한다.

Step 02 '새 프로젝트' 창이 뜨면 프로젝트 형식을(MFC 응용 프로그램) 선택하고,

Step 03 프로젝트 이름(SetText)을 지정하고,

Step 04 폴더 위치(C:\source)를 지정하고

Step 05 '솔루션용 디렉터리 만들기'에 체크 해제한다.

Step 06 [확인] 버튼을 클릭하고 다음 단계로 넘어 간다.

Step 07 'MFC 응용 프로그램 마법사' 창이 나타나면

Step 08 '응용 프로그램 종류'를 클릭하고

Step 09 '응용 프로그램 종류'를 '대화 상자 기반'으로 설정하고

Step 10 '유니코드 라이브러리 사용'에 체크 해제한다.

Step 11 [마침] 버튼을 누른다.

Step 12 우선 다이얼로그 상자에 표시되어 있는 "TODO: 여기에 대화 상자 컨트롤을 배치합니다."라는 문자열을 지우기 위해 마우스 왼쪽 버튼 클릭해서 선택한 후 마우스 오른쪽 버튼을 클릭하면 빠른 메뉴 상자가 나타난다. 이 빠른 메뉴 상자에서 [삭제]를 선택하면 삭제되며 또는 간단하게 Del키를 클릭해도 된다. [확인] 버튼과 [취소] 버튼도 마찬가지로 삭제한다.

Step 13 아래의 표를 보고 컨트롤을 만든다.

컨트롤	Static Text	ListBox	Button
ID	IDC_STATIC	IDC_LIST_BOX	IDC_BUTT_EXIT
Caption	다이얼로그 상자의 제목 변경하기		종료
멤버 변수 이름		m_ListBox	
범주		Control	
변수 형식		CListBox	
메시지		LBN_SELCHANGE	BN_CLICKED
멤버 함수 이름		OnSelchangeListBox()	OnButtExit

Step 14 다이얼로그 상자에서 마우스 오른쪽 버튼을 클릭하고 나타나는 메뉴에서 [클래스 마법사]를 선택한 후 나타나는 클래스 마법사 대화 상자에서 OnInitDialog 함수를 선택하고 [코드 편집] 버튼을 클릭해서 다음의 소스코드를 입력한다.

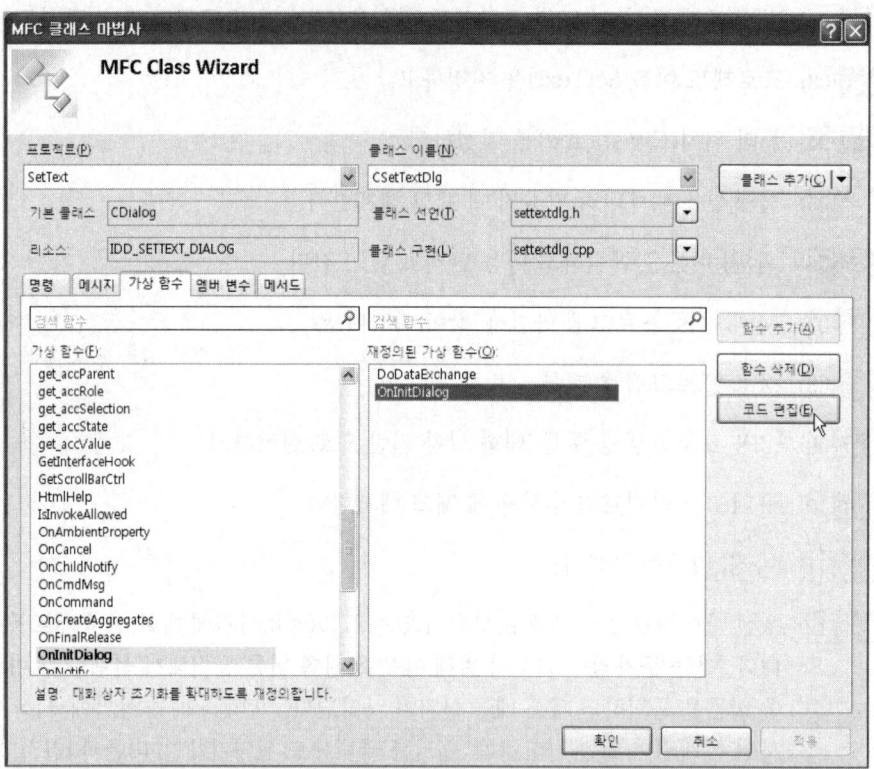

```
BOOL CSetTextDlg::OnInitDialog()
{
    CDialog::OnInitDialog();
    
         .
         .
         .
    // TODO: Add extra initialization here
    int a=0;
    char szText[100];
    
    for(a=0; a<=3; a++)
    {
        sprintf(szText,"%d",a);
        m_ListBox.AddString(szText);
    }
    
    return TRUE;  // return TRUE  unless you set the focus to a control
}
```

Step 15) 다이얼로그 상자의 리스트 박스(List Box) 컨트롤을 더블클릭한 후 아래의 소스코드를 입력한다.

```cpp
void CSetTextDlg::OnSelchangeListBox()
{
    // TODO: Add your control notification handler code here
    CString szText;
        int nCount=0;
    nCount=m_ListBox.GetCurSel();
    m_ListBox.GetText(nCount,szText);

    switch(nCount)
    {
    case 0:
        SetWindowText(szText);
        break;
    case 1:
        SetWindowText(szText);
        break;
    case 2:
        SetWindowText(szText);
        break;
    case 3:
        SetWindowText(szText);
        break;
    }
}
```

Step 16) [종료] 버튼을 더블클릭한 후 아래의 소스코드를 입력한다.

```cpp
void CSetTextDlg::OnButtPrint()
{
    // TODO: Add your control notification handler code here
    OnOK();
}
```

Step 17) 컴파일 한 후 실행해 본다.

4-4 다이얼로그 상자의 크기 변경하기

이번에는 다이얼로그 상자의 크기를 변경하는 방법에 대하여 알아보겠다.

우리가 만들 프로그램은 다음 그림과 같다.

[변경] 버튼을 클릭하면 다음의 그림과 같이 다이얼로그 상자의 위치와 크기가 변경된다.

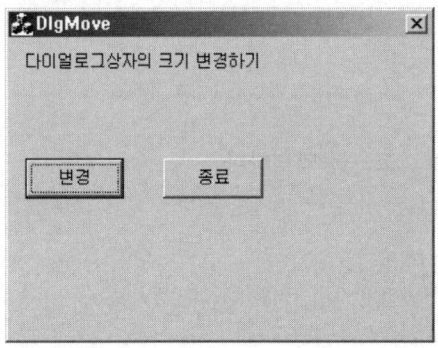

BOOL MoveWindow(int x, int y, int nWidth, int nHeight, BOOL bRepaint = TRUE);
⇨ 위 함수는 다이얼로그 상자의 위치와 크기를 변경한다.

int x
⇨ x좌표 위치를 지정한다.

int y
⇨ y좌표 위치를 지정한다.

int nWidth
⇨ 다이얼로그 상자의 넓이를 지정한다.

int nHeight
⇨ 다이얼로그 상자의 높이를 지정한다.

BOOL bRepaint = TRUE
⇨ 다이얼로그 상자를 다시 그릴지 지정한다.

> TRUE
> ⇨ 다시 그린다.

> FALSE
> ⇨ 다시 그리지 않는다.

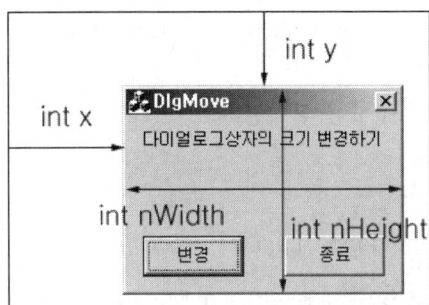

따라하기
Step by Step

Step 01 메뉴에서 [파일] → [새로 만들기] → [프로젝트]를 선택한다.

Step 02 '새 프로젝트' 창이 뜨면 프로젝트 형식을(MFC 응용 프로그램) 선택하고,

Step 03 프로젝트 이름(DlgMove)을 지정하고,

Step 04 폴더 위치(C:\source)를 지정하고

Step 05 '솔루션용 디렉터리 만들기'에 체크 해제한다.

Step 06 [확인] 버튼을 클릭하고 다음 단계로 넘어 간다.

Step 07 'MFC 응용 프로그램 마법사' 창이 나타나면

Step 08 '응용 프로그램 종류'를 클릭하고

Step 09) '응용 프로그램 종류'를 '대화 상자 기반'으로 설정하고

Step 10) '유니코드 라이브러리 사용'에 체크 해제한다.

Step 11) [마침] 버튼을 누른다.

Step 12) 우선 다이얼로그 상자에 표시되어 있는 "TODO: 여기에 대화 상자 컨트롤을 배치합니다."라는 문자열을 지우기 위해 마우스 왼쪽 버튼 클릭해서 선택한 후 마우스 오른쪽 버튼을 클릭하면 빠른 메뉴 상자가 나타난다. 이 빠른 메뉴 상자에서 [삭제]를 선택하면 삭제되며 또는 간단하게 Del키를 클릭해도 된다. [확인] 버튼과 [취소] 버튼도 마찬가지로 삭제한다.

Step 13) 아래의 표를 보고 컨트롤을 만든다.

컨트롤	Static Text	Button	Button
ID	IDC_STATIC	IDC_BUTT_PRINT	IDC_BUTT_EXIT
Caption	다이얼로그 상자의 크기 변경하기	변경	종료
메시지		BN_CLICKED	BN_CLICKED
멤버 함수 이름		OnButtPrint	OnButtExit

Step 14) [변경] 버튼을 더블클릭한 후 아래의 소스코드를 입력한다.

```
void CDlgMoveDlg::OnButtPrint()
{
    // TODO: Add your control notification handler code here
    MoveWindow(0,0,320,240,TRUE);
}
```

Step 15) [종료] 버튼을 더블클릭한 후 아래의 소스코드를 입력한다.

```
void CDlgMoveDlg::OnButtExit()
{
    // TODO: Add your control notification handler code here
    OnOK();
}
```

Step 16) 컴파일 한 후 실행해 본다.

Chapter 05

텍 스 트

이번 장에서는 텍스트에 대하여 알아보겠다. 도스 시절에는 간단하게 printf() 함수를 사용하면 얼마든지 화면에 텍스트를 출력할 수 있었다. 하지만 윈도우즈에서는 화면에 텍스트를 출력하기 위해서는 디바이스 컨텍스트 일명 DC를 생성해야 화면에 출력할 수 있다. 이 DC를 생성할 때는 CClientDC라는 클래스를 사용한다. 또한 이 DC라는 것은 일종의 가상화면이라고 생각하면 쉽다. 즉 텍스트를 출력할 때는 가상화면에 텍스트를 출력 한 후 텍스트를 진짜 화면에 출력하는 함수를 이용하여 가상화면에 있는 텍스트를 가져와서 진짜 화면에 출력하는 것이다.

5-1 다이얼로그 상자에 텍스트 출력하기 / 5-2 WM_PAINT 메시지를 이용하여 텍스트 출력 / 5-3 텍스트의 색 변경하기

5-1 다이얼로그 상자에 텍스트 출력하기

이번에는 다이얼로그 상자에 텍스트를 출력하는 방법에 대하여 알아보겠다.

우리가 만들 프로그램은 다음 그림과 같다.

[출력] 버튼을 클릭하면 다음의 그림과 같이 다이얼로그 상자에 텍스트가 출력된다.

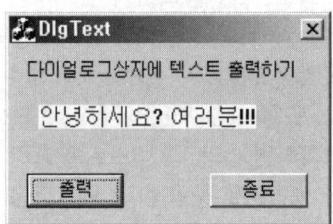

virtual BOOL TextOut(int x, int y, LPCTSTR lpszString, int nCount);
⇨ 위 함수는 텍스트를 출력한다.

int x
⇨ x좌표 위치를 지정

int y
⇨ y좌표 위치를 지정

LPCTSTR lpszString
⇨ 출력할 텍스트를 지정

int nCount
⇨ 텍스트의 크기를 지정

참고로 텍스트의 크기를 알고 싶을 때는 lstrlen()함수를 이용한다.

따라하기
Step by Step

Step 01) 메뉴에서 [파일] → [새로 만들기] → [프로젝트]를 선택한다.

Step 02) '새 프로젝트' 창이 뜨면 프로젝트 형식을(MFC 응용 프로그램) 선택하고,

Step 03) 프로젝트 이름(DlgText)을 지정하고,

Step 04) 폴더 위치(C:\source)를 지정하고

Step 05) '솔루션용 디렉터리 만들기'에 체크 해제한다.

Step 06) [확인] 버튼을 클릭하고 다음 단계로 넘어 간다.

Step 07) 'MFC 응용 프로그램 마법사' 창이 나타나면

Step 08) '응용 프로그램 종류'를 클릭하고

Step 09) '응용 프로그램 종류'를 '대화 상자 기반'으로 설정하고

Step 10) '유니코드 라이브러리 사용'에 체크 해제한다.

Step 11) [마침] 버튼을 누른다.

Step 12) 우선 다이얼로그 상자에 표시되어 있는 "TODO: 여기에 대화 상자 컨트롤을 배치합니다."라는 문자열을 지우기 위해 마우스 왼쪽 버튼 클릭해서 선택한 후 마우스 오른쪽 버튼을 클릭하면 빠른 메뉴 상자가 나타난다. 이 빠른 메뉴 상자에서 [삭제]를 선택하면 삭제되며 또는 간단하게 Del키를 클릭해도 된다. [확인] 버튼과 [취소] 버튼도 마찬가지로 삭제한다.

Step 13) 아래의 표를 보고 컨트롤을 만든다.

컨트롤	Static Text	Button	Button
ID	IDC_STATIC	IDC_BUTT_PRINT	IDC_BUTT_EXIT
Caption	다이얼로그 상자에 텍스트 출력하기	출력	종료
메시지		BN_CLICKED	BN_CLICKED
멤버 함수 이름		OnButtPrint	OnButtExit

Step 14) [출력] 버튼을 더블클릭한 후 아래의 소스코드를 입력한다.

```cpp
void CDlgTextDlg::OnButtPrint()
{
    // TODO: Add your control notification handler code here
    CClientDC dc(this);  // DC를 생성한다.

    char szText[]="안녕하세요? 여러분!!!";

    dc.TextOut(20,40,szText,lstrlen(szText));

}
```

Step 15) [종료] 버튼을 더블클릭한 후 아래의 소스코드를 입력한다.

```cpp
void CDlgTextDlg::OnButtExit()
{
    // TODO: Add your control notification handler code here
    OnOK();
}
```

Step 16) 컴파일 한 후 실행해 본다.

5-2 WM_PAINT 메시지를 이용하여 텍스트 출력

이번에는 WM_PAINT 메시지를 이용하여 텍스트를 출력하는 방법에 대하여 알아보겠다.

WM_PAINT 메시지란?

간단하게 말해서 다이얼로그 상자의 어느 한 부분이 다른 창에 가려지거나 또는 지워졌을 때 발생하는 메시지이다. WM_PAINT메시지를 이용하여 출력 한 텍스트와 일반 텍스트를 비교해 보자.

위의 그림과 같이 다이얼로그 상자에 두 개의 텍스트가 출력되어 있다. 위에 있는 "일반 텍스트입니다."는 WM_PAINT 메시지를 이용하여 출력한 텍스트가 아니고, 아래에 있는 "WM_PAINT 메시지를 이용해 출력된 텍스트"는 WM_PAINT 메시지를 이용하여 출력한 텍스트이다.

이 다이얼로그 상자를 다음의 그림과 같이 메모장으로 반쯤 가려보자

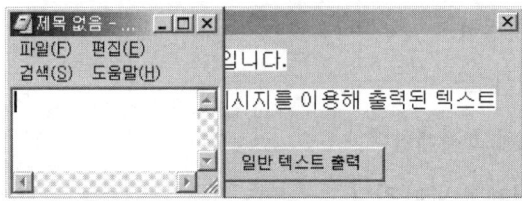

다시 메모장을 다음의 그림과 같이 다른 곳으로 치워버리면...

위의 그림을 보면 위에 있는 텍스트 즉 WM_PAINT 메시지를 이용하지 않고 출력한 텍스트는 반쯤 지워져 있고 아래 있는 텍스트 즉 WM_PAINT메시지를 이용한 텍스트는 지워져 있지 않다. 이는 WM_PAINT메시지가 발생하여 아래에 있는 텍스트를 다시 출력했기 때문이다.

실습
□ 소스폴더 Source\PaintText □

우리가 만들 프로그램은 다음 그림과 같다.

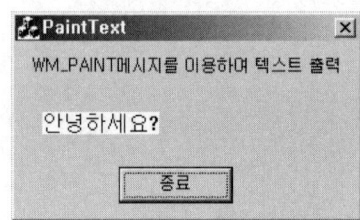

다이얼로그 상자를 실행하면 WM_PAINT 메시지도 함께 발생하므로 텍스트가 출력된다.

따라하기
Step by Step

Step 01 메뉴에서 [파일] → [새로 만들기] → [프로젝트]를 선택한다.
Step 02 '새 프로젝트' 창이 뜨면 프로젝트 형식을(MFC 응용 프로그램) 선택하고,
Step 03 프로젝트 이름(PaintText)을 지정하고,
Step 04 폴더 위치(C:\source)를 지정하고
Step 05 '솔루션용 디렉터리 만들기'에 체크 해제한다.
Step 06 [확인] 버튼을 클릭하고 다음 단계로 넘어 간다.
Step 07 'MFC 응용 프로그램 마법사' 창이 나타나면
Step 08 '응용 프로그램 종류'를 클릭하고
Step 09 '응용 프로그램 종류'를 '대화 상자 기반'으로 설정하고
Step 10 '유니코드 라이브러리 사용'에 체크 해제한다.
Step 11 [마침] 버튼을 누른다.

Chapter 05 텍스트

Step 12 우선 다이얼로그 상자에 표시되어 있는 "TODO: 여기에 대화 상자 컨트롤을 배치합니다."라는 문자열을 지우기 위해 마우스 왼쪽 버튼 클릭해서 선택한 후 마우스 오른쪽 버튼을 클릭하면 빠른 메뉴 상자가 나타난다. 이 빠른 메뉴 상자에서 [삭제]를 선택하면 삭제되며 또는 간단하게 Del키를 클릭해도 된다. [확인] 버튼과 [취소] 버튼도 마찬가지로 삭제한다.

Step 13 아래의 표를 보고 컨트롤을 만든다.

컨트롤	Static Text	Button
ID	IDC_STATIC	IDC_BUTT_EXIT
Caption	WM_PAINT메시지를 이용하여 텍스트 출력	종료
메시지		BN_CLICKED
멤버 함수 이름		OnButtExit

Step 14 다이얼로그 상자에서 마우스 오른쪽 버튼을 클릭하고 나타나는 메뉴에서 [클래스 마법사]를 선택한다. 나타나는 클래스 마법사 대화상자에서 [메시지] 탭을 선택한 후 메시지 목록에서 WM_PAINT 메시지를 찾아서 선택하고 [처리기 추가] 버튼을 클릭해서 OnPaint 함수를 만든 후 [코드 편집] 버튼을 클릭해서 아래의 소스코드를 입력한다.

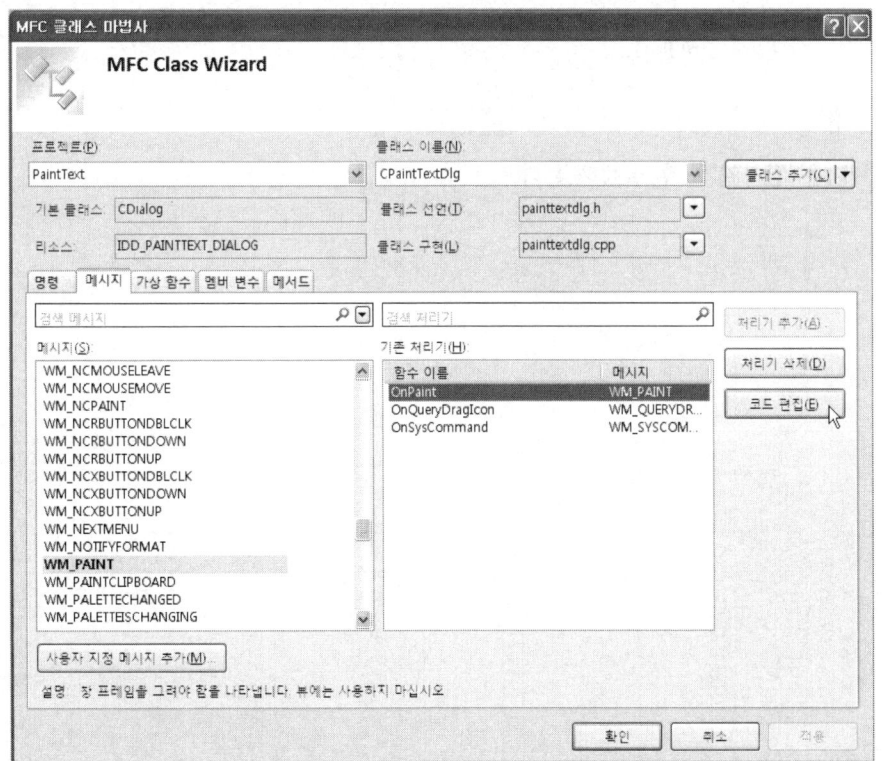

```
void CPaintTextDlg::OnPaint()
{
    if (IsIconic())
    {
        CPaintDC dc(this); // device context for painting
          .
          .
          .
    else
    {
        CDialog::OnPaint();
    }
    CClientDC dc(this);
    char szText[]="안녕하세요?";
    dc.TextOut(20,50,szText,lstrlen(szText));
}
```

Step 15 [종료] 버튼을 더블클릭한 후 아래의 소스코드를 입력한다.

```
void CPaintTextDlg::OnButtExit()
{
    // TODO: Add your control notification handler code here
    OnOK();
}
```

Step 16 컴파일 한 후 실행해 본다.

5-3 텍스트의 색 변경하기

이번에는 텍스트의 색을 변경하는 프로그램을 만들어 보겠다.

우리가 만들 프로그램은 다음 그림과 같다.

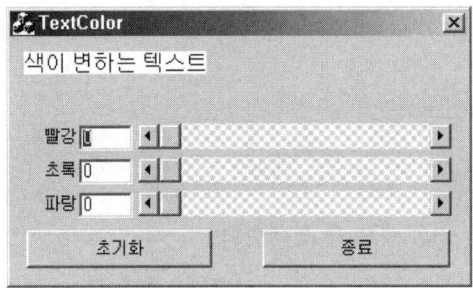

각 스크롤바를 클릭하면 텍스트의 색이 변한다.

```
void Invalidate( BOOL bErase = TRUE );
```
⇨ 위 함수는 화면을 다시 그리고 WM_PAINT메시지를 호출한다.

```
COLORREF RGB(
   BYTE bRed,     // red component of color
   BYTE bGreen,   // green component of color
   BYTE bBlue     // blue component of color
);
```
⇨ 위 구조체는 RGB의 색을 지정한다.

BYTE bRed
⇨ 빨간색을 지정한다. 최대 255

BYTE bGreen
⇨ 초록색을 지정한다. 최대 255

BYTE bBlue
⇨ 파란색을 지정한다. 최대 255

virtual COLORREF SetTextColor(COLORREF crColor);
⇨ 위 함수는 텍스트의 색을 변경한다.

COLORREF crColor
⇨ RGB 구조체에 대한 포인터를 지정

virtual COLORREF SetBkColor(COLORREF crColor);
⇨ 위 함수는 텍스트의 배경색을 변경한다.

COLORREF crColor
⇨ RGB 구조체에 대한 포인터를 지정

따라하기

Step by Step

Step 01 메뉴에서 [파일] → [새로 만들기] → [프로젝트]를 선택한다.

Step 02 '새 프로젝트' 창이 뜨면 프로젝트 형식을(MFC 응용 프로그램) 선택하고,

Step 03 프로젝트 이름(TextColor)을 지정하고,

Step 04 폴더 위치(C:₩source)를 지정하고

Step 05 '솔루션용 디렉터리 만들기'에 체크 해제한다.

Step 06 [확인] 버튼을 클릭하고 다음 단계로 넘어 간다.

Step 07 'MFC 응용 프로그램 마법사' 창이 나타나면

Step 08 '응용 프로그램 종류'를 클릭하고

Step 09 '응용 프로그램 종류'를 '대화 상자 기반'으로 설정하고

Step 10 '유니코드 라이브러리 사용'에 체크 해제한다.

Step 11 [마침] 버튼을 누른다.

Step 12 우선 다이얼로그 상자에 표시되어 있는 "TODO: 여기에 대화 상자 컨트롤을 배치합니다."라는 문자열을 지우기 위해 마우스 왼쪽 버튼 클릭해서 선택한 후 마우스 오른쪽 버튼을 클릭하면 빠른 메뉴 상자가 나타난다. 이 빠른 메뉴 상자에서 [삭제]를 선택하면 삭제되며 또는 간단하게 Del키를 클릭해도 된다. [확인] 버튼과 [취소] 버튼도 마찬가지로 삭제한다.

Step 13 아래의 표를 보고 컨트롤을 만든다.

Chapter 05 텍스트

컨트롤	Static Text	Edit Box	Horizontal Scroll Bar
ID	IDC_STATIC	IDC_EDIT_A	IDC_SCROLLBAR1
Caption	빨강		
멤버 변수 이름		m_EditRed	m_ScrollRed
범주		Value	Control
변수 형식		int	CScrollBar

컨트롤	Static Text	Edit Box	Horizontal Scroll Bar
ID	IDC_STATIC	IDC_EDIT_B	IDC_SCROLLBAR2
Caption	초록		
멤버 변수 이름		m_EditGreen	m_ScrollGreen
범주		Value	Control
변수 형식		int	CScrollBar

컨트롤	Static Text	Edit Box	Horizontal Scroll Bar
ID	IDC_STATIC	IDC_EDIT_C	IDC_SCROLLBAR3
Caption	파랑		
멤버 변수 이름		m_EditBlue	m_ScrollBlue
범주		Value	Control
변수 형식		int	CScrollBar

컨트롤	Button	Button
ID	IDC_BUTT_ZERO	IDC_BUTT_EXIT
Caption	초기화	종료
메시지	BN_CLICKED	BN_CLICKED
멤버 함수 이름	OnButtZero	OnButtExit

Step 14 다이얼로그 상자를 클릭한 후 속성 창을 보면 Clip children 속성이 있을 것이다.

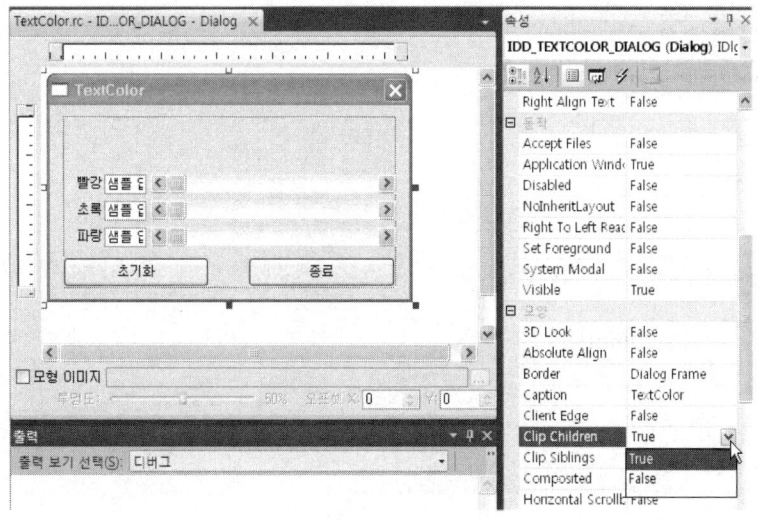

> **메뉴 속성**
> • **Clip Children**
> 이는 다이얼로그 상자가 다시 그려져야 할 경우 자식 윈도우가 차지한 영역은 다시 그리지 않는다. 즉, 스크롤바가 차지하고 있는 영역은 다시 그리지 않는다. 이를 False로 설정한 후 컴파일 하여 보기 바란다. 다이얼로그 상자가 많이 깜빡이고 느려질 것이다.

Step 15 다이얼로그 상자에서 마우스 오른쪽 버튼을 클릭하고 나타나는 메뉴에서 [클래스 마법사]를 선택한다. 나타나는 클래스 마법사 대화상자에서 [메시지] 탭을 선택한 후 메시지 목록에서 WM_PAINT 메시지를 찾아서 선택하고 [처리기 추가] 버튼을 클릭해서 OnPaint 함수를 만든 후 [코드 편집] 버튼을 클릭해서 아래의 소스코드를 입력한다.

```
void CTextColorDlg::OnPaint()
{
    if (IsIconic())
    {
        .
        .
        .
```

```
        else
        {
            CDialog::OnPaint();
        }
        UpdateData(TRUE);
        CClientDC dc(this);

        m_EditRed=m_ScrollRed.GetScrollPos();
        m_EditGreen=m_ScrollGreen.GetScrollPos();
        m_EditBlue=m_ScrollBlue.GetScrollPos();

        char szText[]="색이 변하는 텍스트";
        dc.SetTextColor(RGB(m_EditRed,m_EditGreen,m_EditBlue));
        dc.TextOut(10,10,szText,lstrlen(szText));

        UpdateData(FALSE);
}
```

Step 16 다이얼로그 상자에서 마우스 오른쪽 버튼을 클릭하고 나타나는 메뉴에서 [클래스 마법사]를 선택한 후 나타나는 클래스 마법사 대화 상자에서 OnInitDialog 함수를 선택하고 [코드 편집] 버튼을 클릭해서 다음의 소스코드를 입력한다.

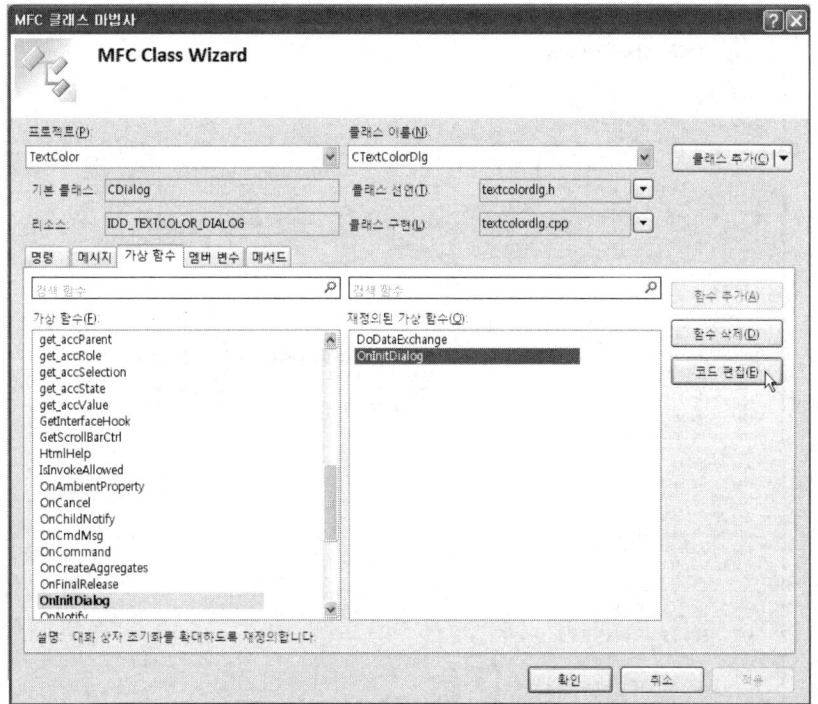

```
BOOL CTextColorDlg::OnInitDialog()
{
    CDialog::OnInitDialog();
    .
    .
    .
    // TODO: Add extra initialization here
    m_ScrollRed.SetScrollRange(0,255);
    m_ScrollGreen.SetScrollRange(0,255);
    m_ScrollBlue.SetScrollRange(0,255);

    m_ScrollRed.SetScrollPos(0);
    m_ScrollGreen.SetScrollPos(0);
    m_ScrollBlue.SetScrollPos(0);

    return TRUE;  // return TRUE  unless you set the focus to a control
}
```

Step 17 다이얼로그 상자에서 마우스 오른쪽 버튼을 클릭하고 나타나는 메뉴에서 [클래스 마법사]를 선택한다. 나타나는 클래스 마법사 대화상자에서 [메시지] 탭을 선택한 후 메시지 목록에서 WM_HSCROLL 메시지를 찾아서 선택하고 [처리기 추가] 버튼을 클릭해서 OnHScroll 함수를 만든 후 [코드 편집] 버튼을 클릭해서 아래의 소스코드를 입력한다.

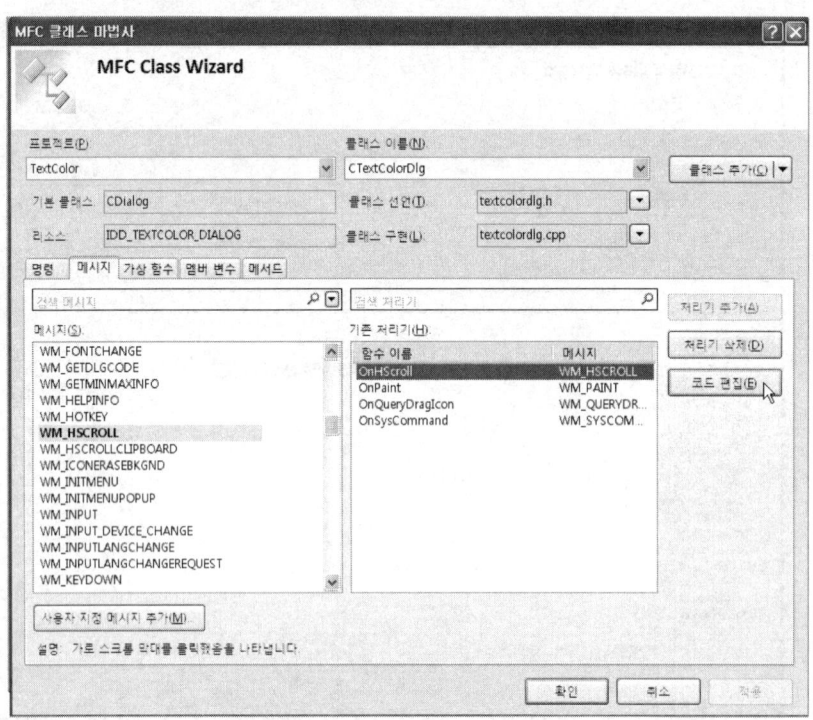

```
void CTextColorDlg::OnHScroll(UINT nSBCode, UINT nPos, CScrollBar* pScrollBar)
{
    // TODO: Add your message handler code here and/or call default
    switch(nSBCode)
    {
    case SB_LINELEFT:
        pScrollBar->SetScrollPos(pScrollBar->GetScrollPos()-1);
        break;
    case SB_LINERIGHT:
        pScrollBar->SetScrollPos(pScrollBar->GetScrollPos()+1);
        break;
    case SB_PAGELEFT:
        pScrollBar->SetScrollPos(pScrollBar->GetScrollPos()-1);
        break;
    case SB_PAGERIGHT:
        pScrollBar->SetScrollPos(pScrollBar->GetScrollPos()+1);
        break;
    case SB_THUMBPOSITION:
        pScrollBar->SetScrollPos(nPos);
        break;
    }
    CDialog::OnHScroll(nSBCode, nPos, pScrollBar);
    Invalidate(TRUE);
        // 다이얼로그 상자를 다시 그리고 WM_PAINT 메시지를 호출한다.
}
```

Step 18 [초기화] 버튼을 더블클릭한 후 아래의 소스코드를 입력한다.

```
void CTextColorDlg::OnButtZero()
{
    // TODO: Add your control notification handler code here
    m_EditRed=0;
    m_EditGreen=0;
    m_EditBlue=0;

    m_ScrollRed.SetScrollPos(0);
    m_ScrollGreen.SetScrollPos(0);
    m_ScrollBlue.SetScrollPos(0);

    UpdateData(FALSE);
    Invalidate();

}
```

Step 19 [종료] 버튼을 더블클릭한 후 아래의 소스코드를 입력한다.

```
void CTextColorDlg::OnButtExit()
{
    // TODO: Add your control notification handler code here
    OnOK();
}
```

Step 20 컴파일 한 후 실행해 본다.

Chapter 06

마우스에 대하여 알아보자

이번 장에서는 마우스에 대하여 알아보겠다.

6-1 마우스 버튼에 대한 메시지의 반응 / 6-2 마우스 볼의 x, y 좌표 값을 알아보자

마우스의 해당하는 메시지들

WM_MOUSEMOVE
⇨ 마우스의 볼이 움직이면 발생

WM_LBUTTONDOWN
⇨ 마우스의 왼쪽 버튼이 클릭 되면 발생

WM_LBUTTONUP
⇨ 마우스의 왼쪽 버튼이 떨어지면 발생

WM_RBUTTONDOWN
⇨ 마우스의 오른쪽 버튼이 클릭 되면 발생

WM_RBUTTONUP
⇨ 마우스의 오른쪽 버튼이 떨어지면 발생

WM_LBUTTONDBCLK
⇨ 마우스의 왼쪽 버튼이 더블클릭 되면 발생

WM_NCMOUSEMOVE
⇨ 마우스의 커서를 다이얼로그 상자의 클라이언트 영역 밖으로 이동시켰을 경우 발생

WM_SETCURSOR
⇨ 커서의 변경이 필요할 때 발생

6-1 마우스 버튼에 대한 메시지의 반응

이번에는 마우스 메시지들에 대한 반응에 대하여 알아보겠다.

□ 소스폴더 Source\MouseMess □

우리가 만들 프로그램은 다음 그림과 같다.

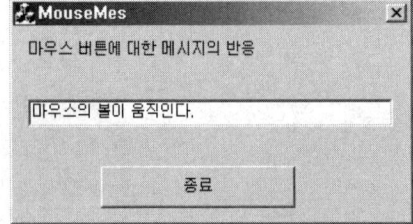

마우스의 왼쪽 버튼을 클릭하고나면 다음 그림과 같은 메시지가 에디터 상자에 출력된다.

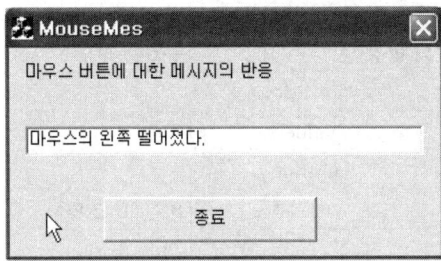

따라하기
Step by Step

- Step 01) 메뉴에서 [파일] → [새로 만들기] → [프로젝트]를 선택한다.
- Step 02) '새 프로젝트' 창이 뜨면 프로젝트 형식을(MFC 응용 프로그램) 선택하고,
- Step 03) 프로젝트 이름(MouseMess)을 지정하고,
- Step 04) 폴더 위치(C:\source)를 지정하고
- Step 05) '솔루션용 디렉터리 만들기'에 체크 해제한다.
- Step 06) [확인] 버튼을 클릭하고 다음 단계로 넘어 간다.
- Step 07) 'MFC 응용 프로그램 마법사' 창이 나타나면
- Step 08) '응용 프로그램 종류'를 클릭하고
- Step 09) '응용 프로그램 종류'를 '대화 상자 기반'으로 설정하고
- Step 10) '유니코드 라이브러리 사용'에 체크 해제한다.
- Step 11) [마침] 버튼을 누른다.
- Step 12) 우선 다이얼로그 상자에 표시되어 있는 "TODO: 여기에 대화 상자 컨트롤을 배치합니다."라는 문자열을 지우기 위해 마우스 왼쪽 버튼 클릭해서 선택한 후 마우스 오른쪽 버튼을 클릭하면 빠른 메뉴 상자가 나타난다. 이 빠른 메뉴 상자에서 [삭제]를 선택하면 삭제되며 또는 간단하게 Del키를 클릭해도 된다. [확인] 버튼과 [취소] 버튼도 마찬가지로 삭제한다.

Step 13 아래의 표를 보고 컨트롤을 만든다.

컨트롤	Static Text	Edit Box	Button
ID	IDC_STATIC	IDC_EDIT_A	IDC_BUTT_EXIT
Caption	마우스 버튼에 대한 메시지의 반응		종료
멤버 변수 이름		m_EditA	
범주		Value	
변수 형식		CString	
메시지			BN_CLICKED
멤버 함수 이름			OnButtExit

Step 14 다이얼로그 상자에서 마우스 오른쪽 버튼을 클릭하고 나타나는 메뉴에서 [클래스 마법사]를 선택한다. 나타나는 클래스 마법사 대화상자에서 [메시지] 탭을 선택한 후 메시지 목록에서 WM_LBUTTONDOWN 메시지를 찾아서 선택하고 [처리기 추가] 버튼을 클릭해서 OnLButtonDown 함수를 만든 후 [코드 편집] 버튼을 클릭해서 아래의 소스코드를 입력한다.

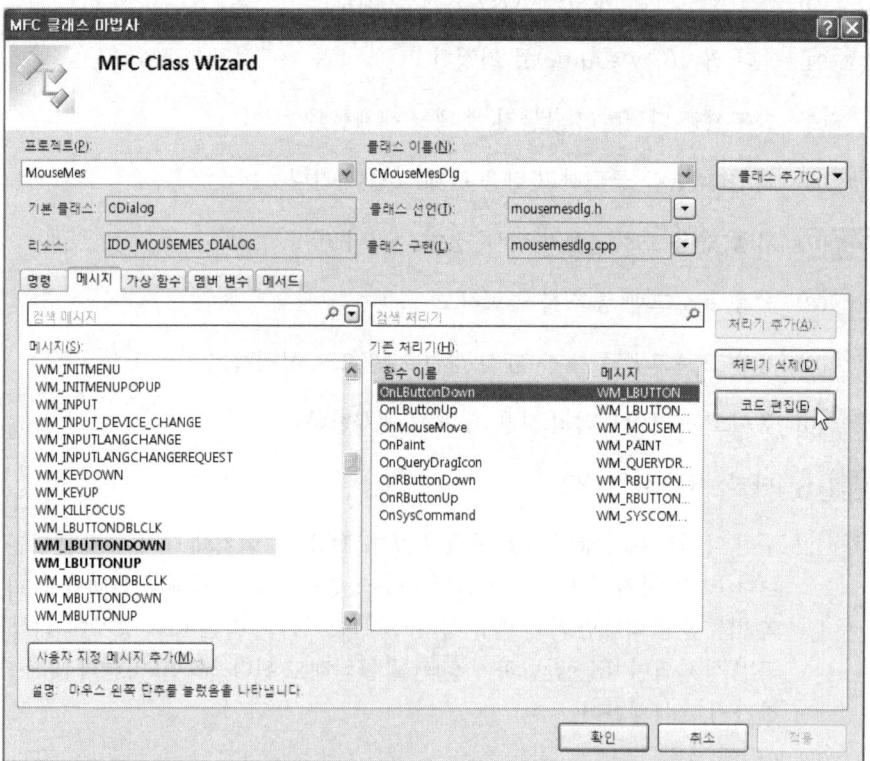

```
void CMouseMesDlg::OnLButtonDown(UINT nFlags, CPoint point)
{
    // TODO: Add your message handler code here and/or call default
    m_EditA="마우스의 왼쪽 버튼이 클릭 되었다.";
    UpdateData(FALSE);
    CDialog::OnLButtonDown(nFlags, point);
}
```

Step 15 위와 같은 방법으로 WM_LBUTTONUP 메시지에 OnLButtonUp 함수를 만든 후 아래의 소스코드를 입력한다.

```
void CMouseMesDlg::OnLButtonUp(UINT nFlags, CPoint point)
{
    // TODO: Add your message handler code here and/or call default
    m_EditA="마우스의 왼쪽 떨어졌다.";
    UpdateData(FALSE);
    CDialog::OnLButtonUp(nFlags, point);
}
```

Step 16 위와 같은 방법으로 WM_MOUSEMOVE 메시지에 OnMouseMove 함수를 만든 후 아래의 소스코드를 입력한다.

```
void CMouseMesDlg::OnMouseMove(UINT nFlags, CPoint point)
{
    // TODO: Add your message handler code here and/or call default
    m_EditA="마우스의 볼이 움직인다.";
    UpdateData(FALSE);
    CDialog::OnMouseMove(nFlags, point);
}
```

Step 17 위와 같은 방법으로 WM_RBUTTONDOWN 메시지에 OnRButtonDown 함수를 만든 후 아래의 소스코드를 입력한다.

```
void CMouseMesDlg::OnRButtonDown(UINT nFlags, CPoint point)
{
    // TODO: Add your message handler code here and/or call default
    m_EditA="마우스의 오른쪽 버튼이 클릭 되었다.";
    UpdateData(FALSE);
    CDialog::OnRButtonDown(nFlags, point);
}
```

Step 18 위와 같은 방법으로 WM_RBUTTONUP 메시지에 OnRButtonUp 함수를 만든 후 아래의 소스코드를 입력한다.

```
void CMouseMesDlg::OnRButtonUp(UINT nFlags, CPoint point)
{
    // TODO: Add your message handler code here and/or call default
    m_EditA="마우스의 오른쪽 버튼이 떨어졌다.";
    UpdateData(FALSE);
    CDialog::OnRButtonUp(nFlags, point);
}
```

Step 19 [종료] 버튼을 더블클릭한 후 아래의 소스코드를 입력한다.

```
void CMouseMesDlg::OnButtExit()
{
    // TODO: Add your control notification handler code here
    OnOK();
}
```

Step 20 컴파일 한 후 실행해 본다.

6-2 마우스 볼의 x, y 좌표 값을 알아보자

이번에는 마우스의 볼이 움직이면 x, y 좌표 값을 출력하는 프로그램을 만들어 보겠다.

우리가 만들 프로그램은 다음 그림과 같다.

마우스의 볼을 움직이면 다음의 그림과 같이 에디터 상자에 마우스 볼의 위치가 출력된다.

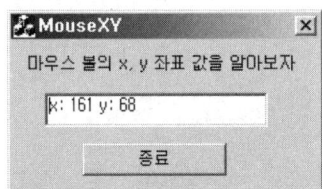

OnMouseMove(UINT nFlags, CPoint point)
➪ 위 함수는 마우스에 관한 정보를 가지고 있다.

UINT nFlags
➪ 어떤 마우스 버튼이 클릭 되었나 검사한다.
　어떤 마우스 버튼은 다음과 같다.

MK_CONTROL
➪ Ctrl키가 클릭 됨

MK_LBUTTON
⇨ 마우스의 왼쪽 버튼이 클릭 됨

MK_RBUTTON
⇨ 마우스의 오른쪽 버튼이 클릭 됨

MK_MBUTTON
⇨ 마우스의 가운데 버튼이 클릭 됨

MK_SHIFT
⇨ Shift가 클릭 됨

CPoint point
⇨ 마우스의 x, y좌표의 정보를 가지고 있다.

따라하기
Step by Step

Step 01 메뉴에서 [파일] → [새로 만들기] → [프로젝트]를 선택한다.

Step 02 '새 프로젝트' 창이 뜨면 프로젝트 형식을(MFC 응용 프로그램) 선택하고,

Step 03 프로젝트 이름(MouseXY)을 지정하고,

Step 04 폴더 위치(C:₩source)를 지정하고

Step 05 '솔루션용 디렉터리 만들기'에 체크 해제한다.

Step 06 [확인] 버튼을 클릭하고 다음 단계로 넘어 간다.

Step 07 'MFC 응용 프로그램 마법사' 창이 나타나면

Step 08 '응용 프로그램 종류'를 클릭하고

Step 09 '응용 프로그램 종류'를 '대화 상자 기반'으로 설정하고

Step 10 '유니코드 라이브러리 사용'에 체크 해제한다.

Step 11 [마침] 버튼을 누른다.

Step 12 우선 다이얼로그 상자에 표시되어 있는 "TODO: 여기에 대화 상자 컨트롤을 배치합니다."라는 문자열을 지우기 위해 마우스 왼쪽 버튼 클릭해서 선택한 후 마우스 오른쪽 버튼을 클릭하면 빠른 메뉴 상자가 나타난다. 이 빠른 메뉴 상자에서 [삭제]를 선택하면 삭제되며 또는 간단하게 Del키를 클릭해도 된다. [확인] 버튼과 [취소] 버튼도 마찬가지로 삭제한다.

Step 13 아래의 표를 보고 컨트롤을 만든다.

컨트롤	Static Text	Edit Box	Button
ID	IDC_STATIC	IDC_EDIT_A	IDC_BUTT_EXIT
Caption	마우스 볼의 x, y 좌표 값을 알아보자		종료
멤버 변수 이름		m_EditA	
범주		Value	
변수 형식		CString	
메시지			BN_CLICKED
멤버 함수 이름			OnButtExit

Step 14 WM_MOUSE 메시지에 OnMouseMove 함수를 만들고 아래의 소스코드를 입력한다.

```
void CMouseXYDlg::OnMouseMove(UINT nFlags, CPoint point)
{
    // TODO: Add your message handler code here and/or call default
    char szText[100];
    sprintf(szText,"x: %d y: %d",point.x,point.y);
    m_EditA=szText;
    UpdateData(FALSE);

    CDialog::OnMouseMove(nFlags, point);
}
```

참고로 WM_LBUTTONDOWN 메시지에 함수를 만들고 위의 소스를 그대로 입력하면 마우스의 버튼이 클릭된 곳의 x, y 좌표 값이 출력된다.

Step 15 [종료] 버튼을 더블클릭한 후 아래의 소스코드를 입력한다.

```
void CMouseXYDlg::OnButtExit()
{
    // TODO: Add your control notification handler code here
    OnOK();
}
```

Step 16 컴파일 한 후 실행해 본다.

Chapter 07

타 이 머

이번 장에서는 타이머에 대하여 알아보겠다. 어떤 프로그램의 소스코드를 정해진 시간마다 주기적으로 실행시키는 일이 필요할 때가 있다.

예를 들면 워드프로세스 프로그램에서 자동으로 정해진 시간마다 문서의 내용을 저장하게 하거나 타자 연습을 위하여 초재기 프로그램을 만들 때 타이머를 사용하면 간단하게 해결된다.

7-1 초 재는 프로그램 / 7-2 텍스트 움직이기

타이머에 관련된 함수

타이머에 관련된 함수는 SetTimer()함수와 KillTimer()등등의 함수가 있다. SetTimer()함수는 정해진 시간마다 WM_TIMER 메시지를 호출하며 KillTimer() 함수는 설치된 타이머를 제거한다.

```
UINT SetTimer( UINT nIDEvent, UINT nElapse,
    void(CALLBACK EXPORT* lpfnTimer(HWND, UINT, UINT, DWORD) );
```
⇨ 위 함수는 타이머를 설치하며 정해진 시간마다 WM_TIMER메시지를 호출한다.

```
UINT nIDEvent
```
⇨ 타이머의 아이디를 지정한다.

```
UINT nElapse
```
⇨ 몇 초마다 WM_TIMER메시지를 호출할 것인지 지정한다. 예를 들어 1000초면 1초마다 WM_TIMER메시지를 호출하고 10000초면 1분마다 호출한다.

```
void(CALLBACK EXPORT* lpfnTimer(HWND, UINT, UINT, DWORD)
```
⇨ 콜 백 함수를 지정한다.

7-1 초 재는 프로그램

이번에는 타이머를 이용하여 간단한 초 재기 프로그램을 만들어 보자.

우리가 만들 프로그램은 다음 그림과 같다.

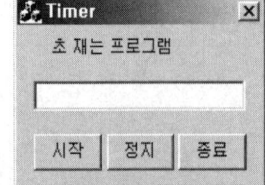

[시작] 버튼을 클릭하면 다음의 그림과 같이 초를 잰다.

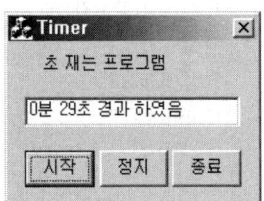

따라하기

Step 01) 메뉴에서 [파일] → [새로 만들기] → [프로젝트]를 선택한다.
Step 02) '새 프로젝트' 창이 뜨면 프로젝트 형식을(MFC 응용 프로그램) 선택하고,
Step 03) 프로젝트 이름(Timer)을 지정하고,
Step 04) 폴더 위치(C:₩source)를 지정하고
Step 05) '솔루션용 디렉터리 만들기'에 체크 해제한다.
Step 06) [확인] 버튼을 클릭하고 다음 단계로 넘어 간다.
Step 07) 'MFC 응용 프로그램 마법사' 창이 나타나면
Step 08) '응용 프로그램 종류'를 클릭하고
Step 09) '응용 프로그램 종류'를 '대화 상자 기반'으로 설정하고
Step 10) '유니코드 라이브러리 사용'에 체크 해제한다.
Step 11) [마침] 버튼을 누른다.
Step 12) 우선 다이얼로그 상자에 표시되어 있는 "TODO: 여기에 대화 상자 컨트롤을 배치합니다."라는 문자열을 지우기 위해 마우스 왼쪽 버튼 클릭해서 선택한 후 마우스 오른쪽 버튼을 클릭하면 빠른 메뉴 상자가 나타난다. 이 빠른 메뉴 상자에서 [삭제]를 선택하면 삭제되며 또는 간단하게 Del키를 클릭해도 된다. [확인] 버튼과 [취소] 버튼도 마찬가지로 삭제한다.
Step 13) 아래의 표를 보고 컨트롤을 만든다.

컨트롤	Static Text	Edit Box
ID	IDC_STATIC	IDC_EDIT_A
Caption	초 재는 프로그램	
멤버 변수 이름		m_EditA
범주		Value
변수 형식		CString

컨트롤	Button	Button	Button
ID	IDC_BUTT_START	IDC_BUTT_STOP	IDC_BUTT_EXIT
Caption	시작	정지	종료
메시지	BN_CLICKED	BN_CLICKED	BN_CLICKED
멤버 함수 이름	OnButtStart	OnButtStop	OnButtExit

Step 14 [시작] 버튼을 더블클릭한 후 아래의 소스코드를 입력한다.

```
void CTimerDlg::OnButtStart()
{
    // TODO: Add your control notification handler code here
    SetTimer(1,1000,NULL); // 타이머를 설치
}
```

Step 15 [정지] 버튼을 더블클릭한 후 아래의 소스코드를 입력한다.

```
void CTimerDlg::OnButtStop()
{
    // TODO: Add your control notification handler code here
    KillTimer(1); // 타이머를 제거
}
```

Step 16 [종료] 버튼을 더블클릭한 후 아래의 소스코드를 입력한다.

```
void CTimerDlg::OnButtExit()
{
    // TODO: Add your control notification handler code here
    OnOK();
}
```

Step 17 WM_TIMER 메시지에 OnTimer 함수를 만든 후 아래의 소스코드를 입력한다.

```
void CTimerDlg::OnTimer(UINT nIDEvent)
{
    // TODO: Add your message handler code here and/or call default
    char szText[100];
    static int nCho=1,nBun=0;

    sprintf(szText,"%d분 %d초 경과 하였음",nBun,nCho);
    m_EditA=szText;
    UpdateData(FALSE);
```

```
    nCho=nCho+1;
    if(nCho==60)
    {
        nCho=1;
        nBun=nBun+1;
    }

    CDialog::OnTimer(nIDEvent);
}
```

Step 18 컴파일 한 후 실행해 본다.

7-2 텍스트 움직이기

이번에는 타이머를 이용하여 텍스트를 움직여 보겠다. 이 텍스트는 사각형을 형성하며 움직인다.

우리가 만들 프로그램은 다음 그림과 같다.

[시작] 버튼을 클릭하면 다음의 그림과 같이 사각형을 형성하며 텍스트가 움직인다.

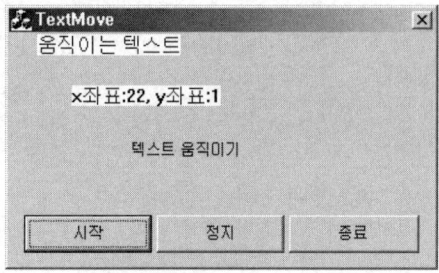

좀더 자세히 말하면 텍스트의 이동 경로는 아래와 같다.

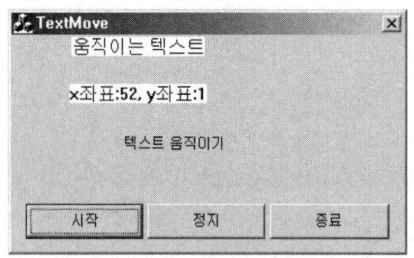

① 오른쪽으로 움직인다.

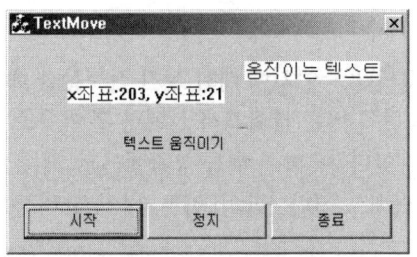
② 아래쪽으로 움직인다.

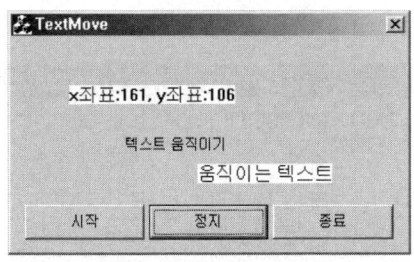
③ 왼쪽으로 움직인다.

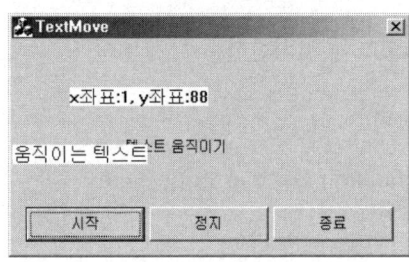
④ 위쪽으로 움직인다.

따라하기

Step 01 메뉴에서 [파일] → [새로 만들기] → [프로젝트]를 선택한다.
Step 02 '새 프로젝트' 창이 뜨면 프로젝트 형식을(MFC 응용 프로그램) 선택하고,
Step 03 프로젝트 이름(TextMove)을 지정하고,
Step 04 폴더 위치(C:\source)를 지정하고
Step 05 '솔루션용 디렉터리 만들기'에 체크 해제한다.
Step 06 [확인] 버튼을 클릭하고 다음 단계로 넘어 간다.
Step 07 'MFC 응용 프로그램 마법사' 창이 나타나면
Step 08 '응용 프로그램 종류'를 클릭하고
Step 09 '응용 프로그램 종류'를 '대화 상자 기반'으로 설정하고
Step 10 '유니코드 라이브러리 사용'에 체크 해제한다.

Step 11 [마침] 버튼을 누른다.

Step 12 우선 다이얼로그 상자에 표시되어 있는 "TODO: 여기에 대화 상자 컨트롤을 배치합니다."라는 문자열을 지우기 위해 마우스 왼쪽 버튼 클릭해서 선택한 후 마우스 오른쪽 버튼을 클릭하면 빠른 메뉴 상자가 나타난다. 이 빠른 메뉴 상자에서 [삭제]를 선택하면 삭제되며 또는 간단하게 Del키를 클릭해도 된다. [확인] 버튼과 [취소] 버튼도 마찬가지로 삭제한다.

Step 13 아래의 표를 보고 컨트롤을 만든다.

컨트롤	Static Text	Button	Button	Button
ID	IDC_STATIC	IDC_BUTT_START	IDC_BUTT_STOP	IDC_BUTT_EXIT
Caption	텍스트 움직이기	시작	정지	종료
메시지		BN_CLICKED	BN_CLICKED	BN_CLICKED
멤버 함수 이름		OnButtStart	OnButtStop	OnButtExit

Step 14 [시작] 버튼을 더블클릭한 후 아래의 소스코드를 입력한다.

```
void CTimerDlg::OnButtStart()
{
    // TODO: Add your control notification handler code here
    SetTimer(1,100,NULL); // 타이머를 설치
}
```

Step 15 [정지] 버튼을 더블클릭한 후 아래의 소스코드를 입력한다.

```
void CTimerDlg::OnButtStop()
{
    // TODO: Add your control notification handler code here
    KillTimer(1); // 타이머를 제거
}
```

Step 16 [종료] 버튼을 더블클릭한 후 아래의 소스코드를 입력한다.

```
void CTimerDlg::OnButtExit()
{
    // TODO: Add your control notification handler code here
    OnOK();
}
```

Step 17 WM_TIMER 메시지에 OnTimer 함수를 만든 후 아래의 소스코드를 입력한다.

```cpp
void CTextMoveDlg::OnTimer(UINT nIDEvent)
{
    // TODO: Add your message handler code here and/or call default
    CClientDC dc(this);
    char szText[100];
    static int nX=1, nY=1, nSop=1;
    static int nStop=1;

    InvalidateRect(NULL,TRUE);
    UpdateWindow();

    dc.TextOut(nX,nY,"움직이는 텍스트");
    sprintf(szText,"x좌표:%d, y좌표:%d",nX,nY);
    dc.TextOut(50,40,szText);

    if(nStop==1)
    {
        nX=nX+1;
    }
    if(nX==203)
    {
        nStop=2;
    }
    if(nStop==2)
    {
        nY=nY+1;
    }
    if(nY==106)
    {
        nStop=3;
    }
    if(nStop==3)
    {
        nX=nX-1;
    }
    if(nX==0)
    {
        nX=1;
        nY=nY-1;
    }
    if(nY==0)
    {
        nStop=1;
    }

    CDialog::OnTimer(nIDEvent);
}
```

소스코드 설명

```
if(nStop==1)
{
    nX=nX+1;
```
⇨ 오른쪽으로 움직인다.

```
}
if(nX==203)
{
    nStop=2;
}
if(nStop==2)
{
    nY=nY+1;
```
⇨ 아래쪽으로 움직인다.

```
}
if(nY==106)
{
    nStop=3;
}
if(nStop==3)
{
    nX=nX-1;
```
⇨ 왼쪽으로 이동한다.

```
}
if(nX==0)
{
    nX=1;
    nY=nY-1;
```
⇨ 위쪽으로 움직인다.

```
}
if(nY==0)
{
    nStop=1;
}
```

Step 18 컴파일 한 후 실행해 본다.

Chapter 08

간단한 그림 그리기 프로그램

이번 장에서는 간단한 점찍기와 선을 그리는 방법에 대하여 알아보겠다.

8-1 점찍는 프로그램 Ver1.0 / 8-2 점찍는 프로그램 Ver2.0 / 8-3 선 그리는 프로그램 Ver1.0 / 8-4 선 그리는 프로그램 Ver2.0 / 8-5 선 그리는 프로그램 Ver3.0 / 8-6 선 그리는 프로그램 Ver4.0

8-1 점찍는 프로그램 Ver1.0

이번에는 점찍는 프로그램을 만들어 보겠다.

실습

우리가 만들 프로그램은 다음 그림과 같다.

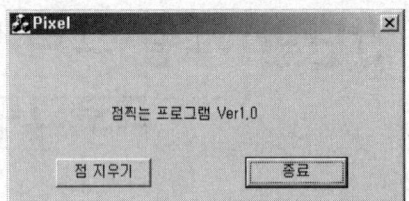

다이얼로그 상자에 왼쪽 마우스 버튼을 클릭하면 다음의 그림과 같이 점이 찍힌다.

함수설명

COLORREF SetPixel(int x, int y, COLORREF crColor);
⇨ 위 함수는 점을 찍는다.

int x
⇨ x좌표

int y
⇨ y좌표

COLORREF crColor
⇨ 색을 지정

따라하기

Step 01 메뉴에서 [파일] → [새로 만들기] → [프로젝트]를 선택한다.
Step 02 '새 프로젝트' 창이 뜨면 프로젝트 형식을(MFC 응용 프로그램) 선택하고,
Step 03 프로젝트 이름(Pixel)을 지정하고,
Step 04 폴더 위치(C:\source)를 지정하고
Step 05 '솔루션용 디렉터리 만들기'에 체크 해제한다.
Step 06 [확인] 버튼을 클릭하고 다음 단계로 넘어 간다.
Step 07 'MFC 응용 프로그램 마법사' 창이 나타나면
Step 08 '응용 프로그램 종류'를 클릭하고
Step 09 '응용 프로그램 종류'를 '대화 상자 기반'으로 설정하고
Step 10 '유니코드 라이브러리 사용'에 체크 해제한다.
Step 11 [마침] 버튼을 누른다.
Step 12 우선 다이얼로그 상자에 표시되어 있는 "TODO: 여기에 대화 상자 컨트롤을 배치합니다."라는 문자열을 지우기 위해 마우스 왼쪽 버튼 클릭해서 선택한 후 마우스 오른쪽 버튼을 클릭하면 빠른 메뉴 상자가 나타난다. 이 빠른 메뉴 상자에서 [삭제]를 선택하면 삭제되며 또는 간단하게 Del키를 클릭해도 된다. [확인] 버튼과 [취소] 버튼도 마찬가지로 삭제한다.
Step 13 아래의 표를 보고 컨트롤을 만든다.

컨트롤	Static Text	Button	Button
ID	IDC_STATIC	IDC_BUTT_CLEAN	IDC_BUTT_EXIT
Caption	점찍는 프로그램 Ver1.0	지우기	종료
메시지		BN_CLICKED	BN_CLICKED
멤버 함수 이름		OnButtClean	OnButtStop

Step 14 WM_LBUTTONDOWN 메시지에 OnLButtonDown 함수를 만든 후 아래의 소스 코드를 입력한다.

```
void CPixelDlg::OnLButtonDown(UINT nFlags, CPoint point)
{
    // TODO: Add your message handler code here and/or call default
    CClientDC dc(this);
    dc.SetPixel(point.x,point.y,NULL);

    CDialog::OnLButtonDown(nFlags, point);
}
```

Step 15 [지우기] 버튼을 더블클릭한 후 아래의 소스코드를 입력한다.

```
void CPixelDlg::OnButtClean()
{
    // TODO: Add your control notification handler code here
    InvalidateRect(NULL,TRUE);
    UpdateWindow();
}
```

Step 16 [종료] 버튼을 더블클릭한 후 아래의 소스코드를 입력한다.

```
void CPixelDlg::OnButtExit()
{
    // TODO: Add your control notification handler code here
    OnOK();
}
```

Step 17 컴파일 한 후 실행해 본다.

8-2 점찍는 프로그램 Ver2.0

이번에는 점찍는 프로그램 2.0을 만들어 보겠다.

우리가 만들 프로그램은 다음 그림과 같다.

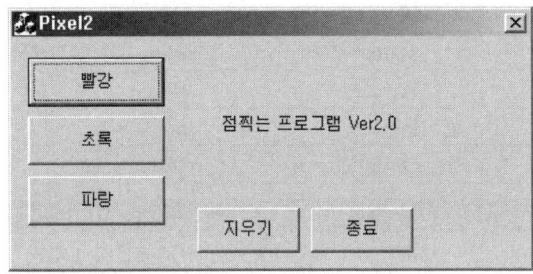

2.0에서는 점의 색을 선택할 수 있도록 하였다.

따라하기

Step 01) 메뉴에서 [파일] → [새로 만들기] → [프로젝트]를 선택한다.
Step 02) '새 프로젝트' 창이 뜨면 프로젝트 형식을(MFC 응용 프로그램) 선택하고,
Step 03) 프로젝트 이름(Pixel2)을 지정하고,
Step 04) 폴더 위치(C:\source)를 지정하고
Step 05) '솔루션용 디렉터리 만들기'에 체크 해제한다.
Step 06) [확인] 버튼을 클릭하고 다음 단계로 넘어 간다.
Step 07) 'MFC 응용 프로그램 마법사' 창이 나타나면
Step 08) '응용 프로그램 종류'를 클릭하고
Step 09) '응용 프로그램 종류'를 '대화 상자 기반'으로 설정하고
Step 10) '유니코드 라이브러리 사용'에 체크 해제한다.
Step 11) [마침] 버튼을 누른다.

Step 12 우선 다이얼로그 상자에 표시되어 있는 "TODO: 여기에 대화 상자 컨트롤을 배치합니다."라는 문자열을 지우기 위해 마우스 왼쪽 버튼 클릭해서 선택한 후 마우스 오른쪽 버튼을 클릭하면 빠른 메뉴 상자가 나타난다. 이 빠른 메뉴 상자에서 [삭제]를 선택하면 삭제되며 또는 간단하게 Del 키를 클릭해도 된다. [확인] 버튼과 [취소] 버튼도 마찬가지로 삭제한다.

Step 13 아래의 표를 보고 컨트롤을 만든다.

컨트롤	Button	Button	Button
ID	IDC_BUTT_RED	IDC_BUTT_GREEN	IDC_BUTT_BLUE
Caption	빨강	초록	파랑
메시지	BN_CLICKED	BN_CLICKED	BN_CLICKED
멤버 변수 이름	nRed	nGreen	nBlue
액세스	Private	Private	Private
변수 형식	int	int	int
멤버 함수 이름	OnButtRed	OnButtGreen	OnButtBlue

컨트롤	Static Text	Button	Button
ID	IDC_STATIC	IDC_BUTT_CLEAN	IDC_BUTT_EXIT
Caption	점찍는 프로그램 Ver2.0	지우기	종료
메시지		BN_CLICKED	BN_CLICKED
멤버 함수 이름		OnButtClean	OnButtExit

Step 14 WM_LBUTTONDOWN 메시지에 OnLButtonDown 함수를 만든 후 아래의 소스코드를 입력한다.

```
void CPixel2Dlg::OnLButtonDown(UINT nFlags, CPoint point)
{
    // TODO: Add your message handler code here and/or call default
    CClientDC dc(this);
    dc.SetPixel(point.x,point.y,RGB(nRed,nGreen,nBlue));

    CDialog::OnLButtonDown(nFlags, point);
}
```

Step 15 [빨강] 버튼을 더블클릭한 후 아래의 소스코드를 입력한다.

```
void CPixel2Dlg::OnButtRed()
{
    // TODO: Add your control notification handler code here
    nRed=255;
    nGreen=0;
    nBlue=0;
}
```

Step 16 [초록] 버튼을 더블클릭한 후 아래의 소스코드를 입력한다.

```
void CPixel2Dlg::OnButtGreen()
{
    // TODO: Add your control notification handler code here
    nRed=0;
    nGreen=255;
    nBlue=0;
}
```

Step 17 [파랑] 버튼을 더블클릭한 후 아래의 소스코드를 입력한다.

```
void CPixel2Dlg::OnButtBlue()
{
    // TODO: Add your control notification handler code here
    nRed=0;
    nGreen=0;
    nBlue=255;
}
```

Step 18 [지우기] 버튼을 더블클릭한 후 아래의 소스코드를 입력한다.

```
void CPixel2Dlg::OnButtClean()
{
    // TODO: Add your control notification handler code here
    InvalidateRect(NULL,TRUE);
    UpdateWindow();
}
```

Step 19 [종료] 버튼을 더블클릭한 후 아래의 소스코드를 입력한다.

```
void CPixel2Dlg::OnButtExit()
{
    // TODO: Add your control notification handler code here
    OnOK();
}
```

Step 20 컴파일 한 후 실행해 본다.

8-3 선 그리는 프로그램 Ver1.0

이번에는 선 그리는 방법에 대하여 알아보겠다.

우리가 만들 프로그램은 다음 그림과 같다.

왼쪽 마우스 버튼을 클릭하면 다음의 그림과 같이 선이 그려진다.

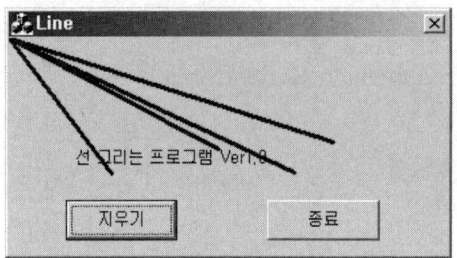

그런데 위 실행 그림을 보면 이상한 점이 있다. 선의 시작점이 한 곳으로만 되어 있다는 것이다. 이는 버전2.0에서 고쳐 보겠다.

```
BOOL CreatePen( int nPenStyle,
                int nWidth,
                COLORREF crColor );
```

⇨ 위 함수는 펜을 생성한다. 즉 종이에 선을 그리려면 연필이나 펜이 있어야 하는 것처럼 컴퓨터에도 선을 그리려면 펜이 필요하다.

fnPenStyle
⇨ 펜의 스타일을 지정
펜의 스타일은 다음과 같다.

    PS_DASH
    ⇨ 점선

    PS_DASHDOT
    ⇨ 점선과 점의 혼합된 선

    PS_DASHDOTDOT
    ⇨ 점선과 점 두 개 단위로 혼합된 선

    PS_SOLID
    ⇨ 실선

    PS_NULL
    ⇨ 보이지 않는 선

nWidth
⇨ 펜의 굵기를 지정

crColor
⇨ 펜의 색을 지정

CPen* SelectObject(CPen* pPen);
⇨ 위 함수는 객체를 선택해서 디바이스 컨텍스트에 넣는다. 쉽게 말하면 CreatePen() 함수로 펜을 만들었다면, SelectObject() 함수는 만들어 놓은 펜을 사용하겠다는 것이다. 즉 CreatePen() 함수는 단지 펜만 만들기만 할 뿐 실제로 컴퓨터에서는 사용하지 못한다. 그래서 컴퓨터가 사용할 수 있도록 SelectObject()함수로 이 펜을 사용하라고 지정해 주는 것이다.

pPen
⇨ 펜 객체를 지정한다.

BOOL LineTo(int x, int y);
⇨ 위 함수는 선을 그린다.

x
⇨ 선의 x 좌표 값을 지정

y
⇨ 선의 y 좌표 값을 지정

따라하기

Step 01 메뉴에서 [파일] → [새로 만들기] → [프로젝트]를 선택한다.

Step 02 '새 프로젝트' 창이 뜨면 프로젝트 형식을(MFC 응용 프로그램) 선택하고,

Step 03 프로젝트 이름(Line)을 지정하고,

Step 04 폴더 위치(C:\source)를 지정하고

Step 05 '솔루션용 디렉터리 만들기'에 체크 해제한다.

Step 06 [확인] 버튼을 클릭하고 다음 단계로 넘어 간다.

Step 07 'MFC 응용 프로그램 마법사' 창이 나타나면

Step 08 '응용 프로그램 종류'를 클릭하고

Step 09 '응용 프로그램 종류'를 '대화 상자 기반'으로 설정하고

Step 10 '유니코드 라이브러리 사용'에 체크 해제한다.

Step 11 [마침] 버튼을 누른다.

Step 12 우선 다이얼로그 상자에 표시되어 있는 "TODO: 여기에 대화 상자 컨트롤을 배치합니다."라는 문자열을 지우기 위해 마우스 왼쪽 버튼 클릭해서 선택한 후 마우스 오른쪽 버튼을 클릭하면 빠른 메뉴 상자가 나타난다. 이 빠른 메뉴 상자에서 [삭제]를 선택하면 삭제되며 또는 간단하게 Del 키를 클릭해도 된다. [확인] 버튼과 [취소] 버튼도 마찬가지로 삭제한다.

Step 13 아래의 표를 보고 컨트롤을 만든다.

컨트롤	Static Text	Button	Button
ID	IDC_STATIC	IDC_BUTT_CLEAN	IDC_BUTT_EXIT
Caption	선 그리는 프로그램 Ver1.0	지우기	종료
메시지		BN_CLICKED	BN_CLICKED
멤버 함수 이름		OnButtClean	OnButtStop

Step 14 WM_LBUTTONDOWN 메시지에 OnLButtonDown 함수를 만든 후 아래의 소스
코드를 입력한다.

```
void CLineDlg::OnLButtonDown(UINT nFlags, CPoint point)
{
    // TODO: Add your message handler code here and/or call default
    CClientDC dc(this);
    CPen pEn;
    pEn.CreatePen(PS_SOLID,3,RGB(0,0,0));
    dc.SelectObject(&pEn);

    dc.LineTo(point.x,point.y);

    CDialog::OnLButtonDown(nFlags, point);
}
```

Step 15 [지우기] 버튼을 더블클릭한 후 아래의 소스코드를 입력한다.

```
void CLineDlg::OnButtClean()
{
    // TODO: Add your control notification handler code here
    InvalidateRect(NULL,TRUE);
    UpdateWindow();
}
```

Step 16 [종료] 버튼을 더블클릭한 후 아래의 소스코드를 입력한다.

```
void CLineDlg::OnButtExit()
{
    // TODO: Add your control notification handler code here
    OnOK();
}
```

Step 17 컴파일 한 후 실행해 본다.

8-4 선 그리는 프로그램 Ver2.0

이번에는 선 그리는 프로그램 2.0을 만들어 보겠다.

우리가 만들 프로그램은 다음 그림과 같다.

외관상 변한 거는 없지만 다음의 그림처럼 선의 시작점을 자유롭게 할 수 있다.

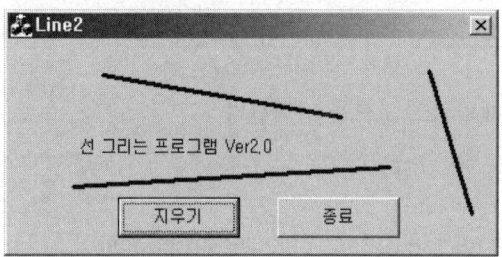

함수설명

CPoint MoveTo(int x, int y);
⇨ 위 함수는 지정된 위치로 마우스의 커서를 이동한다.

int x
⇨ x좌표

int y
⇨ y좌표

따라하기

Step 01 메뉴에서 [파일] → [새로 만들기] → [프로젝트]를 선택한다.

Step 02 '새 프로젝트' 창이 뜨면 프로젝트 형식을(MFC 응용 프로그램) 선택하고,

Step 03 프로젝트 이름(Line2)을 지정하고,

Step 04 폴더 위치(C:₩source)를 지정하고

Step 05 '솔루션용 디렉터리 만들기'에 체크 해제한다.

Step 06 [확인] 버튼을 클릭하고 다음 단계로 넘어 간다.

Step 07 'MFC 응용 프로그램 마법사' 창이 나타나면

Step 08 '응용 프로그램 종류'를 클릭하고

Step 09 '응용 프로그램 종류'를 '대화 상자 기반'으로 설정하고

Step 10 '유니코드 라이브러리 사용'에 체크 해제한다.

Step 11 [마침] 버튼을 누른다.

Step 12 우선 다이얼로그 상자에 표시되어 있는 "TODO: 여기에 대화 상자 컨트롤을 배치합니다."라는 문자열을 지우기 위해 마우스 왼쪽 버튼 클릭해서 선택한 후 마우스 오른쪽 버튼을 클릭하면 빠른 메뉴 상자가 나타난다. 이 빠른 메뉴 상자에서 [삭제]를 선택하면 삭제되며 또는 간단하게 Del키를 클릭해도 된다. [확인] 버튼과 [취소] 버튼도 마찬가지로 삭제한다.

Step 13 아래의 표를 보고 컨트롤을 만든다.

컨트롤	Static Text	Button	Button
ID	IDC_STATIC	IDC_BUTT_CLEAN	IDC_BUTT_EXIT
Caption	선 그리는 프로그램 Ver2.0	지우기	종료
메시지		BN_CLICKED	BN_CLICKED
멤버 함수 이름		OnButtClean	OnButtStop

변수 추가	액세스	변수 형식	변수 이름
	Private	int	nSX
	Private	int	nSY

Step 14 WM_LBUTTONDOWN 메시지에 OnLButtonDown 함수를 만든 후 아래의 소스 코드를 입력한다.

```
void CLine2Dlg::OnLButtonDown(UINT nFlags, CPoint point)
{
    // TODO: Add your message handler code here and/or call default
    nSX=point.x;
    nSY=point.y;

        CDialog::OnLButtonDown(nFlags, point);
}
```

Step 15 WM_LBUTTONUP 메시지에 OnLButtonUp 함수를 만든 후 아래의 소스코드를 입력한다.

```
void CLine2Dlg::OnLButtonUp(UINT nFlags, CPoint point)
{
    // TODO: Add your message handler code here and/or call default
    CClientDC dc(this);
    CPen pEn;
    pEn.CreatePen(PS_SOLID,3,RGB(0,0,0)); // 펜 생성
    dc.SelectObject(&pEn); // 펜을 선택

    dc.MoveTo(nSX,nSY);
    dc.LineTo(point.x,point.y);

    CDialog::OnLButtonUp(nFlags, point);
}
```

Step 16 [지우기] 버튼을 더블클릭한 후 아래의 소스코드를 입력한다.

```
void CLine2Dlg::OnButtClean()
{
    // TODO: Add your control notification handler code here
    InvalidateRect(NULL,TRUE);
    UpdateWindow();
}
```

Step 17 [종료] 버튼을 더블클릭한 후 아래의 소스코드를 입력한다.

```
void CLine2Dlg::OnButtExit()
{
    // TODO: Add your control notification handler code here
    OnOK();
}
```

Step 18 컴파일 한 후 실행해 본다.

8-5 선 그리는 프로그램 Ver3.0

이번에는 색을 선택할 수 있도록 만들어 보겠다.

소스폴더 Source₩Line3

우리가 만들 프로그램은 다음 그림과 같다.

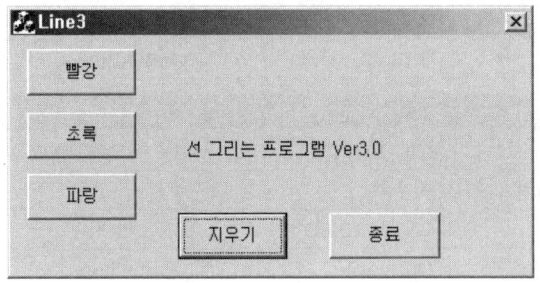

선의 색을 선택할 수 있다.

따라하기

Step 01 메뉴에서 [파일] → [새로 만들기] → [프로젝트]를 선택한다.
Step 02 '새 프로젝트' 창이 뜨면 프로젝트 형식을(MFC 응용 프로그램) 선택하고,
Step 03 프로젝트 이름(Line3)을 지정하고,
Step 04 폴더 위치(C:₩source)를 지정하고
Step 05 '솔루션용 디렉터리 만들기'에 체크 해제한다.
Step 06 [확인] 버튼을 클릭하고 다음 단계로 넘어 간다.
Step 07 'MFC 응용 프로그램 마법사' 창이 나타나면
Step 08 '응용 프로그램 종류'를 클릭하고
Step 09 '응용 프로그램 종류'를 '대화 상자 기반'으로 설정하고
Step 10 '유니코드 라이브러리 사용'에 체크 해제한다.
Step 11 [마침] 버튼을 누른다.

Step 12) 우선 다이얼로그 상자에 표시되어 있는 "TODO: 여기에 대화 상자 컨트롤을 배치합니다."라는 문자열을 지우기 위해 마우스 왼쪽 버튼 클릭해서 선택한 후 마우스 오른쪽 버튼을 클릭하면 빠른 메뉴 상자가 나타난다. 이 빠른 메뉴 상자에서 [삭제]를 선택하면 삭제되며 또는 간단하게 Del키를 클릭해도 된다. [확인] 버튼과 [취소] 버튼도 마찬가지로 삭제한다.

Step 13) 아래의 표를 보고 컨트롤을 만든다.

컨트롤	Button	Button	Button
ID	IDC_BUTT_RED	IDC_BUTT_GREEN	IDC_BUTT_BLUE
Caption	빨강	초록	파랑
메시지	BN_CLICKED	BN_CLICKED	BN_CLICKED
멤버 함수 이름	OnButtRed	OnButtGreen	OnButtBlue

컨트롤	Static Text	Button	Button
ID	IDC_STATIC	IDC_BUTT_CLEAN	IDC_BUTT_EXIT
Caption	선 그리는 프로그램 Ver3.0	지우기	종료
메시지		BN_CLICKED	BN_CLICKED
멤버 함수 이름		OnButtClean	OnButtStop

Step 14) 메뉴에서 [보기] → [솔루션 탐색기]를 차례로 선택한 후 나타나는 솔루션 탐색기 창에서 [Source files]를 선택하고 Line3Dlg.cpp 파일을 더블클릭한 다음 맨 첫 줄에 아래의 소스코드를 입력한다.

```
// Line3Dlg.cpp : implementation file
//

#include "stdafx.h"
#include "Line3.h"
#include "Line3Dlg.h"

#ifdef _DEBUG
#define new DEBUG_NEW
#undef THIS_FILE
static char THIS_FILE[] = __FILE__;
#endif

static int nSX,nSY,nRed,nGreen,nBlue;

/////////////////////////////////////////////////////////////////////////
// CAboutDlg dialog used for App About
.
.
```

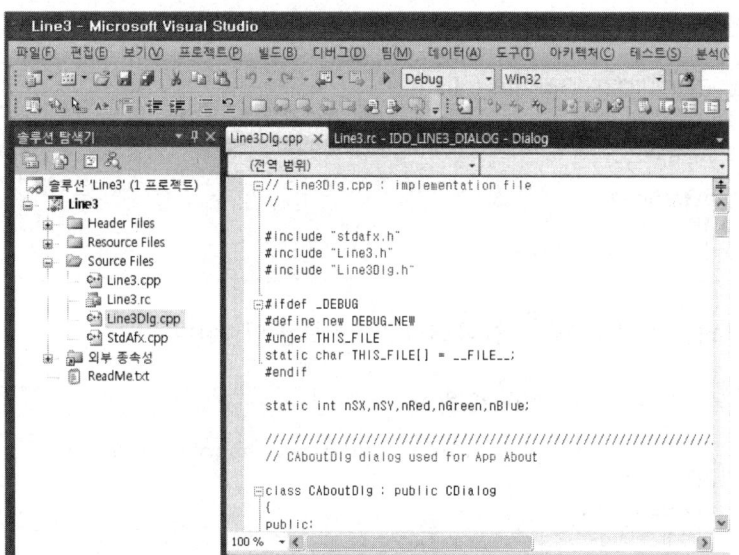

Step 15 WM_LBUTTONDOWN 메시지에 OnLButtonDown 함수를 만든 후 아래의 소스 코드를 입력한다.

```
void CLine3Dlg::OnLButtonDown(UINT nFlags, CPoint point)
{
    // TODO: Add your message handler code here and/or call default
    nSX=point.x;
    nSY=point.y;

    CDialog::OnLButtonDown(nFlags, point);
}
```

Step 16 WM_LBUTTONUP 메시지에 OnLButtonUp 함수를 만든 후 아래의 소스코드를 입력한다.

```
void CLine3Dlg::OnLButtonUp(UINT nFlags, CPoint point)
{
    // TODO: Add your message handler code here and/or call default
    CClientDC dc(this);
    CPen pEn;
    pEn.CreatePen(PS_SOLID,3,RGB(nRed,nGreen,nBlue)); // 펜 생성
    dc.SelectObject(&pEn); // 펜을 선택

    dc.MoveTo(nSX,nSY);
    dc.LineTo(point.x,point.y);

    CDialog::OnLButtonUp(nFlags, point);
}
```

Step 17) [빨강] 버튼을 더블클릭한 후 아래의 소스코드를 입력한다.

```
void CLine3Dlg::OnButtRed()
{
    // TODO: Add your control notification handler code here
    nRed=255;
    nGreen=0;
    nBlue=0;
}
```

Step 18) [초록] 버튼을 더블클릭한 후 아래의 소스코드를 입력한다.

```
void CLine3Dlg::OnButtGreen()
{
    // TODO: Add your control notification handler code here
    nRed=0;
    nGreen=255;
    nBlue=0;
}
```

Step 19) [파랑] 버튼을 더블클릭한 후 아래의 소스코드를 입력한다.

```
void CLine3Dlg::OnButtBlue()
{
    // TODO: Add your control notification handler code here
    nRed=0;
    nGreen=0;
    nBlue=255;
}
```

Step 20) [지우기] 버튼을 더블클릭한 후 아래의 소스코드를 입력한다.

```
void CLine3Dlg::OnButtClean()
{
    // TODO: Add your control notification handler code here
    InvalidateRect(NULL,TRUE);
    UpdateWindow();
}
```

Step 21) [종료] 버튼을 더블클릭한 후 아래의 소스코드를 입력한다.

```
void CLine3Dlg::OnButtExit()
{
    // TODO: Add your control notification handler code here
    OnOK();
}
```

Step 22) 컴파일 한 후 실행해 본다.

8-6 선 그리는 프로그램 Ver4.0

이번에는 선의 넓이를 추가해보도록 하겠다.

실습

우리가 만들 프로그램은 다음 그림과 같다.

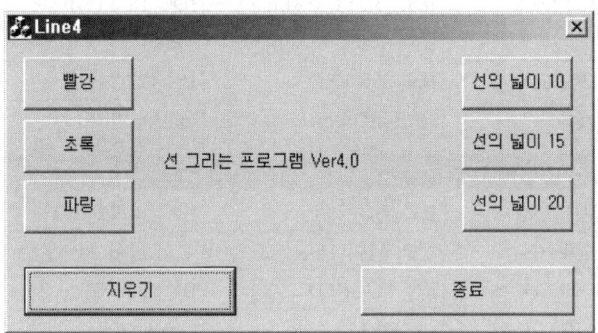

선의 넓이를 추가하였다.

따라하기   Step by Step

Step 01) 메뉴에서 [파일] → [새로 만들기] → [프로젝트]를 선택한다.
Step 02) '새 프로젝트' 창이 뜨면 프로젝트 형식을(MFC 응용 프로그램) 선택하고,
Step 03) 프로젝트 이름(Line4)을 지정하고,
Step 04) 폴더 위치(C:\source)를 지정하고
Step 05) '솔루션용 디렉터리 만들기'에 체크 해제한다.
Step 06) [확인] 버튼을 클릭하고 다음 단계로 넘어 간다.
Step 07) 'MFC 응용 프로그램 마법사' 창이 나타나면
Step 08) '응용 프로그램 종류'를 클릭하고
Step 09) '응용 프로그램 종류'를 '대화 상자 기반'으로 설정하고
Step 10) '유니코드 라이브러리 사용'에 체크 해제한다.

Step 11 [마침] 버튼을 누른다.

Step 12 우선 다이얼로그 상자에 표시되어 있는 "TODO: 여기에 대화 상자 컨트롤을 배치합니다."라는 문자열을 지우기 위해 마우스 왼쪽 버튼 클릭해서 선택한 후 마우스 오른쪽 버튼을 클릭하면 빠른 메뉴 상자가 나타난다. 이 빠른 메뉴 상자에서 [삭제]를 선택하면 삭제되며 또는 간단하게 Del키를 클릭해도 된다. [확인] 버튼과 [취소] 버튼도 마찬가지로 삭제한다.

Step 13 아래의 표를 보고 컨트롤을 만든다.

컨트롤	Button	Button	Button
ID	IDC_BUTT_RED	IDC_BUTT_GREEN	IDC_BUTT_BLUE
Caption	빨강	초록	파랑
메시지	BN_CLICKED	BN_CLICKED	BN_CLICKED
멤버 함수 이름	OnButtRed	OnButtGreen	OnButtBlue

컨트롤	Button	Button	Button
ID	IDC_BUTT_10	IDC_BUTT_15	IDC_BUTT_20
Caption	선의 넓이 10	선의 넓이 15	선의 넓이 20
메시지	BN_CLICKED	BN_CLICKED	BN_CLICKED
멤버 함수 이름	OnButt10	OnButt15	OnButt20

컨트롤	Static Text	Button	Button
ID	IDC_STATIC	IDC_BUTT_CLEAN	IDC_BUTT_EXIT
Caption	선 그리는 프로그램 Ver4.0	지우기	종료
메시지		BN_CLICKED	BN_CLICKED
멤버 함수 이름		OnButtClean	OnButtStop

Step 14 메뉴에서 [보기] → [솔루션 탐색기]를 차례로 선택한 후 나타나는 솔루션 탐색기 창에서 [Source files]를 선택하고 Line4Dlg.cpp 파일을 더블클릭한 다음 맨 첫 줄에 아래의 소스코드를 입력한다.

```
// Line4Dlg.cpp : implementation file
//

#include "stdafx.h"
#include "Line4.h"
#include "Line4Dlg.h"

#ifdef _DEBUG
#define new DEBUG_NEW
#undef THIS_FILE
```

```
static char THIS_FILE[] = __FILE__;
#endif

static int nSX,nSY;
static int nRed,nGreen,nBlue;
static int nWid=3; // 선의 넓이

/////////////////////////////////////////////////////////////////////////////
// CAboutDlg dialog used for App About

  .
  .
  .
```

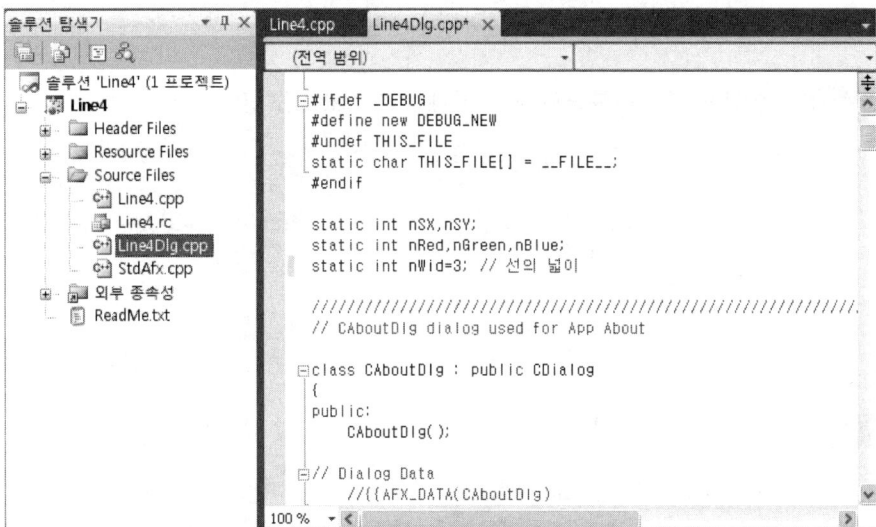

Step 15 WM_LBUTTONDOWN 메시지에 OnLButtonDown 함수를 만든 후 아래의 소스 코드를 입력한다.

```
void CLine4Dlg::OnLButtonDown(UINT nFlags, CPoint point)
{
    // TODO: Add your message handler code here and/or call default
    nSX=point.x;
    nSY=point.y;

    CDialog::OnLButtonDown(nFlags, point);

}
```

Step 16 WM_LBUTTONUP 메시지에 OnLButtonUp 함수를 만든 후 아래의 소스코드를 입력한다.

```
void CLine4Dlg::OnLButtonUp(UINT nFlags, CPoint point)
{
        // TODO: Add your message handler code here and/or call default
        CClientDC dc(this);
        CPen pEn;
        pEn.CreatePen(PS_SOLID,nWid,RGB(nRed,nGreen,nBlue));
        dc.SelectObject(&pEn);

        dc.MoveTo(nSX,nSY);
        dc.LineTo(point.x,point.y);

        CDialog::OnLButtonUp(nFlags, point);
}
```

Step 17 [빨강] 버튼을 더블클릭한 후 아래의 소스코드를 입력한다.

```
void CLine4Dlg::OnButtRed()
{
        // TODO: Add your control notification handler code here
        nRed=255;
        nGreen=0;
        nBlue=0;
}
```

Step 18 [초록] 버튼을 더블클릭한 후 아래의 소스코드를 입력한다.

```
void CLine4Dlg::OnButtGreen()
{
        // TODO: Add your control notification handler code here
        nRed=0;
        nGreen=255;
        nBlue=0;
}
```

Step 19 [파랑] 버튼을 더블클릭한 후 아래의 소스코드를 입력한다.

```
void CLine4Dlg::OnButtBlue()
{
        // TODO: Add your control notification handler code here
        nRed=0;
        nGreen=0;
        nBlue=255;
}
```

Step 20 [선의 넓이 10] 버튼을 더블클릭한 후 아래의 소스코드를 입력한다.

```
void CLine4Dlg::OnButt10()
{
    // TODO: Add your control notification handler code here
    nWid=10;
}
```

Step 21 [선의 넓이 15] 버튼을 더블클릭한 후 아래의 소스코드를 입력한다.

```
void CLine4Dlg::OnButt15()
{
    // TODO: Add your control notification handler code here
    nWid=15;
}
```

Step 22 [선의 넓이 20] 버튼을 더블클릭한 후 아래의 소스코드를 입력한다.

```
void CLine4Dlg::OnButt20()
{
    // TODO: Add your control notification handler code here
    nWid=20;
}
```

Step 23 [지우기] 버튼을 더블클릭한 후 아래의 소스코드를 입력한다.

```
void CLine4Dlg::OnButtClean()
{
    // TODO: Add your control notification handler code here
    InvalidateRect(NULL,TRUE);
    UpdateWindow();
}
```

Step 24 [종료] 버튼을 더블클릭한 후 아래의 소스코드를 입력한다.

```
void CLine4Dlg::OnButtExit()
{
    // TODO: Add your control notification handler code here
    OnOK();
}
```

Step 25 컴파일 한 후 실행해 본다.

Chapter 09

간단하게 시스템의 정보를 알아보자

이번 장에서는 자신이 현재 사용 중에 있는 시스템의 정보를 알아보겠다.

9-1 간단한 시스템 정보 / 9-2 메모리의 정보를 알아보자 / 9-3 실시간 메모리 정보 출력 프로그램 / 9-4 디스크 정보 출력 프로그램 Ver 1.0 / 9-5 디스크 정보 출력 프로그램 Ver2.0 / 9-6 디스크 정보 출력 프로그램 Ver3.0 / 9-7 프로세스의 환경 변수를 출력하는 프로그램 / 9-8 현재 쓰레드의 사용자 이름을 출력하는 프로그램 / 9-9 윈도우즈가 설치된 폴더를 알아내는 프로그램 / 9-10 윈도우즈의 버전을 알아내는 프로그램 / 9-11 프로세스가 시작될 때 그 부모 프로세서가 설정해 놓은 정보들을 출력하는 프로그램 / 9-12 현재의 시간과 날짜를 구하는 프로그램

9-1 간단한 시스템 정보

이번에는 간단하게 시스템의 정보를 알아보는 프로그램을 만들어 보겠다.

우리가 만들 프로그램은 다음 그림과 같다.

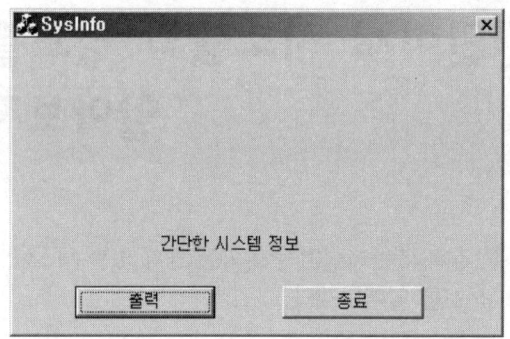

[출력] 버튼을 클릭하면 다음의 그림처럼 다이얼로그 상자에 시스템의 정보가 출력된다.

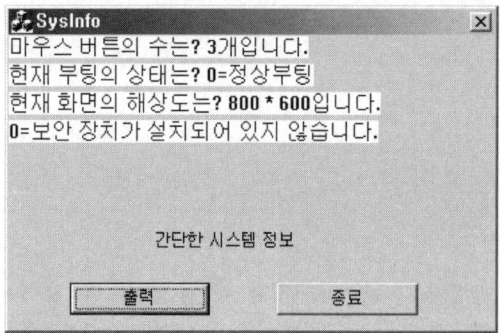

```
int GetSystemMetrics(
    int nIndex    // system metric or configuration setting to retrieve
);
```

⇨ 위 함수는 창의 정보나 시스템의 정보를 알려준다.

nIndex
⇨ 예약어를 지정한다.

SM_ARRANGE
⇨ 아이콘이 표시된 윈도우를 시스템에 어떻게 배열할 것인지를 지정한다.
- 반환 값

ARW_BOTTOMLEFT
⇨ 화면의 좌측 하단 꼭지점에서 시작(디폴트).

ARW_BOTTOMRIGHT
⇨ 화면의 우측 하단 꼭지점에서 시작.

ARW_HIDE
⇨ 아이콘 표시된 창을 화면에 보이지 않는 곳으로 이동시켜서 숨김.

ARW_TOPLEFT
⇨ ATW_STARTTOP와 같다.

ARW_TOPRIGHT
⇨ 화면의 우측 상단 꼭지점에서 시작

SRW_STARTRIGHT
⇨ ARW_BOTTOMRIGHT와 같다.
- 배열의 방향은 아래와 같다.

ARW_DOWN
⇨ 위에서 아래로 배열.

ARW_LEFT
⇨ 왼쪽에서 오른쪽으로 배열한다.

ARW_RIGHT
⇨ 오른쪽에서 왼쪽으로 배열한다.

ARW_UP
⇨ 아래서 위로 배열한다.

SM_CLEANBOOT
⇨ 시스템의 부팅 방식을 알려준다.
- 반환 값

0
⇨ 정상적인 부팅.

1

⇨ 실패시 안전 부팅.

2

⇨ 네트워크 부팅. 실패시 안전 부팅.

SM_CMETRICS

⇨ 시스템 구성 요소들의 크기 정보와 플래그의 수를 알려줌

SM_CMOUSEBUTTONS

⇨ 마우스 버튼의 수를 알려줌

- 반환 값

0

⇨ 마우스가 설치되지 않았음.

SM_CXBORDER,

⇨ 한 줄 짜리 테두리의 넓이를 알려줌

- 반환 값
    - ⇨ 픽셀 단위

SM_CYBORDER

⇨ 한 줄 짜리 테두리의 높이를 알려줌

- 반환 값
    - ⇨ 픽셀 단위

SM_CXCURSOR,

⇨ 표준 커서의 비트맵 넓이를 알려줌

- 반환 값
    - ⇨ 픽셀 단위

SM_CYCURSOR

⇨ 표준 커서의 비트맵 높이를 알려줌

- 반환 값
    - ⇨ 픽셀 단위

SM_CXDOUBLECLK,
⇨ 더블클릭 사각형(두 번의 클릭이 모드 사각형 안에 있어야 더블클릭으로 인정함)의 넓이를 알려줌
- 반환 값
  ⇨ 픽셀 단위

SM_CYDOUBLECLK
⇨ 더블클릭 사각형(두 번의 클릭이 모드 사각형 안에 있어야 더블클릭으로 인정함)의 높이를 알려줌
- 반환 값
  ⇨ 픽셀 단위

SM_CXDRAG,
⇨ 드래그 사각형(마우스 버튼을 누른 상태에서 이 사각형 범위 이상을 드래그 작업이 시작된 것으로 간주함)의 높이를 알려줌
- 반환 값
  ⇨ 픽셀 단위

SM_CYDRAG
⇨ 드래그 사각형(마우스 버튼을 누른 상태에서 이 사각형 범위 이상을 드래그 작업이 시작된 것으로 간주함)의 넓이를 알려줌
- 반환 값
  ⇨ 픽셀 단위

SM_CXEDGE,
⇨ 이중 테두리의 넓이를 알려줌
- 반환 값
  ⇨ 픽셀 단위

SM_CYEDGE
⇨ 이중 테두리의 높이를 알려줌
- 반환 값
  ⇨ 픽셀 단위

SM_CXFIXEDFRAME,
⇨ WS_DLGFRAME의 스타일을 가진 창 프레임의 너비를 알려줌
- 반환 값
    ⇨ 픽셀 단위

SM_CYFIXEDFRAME
⇨ WS_DLGFRAME의 스타일을 가진 창 프레임의 높이를 알려줌
- 반환 값
    ⇨ 픽셀 단위

SM_CXFULLSCREEN
⇨ 전체 화면으로 표시된 메인 윈도우의 클라이언트 영역의 디폴트의 너비를 알려줌
- 반환 값
    ⇨ 픽셀 단위

SM_CYFULLSCREEN
⇨ 전체 화면으로 표시된 메인 창의 클라이언트 영역의 디폴트 높이를 알려줌
- 반환 값
    ⇨ 픽셀 단위

SM_CXICON
⇨ 큰 아이콘의 너비를 알려줌
- 반환 값
    ⇨ 픽셀 단위

SM_CYICON
⇨ 큰 아이콘의 높이를 알려줌
- 반환 값
    ⇨ 픽셀 단위

SM_CXICONSPACING
⇨ 창을 큰 아이콘 모드로 볼 때 아이콘의 왼쪽 끝에서 오른쪽 아이콘의 왼쪽 끝까지의 수평 거리를 알려줌
- 반환 값
    ⇨ 픽셀 단위

SM_CYICONSPACING
▷ 창을 큰 아이콘 모드로 볼 때 아이콘의 위에서 그 아래 아이콘의 위까지의 수직거리를 알려줌
- 반환 값
  ▷ 픽셀 단위

SM_CXMAXIMIZED
▷ 전체 화면으로 표시된 메인 창의 디폴트 넓이를 알려줌
- 반환 값
  ▷ 픽셀 단위

SM_CYMAXIMIZED
▷ 전체 화면으로 표시된 메인 창의 디폴트 높이를 알려줌
- 반환 값
  ▷ 픽셀 단위

SM_CXMAXTRACK
▷ 타이틀 바와 크기 조정 테두리가 있는 창의 디폴트 최대 넓이를 알려줌
- 반환 값
  ▷ 픽셀 단위

SM_CYMAXTRACK
▷ 타이틀 바와 크기 조정 테두리가 있는 창의 디폴트 최대 높이를 알려줌
- 반환 값
  ▷ 픽셀 단위

SM_CXMENUCHECK
▷ 메뉴의 체크 상태를 표시하는 디폴트의 넓이를 알려줌
- 반환 값
  ▷ 픽셀 단위

SM_CYMENUCHECK
▷ 메뉴의 체크 상태를 표시하는 디폴트의 높이를 알려줌
- 반환 값
  ▷ 픽셀 단위

SM_CXMENUSIZE,
⇨ 메뉴 바 버튼들의 넓이를 알려줌
- 반환 값
    ⇨ 픽셀 단위

SM_CYMENUSIZE
⇨ 메뉴 바 버튼들의 높이를 알려줌
- 반환 값
    ⇨ 픽셀 단위

SM_CXMIN,
⇨ SM_CXMINTRACK와 같은 역할.
- 반환 값
    ⇨ 픽셀 단위

SM_CYMIN
⇨ SM_CYMINTRACK와 같은 역할.
- 반환 값
    ⇨ 픽셀 단위

SM_CXMINIMIZED,
⇨ 정상적으로 아이콘 표시된 창의 넓이를 알려줌
- 반환 값
    ⇨ 픽셀 단위

SM_CYMINIMIZED
⇨ 정상적으로 아이콘 표시된 창의 높이를 알려줌
- 반환 값
    ⇨ 픽셀 단위

SM_CXMINSPACING
⇨ 아이콘 표시된 창의 왼쪽 끝에서 그 오른쪽 아이콘 표시 창의 왼쪽 끝까지의 수평 거리를 알려줌
- 반환 값
    ⇨ 픽셀 단위

SM_CYMINSPACING
⇨ 아이콘 표시된 창의 위에서 그 아래 아이콘 표시 창의 상단까지의 수직 거리를 알려줌
- 반환 값
  ⇨ 픽셀 단위

SM_CXMINTRACK
⇨ 테이블 바와 크기 초점 테두리가 있는 창의 디폴트 최소 넓이를 알려줌
- 반환 값
  ⇨ 픽셀 단위

SM_CYMINTRACK
⇨ 테이블 바와 크기 초점 테두리가 있는 창의 디폴트 최소 높이를 알려줌
- 반환 값
  ⇨ 픽셀 단위

SM_CXSCREEN,
⇨ 화면의 넓이를 알려줌
- 반환 값
  ⇨ 픽셀 단위

SM_CYSCREEN
⇨ 화면의 높이를 알려줌
- 반환 값
  ⇨ 픽셀 단위

SM_CXSIZE,
⇨ 캡션 버튼의 높이를 알려줌
- 반환 값
  ⇨ 픽셀 단위

SM_CYSIZE
⇨ 캡션 버튼의 넓이를 알려줌
- 반환 값
  ⇨ 픽셀 단위

SM_CXSIZEFRAME,
⇨ WS_THICKFRAME의 스타일을 가진 창의 프레임 넓이를 알려줌
- 반환 값
    ⇨ 픽셀 단위

SM_CYSIZEFRAME
⇨ WS_THICKFRAME의 스타일을 가진 창의 프레임 높이를 알려줌
- 반환 값
    ⇨ 픽셀 단위

SM_CXSMICON,
⇨ 작은 아이콘의 넓이로 권장되는 값을 알려줌
- 반환 값
    ⇨ 픽셀 단위

SM_CYSMICON
⇨ 작은 아이콘의 높이로 권장되는 값을 알려줌
- 반환 값
    ⇨ 픽셀 단위

SM_CXSMSIZE
⇨ 작은 캡션 버튼의 넓이를 알려줌
- 반환 값
    ⇨ 픽셀 단위

SM_CYSMSIZE
⇨ 작은 캡션 버튼의 높이를 알려줌
- 반환 값
    ⇨ 픽셀 단위

SM_CXVSCROLL
⇨ 수직 스크롤 바의 넓이를 알려줌
- 반환 값
    ⇨ 픽셀 단위

SM_CYVSCROLL

⇨ 수직 스크롤 바에 있는 화살표 비트맵의 높이를 알려줌
- 반환 값
    ⇨ 픽셀 단위

SM_CXHSCROLL

⇨ 수평 스크롤 바에 있는 화살표 비트맵의 넓이를 알려줌
- 반환 값
    ⇨ 픽셀 단위

SM_CYHSCROLL

⇨ 수평 스크롤 바의 높이를 알려줌
- 반환 값
    ⇨ 픽셀 단위

SM_CXHTHUMB

⇨ 수평 스크롤 바에 있는 점의 디폴트의 넓이를 알려줌
- 반환 값
    ⇨ 픽셀 단위

SM_CYVTHUMB

⇨ 수평 스크롤 바에 있는 점의 디폴트의 높이를 알려줌
- 반환 값
    ⇨ 픽셀 단위

SM_CYCAPTION

⇨ 캡션 영역의 높이를 알려줌
- 반환 값
    ⇨ 픽셀 단위

SM_CYKANJIWINDOW

⇨ 창의 높이를 알려줌
- 반환 값
    ⇨ 픽셀 단위

SM_CYMENU
⇨ 한 줄 짜리 메뉴 바의 높이를 알려줌
- 반환 값
  ⇨ 픽셀 단위

SM_CYSMCAPTION
⇨ 작은 캡션의 높이를 알려줌
- 반환 값
  ⇨ 픽셀 단위

SM_DBCSENABLED
⇨ USER.EXE 파일의 더블 바이트 문자 세트의 버전이 설치되었는지 알려줌
- 반환 값
  ⇨ 픽셀 단위

  TRUE
  ⇨ 설치되어 있음.

  FALSE
  ⇨ 설치되어 있지 않음.

SM_DEBUG
⇨ USER.EXE의 디버깅 버전이 설치되었는지 알려줌
- 반환 값
  ⇨ 픽셀 단위

  TRUE
  ⇨ 설치되어 있음.

  FALSE
  ⇨ 설치되어 있지 않음.

SM_MENUDROPALIGNMENT
⇨ 팝업 메뉴가 이 팝업 메뉴를 불러내는 메뉴 항목을 기준으로 우측 정렬이 되는지 좌측 정렬이 되는지 알려줌
- 반환 값
  ⇨ 픽셀 단위

  TRUE
  ⇨ 좌측 정렬.

  FALSE
  ⇨ 우측 정렬.

SM_MOUSEPRESENT
- 마우스가 설치되었는지 알려줌
- 반환 값
  - 픽셀 단위

TRUE
- 설치되어 있음.

FALSE
- 설치되어 있지 않음.

SM_NETWORK
- 네트워크가 설치되었는지를 알려줌
- 반환 값
  - 픽셀 단위

TRUE
- 설치되어 있음.

FALSE
- 설치되어 있지 않음.

SM_PENWINDOWS
- 마이크로 윈도우즈 OS에 Pen computing extension이 설치되었는지를 알려줌
- 반환 값
  - 픽셀 단위

TRUE
- 설치되어 있음.

FALSE
- 설치되어 있지 않음.

SM_SECURE
- 보안 장치가 설치되었는지를 알려줌
- 반환 값
  - 픽셀 단위

TRUE
- 설치되어 있음.

FALSE
- 설치되어 있지 않음.

SM_SLOWMACHINE
⇨ 컴퓨터의 프로세서를 알려줌
- 반환 값
  ⇨ 픽셀 단위

TRUE
⇨ 느린 프로세서

FALSE
⇨ 빠른 프로세서

SM_SWAPBUTTON
⇨ 마우스 버튼의 좌우 역할이 바뀌었는지 알려줌
- 반환 값
  ⇨ 픽셀 단위

TRUE
⇨ 바뀐 경우

FALSE
⇨ 안 바뀐 경우

따라하기 *Step by Step*

Step 01 메뉴에서 [파일] → [새로 만들기] → [프로젝트]를 선택한다.

Step 02 '새 프로젝트' 창이 뜨면 프로젝트 형식을(MFC 응용 프로그램) 선택하고,

Step 03 프로젝트 이름(SysInfo)을 지정하고,

Step 04 폴더 위치(C:\source)를 지정하고

Step 05 '솔루션용 디렉터리 만들기'에 체크 해제한다.

Step 06 [확인] 버튼을 클릭하고 다음 단계로 넘어 간다.

Step 07 'MFC 응용 프로그램 마법사' 창이 나타나면

Step 08 '응용 프로그램 종류'를 클릭하고

Step 09 '응용 프로그램 종류'를 '대화 상자 기반'으로 설정하고

Step 10 '유니코드 라이브러리 사용'에 체크 해제한다.

Step 11 [마침] 버튼을 누른다.

Step 12 우선 다이얼로그 상자에 표시되어 있는 "TODO: 여기에 대화 상자 컨트롤을 배치합니다."라는 문자열을 지우기 위해 마우스 왼쪽 버튼 클릭해서 선택한 후 마우스 오른쪽 버튼을 클릭하면 빠른 메뉴 상자가 나타난다. 이 빠른 메뉴 상자에서 [삭제]를 선택하면 삭제되며 또는 간단하게 Del키를 클릭해도 된다. [확인] 버튼과 [취소] 버튼도 마찬가지로 삭제한다.

Step 13 아래의 표를 보고 컨트롤을 만든다.

컨트롤	Static Text	Button	Button
ID	IDC_STATIC	IDC_BUTT_PRINT	IDC_BUTT_EXIT
Caption	간단한 시스템 정보	출력	종료
메시지		BN_CLICKED	BN_CLICKED
멤버 함수 이름		OnButtPrint	OnButtStop

Step 14 [출력] 버튼을 더블클릭한 후 아래의 소스코드를 입력한다.

```
void CSysInfoDlg::OnButtPrint()
{
    // TODO: Add your control notification handler code here
    int nMouseB,nBooting;
        int nCXscreen,nCYscreen;
    char szMouseB[100],szBooting[100],szCXCY[100],szGuide[100];
    static BOOL bGuide;
    CClientDC dc(this);

    //마우스 버튼의 수
    nMouseB=GetSystemMetrics(SM_CMOUSEBUTTONS);
    sprintf(szMouseB,"마우스 버튼의 수는? %d개입니다.",nMouseB);
    dc.TextOut(0,0,szMouseB);

        // 부팅모드
    nBooting=GetSystemMetrics(SM_CLEANBOOT);
    switch(nBooting)
    {
    case 0:
        sprintf(szBooting,"현재 부팅의 상태는? %d=정상부팅",nBooting);
        break;
    case 1:
        sprintf(szBooting,"현재 부팅의 상태는? %d=안전부팅",nBooting);
        break;
    case 2:
        sprintf(szBooting,"현재 부팅의 상태는? %d=네트워크부팅",nBooting);
```

```
        }
        dc.TextOut(0,20,szBooting);

            // 해상도 정보
        nCXscreen=GetSystemMetrics(SM_CXSCREEN);
        nCYscreen=GetSystemMetrics(SM_CYSCREEN);
        sprintf(szCXCY,"현재 화면의 해상도는? %d * %d입니다.",
                        nCXscreen,nCYscreen);
                            dc.TextOut(0,40,szCXCY);

            // 보안장치 설치 유무
        bGuide=GetSystemMetrics(SM_SECURE);
        switch(bGuide)
        {
        case TRUE:
            sprintf(szGuide,"%d=보안 장치가 설치되어 있습니다.",bGuide);
            break;
        case FALSE:
            sprintf(szGuide,"%d=보안 장치가 설치되어 있지 않습니다.",bGuide);
            break;
        }
        dc.TextOut(0,60,szGuide);
}
```

Step 15 [종료] 버튼을 더블클릭한 후 아래의 소스코드를 입력한다.

```
void CSysInfoDlg::OnButtExit()
{
    // TODO: Add your control notification handler code here
    OnOK();
}
```

Step 16 컴파일 한 후 실행해 본다.

9-2 메모리의 정보를 알아보자

이번에는 메모리의 정보를 출력하는 프로그램을 만들어 보겠다.

우리가 만들 프로그램은 다음 그림과 같다.

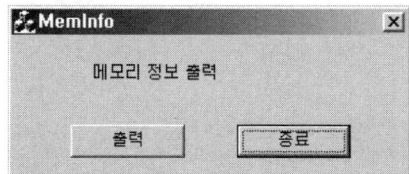

[출력] 버튼을 클릭하면 다음의 그림과 같이 메시지 상자에 메모리의 정보가 출력된다.

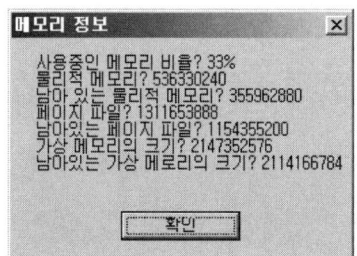

```
typedef struct _MEMORYSTATUS { // mst
    DWORD dwLength;         // sizeof(MEMORYSTATUS)
    DWORD dwMemoryLoad;     // percent of memory in use
    DWORD dwTotalPhys;      // bytes of physical memory
    DWORD dwAvailPhys;      // free physical memory bytes
    DWORD dwTotalPageFile;  // bytes of paging file
    DWORD dwAvailPageFile;  // free bytes of paging file
    DWORD dwTotalVirtual;   // user bytes of address space
    DWORD dwAvailVirtual;   // free user bytes
} MEMORYSTATUS, *LPMEMORYSTATUS;
```

⇨ 위의 구조체는 메모리의 정보를 가지고 있다.

dwLength
⇨ 이 구조체의 크기를 지정

dwMemoryLoad:
⇨ 현재 메모리의 이용 정도를 %로 알려줌
단위는 %

dwTotalPhys:
⇨ 물리적 메모리의 전체 크기를 알려줌
단위는 바이트.

dwAvailPhys:
⇨ 남아있는 물리적 메모리의 크기를 알려줌
단위는 바이트.

dwTotalPageFile:
⇨ 페이지 파일에 저장될 수 있는 전체 크기를 알려줌
단위는 바이트.

dwAvailPageFile:
⇨ 페이지 파일의 이용 가능한 크기를 알려줌
단위는 바이트.

dwTotalVirtual:
⇨ 가상 메모리의 크기를 알려줌
단위는 바이트.

dwAvailVirtual:
⇨ 남아 있는 가상 메모리의 크기를 알려줌
단위는 바이트.

```
VOID GlobalMemoryStatus(
LPMEMORYSTATUS lpBuffer
);
```
⇨ 위 함수는 MEMORYSTATUS 구조체에서 메모리의 정보를 가져온다.

lpBuffer
⇨ MEMORYSTATUS 구조체에 대한 포인터

따라하기

Step 01 메뉴에서 [파일] → [새로 만들기] → [프로젝트]를 선택한다.

Step 02 '새 프로젝트' 창이 뜨면 프로젝트 형식을(MFC 응용 프로그램) 선택하고,

Step 03 프로젝트 이름(MemInfo)을 지정하고,

Step 04 폴더 위치(C:\source)를 지정하고

Step 05 '솔루션용 디렉터리 만들기'에 체크 해제한다.

Step 06 [확인] 버튼을 클릭하고 다음 단계로 넘어 간다.

Step 07 'MFC 응용 프로그램 마법사' 창이 나타나면

Step 08 '응용 프로그램 종류'를 클릭하고

Step 09 '응용 프로그램 종류'를 '대화 상자 기반'으로 설정하고

Step 10 '유니코드 라이브러리 사용'에 체크 해제한다.

Step 11 [마침] 버튼을 누른다.

Step 12 우선 다이얼로그 상자에 표시되어 있는 "TODO: 여기에 대화 상자 컨트롤을 배치합니다."라는 문자열을 지우기 위해 마우스 왼쪽 버튼 클릭해서 선택한 후 마우스 오른쪽 버튼을 클릭하면 빠른 메뉴 상자가 나타난다. 이 빠른 메뉴 상자에서 [삭제]를 선택하면 삭제되며 또는 간단하게 Del 키를 클릭해도 된다. [확인] 버튼과 [취소] 버튼도 마찬가지로 삭제한다.

Step 13 아래의 표를 보고 컨트롤을 만든다.

컨트롤	Static Text	Button	Button
ID	IDC_STATIC	IDC_BUTT_PRINT	IDC_BUTT_EXIT
Caption	메모리 정보 출력	출력	종료
메시지		BN_CLICKED	BN_CLICKED
멤버 함수 이름		OnButtPrint	OnButtStop

Step 14 [출력] 버튼을 더블클릭한 후 아래의 소스코드를 입력한다.

```
void CMemInfoDlg::OnButtPrint()
{
    // TODO: Add your control notification handler code here
    char szMem[350];
    MEMORYSTATUS ms;
```

```
    ms.dwLength=sizeof(MEMORYSTATUS);
    GlobalMemoryStatus(&ms);
    sprintf(szMem,"사용중인 메모리 비율? %ld%%\n"\
            "물리적 메모리? %ld\n"\
            "남아 있는 물리적 메모리? %ld\n"\
            "페이지 파일? %ld\n"\
            "남아있는 페이지 파일? %ld\n"\
            "가상 메모리의 크기? %ld\n"\
            "남아있는 가상 메로리의 크기? %ld",
            ms.dwMemoryLoad,
            ms.dwTotalPhys,
            ms.dwAvailPhys,
            ms.dwTotalPageFile,
            ms.dwAvailPageFile,
            ms.dwTotalVirtual,
            ms.dwAvailVirtual);
    MessageBox(szMem,"메모리 정보",NULL);
}
```

Step 15 [종료] 버튼을 더블클릭한 후 아래의 소스코드를 입력한다.

```
void CMemInfoDlg::OnButtExit()
{
    // TODO: Add your control notification handler code here
    OnOK();

}
```

Step 16 컴파일 한 후 실행해 본다.

9-3 실시간 메모리 정보 출력 프로그램

이번에는 실시간으로 메모리의 정보를 출력하는 프로그램을 만들어 보겠다.

우리가 만들 프로그램은 다음 그림과 같다.

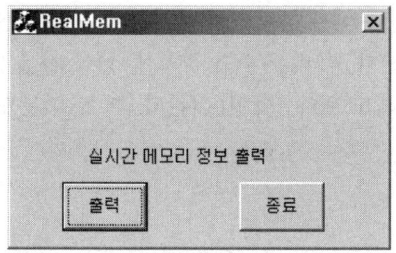

[출력] 버튼을 더블클릭하면 다음의 그림과 같이 메모리의 정보가 실시간으로 출력된다.

따라하기

Step 01 메뉴에서 [파일] → [새로 만들기] → [프로젝트]를 선택한다.

Step 02 '새 프로젝트' 창이 뜨면 프로젝트 형식을(MFC 응용 프로그램) 선택하고,

Step 03 프로젝트 이름(RealMem)을 지정하고,

Step 04 폴더 위치(C:\source)를 지정하고

Step 05 '솔루션용 디렉터리 만들기'에 체크 해제한다.

Step 06 [확인] 버튼을 클릭하고 다음 단계로 넘어 간다.

Step 07 'MFC 응용 프로그램 마법사' 창이 나타나면

Step 08 '응용 프로그램 종류'를 클릭하고

Step 09 '응용 프로그램 종류'를 '대화 상자 기반'으로 설정하고

Step 10 '유니코드 라이브러리 사용'에 체크 해제한다.

Step 11 [마침] 버튼을 누른다.

Step 12 우선 다이얼로그 상자에 표시되어 있는 "TODO: 여기에 대화 상자 컨트롤을 배치합니다."라는 문자열을 지우기 위해 마우스 왼쪽 버튼 클릭해서 선택한 후 마우스 오른쪽 버튼을 클릭하면 빠른 메뉴 상자가 나타난다. 이 빠른 메뉴 상자에서 [삭제]를 선택하면 삭제되며 또는 간단하게 Del 키를 클릭해도 된다. [확인] 버튼과 [취소] 버튼도 마찬가지로 삭제한다.

Step 13 아래의 표를 보고 컨트롤을 만든다.

컨트롤	Static Text	Button	Button
ID	IDC_STATIC	IDC_BUTT_PRINT	IDC_BUTT_EXIT
Caption	실시간 메모리 정보 출력	출력	종료
메시지		BN_CLICKED	BN_CLICKED
멤버 함수 이름		OnButtPrint	OnButtStop

Step 14 [출력] 버튼을 더블클릭한 후 아래의 소스코드를 입력한다.

```
void CRealMemDlg::OnButtPrint()
{
    // TODO: Add your control notification handler code here
    SetTimer(1,300,NULL);
}
```

Step 15 WM_TIMER 메시지에 OnTimer 함수를 만든 후 아래의 소스코드를 입력한다.

```
void CRealMemDlg::OnTimer(UINT nIDEvent)
{
    // TODO: Add your message handler code here and/or call default

    CDialog::OnTimer(nIDEvent);

    char szFree[100],szUse[100],szMem[100];
```

```
        MEMORYSTATUS ms;

        CClientDC dc(this);
        ms.dwLength=sizeof(MEMORYSTATUS);

        GlobalMemoryStatus(&ms);

        InvalidateRect(NULL,TRUE);
        UpdateWindow();

        sprintf(szUse,"[사용한 메모리] %d",ms.dwTotalPhys-ms.dwAvailPhys);
        dc.TextOut(0,0,szUse);

        sprintf(szFree,"[남은 메모리] %d",ms.dwAvailPhys);
        dc.TextOut(0,20,szFree);

        sprintf(szMem,"[총 메모리] %d",ms.dwTotalPhys);
        dc.TextOut(0,40,szMem);
}
```

Step 16 [종료] 버튼을 더블클릭한 후 아래의 소스코드를 입력한다.

```
void CMemInfoDlg::OnButtExit()
{
    // TODO: Add your control notification handler code here
    OnOK();

}
```

Step 17 컴파일 한 후 실행해 본다.

9-4 디스크 정보 출력 프로그램 Ver 1.0

이번 프로그램에서는 간단히 내 컴퓨터에 어떠한 드라이버가 있는지 알아보겠다.

실습

우리가 만들 프로그램은 다음 그림과 같다.

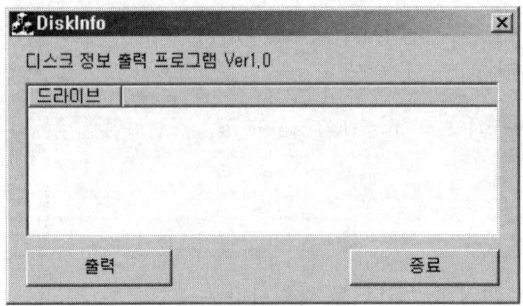

[출력] 버튼을 클릭하면 다음의 그림과 같이 내 컴퓨터에 어느 드라이브가 있는지 출력된다.

필자의 컴퓨터에는 G드라이브까지 있으므로 G까지 출력된다.

함수설명

DWORD GetLogicalDrives(VOID)

⇨ 위 함수는 현재 사용 가능한 논리적 드라이브의 비트 마스크를 반환한다. 각 비트는 하나의 논리적 드라이브를 나타내고 또한 비트0은 A드라이브고 1은 B드라이브 비트 2는 C드라이브와 같은 식이다.

따라하기

Step 01) 메뉴에서 [파일] → [새로 만들기] → [프로젝트]를 선택한다.

Step 02) '새 프로젝트' 창이 뜨면 프로젝트 형식을(MFC 응용 프로그램) 선택하고,

Step 03) 프로젝트 이름(DiskInfo)을 지정하고,

Step 04) 폴더 위치(C:\source)를 지정하고

Step 05) '솔루션용 디렉터리 만들기'에 체크 해제한다.

Step 06) [확인] 버튼을 클릭하고 다음 단계로 넘어 간다.

Step 07) 'MFC 응용 프로그램 마법사' 창이 나타나면

Step 08) '응용 프로그램 종류'를 클릭하고

Step 09) '응용 프로그램 종류'를 '대화 상자 기반'으로 설정하고

Step 10) '유니코드 라이브러리 사용'에 체크 해제한다.

Step 11) [마침] 버튼을 누른다.

Step 12) 우선 다이얼로그 상자에 표시되어 있는 "TODO: 여기에 대화 상자 컨트롤을 배치합니다."라는 문자열을 지우기 위해 마우스 왼쪽 버튼 클릭해서 선택한 후 마우스 오른쪽 버튼을 클릭하면 빠른 메뉴 상자가 나타난다. 이 빠른 메뉴 상자에서 [삭제]를 선택하면 삭제되며 또는 간단하게 Del 키를 클릭해도 된다. [확인] 버튼과 [취소] 버튼도 마찬가지로 삭제한다.

Step 13) 아래의 표를 보고 컨트롤을 만든다.

컨트롤	Static Text	List Control	Button
ID	IDC_STATIC	IDC_LIST	IDC_BUTT_PRINT
Caption	디스크 정보 출력 프로그램 Ver 1.0		출력
멤버 변수 이름		m_ListCtr	
범주		Control	
변수 형식		CListCtrl	
메시지			BN_CLICKED
멤버 함수 이름			OnButtPrint
Styles		View에서 Report선택	

컨트롤	Button
ID	IDC_BUTT_EXIT
Caption	종료
메시지	BN_CLICKED
멤버 함수 이름	OnButtExit

Step 14 OnInitDialog 함수에 소스코드를 입력한다.

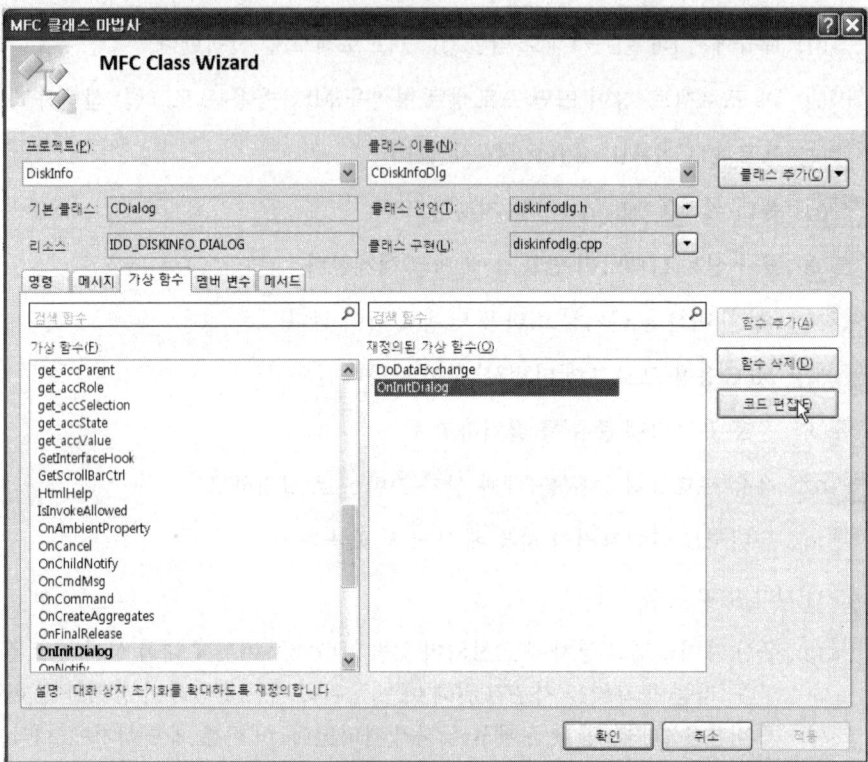

```
BOOL CDiskInfoDlg::OnInitDialog()
{
    CDialog::OnInitDialog();
      .
      .
      .
    // TODO: Add extra initialization here
    LV_COLUMN lVCol;
    char szList[]="드라이브";
    int nWidth=70;

    lVCol.mask=LVCF_FMT|LVCF_TEXT|LVCF_WIDTH;
    lVCol.fmt=LVCFMT_LEFT;
    lVCol.pszText=szList;
    lVCol.cx=nWidth;
    m_ListCtr.InsertColumn(1,&lVCol);


    return TRUE;  // return TRUE  unless you set the focus to a control
}
```

Step 15) [출력] 버튼을 더블클릭한 후 아래의 소스코드를 입력한다.

```
void CDiskInfoDlg::OnButtPrint()
{
    // TODO: Add your control notification handler code here
    int nCount=0,nDrive=0;
    CHAR szText[100];
    DWORD dGetDrives; // 드라이브 변수

    LV_ITEM lVitem;

    lVitem.mask=LVIF_TEXT;

    dGetDrives=GetLogicalDrives(); // 드라이브 구하기

    for(nDrive=0; nDrive<=10 ; nDrive++)
    {

        if(dGetDrives & (1 << nDrive))
        {
                lVitem.iItem=nCount;

            // 드라이브 항목
            lVitem.iSubItem=0;
                sprintf(szText,"%c",nDrive+'A');
            lVitem.pszText=(LPTSTR)szText;
            m_ListCtr.InsertItem(&lVitem);

            nCount++;
        }
    }
}
```

Step 16) [종료] 버튼을 더블클릭한 후 아래의 소스코드를 입력한다.

```
void CDiskInfoDlg::OnButtExit()
{
    // TODO: Add your control notification handler code here
    OnOK();
}
```

Step 17) 컴파일 한 후 실행해 본다.

9-5 디스크 정보 출력 프로그램 Ver2.0

이번에는 드라이브 Type을 추가해 보겠다.

실습

우리가 만들 프로그램은 다음 그림과 같다.

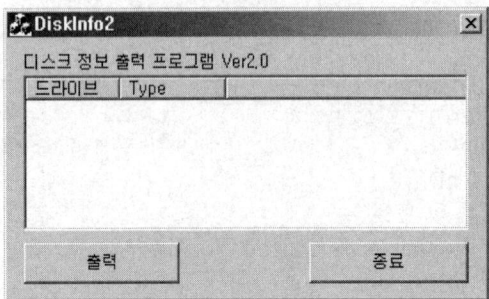

[출력] 버튼을 클릭하면 다음의 그림처럼 해당 드라이브의 Type이 출력된다.

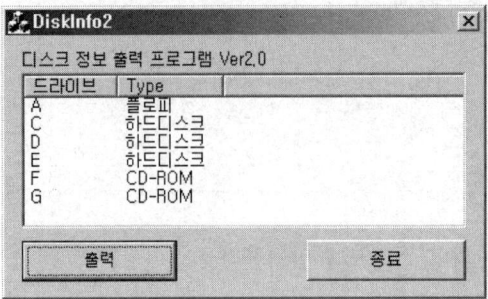

함수설명

```
UINT GetDriveType(
  LPCTSTR lpRootPathName    // pointer to root path
);
```
▷ 위 함수는 드라이브의 Type를 알려준다.

LPCTSTR lpRootPathName

⇨ 루트 폴더의 경로명을 지정한다. 만약 C드라이브에 관한 Type를 구하고자 한다면 C:\\라고 지정하면 된다.

- 반환 값

반환 값	설명
0	알 수 없는 드라이브
1	드라이브 존재 하지 않음
DRIVE_CDROM	CD-ROM
DRIVE_FIXED	하드디스크
DRIVE_RAMDISK	램 디스크
DRIVE_REMOTE	네트워크 드라이브
DRIVE_REMOVABEL	플로피

따라하기
Step by Step

Step 01 메뉴에서 [파일] → [새로 만들기] → [프로젝트]를 선택한다.

Step 02 '새 프로젝트' 창이 뜨면 프로젝트 형식을(MFC 응용 프로그램) 선택하고,

Step 03 프로젝트 이름(DiskInfo2)을 지정하고,

Step 04 폴더 위치(C:\source)를 지정하고

Step 05 '솔루션용 디렉터리 만들기'에 체크 해제한다.

Step 06 [확인] 버튼을 클릭하고 다음 단계로 넘어 간다.

Step 07 'MFC 응용 프로그램 마법사' 창이 나타나면

Step 08 '응용 프로그램 종류'를 클릭하고

Step 09 '응용 프로그램 종류'를 '대화 상자 기반'으로 설정하고

Step 10 '유니코드 라이브러리 사용'에 체크 해제한다.

Step 11 [마침] 버튼을 누른다.

Step 12 우선 다이얼로그 상자에 표시되어 있는 "TODO: 여기에 대화 상자 컨트롤을 배치합니다."라는 문자열을 지우기 위해 마우스 왼쪽 버튼 클릭해서 선택한 후 마우스 오른쪽 버튼을 클릭하면 빠른 메뉴 상자가 나타난다. 이 빠른 메뉴 상자에서 [삭제]를 선택하면 삭제되며 또는 간단하게 Del키를 클릭해도 된다. [확인] 버튼과 [취소] 버튼도 마찬가지로 삭제한다.

Step 13 아래의 표를 보고 컨트롤을 만든다.

컨트롤	Static Text	List Control	Button
ID	IDC_STATIC	IDC_LIST	IDC_BUTT_PRINT
Caption	디스크 정보 출력 프로그램 Ver 2.0		출력
멤버 변수 이름		m_ListCtr	
범주		Control	
변수 형식		CListCtrl	
메시지			BN_CLICKED
멤버 함수 이름			OnButtPrint
Styles		View에서 Report선택	

컨트롤	Button
ID	IDC_BUTT_EXIT
Caption	종료
메시지	BN_CLICKED
멤버 함수 이름	OnButtExit

Step 14 OnInitDialog 함수에 소스코드를 입력한다.

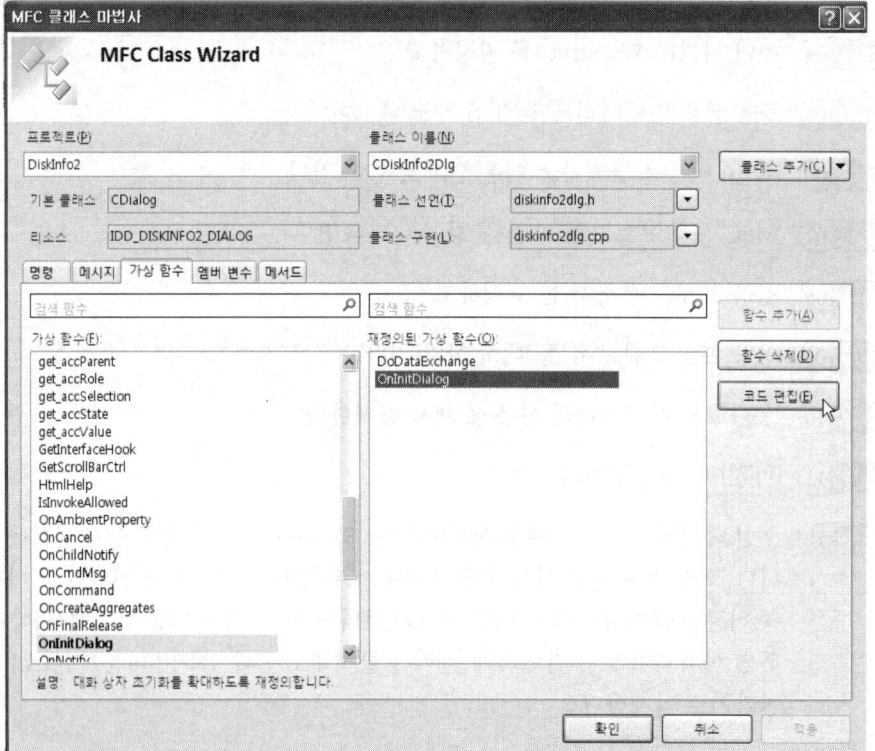

```
BOOL CDiskInfoDlg::OnInitDialog()
{
    CDialog::OnInitDialog();
        .
        .
        .
    // TODO: Add extra initialization here
        LV_COLUMN lVCol;
    char *szList[2]={"드라이브","Type"};
    int nWidth[2]={70,80};
    int a=0;

    for(a=0; a<=1;a++)
    {
lVCol.mask=LVCF_FMT|LVCF_TEXT|LVCF_WIDTH|LVCF_SUBITEM;
        lVCol.fmt=LVCFMT_LEFT;
        lVCol.pszText=szList[a];
        lVCol.iSubItem=1;
        lVCol.cx=nWidth[a];
        m_ListCtr.InsertColumn(a,&lVCol);
    }
    return TRUE;  // return TRUE  unless you set the focus to a control
}
```

Step 15 [출력] 버튼을 더블클릭한 후 아래의 소스코드를 입력한다.

```
void CDiskInfoDlg::OnButtPrint()
{
    // TODO: Add your control notification handler code here
        int nCount=0,nDrive=0;
    char szText[100];

        UINT uType=0; // 드라이브 Type 변수
    DWORD dGetDrives; // 드라이브 변수

    LV_ITEM lVItem;

    lVItem.mask=LVIF_TEXT;

    dGetDrives=GetLogicalDrives(); // 드라이브 구하기

    for(nDrive=0; nDrive<=10 ; nDrive++)
    {
```

```cpp
            if(dGetDrives & (1 << nDrive))
        {
            lVItem.iItem=nCount;

        // 드라이브 항목
        lVItem.iSubItem=0;
        sprintf(szText,"%c",nDrive+'A');
        lVItem.pszText=(LPTSTR)szText;
        m_ListCtr.InsertItem(&lVItem);

            // 드라이브 Type항목
        lVItem.iSubItem=1;
        strcat(szText,":\\");
        uType=GetDriveType(szText);
        switch(uType)
        {
        case 0:
         sprintf(szText,"%s","알수없는드라이브");
         break;
        case 1:
         sprintf(szText,"%s","존재하지않는드라이브");
         break;
        case DRIVE_CDROM:
         sprintf(szText,"%s","CD-ROM");
         break;
        case DRIVE_FIXED:
         sprintf(szText,"%s","하드디스크");
         break;
        case DRIVE_RAMDISK:
         sprintf(szText,"%s","램디스크");
         break;
        case DRIVE_REMOTE:
         sprintf(szText,"%s","네트워크드라이브");
         break;
        case DRIVE_REMOVABLE:
         sprintf(szText,"%s","플로피");
         break;
        }
        lVItem.pszText=(LPTSTR)szText;
        m_ListCtr.SetItem(&lVItem);

        nCount++;
    }
    }
}
```

Step 16 [종료] 버튼을 더블클릭한 후 아래의 소스코드를 입력한다.

```
void CDiskInfoDlg::OnButtExit()
{
    // TODO: Add your control notification handler code here
    OnOK();
}
```

Step 17 컴파일 한 후 실행해 본다.

9-6 디스크 정보 출력 프로그램 Ver3.0

이번에는 해당 드라이브에 대한 Label과 파일 시스템을 추가해 보겠다.

우리가 만들 프로그램은 다음 그림과 같다.

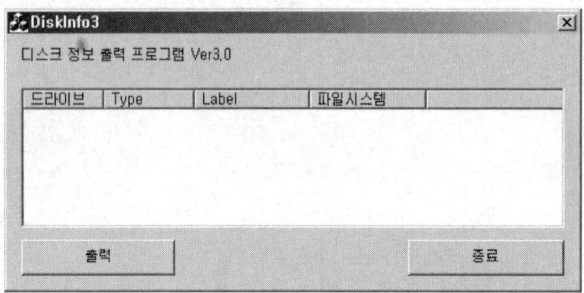

[출력] 버튼을 클릭하면 다음의 그림과 같이 Label과 파일 시스템이 출력된다.

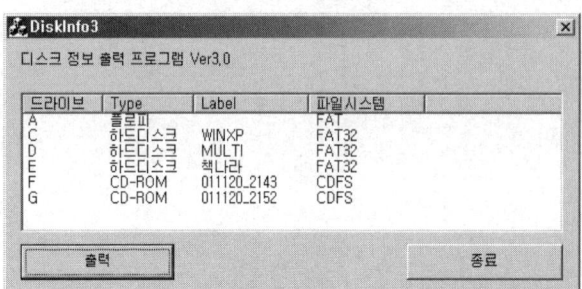

```
BOOL GetVolumeInformation(
    LPCTSTR lpRootPathName,         // address of root directory of the
                                    // file system
    LPTSTR lpVolumeNameBuffer,      // address of name of the volume
    DWORD nVolumeNameSize,          // length of lpVolumeNameBuffer
    LPDWORD lpVolumeSerialNumber,   // address of volume serial number
    LPDWORD lpMaximumComponentLength,
```

```
                                      // address of system's maximum
                                      // filename length
    LPDWORD lpFileSystemFlags,        // address of file system flags
    LPTSTR lpFileSystemNameBuffer,    // address of name of file system
    DWORD nFileSystemNameSize         // length of lpFileSystemNameBuffer
);
```

⇨ 위 함수는 해당 드라이브의 Label과 파일 시스템을 출력한다.

LPCTSTR lpRootPathName
⇨ 루트 폴더의 경로명을 지정한다.

LPTSTR lpVolumeNameBuffer
⇨ Label이 저장될 문자열 변수

DWORD nVolumeNameSize
⇨ lpVolumeNameBuffer의 버퍼크기

LPDWORD lpVolumeSerialNumber
⇨ 일련의 번호를 저장할 DWORD변수

LPDWORD lpMaximumComponentLength
⇨ 긴 파일 이름을 지원하면 255리턴

- DWORD변수

    LPDWORD lpFileSystemFlags
    ⇨ 해당 파일시스템에 대한 속성 플래그를 리턴 한다.

플래그 리턴 값	설명
FS_CASE_IS_PRESERVED	파일 이름을 저장할 때 대소문자 구별.
FS_CASE_SENSITIVE	대소문자를 구별하여 파일을 검색할 수 있음.
FS_FILE_COMPRESSION	파일 기반의 압축을 지원.
FS_PERSISTENT_ACLS	데이터에 대해 액세스 컨트롤 ACL를 저장하고 데이터의 액세스 권한을 통제하는데 사용.
FS_UNICODE_STORE_ON_DISK	파일 이름은 유니코드 문자열로 저장됨.
FS_VOL_IS_COMPRESSED	더블스페이스와 같은 압축된 볼륨.

    LPTSTR lpFileSystemNameBuffer
    ⇨ 파일시스템이 지정될 문자열 변수

    DWORD nFileSystemNameSize
    ⇨ nFileSystemNameSize의 버퍼크기

따라하기

Step 01 메뉴에서 [파일] → [새로 만들기] → [프로젝트]를 선택한다.

Step 02 '새 프로젝트' 창이 뜨면 프로젝트 형식을(MFC 응용 프로그램) 선택하고,

Step 03 프로젝트 이름(DiskInfo3)을 지정하고,

Step 04 폴더 위치(C:\source)를 지정하고

Step 05 '솔루션용 디렉터리 만들기'에 체크 해제한다.

Step 06 [확인] 버튼을 클릭하고 다음 단계로 넘어 간다.

Step 07 'MFC 응용 프로그램 마법사' 창이 나타나면

Step 08 '응용 프로그램 종류'를 클릭하고

Step 09 '응용 프로그램 종류'를 '대화 상자 기반'으로 설정하고

Step 10 '유니코드 라이브러리 사용'에 체크 해제한다.

Step 11 [마침] 버튼을 누른다.

Step 12 우선 다이얼로그 상자에 표시되어 있는 "TODO: 여기에 대화 상자 컨트롤을 배치합니다."라는 문자열을 지우기 위해 마우스 왼쪽 버튼 클릭해서 선택한 후 마우스 오른쪽 버튼을 클릭하면 빠른 메뉴 상자가 나타난다. 이 빠른 메뉴 상자에서 [삭제]를 선택하면 삭제되며 또는 간단하게 Del키를 클릭해도 된다. [확인] 버튼과 [취소] 버튼도 마찬가지로 삭제한다.

Step 13 아래의 표를 보고 컨트롤을 만든다.

컨트롤	Static Text	List Control	Button
ID	IDC_STATIC	IDC_LIST	IDC_BUTT_PRINT
Caption	디스크 정보 출력 프로그램 Ver 3.0		출력
멤버 변수 이름		m_ListCtr	
범주		Control	
변수 형식		CListCtrl	
메시지			BN_CLICKED
멤버 함수 이름			OnButtPrint
Styles		View에서 Report선택	

컨트롤	Button
ID	IDC_BUTT_EXIT
Caption	종료
메시지	BN_CLICKED
멤버 함수 이름	OnButtExit

Step 14 OnInitDialog 함수에 다음과 같이 소스코드를 입력한다.

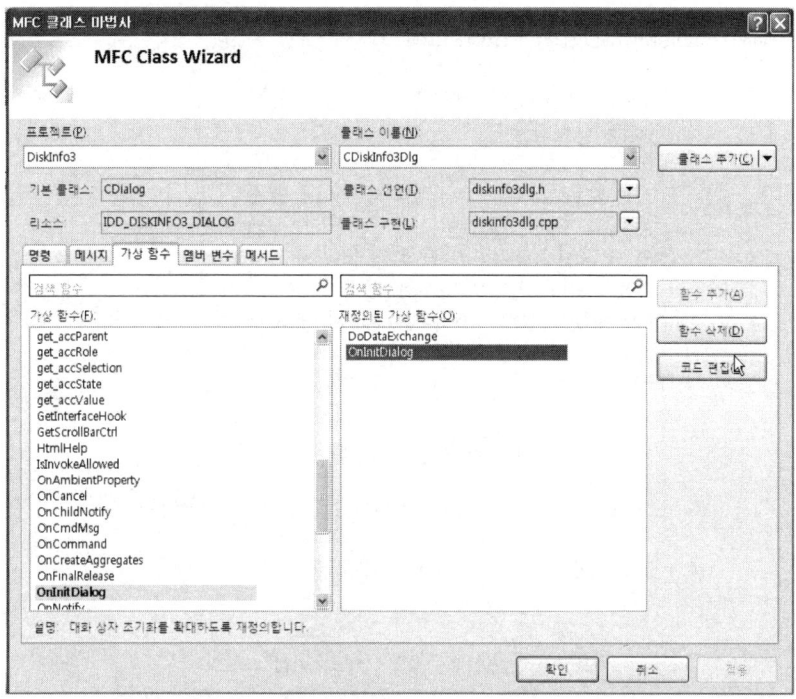

```
BOOL CDiskInfoDlg::OnInitDialog()
{
    CDialog::OnInitDialog();
     .
     .
     .
    // TODO: Add extra initialization here
        LV_COLUMN lVCol;
    char *szList[4]={"드라이브","Type","Label","파일시스템"};
    int nWidth[4]={70,80,100,100};
    int a=0;

    for(a=0; a<=3;a++)
    {

lVCol.mask=LVCF_FMT|LVCF_TEXT|LVCF_WIDTH|LVCF_SUBITEM;
        lVCol.fmt=LVCFMT_LEFT;
        lVCol.pszText=szList[a];
        lVCol.iSubItem=1;
        lVCol.cx=nWidth[a];
        m_ListCtr.InsertColumn(a,&lVCol);
    }

    return TRUE;  // return TRUE  unless you set the focus to a control
}
```

Step 15 [출력] 버튼을 더블클릭한 후 아래의 소스코드를 입력한다.

```cpp
void CDiskInfoDlg::OnButtPrint()
{
    int nCount=0,nDrive=0;
    char szText[100]="";

    UINT uType=0; // 드라이브 Type 변수
    char szTextType[100]=""; // 드라이브 Type 변수
    DWORD dGetDrives; // 드라이브 변수
    char szLabel[100]; // Label 변수
    char szFileSys[100]; // 파일시스템 변수

    LV_ITEM lVItem;

    lVItem.mask=LVIF_TEXT;

    dGetDrives=GetLogicalDrives(); // 드라이브 구하기

    for(nDrive=0; nDrive<=10 ; nDrive++)
    {

        if(dGetDrives & (1 << nDrive))
        {
            lVItem.iItem=nCount;

            // 드라이브 항목
            lVItem.iSubItem=0;
            sprintf(szText,"%c",nDrive+'A');
            lVItem.pszText=(LPTSTR)szText;
            m_ListCtr.InsertItem(&lVItem);

            // 드라이브 Type항목
            lVItem.iSubItem=1;
            strcat(szText,":\\");
            uType=GetDriveType(szText);
            switch(uType)
            {
            case 0:
            sprintf(szTextType,"%s","알수없는드라이브");
            break;
            case 1:
            sprintf(szTextType,"%s","존재하지않는드라이브");
            break;
            case DRIVE_CDROM:
            sprintf(szTextType,"%s","CD-ROM");
            break;
```

Chapter 09 간단하게 시스템의 정보를 알아보자

```
                case DRIVE_FIXED:
                sprintf(szTextType,"%s","하드디스크");
                break;
                case DRIVE_RAMDISK:
                sprintf(szTextType,"%s","램디스크");
                break;
                case DRIVE_REMOTE:
                sprintf(szTextType,"%s","네트워크드라이브");
                break;
                case DRIVE_REMOVABLE:
                sprintf(szTextType,"%s","플로피");
                break;
            }
            lVItem.pszText=(LPTSTR)szTextType;
            m_ListCtr.SetItem(&lVItem);

            // Label과 파일 시스템 구해오기
            GetVolumeInformation(szText,szLabel,sizeof(szLabel)-1,
                                NULL,NULL,NULL,
                                szFileSys,sizeof(szFileSys)-1);
            // Label 항목
            lVItem.iSubItem=2;
            lVItem.pszText=(LPTSTR)szLabel;
            m_ListCtr.SetItem(&lVItem);

            // 파일시스템 항목
            lVItem.iSubItem=3;
            lVItem.pszText=(LPTSTR)szFileSys;
            m_ListCtr.SetItem(&lVItem);

            nCount++;
        }
    }
}
```

Step 16 [종료] 버튼을 더블클릭한 후 아래의 소스코드를 입력한다.

```
void CDiskInfoDlg::OnButtExit()
{
    // TODO: Add your control notification handler code here
    OnOK();
}
```

Step 17 컴파일 한 후 실행해 본다.

9-7 프로세스의 환경 변수를 출력하는 프로그램

이번에는 프로세스의 환경 변수를 출력하는 프로그램을 만들어 보겠다.

우리가 만들 프로그램은 다음 그림과 같다.

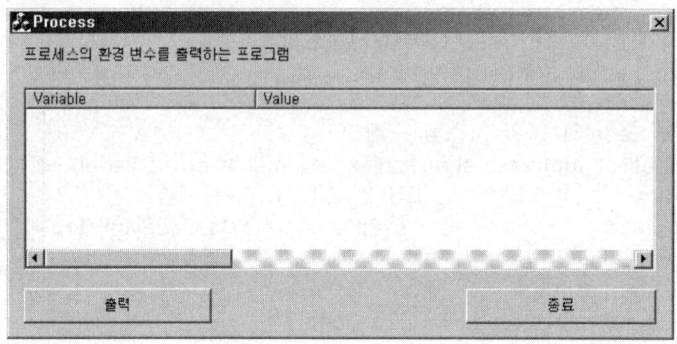

[출력] 버튼을 클릭하면 다음의 그림처럼 프로세스의 환경 변수가 출력된다.

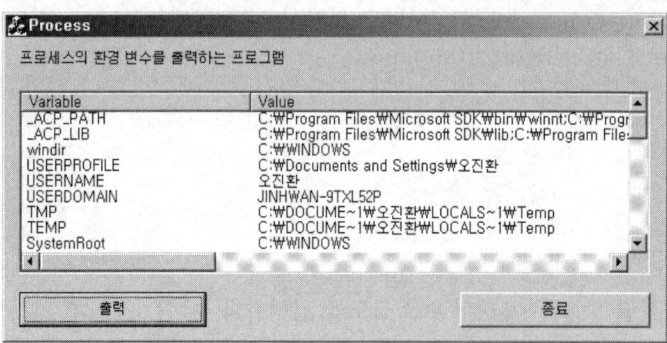

LPVOID GetEnvironmentStrings(VOID)
⇨ 위 함수는 프로세스의 환경 변수의 블록에 대한 포인터를 반환한다.

따라하기

Step 01 메뉴에서 [파일] → [새로 만들기] → [프로젝트]를 선택한다.

Step 02 '새 프로젝트' 창이 뜨면 프로젝트 형식을(MFC 응용 프로그램) 선택하고,

Step 03 프로젝트 이름(Process)을 지정하고,

Step 04 폴더 위치(C:\source)를 지정하고

Step 05 '솔루션용 디렉터리 만들기'에 체크 해제한다.

Step 06 [확인] 버튼을 클릭하고 다음 단계로 넘어 간다.

Step 07 'MFC 응용 프로그램 마법사' 창이 나타나면

Step 08 '응용 프로그램 종류'를 클릭하고

Step 09 '응용 프로그램 종류'를 '대화 상자 기반'으로 설정하고

Step 10 '유니코드 라이브러리 사용'에 체크 해제한다.

Step 11 [마침] 버튼을 누른다.

Step 12 우선 다이얼로그 상자에 표시되어 있는 "TODO: 여기에 대화 상자 컨트롤을 배치합니다."라는 문자열을 지우기 위해 마우스 왼쪽 버튼 클릭해서 선택한 후 마우스 오른쪽 버튼을 클릭하면 빠른 메뉴 상자가 나타난다. 이 빠른 메뉴 상자에서 [삭제]를 선택하면 삭제되며 또는 간단하게 Del 키를 클릭해도 된다. [확인] 버튼과 [취소] 버튼도 마찬가지로 삭제한다.

Step 13 아래의 표를 보고 컨트롤을 만든다.

컨트롤	Static Text	List Control	Button
ID	IDC_STATIC	IDC_LIST	IDC_BUTT_PRINT
Caption	프로세스의 환경 변수를 출력하는 프로그램		출력
멤버 변수 이름		m_ListCtr	
범주		Control	
변수 형식		CListCtrl	
메시지			BN_CLICKED
멤버 함수 이름			OnButtPrint
Styles		View에서 Report선택	

컨트롤	Button
ID	IDC_BUTT_EXIT
Caption	종료
메시지	BN_CLICKED
멤버 함수 이름	OnButtExit

Step 14 OnInitDialog 함수에 다음과 같이 소스코드를 입력한다.

```cpp
BOOL CProcessDlg::OnInitDialog()
{
    CDialog::OnInitDialog();
        .
        .
        .
    // TODO: Add extra initialization here
    LV_COLUMN lVCol;

    char *szList[2]={"Variable","Value"};
    int a=0;
    int nWidth[2]={200,1500};

    for(a=0;a<=1;a++)
    {
        lVCol.mask=LVCF_FMT|LVCF_SUBITEM|LVCF_TEXT|LVCF_WIDTH;
        lVCol.fmt=LVCFMT_LEFT;
        lVCol.pszText=szList[a];
        lVCol.iSubItem=a;
        lVCol.cx=nWidth[a];
        m_ListCtr.InsertColumn(a,&lVCol);
    }
    return TRUE;  // return TRUE  unless you set the focus to a control
}
```

Step 15 [출력] 버튼을 더블클릭한 후 아래의 소스코드를 입력한다.

```cpp
void CProcessDlg::OnButtPrint()
{
    // TODO: Add your control notification handler code here
    char szText[100]="";
    int nCount=0;
    LPSTR lpValue;
    LPSTR lpVariable;

    lpVariable=GetEnvironmentStrings();

    LV_ITEM lVItem;

    lVItem.mask=LVIF_TEXT;

    while(*lpVariable)
    {
```

```
        lpValue=strstr(lpVariable+1,"=");

        if(lpValue)
        {
            *lpValue='\0';
            lpValue++;
        }

        lVItem.iItem=nCount;
        lVItem.iSubItem=0;
        lVItem.pszText=lpVariable;
        m_ListCtr.InsertItem(&lVItem);

        lVItem.iSubItem=1;
        lVItem.pszText=lpValue;
        m_ListCtr.SetItem(&lVItem);

        lpVariable=lpVariable+strlen(lpVariable)+1+strlen(lpValue)+1;
    }
}
```

Step 16 [종료] 버튼을 더블클릭한 후 아래의 소스코드를 입력한다.

```
void CDiskInfoDlg::OnButtExit()
{
    // TODO: Add your control notification handler code here
    OnOK();
}
```

Step 17 컴파일 한 후 실행해 본다.

9-8 현재 쓰레드의 사용자 이름을 출력하는 프로그램

이번에는 제목과 같은 프로그램을 만들어 보겠다.

소스폴더 Source₩GetUser

우리가 만들 프로그램은 다음 그림과 같다.

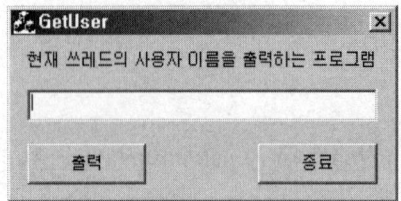

[출력] 버튼을 클릭하면 다음의 그림과 같이 현재 사용자의 이름이 출력된다.

```
BOOL GetUserName(
  LPTSTR lpBuffer,     // address of name buffer
  LPDWORD nSize        // address of size of name buffer
);
```
⇨ 위 함수는 현재 쓰레드의 사용자 이름을 반환한다.

LPTSTR lpBuffer
⇨ 현재 쓰레드의 사용자 이름을 저장할 문자열 변수

LPDWORD nSize
⇨ lpBuffer의 버퍼크기

따라하기

Step 01 메뉴에서 [파일] → [새로 만들기] → [프로젝트]를 선택한다.
Step 02 '새 프로젝트' 창이 뜨면 프로젝트 형식을(MFC 응용 프로그램) 선택하고,
Step 03 프로젝트 이름(GetUser)을 지정하고,
Step 04 폴더 위치(C:\source)를 지정하고
Step 05 '솔루션용 디렉터리 만들기'에 체크 해제한다.
Step 06 [확인] 버튼을 클릭하고 다음 단계로 넘어 간다.
Step 07 'MFC 응용 프로그램 마법사' 창이 나타나면
Step 08 '응용 프로그램 종류'를 클릭하고
Step 09 '응용 프로그램 종류'를 '대화 상자 기반'으로 설정하고
Step 10 '유니코드 라이브러리 사용'에 체크 해제한다.
Step 11 [마침] 버튼을 누른다.
Step 12 우선 다이얼로그 상자에 표시되어 있는 "TODO: 여기에 대화 상자 컨트롤을 배치합니다."라는 문자열을 지우기 위해 마우스 왼쪽 버튼 클릭해서 선택한 후 마우스 오른쪽 버튼을 클릭하면 빠른 메뉴 상자가 나타난다. 이 빠른 메뉴 상자에서 [삭제]를 선택하면 삭제되며 또는 간단하게 Del키를 클릭해도 된다. [확인] 버튼과 [취소] 버튼도 마찬가지로 삭제한다.
Step 13 아래의 표를 보고 컨트롤을 만든다.

컨트롤	Static Text	Edit Box	Button
ID	IDC_STATIC	IDC_EDIT_A	IDC_BUTT_PRINT
Caption	현재 쓰레드의 사용자 이름을 출력하는 프로그램		출력
멤버 변수 이름		m_EditA	
범주		Valuse	
변수 형식		CString	
메시지			BN_CLICKED
멤버 함수 이름			OnButtPrint

컨트롤	Button
ID	IDC_BUTT_EXIT
Caption	종료
메시지	BN_CLICKED
멤버 함수 이름	OnButtExit

Step 14 [출력] 버튼을 더블클릭한 후 아래의 소스코드를 입력한다.

```cpp
void CGetUserDlg::OnButtPrint()
{
    // TODO: Add your control notification handler code here
    char szText[100];
    DWORD dwSize=sizeof(szText);

    GetUserName(szText,&dwSize);
    m_EditA=szText;
    UpdateData(FALSE);
}
```

Step 15 [종료] 버튼을 더블클릭한 후 아래의 소스코드를 입력한다.

```cpp
void CGetUserDlg::OnButtExit()
{
    // TODO: Add your control notification handler code here
    OnOK();
}
```

Step 16 컴파일 한 후 실행해 본다.

9-9 윈도우즈가 설치된 폴더를 알아내는 프로그램

이번에는 윈도우즈가 설치된 폴더를 알아내는 프로그램을 만들어 보겠다.

우리가 만들 프로그램은 다음 그림과 같다.

[출력] 버튼을 클릭하면 다음의 그림과 같이 윈도우즈가 설치된 폴더가 출력된다.

```
UINT GetWindowsDirectory(
  LPTSTR lpBuffer,   // address of buffer for Windows directory
  UINT uSize         // size of directory buffer
);
```
⇨ 위 함수는 윈도우즈가 설치된 폴더를 알아온다.

LPTSTR lpBuffer
⇨ 윈도우즈의 폴더 정보를 저장할 문자열 변수

UINT uSize
⇨ lpBuffer의 버퍼크기

따라하기

Step 01 메뉴에서 [파일] → [새로 만들기] → [프로젝트]를 선택한다.

Step 02 '새 프로젝트' 창이 뜨면 프로젝트 형식을(MFC 응용 프로그램) 선택하고,

Step 03 프로젝트 이름(PWindows)을 지정하고,

Step 04 폴더 위치(C:\source)를 지정하고

Step 05 '솔루션용 디렉터리 만들기'에 체크 해제한다.

Step 06 [확인] 버튼을 클릭하고 다음 단계로 넘어 간다.

Step 07 'MFC 응용 프로그램 마법사' 창이 나타나면

Step 08 '응용 프로그램 종류'를 클릭하고

Step 09 '응용 프로그램 종류'를 '대화 상자 기반'으로 설정하고

Step 10 '유니코드 라이브러리 사용'에 체크 해제한다.

Step 11 [마침] 버튼을 누른다.

Step 12 우선 다이얼로그 상자에 표시되어 있는 "TODO: 여기에 대화 상자 컨트롤을 배치합니다."라는 문자열을 지우기 위해 마우스 왼쪽 버튼 클릭해서 선택한 후 마우스 오른쪽 버튼을 클릭하면 빠른 메뉴 상자가 나타난다. 이 빠른 메뉴 상자에서 [삭제]를 선택하면 삭제되며 또는 간단하게 Del키를 클릭해도 된다. [확인] 버튼과 [취소] 버튼도 마찬가지로 삭제한다.

Step 13 아래의 표를 보고 컨트롤을 만든다.

컨트롤	Static Text	Edit Box	Button
ID	IDC_STATIC	IDC_EDIT_A	IDC_BUTT_PRINT
Caption	현재 쓰레드의 사용자 이름을 출력하는 프로그램		출력
멤버 변수 이름		m_EditA	
범주		Valuse	
변수 형식		CString	
메시지			BN_CLICKED
멤버 함수 이름			OnButtPrint

컨트롤	Button
ID	IDC_BUTT_EXIT
Caption	종료
메시지	BN_CLICKED
멤버 함수 이름	OnButtExit

Step 14 [출력] 버튼을 더블클릭한 후 아래의 소스코드를 입력한다.

```
void CPWindowsDlg::OnButtPrint()
{
    // TODO: Add your control notification handler code here
    char szText[100];
    GetWindowsDirectory(szText,sizeof(szText));
    m_EditA=szText;
    UpdateData(FALSE);
}
```

Step 15 [종료] 버튼을 더블클릭한 후 아래의 소스코드를 입력한다.

```
void CGetUserDlg::OnButtExit()
{
    // TODO: Add your control notification handler code here
    OnOK();
}
```

Step 16 컴파일 한 후 실행해 본다.

9-10 윈도우즈의 버전을 알아내는 프로그램

이번에는 윈도우즈의 버전을 알아내는 프로그램을 만들어 보겠다.

우리가 만들 프로그램은 다음 그림과 같다.

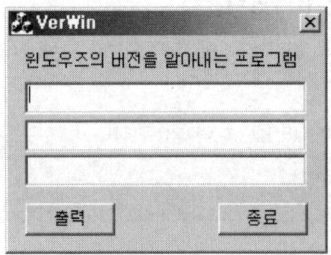

[출력] 버튼을 클릭하면 다음의 그림처럼 윈도우즈의 버전 정보가 출력된다.

```
typedef struct _OSVERSIONINFO{
    DWORD dwOSVersionInfoSize;
    DWORD dwMajorVersion;
    DWORD dwMinorVersion;
    DWORD dwBuildNumber;
    DWORD dwPlatformId;
    TCHAR szCSDVersion[ 128 ];
} OSVERSIONINFO;
```

⇨ 위 구조체는 윈도우즈의 버전 정보를 담는다.

DWORD dwOSVersionInfoSize

⇨ 이 구조체의 크기

DWORD dwMajorVersion

⇨ 윈도우즈의 메이저 버전

DWORD dwMinorVersion

⇨ 윈도우즈의 마이너 버전

DWORD dwBuildNumber

⇨ 윈도우즈의 빌드넘버

DWORD dwPlatformId

⇨ 윈도우의 플랫폼 ID

윈도우의 플랫폼 ID	설명
VER_PLATFORM_WIN32S(0)	윈도우즈 3.1
VER_PLATFORM_WIN32_WINDOWS(1)	윈도우즈 9x
VER_PLATFORM_WIN32_NT(2)	윈도우즈 NT

```
BOOL GetVersionEx(
  LPOSVERSIONINFO lpVersionInformation   // pointer to version
                                         // information structure
);
```

⇨ 위 함수는 윈도우즈 버전에 대한 정보를 OSVERSIONINFO 구조체에 대입한다.

LPOSVERSIONINFO lpVersionInformation

⇨ OSVERSIONINFO 구조체에 대한 포인터

따라하기

Step by Step

Step 01 메뉴에서 [파일] → [새로 만들기] → [프로젝트]를 선택한다.

Step 02 '새 프로젝트' 창이 뜨면 프로젝트 형식을(MFC 응용 프로그램) 선택하고,

Step 03 프로젝트 이름(VerWin)을 지정하고,

Step 04 폴더 위치(C:₩source)를 지정하고

Step 05 '솔루션용 디렉터리 만들기'에 체크 해제한다.

Step 06 [확인] 버튼을 클릭하고 다음 단계로 넘어 간다.

Step 07 'MFC 응용 프로그램 마법사' 창이 나타나면

Step 08) '응용 프로그램 종류'를 클릭하고

Step 09) '응용 프로그램 종류'를 '대화 상자 기반'으로 설정하고

Step 10) '유니코드 라이브러리 사용'에 체크 해제한다.

Step 11) [마침] 버튼을 누른다.

Step 12) 우선 다이얼로그 상자에 표시되어 있는 "TODO: 여기에 대화 상자 컨트롤을 배치합니다."라는 문자열을 지우기 위해 마우스 왼쪽 버튼 클릭해서 선택한 후 마우스 오른쪽 버튼을 클릭하면 빠른 메뉴 상자가 나타난다. 이 빠른 메뉴 상자에서 [삭제]를 선택하면 삭제되며 또는 간단하게 Del키를 클릭해도 된다. [확인] 버튼과 [취소] 버튼도 마찬가지로 삭제한다.

Step 13) 아래의 표를 보고 컨트롤을 만든다.

컨트롤	Static Text	Edit Box	Edit Box	Edit Box
ID	IDC_STATIC	IDC_EDIT_A	IDC_EDIT_B	IDC_EDIT_C
Caption	윈도우즈의 버전을 알아내는 프로그램			
멤버 변수 이름		m_EditA	m_EditB	m_EditC
범주		Valuse	Valuse	Valuse
변수 형식		CString	CString	CString
메시지				
멤버 함수 이름				

컨트롤	Button	Button
ID	IDC_BUTT_PRINT	IDC_BUTT_EXIT
Caption	출력	종료
메시지	BN_CLICKED	BN_CLICKED
멤버 함수 이름	OnButtPrint	OnButtExit

Step 14) [출력] 버튼을 더블클릭한 후 아래의 소스코드를 입력한다.

```
void CVerWinDlg::OnButtPrint()
{
    // TODO: Add your control notification handler code here
    char szVer[100];
    char szBuild[100];
    char szPlat[100];
    int nPlat=0;

    OSVERSIONINFO oSvi;
```

```
            oSvi.dwOSVersionInfoSize=sizeof(OSVERSIONINFO);

            GetVersionEx(&oSvi);

            sprintf(szVer,"윈도우즈 버전: %d.%d",oSvi.dwMajorVersion,
                                            oSvi.dwMinorVersion);
            m_EditA=szVer;

            sprintf(szBuild,"빌드넘버: %d",oSvi.dwBuildNumber);
            m_EditB=szBuild;

            nPlat=oSvi.dwPlatformId;
                switch(nPlat)
            {
            case 0:
                sprintf(szPlat,"플랫폼: 윈도우즈 3.1");
                break;
            case 1:
                sprintf(szPlat,"플랫폼: 윈도우즈 9x");
                break;
            case 2:
                sprintf(szPlat,"플랫폼: 윈도우즈 NT");
                break;
            }
            m_EditC=szPlat;
            UpdateData(FALSE);
        }
```

Step 15 [종료] 버튼을 더블클릭한 후 아래의 소스코드를 입력한다.

```
void CGetUserDlg::OnButtExit()
{
    // TODO: Add your control notification handler code here
    OnOK();
}
```

Step 16 컴파일 한 후 실행해 본다.

9-11 프로세스가 시작될 때 그 부모 프로세서가 설정해 놓은 정보들을 출력하는 프로그램

제목과 같은 프로그램을 만들어 보겠다.

실습 □ 소스폴더 Source₩ProStart □

우리가 만들 프로그램은 다음 그림과 같다.

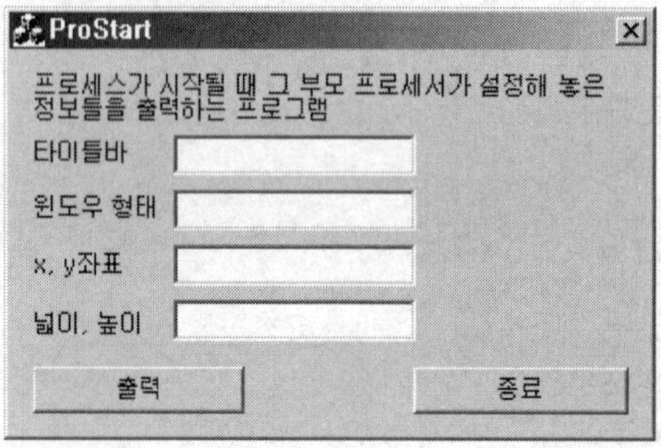

[출력] 버튼을 클릭하면 다음의 그림과 같이 해당 값들이 출력된다.

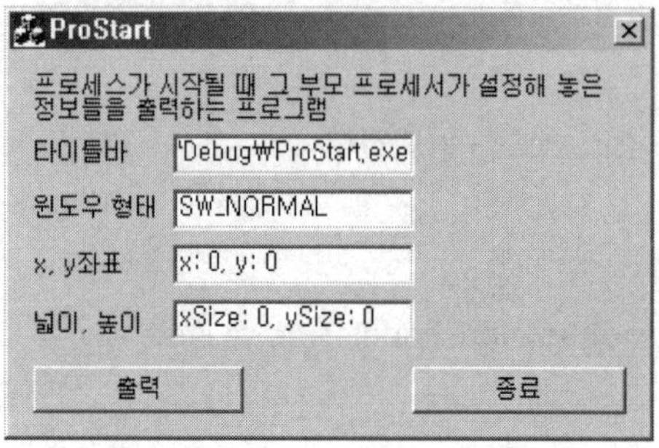

함수설명

```
typedef struct _STARTUPINFO { // si
    DWORD   cb;
    LPTSTR  lpReserved;
    LPTSTR  lpDesktop;
```

```
    LPTSTR    lpTitle;
    DWORD     dwX;
    DWORD     dwY;
    DWORD     dwXSize;
    DWORD     dwYSize;
    DWORD     dwXCountChars;
    DWORD     dwYCountChars;
    DWORD     dwFillAttribute;
    DWORD     dwFlags;
    WORD      wShowWindow;
    WORD      cbReserved2;
    LPBYTE    lpReserved2;
    HANDLE    hStdInput;
    HANDLE    hStdOutput;
    HANDLE    hStdError;
} STARTUPINFO, *LPSTARTUPINFO;
```

⇨ 위 구조체는 프로세스가 시작될 때 그 부모 프로세서가 설정해 놓은 정보들을 담는다.

DWORD cb;

⇨ 이 구조체의 크기.

LPTSTR lpReserved;

⇨ 예약되어 있음. 사용자가 지정하지 않음.

LPTSTR lpDesktop;

⇨ 윈도우즈 NT에서는 널(Null)로 끝나는 문자열에 대한 포인터로서 이 문자열은 데스크탑의 이름이 아니면 프로세스에 대한 윈도우 스테이션과 데스크탑 모두의 이름을 가리키는 것이다. 또한 NULL값이면 새로운 프로세스가 그 부모 프로세스의 윈도우 스테이션과 데스크탑을 사용함

LPTSTR lpTitle;

⇨ 새로운 콘솔 윈도우가 생성 될 때 제목표시줄에 출력되는 제목이다. 또한 NULL값이면 실행 파일의 위치를 윈도우 표시줄로 대신 보낸다.

DWORD dwX;

⇨ 새로운 윈도우가 생성될 경우 x좌표

DWORD dwY;

⇨ 새로운 윈도우가 생성될 경우 y좌표

DWORD dwXSize;

⇨ 새로운 윈도우가 생성될 경우 넓이

DWORD   dwYSize;
⇨ 새로운 윈도우가 생성될 경우 높이

DWORD   dwXCountChars;
⇨ 새로운 윈도우가 생성 될 글자 행 단위로 된 화면 버퍼 넓이

DWORD   dwYCountChars;
⇨ 새로운 윈도우가 생성 될 글자 행 단위로 된 화면 버퍼 높이

DWORD   dwFillAttribute;
⇨ 콘솔 응용 프로그램에서 새로운 콘솔 윈도우가 생성될 경우 초기의 텍스트 색과 배경색 값은 GUI 응용 프로그램에서는 무시된다.

DWORD   dwFlags;
⇨ 프로세스가 윈도우를 만들어 낼 때 어떤 STARTUPINFO 멤버를 사용할 것인지 결정

값	설명
STARTF_FORCEOFFFEEDBACK	프로세스가 시작되는 동안 피드백 커서가 강제로 사라짐
STARTF_FORCEONFEEDBACK	CreateProcess가 호출된 후에 커서가 2초 동안 피드백 모드에 있게 되며 만약 이 2초간 프로세스가 첫 번째 GUI를 호출하면, 시스템은 프로세스에게 5초를 더 주며, 이 5초 동안 프로세스가 윈도우를 출력하면 시스템은 프로세스에게 윈도우 그리기를 끝낼 수 있도록 5초를 더 준다. 또한 시스템이 GetMessage() 함수에 대한 첫 번째 호출 후에는 프로세스의 그리기 작업 여부에 관계없이 시스템이 피드백 커서를 끔.
STARTF_USECOUNTCHARS	dwXCountChar, dwYCountChar 멤버 사용됨
STARTF_FILLATTRIBUTE	dwFillAttribute멤버 사용됨
STARTF_USEPOSITION	dwX, dwY 멤버 사용됨
STARTF_USESHOWWINDOW	wShowWindow 멤버 사용됨
STRTF_USESIZE	dwSize, dwYSize 멤버 사용됨
STARTF_USESTDHANDLES	프로세스의 표준 입력과 출력, 오류를 STARTUPINFO 구조체의 hStdInput, hStdOutput, hStdError 멤버에 있는 핸들로 정의 함 CreateProcess함수의 bInheritHandles를 TRUE로 해 놓아야 함

WORD   wShowWindow;
⇨ ShowWindow를 호출했을 때의 디폴트 값.
   참고로 ShowWindow의 nCmdShow 파라미터는 무시됨

WORD   cbReserved2;
⇨ 예약되어 있음. 사용자가 지정하지 않음.

LPBYTE   lpReserved2;
⇨ 예약되어 있음. 사용자가 지정하지 않음.

```
HANDLE  hStdInput;
```
⇨ 프로세스의 표준 입력 핸들

```
HANDLE  hStdOutput;
```
⇨ 프로세스의 표준 출력 핸들

```
HANDLE  hStdError;
```
⇨ 프로세스의 표준 오류 핸들

```
VOID GetStartupInfo(
  LPSTARTUPINFO lpStartupInfo    // address of STARTUPINFO structure
);
```
⇨ 위 구조체는 프로세스가 시작될 때 그 부모 프로세서가 설정해 놓은 정보들을 가지고 와 STARTUPINFO 구조체에 대입한다.

따라하기

Step 01 메뉴에서 [파일] → [새로 만들기] → [프로젝트]를 선택한다.

Step 02 '새 프로젝트' 창이 뜨면 프로젝트 형식을(MFC 응용 프로그램) 선택하고,

Step 03 프로젝트 이름(ProStart)을 지정하고,

Step 04 폴더 위치(C:₩source)를 지정하고

Step 05 '솔루션용 디렉터리 만들기'에 체크 해제한다.

Step 06 [확인] 버튼을 클릭하고 다음 단계로 넘어 간다.

Step 07 'MFC 응용 프로그램 마법사' 창이 나타나면

Step 08 '응용 프로그램 종류'를 클릭하고

Step 09 '응용 프로그램 종류'를 '대화 상자 기반'으로 설정하고

Step 10 '유니코드 라이브러리 사용'에 체크 해제한다.

Step 11 [마침] 버튼을 누른다.

Step 12 우선 다이얼로그 상자에 표시되어 있는 "TODO: 여기에 대화 상자 컨트롤을 배치합니다."라는 문자열을 지우기 위해 마우스 왼쪽 버튼 클릭해서 선택한 후 마우스 오른쪽 버튼을 클릭하면 빠른 메뉴 상자가 나타난다. 이 빠른 메뉴 상자에서 [삭제]를 선택하면 삭제되며 또는 간단하게 Del키를 클릭해도 된다. [확인] 버튼과 [취소] 버튼도 마찬가지로 삭제한다.

Step 13 아래의 표를 보고 컨트롤을 만든다.

컨트롤	Static Text	Static Text	Edit Box	Static Text
ID	IDC_STATIC	IDC_STATIC	IDC_EDIT_A	IDC_STATIC
Caption	프로세스가 시작될 때 그 부모 프로세서가 설정해 놓은 정보들을 출력하는 프로그램	제목표시줄		윈도우형태
멤버 변수 이름			m_EditA	
범주			Valuse	
변수 형식			CString	

컨트롤	Edit Box	Static Text	Edit Box	Static Text
ID	IDC_EDIT_B	IDC_STATIC	IDC_EDIT_C	IDC_STATIC
Caption		x, y좌표		넓이, 높이
멤버 변수 이름	m_EditB		m_EditC	
범주	Valuse		Valuse	
변수 형식	CString		CString	

컨트롤	Edit Box	Button	Button
ID	IDC_EDIT_D	IDC_BUTT_PRINT	IDC_BUTT_EXIT
Caption		출력	종료
멤버 변수 이름	m_EditD		
범주	Valuse		
변수 형식	CString		
메시지		BN_CLICKED	BN_CLICKED
멤버 함수 이름		OnButtPrint	OnButtExit

Step 14 [출력] 버튼을 더블클릭한 후 아래의 소스코드를 입력한다.

```
void CProStartDlg::OnButtPrint()
{
    // TODO: Add your control notification handler code here
LPTSTRlpShowWin[11]={"SW_HIDE","SW_NORMAL","SW_SHOWMINIMIZED",
"SW_MAXIMIZE","SW_SHOWNOACTIVATE","SH_SHOW",
                "SW_MINIMIZE","SW_SHOWMINNOACTIVE",
            "SW_SHOWNA","SW_RESTORE","SW_SHOWDEFAULT"};
    char szPos[100];
    char szWinSize[100];

    STARTUPINFO sTr;
```

```
    sTr.cb=sizeof(STARTUPINFO);
    GetStartupInfo(&sTr);

    m_EditA=sTr.lpTitle;

    m_EditB=lpShowWin[sTr.wShowWindow];

    sprintf(szPos,"x: %d, y: %d",sTr.dwX,sTr.dwY);
    m_EditC=szPos;

    sprintf(szWinSize,"xSize: %d, ySize: %d",sTr.dwXSize,sTr.dwYSize);
    m_EditD=szWinSize;

    UpdateData(FALSE);
}
```

Step 15 [종료] 버튼을 더블클릭한 후 아래의 소스코드를 입력한다.

```
void CProStartDlg::OnButton2()
{
    // TODO: Add your control notification handler code here
    OnOK();
}
```

Step 16 컴파일 한 후 실행해 본다.

9-12 현재의 시간과 날짜를 구하는 프로그램

이번에는 현재의 시간과 날짜를 구하는 프로그램을 만들어 보겠다.

우리가 만들 프로그램은 다음 그림과 같다.

[출력] 버튼을 클릭하면 다음의 그림과 같이 현재의 날짜와 시간이 출력된다.

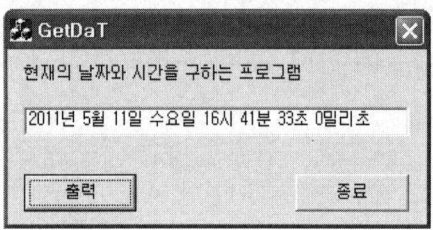

```
typedef struct _SYSTEMTIME {   // st
    WORD wYear;
    WORD wMonth;
    WORD wDayOfWeek;
    WORD wDay;
    WORD wHour;
    WORD wMinute;
    WORD wSecond;
    WORD wMilliseconds;
} SYSTEMTIME;
```

⇨ 위 구조체는 현재의 날짜와 시간을 담는다.

WORD wYear;
⇨ 년

WORD wMonth;
⇨ 월

WORD wDayOfWeek;
⇨ 요일

0
⇨ 일요일

1
⇨ 월요일

2
⇨ 화요일

3
⇨ 수요일

4
⇨ 목요일

5
⇨ 금요일

6
⇨ 토요일

WORD wDay;
⇨ 일

WORD wHour;
⇨ 시

WORD wMinute;
⇨ 분

WORD wSecond;
⇨ 초

WORD wMilliseconds;
⇨ 밀리초

```
VOID GetLocalTime(
  LPSYSTEMTIME lpSystemTime   // address of system time structure
);
```
⇨ 위 함수는 현재의 날짜와 시간을 시스템으로부터 가지고 와 SYSTEMTIME구조체에 대입한다.

따라하기

Step 01 메뉴에서 [파일] → [새로 만들기] → [프로젝트]를 선택한다.

Step 02 '새 프로젝트' 창이 뜨면 프로젝트 형식을(MFC 응용 프로그램) 선택하고,

Step 03 프로젝트 이름(GetDaT)을 지정하고,

Step 04 폴더 위치(C:\source)를 지정하고

Step 05 '솔루션용 디렉터리 만들기'에 체크 해제한다.

Step 06 [확인] 버튼을 클릭하고 다음 단계로 넘어 간다.

Step 07 'MFC 응용 프로그램 마법사' 창이 나타나면

Step 08 '응용 프로그램 종류'를 클릭하고

Step 09 '응용 프로그램 종류'를 '대화 상자 기반'으로 설정하고

Step 10 '유니코드 라이브러리 사용'에 체크 해제한다.

Step 11 [마침] 버튼을 누른다.

Step 12 우선 다이얼로그 상자에 표시되어 있는 "TODO: 여기에 대화 상자 컨트롤을 배치합니다."라는 문자열을 지우기 위해 마우스 왼쪽 버튼 클릭해서 선택한 후 마우스 오른쪽 버튼을 클릭하면 빠른 메뉴 상자가 나타난다. 이 빠른 메뉴 상자에서 [삭제]를 선택하면 삭제되며 또는 간단하게 Del 키를 클릭해도 된다. [확인] 버튼과 [취소] 버튼도 마찬가지로 삭제한다.

Step 13 아래의 표를 보고 컨트롤을 만든다.

컨트롤	Static Text	Edit Box	Button	Button
ID	IDC_STATIC	IDC_EDIT_A	IDC_BUTT_PRINT	IDC_BUTT_EXIT
Caption	현재의 날짜와 시간을 구하는 프로그램		출력	종료
멤버 변수 이름		m_EditA		
범주		Value		
변수 형식		CString		
메시지			BN_CLICKED	BN_CLICKED
멤버 함수 이름			OnButtPrint	OnButtExit

Step 14 [출력] 버튼을 더블클릭한 후 아래의 소스코드를 입력한다.

```
void CGetDaTDlg::OnButtPrint()
{
    // TODO: Add your control notification handler code here
    char szText[100];
    char szDay[10];
    int nDay=0;

    SYSTEMTIME sT;
    GetLocalTime(&sT);

    nDay=sT.wDayOfWeek;

    switch(nDay)
    {
    case 0:
        sprintf(szDay,"%s","일");
        break;
    case 1:
        sprintf(szDay,"%s","월");
        break;
    case 2:
        sprintf(szDay,"%s","화");
        break;
    case 3:
        sprintf(szDay,"%s","수");
        break;
    case 4:
        sprintf(szDay,"%s","목");
        break;
    case 5:
        sprintf(szDay,"%s","금");
        break;
    case 6:
        sprintf(szDay,"%s","토");
        break;
    }
    sprintf(szText,"%d년 %d월 %d일 %s요일 %d시 %d분 %d초 %d밀리초",
            sT.wYear,sT.wMonth,sT.wDay,szDay,sT.wHour,
                sT.wMinute,sT.wSecond,sT.wMilliseconds);
    m_EditA=szText;
    UpdateData(FALSE);
}
```

Step 15 [종료] 버튼을 더블클릭한 후 아래의 소스코드를 입력한다.

```
void CGetDaTDlg::OnButtExit()
{
    // TODO: Add your control notification handler code here
    OnOK();
}
```

Step 16 컴파일 한 후 실행해 본다.

Chapter 10

비트맵에 대하여 알아보자

이번 장에서는 비트맵을 다이얼로그 상자에 출력하는 방법에 대하여 알아보고 간단한 프로그램을 만들어 보겠다.

10-1 비트맵을 다이얼로그 상자에 출력하기 / 10-2 애니메이션 로그 만들기 / 10-3 투명 비트맵 / 10-4 비트맵 스크롤

10-1 비트맵을 다이얼로그 상자에 출력하기

우리가 만들 프로그램은 다음 그림과 같다.

[비트맵출력하기] 버튼을 클릭하면 다음의 그림과 같이 다이얼로그 상자에 비트맵이 출력된다.

참고로 여기서는 API함수를 사용하였다.

함수설명

```
HBITMAP LoadBitmap(
    HINSTANCE hInstance,    // handle to application instance
    LPCTSTR lpBitmapName    // address of bitmap resource name
);
```

⇨ 위 함수는 리소스에 있는 비트맵을 불러온다.

HINSTANCE hInstance

⇨ 인스턴스 핸들을 지정한다.

LPCTSTR lpBitmapName

⇨ 리소스에 등록된 비트맵의 아이디를 지정한다.

HINSTANCE AfxGetInstanceHandle( );

⇨ 위 함수는 인스턴스 핸들을 구해온다.

- **인스턴스 핸들이란?**
  각각의 창에는 인스턴스 핸들이라는 것이 있다. 좀 더 쉽게 말하자면 사용자가 만약 위와 같은 프로그램을 만든다면 그냥 다이얼로그 상자 하나만 있으면 된다. 하지만 프로그램이 복잡해지면 다이얼로그 상자 또한 많이 필요하게 될 것이다. 즉 C라는 프로그램에 A라는 다이얼로그 상자와 B라는 다이얼로그 상자가 있다고 생각하여 보자 그럼 C라는 프로그램에서 A라는 다이얼로그 상자와 B라는 다이얼로그 상자를 서로 알아볼 수 있게 무언가가 있어야 하는데 이때 바로 인스턴스 핸들을 보고 알아보는 것이다.

```
HDC CreateCompatibleDC(
    HDC hdc    // handle to the device context
);
```

⇨ 위 함수는 주어진 디바이스와 호환되는 메모리 디바이스 컨텍스트(DC)를 생성한다. 일단 비트맵을 출력하기 위해서는 위의 함수를 이용해서 DC에 갖다 놓아야 한다.

```
BOOL BitBlt(
    HDC hdcDest,    // handle to destination device context
    int nXDest,     // x-coordinate of destination rectangle's upper-left
                    // corner
    int nYDest,     // y-coordinate of destination rectangle's upper-left
                    // corner
    int nWidth,     // width of destination rectangle
    int nHeight,    // height of destination rectangle
```

```
    HDC hdcSrc,   // handle to source device context
    int nXSrc,    // x-coordinate of source rectangle's upper-left
                  // corner
    int nYSrc,    // y-coordinate of source rectangle's upper-left
                  // corner
    DWORD dwRop   // raster operation code
);
```

⇨ 위 함수는 비트맵을 출력한다.

HDC hdcDest

⇨ 비트맵을 받는 디바이스 컨텍스트를 지정

int nXDest

⇨ 비트맵의 처음 x좌표

int nYDest

⇨ 비트맵의 처음 y좌표

int nWidth

⇨ 비트맵의 넓이

int nHeight

⇨ 비트맵의 높이

HDC hdcSrc

⇨ 비트맵이 들어 있는 디바이스 컨텍스트를 지정

int nXSrc

⇨ 비트맵의 끝 x좌표

int nYSrc

⇨ 비트맵의 끝 y좌표

DWORD dwRop

⇨ 래스터 연산 코드를 지정

래스터 연산 코드	설명	래스터 연산 코드	설명
BLACKNESS	0인 컬러. 디폴트는 검은색	PATCOPY	패턴을 함
DSTINVERT	비트맵을 반전	PATINVERT	패턴을 XOR조합
MERGECOPY	비트맵을 AND로 조합	PATPAINT	패턴을 OR로 조합
MERGEPAINT	비트맵을 OR로 조합	SRCAND	AND로 조합
NOTSRCCOPY	비트맵을 반전	SRCCOPY	비트맵을 바로 복사
NOTSRCERASE	비트맵을 OR로 조합		

```
BOOL DeleteDC(
  HDC hdc    // handle to device context
);
```

⇨ 위 함수는 생성된 디바이스 컨텍스트를 지울 때 사용한다. 즉 가상 화면을 지울 때 사용한다. 지워주지 않아도 상관없지만 그래도 되도록 지워주면 메모리를 덜 차지한다.

```
BOOL DeleteObject(
  HGDIOBJ hObject    // handle to graphic object
);
```

⇨ 위 함수는 생성된 객체를 지운다. 즉 펜, 비트맵, 브러시, 영역, 팔레트, 글꼴 등을 지운다.

따라하기 *Step by Step*

Step 01) 메뉴에서 [파일] → [새로 만들기] → [프로젝트]를 선택한다.

Step 02) '새 프로젝트' 창이 뜨면 프로젝트 형식을(MFC 응용 프로그램) 선택하고,

Step 03) 프로젝트 이름(LoadBmp)을 지정하고,

Step 04) 폴더 위치(C:\source)를 지정하고

Step 05) '솔루션용 디렉터리 만들기'에 체크 해제한다.

Step 06) [확인] 버튼을 클릭하고 다음 단계로 넘어 간다.

Step 07) 'MFC 응용 프로그램 마법사' 창이 나타나면

Step 08) '응용 프로그램 종류'를 클릭하고

Step 09) '응용 프로그램 종류'를 '대화 상자 기반'으로 설정하고

Step 10) '유니코드 라이브러리 사용'에 체크 해제한다.

Step 11) [마침] 버튼을 누른다.

Step 12) 우선 다이얼로그 상자에 표시되어 있는 "TODO: 여기에 대화 상자 컨트롤을 배치합니다."라는 문자열을 지우기 위해 마우스 왼쪽 버튼 클릭해서 선택한 후 마우스 오른쪽 버튼을 클릭하면 빠른 메뉴 상자가 나타난다. 이 빠른 메뉴 상자에서 [삭제]를 선택하면 삭제되며 또는 간단하게 Del키를 클릭해도 된다. [확인] 버튼과 [취소] 버튼도 마찬가지로 삭제한다.

Step 13) 아래의 표를 보고 컨트롤을 만든다.

컨트롤	Button	Button	Button
ID	IDC_BUTT_PRINT	IDC_BUTT_CLEAN	IDC_BUTT_EXIT
Caption	출력	지우기	종료
메시지	BN_CLICKED	BN_CLICKED	BN_CLICKED
멤버 함수 이름	OnButtPrint	OnButtClean	OnButtExit

Step 14) 다음의 비트맵을 리소스에 등록한다. 아이디는 "IDB_BMP"(따옴표를 꼭 해준다.)로 한다.

○ 부록 파일의 Source 폴더에 bmp.bmp 파일

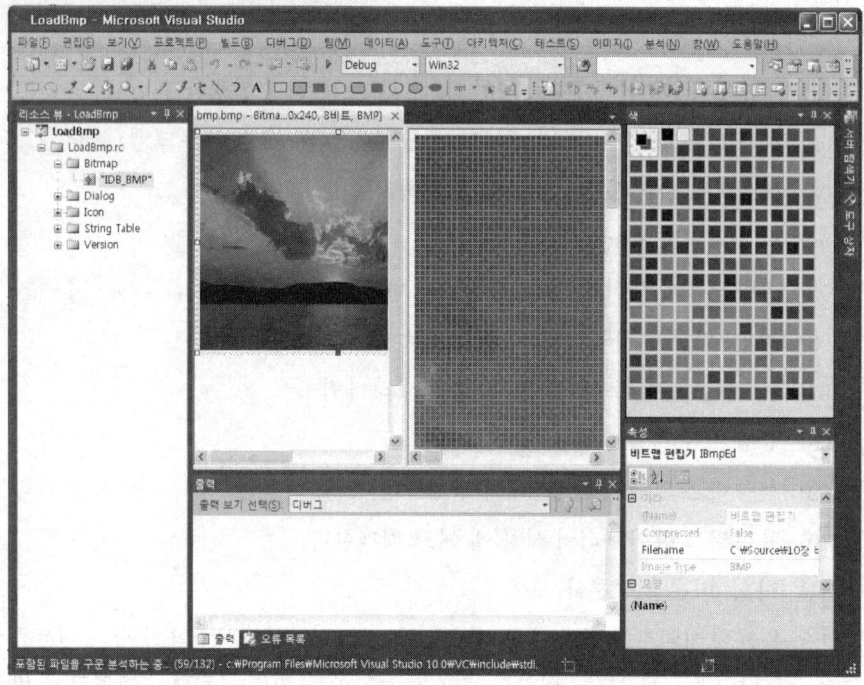

Step 15) [출력] 버튼을 더블클릭한 후 아래의 소스코드를 입력한다.

```
void CLoadBmpDlg::OnButtBmp()
{
    // TODO: Add your control notification handler code here
    HDC hMemDC;
    CClientDC dc(this);
    HBITMAP hBmp;

    hBmp=LoadBitmap(AfxGetInstanceHandle(),"IDB_BMP");
```

```
        hMemDC=CreateCompatibleDC(dc);
        SelectObject(hMemDC,hBmp);
        BitBlt(dc.m_hDC,0,0,320,240,hMemDC,0,0,SRCCOPY);
        DeleteDC(hMemDC);
        DeleteObject(hBmp);
}
```

Step 16) [종료] 버튼을 더블클릭한 후 아래의 소스코드를 입력한다.

```
void CLoadBmpDlg::OnButtExit()
{
    // TODO: Add your control notification handler code here
    OnOK();
}
```

Step 17) 컴파일 한 후 실행해 본다.

10-2 애니메이션 로그 만들기

이번에는 비트맵을 이용해서 간단하게 애니메이션 로그를 만들어 보겠다.

우리가 만들 프로그램은 다음 그림과 같다.

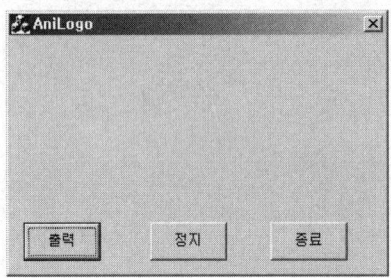

[출력] 버튼을 클릭하면 다음의 그림과 같이 다이얼로그 상자에 비트맵이 연속적으로 출력된다.

따라하기

Step 01 메뉴에서 [파일] → [새로 만들기] → [프로젝트]를 선택한다.

Step 02 '새 프로젝트' 창이 뜨면 프로젝트 형식을(MFC 응용 프로그램) 선택하고,

Step 03 프로젝트 이름(AniLogo)을 지정하고,

Step 04 폴더 위치(C:\source)를 지정하고

Step 05 '솔루션용 디렉터리 만들기'에 체크 해제한다.

Step 06) [확인] 버튼을 클릭하고 다음 단계로 넘어 간다.

Step 07) 'MFC 응용 프로그램 마법사' 창이 나타나면

Step 08) '응용 프로그램 종류'를 클릭하고

Step 09) '응용 프로그램 종류'를 '대화 상자 기반'으로 설정하고

Step 10) '유니코드 라이브러리 사용'에 체크 해제한다.

Step 11) [마침] 버튼을 누른다.

Step 12) 우선 다이얼로그 상자에 표시되어 있는 "TODO: 여기에 대화 상자 컨트롤을 배치합니다."라는 문자열을 지우기 위해 마우스 왼쪽 버튼 클릭해서 선택한 후 마우스 오른쪽 버튼을 클릭하면 빠른 메뉴 상자가 나타난다. 이 빠른 메뉴 상자에서 [삭제]를 선택하면 삭제되며 또는 간단하게 Del키를 클릭해도 된다. [확인] 버튼과 [취소] 버튼도 마찬가지로 삭제한다.

Step 13) 아래의 표를 보고 컨트롤을 만든다.

컨트롤	Button	Button	Button
ID	IDC_BUTT_PRINT	IDC_BUTT_STOP	IDC_BUTT_EXIT
Caption	출력	정지	종료
메시지	BN_CLICKED	BN_CLICKED	BN_CLICKED
멤버 함수 이름	OnButtPrint	OnButtStop	OnButtExit

Step 14) 다음의 그림 비트맵들을 리소스에 등록한다.

○ 파일 Source\Logo1.bmp
  리소스 ID : "IDB_LOGO1"

○ 파일 Source\Logo2.bmp
  리소스 ID : "IDB_LOGO2"

○ 파일 Source\Logo3.bmp
  리소스 ID : "IDB_LOGO3"

Visual C++ 2010 MFC 프로그래밍

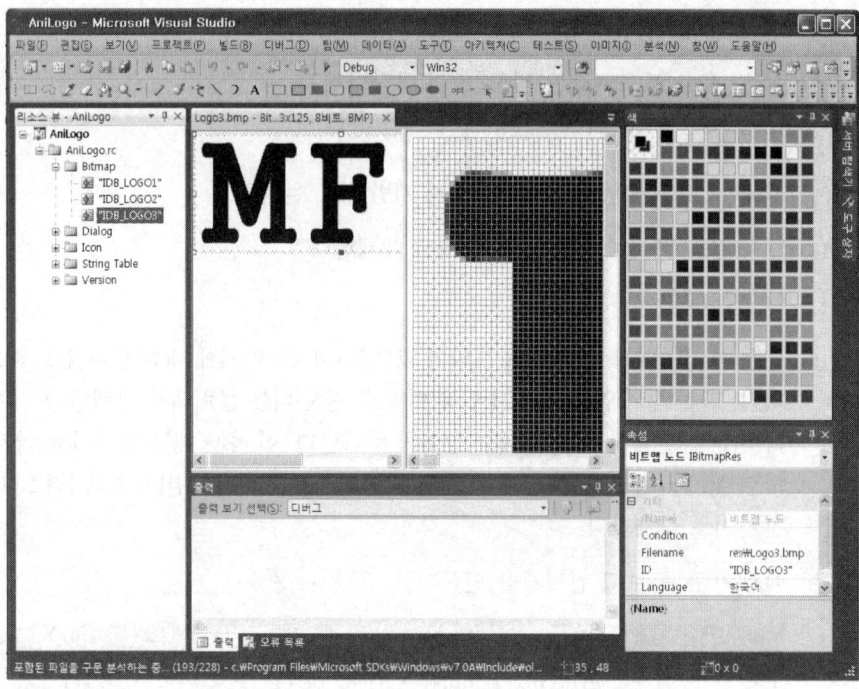

Step 15 WM_TIMER 메시지에 함수를 만든 후 아래의 소스코드를 입력한다.

```
void CAniLogoDlg::OnTimer(UINT nIDEvent)
{
    // TODO: Add your message handler code here and/or call default
    HDC hMemDC;
    CClientDC dc(this);
    HBITMAP hLogo1,hLogo2,hLogo3;
    static int nSw=1;

    hLogo1=LoadBitmap(AfxGetInstanceHandle(),"IDB_LOGO1");
    hLogo2=LoadBitmap(AfxGetInstanceHandle(),"IDB_LOGO2");
    hLogo3=LoadBitmap(AfxGetInstanceHandle(),"IDB_LOGO3");

    hMemDC=CreateCompatibleDC(dc);

    switch(nSw)
    {
    case 1:
        nSw=2;
        SelectObject(hMemDC,hLogo1);
        break;
    case 2:
            nSw=3;
```

```
            SelectObject(hMemDC,hLogo2);
            break;
        case 3:
            nSw=1;
            SelectObject(hMemDC,hLogo3);
            break;
    }
    BitBlt(dc,0,0,333,125,hMemDC,0,0,SRCCOPY);
    DeleteDC(hMemDC);
    DeleteObject(hLogo1);
    DeleteObject(hLogo2);
    DeleteObject(hLogo3);

    CDialog::OnTimer(nIDEvent);
}
```

Step 16 [출력] 버튼을 더블클릭한 후 아래의 소스코드를 입력한다.

```
void CAniLogoDlg::OnButtPrint()
{
    // TODO: Add your control notification handler code here
    SetTimer(1,100,NULL);
}
```

Step 17 [정지] 버튼을 더블클릭한 후 아래의 소스코드를 입력한다.

```
void CAniLogoDlg::OnButtStop()
{
    // TODO: Add your control notification handler code here
    KillTimer(1);
}
```

Step 18 [종료] 버튼을 더블클릭한 후 아래의 소스코드를 입력한다.

```
void CAniLogoDlg::OnButtExit()
{
    // TODO: Add your control notification handler code here
    OnOK();
}
```

Step 19 컴파일 한 후 실행해 본다.

10-3 투명 비트맵

이번 장에서는 투명 비트맵을 만드는 방법에 대하여 알아보겠다.

우선 투명 비트맵을 만들려면 하나의 비트맵 당 다음의 그림과 같은 두 개의 비트맵이 필요하다.

 Source₩CAR1.bmp    Source₩CAR2.bmp

첫 번째 비트맵 CAR1.bmp는 투명이 될 부분을 검정 색으로 하고 BitBlt 함수를 이용하여 출력할 때 마지막 파라미터에 SRCPAINT값을 준다. 그리고 두 번째 비트맵 CAR2.bmp은 투명이 될 부분을 흰색으로 하고 이 외의 부분은 검정색으로 하며 BitBlt 함수를 이용하여 출력할 때 마지막 파라미터에 SRCAND값을 주면 된다. 이제 이 두 그림을 BitBlt수를 이용하여 같은 좌표에 출력하면 되는 것이다. 단 출력할 때는 두 번째 비트맵부터 출력하고 첫 번째 비트맵을 출력한다.

□ 소스폴더 Source₩TrBmp □

우리가 만들 프로그램은 다음 그림과 같다.

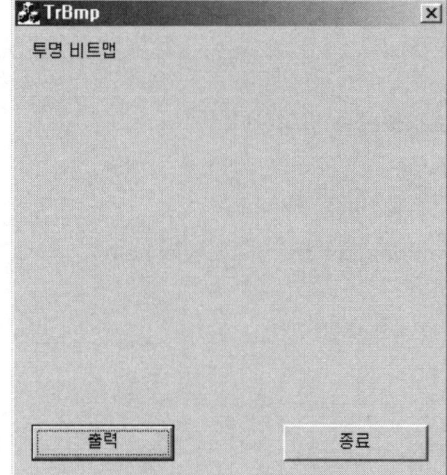

[출력] 버튼을 클릭하면 다음의 그림과 같이 배경이 출력되고 자동차 그림이 출력된다.

따라하기

Step 01) 메뉴에서 [파일] → [새로 만들기] → [프로젝트]를 선택한다.
Step 02) '새 프로젝트' 창이 뜨면 프로젝트 형식을(MFC 응용 프로그램) 선택하고,
Step 03) 프로젝트 이름(TrBmp)을 지정하고,
Step 04) 폴더 위치(C:\source)를 지정하고
Step 05) '솔루션용 디렉터리 만들기'에 체크 해제한다.
Step 06) [확인] 버튼을 클릭하고 다음 단계로 넘어 간다.
Step 07) 'MFC 응용 프로그램 마법사' 창이 나타나면
Step 08) '응용 프로그램 종류'를 클릭하고
Step 09) '응용 프로그램 종류'를 '대화 상자 기반'으로 설정하고
Step 10) '유니코드 라이브러리 사용'에 체크 해제한다.
Step 11) [마침] 버튼을 누른다.
Step 12) 우선 다이얼로그 상자에 표시되어 있는 "TODO: 여기에 대화 상자 컨트롤을 배치합니다."라는 문자열을 지우기 위해 마우스 왼쪽 버튼 클릭해서 선택한 후 마우스 오른쪽 버튼을 클릭하면 빠른 메뉴 상자가 나타난다. 이 빠른 메뉴 상자에서 [삭제]를 선택하면 삭제되며 또는 간단하게 Del키를 클릭해도 된다. [확인] 버튼과 [취소] 버튼도 마찬가지로 삭제한다.

Step 13 아래의 표를 보고 컨트롤을 만든다.

컨트롤	Static Text	Button	Button
ID	IDC_STATIC	IDC_BUTT_PRINT	IDC_BUTT_EXIT
Caption	투명 비트맵	출력	종료
메시지		BN_CLICKED	BN_CLICKED
멤버 함수 이름		OnButtPrint	OnButtExit

Step 14 다음의 비트맵들을 리소스에 등록한다. 이 비트맵 파일들은 부록 파일의 Source폴더에 있다.

◐ 파일명 : CAR1.bmp
　리소스 ID : "IDB_ONE"

◐ 파일명 : CAR2.bmp
　리소스 ID : "IDB_TWO"

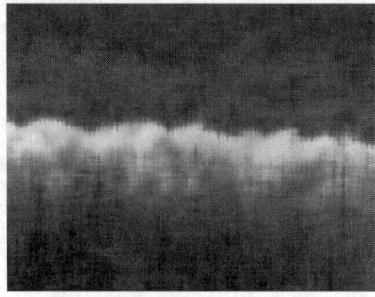
◐ 파일명 : BACK.bmp
　리소스 ID : "IDB_BACK"

Step 15 [출력] 버튼을 더블클릭한 후 아래의 소스코드를 입력한다.

```
void CTrBmpDlg::OnButtPaint()
{
    // TODO: Add your control notification handler code here
    CClientDC dc(this);

    // 배경 비트맵
    HDC hBackDC;
    HBITMAP hBack;
    hBack=LoadBitmap(AfxGetInstanceHandle(),"IDB_BACK");
    hBackDC=CreateCompatibleDC(dc);
    SelectObject(hBackDC,hBack);

    // 첫 번째 비트맵
    HDC hOneDC;
    HBITMAP hOne;
    hOne=LoadBitmap(AfxGetInstanceHandle(),"IDB_ONE");
    hOneDC=CreateCompatibleDC(dc);
```

```
            SelectObject(hOneDC,hOne);

            // 두 번째 비트맵
            HDC hTwoDC;
            HBITMAP hTwo;
            hTwo=LoadBitmap(AfxGetInstanceHandle(),"IDB_TWO");
            hTwoDC=CreateCompatibleDC(dc);
            SelectObject(hTwoDC,hTwo);

            // 비트맵 출력
            BitBlt(dc,0,30,320,240,hBackDC,0,0,SRCCOPY);  // 배경 비트맵
            BitBlt(dc,150,80,57,66,hTwoDC,0,0,SRCAND);    // 두 번째 비트맵
            BitBlt(dc,150,80,57,66,hOneDC,0,0,SRCPAINT);  // 첫 번째 비트맵

            // 삭제
            DeleteDC(hBackDC);
            DeleteDC(hOneDC);
            DeleteDC(hTwoDC);
            DeleteObject(hBack);
            DeleteObject(hOne);
                DeleteObject(hTwo);
}
```

Step 16 [종료] 버튼을 더블클릭한 후 아래의 소스코드를 입력한다.

```
void CTrBmpDlg::OnButtExit()
{
    // TODO: Add your control notification handler code here
    OnOK();
}
```

Step 17 컴파일 한 후 실행해 본다.

10-4 비트맵 스크롤

이번에는 비트맵을 스크롤 하는 방법에 대하여 알아보겠다.

우리가 만들 프로그램은 다음 그림과 같다.

[스크롤] 버튼을 클릭하면 다이얼로그 상자에 출력되어 있는 비트맵이 다음의 그림 처럼 스크롤 되고 [정지] 버튼을 클릭하면 스크롤을 정지한다.

따라하기

Step 01 메뉴에서 [파일] → [새로 만들기] → [프로젝트]를 선택한다.

Step 02 '새 프로젝트' 창이 뜨면 프로젝트 형식을(MFC 응용 프로그램) 선택하고,

Step 03 프로젝트 이름(ScBmp)을 지정하고,

Step 04 폴더 위치(C:\source)를 지정하고

Step 05 '솔루션용 디렉터리 만들기'에 체크 해제한다.

Step 06 [확인] 버튼을 클릭하고 다음 단계로 넘어 간다.

Step 07 'MFC 응용 프로그램 마법사' 창이 나타나면

Step 08 '응용 프로그램 종류'를 클릭하고

Step 09 '응용 프로그램 종류'를 '대화 상자 기반'으로 설정하고

Step 10 '유니코드 라이브러리 사용'에 체크 해제한다.

Step 11 [마침] 버튼을 누른다.

Step 12 우선 다이얼로그 상자에 표시되어 있는 "TODO: 여기에 대화 상자 컨트롤을 배치합니다."라는 문자열을 지우기 위해 마우스 왼쪽 버튼 클릭해서 선택한 후 마우스 오른쪽 버튼을 클릭하면 빠른 메뉴 상자가 나타난다. 이 빠른 메뉴 상자에서 [삭제]를 선택하면 삭제되며 또는 간단하게 Del키를 클릭해도 된다. [확인] 버튼과 [취소] 버튼도 마찬가지로 삭제한다.

Step 13 아래의 표를 보고 컨트롤을 만든다.

컨트롤	Button	Button	Button
ID	IDC_BUTT_PRINT	IDC_BUTT_STOP	IDC_BUTT_EXIT
Caption	출력	정지	종료
메시지	BN_CLICKED	BN_CLICKED	BN_CLICKED
멤버 함수 이름	OnButtPrint	OnButtStop	OnButtExit

Step 14 다음의 비트맵을 리소스에 등록한다. 이 비트맵 파일은 부록 파일의 Source폴더에 있다.

○ 파일명: Star.bmp
리소스 ID : "IDB_STAR"

Step 15 WM_PAINT 메시지의 함수에 아래의 소스코드를 입력한다.

```cpp
static BOOL bTrue=FALSE;
void CScBmpDlg::OnPaint()
{
    if (IsIconic())
    .
        .
        .
    else
    {
        CDialog::OnPaint();
    }
    static int nX=0;

    CClientDC dc(this);

    HDC hBackDC;
    HBITMAP hBack;
    hBack=LoadBitmap(AfxGetInstanceHandle(),"IDB_STAR");
    hBackDC=CreateCompatibleDC(dc);
    SelectObject(hBackDC,hBack);

    // 똑 같은 비트맵을 좌표만 다르게 하여 두 번 출력한다.
    BitBlt(dc,nX,0,540,260,hBackDC,0,0,SRCCOPY);
    BitBlt(dc,nX-540,0,540,260,hBackDC,0,0,SRCCOPY);

    DeleteDC(hBackDC);
    DeleteObject(hBack);

    if(bTrue==TRUE)
    {
        nX=nX+1;
        // 계속 WM_PAINT 메시지를 호출한다.
        Invalidate(FALSE);

        if(nX==540)
            nX=0;
    }
}
```

Step 16 [스크롤] 버튼을 더블클릭한 후 아래의 소스코드를 입력한다.

```cpp
void CScBmpDlg::OnButtScroll()
{
    // TODO: Add your control notification handler code here
    bTrue=TRUE;
    Invalidate(FALSE);
}
```

Step 18 [정지] 버튼을 더블클릭한 후 아래의 소스코드를 입력한다.

```
void CScBmpDlg::OnButtStop()
{
    // TODO: Add your control notification handler code here
        bTrue=FALSE;
    Invalidate(FALSE);
}
```

Step 18 [종료] 버튼을 더블클릭한 후 아래의 소스코드를 입력한다.

```
void CScBmpDlg::OnButtExit()
{
    // TODO: Add your control notification handler code here
    OnOK();
}
```

Step 19 컴파일 한 후 실행해 본다.

Chapter 11

트라이 아이콘

이번 장에서는 트라이 아이콘에 대하여 알아보겠다.

11-1 트라이 아이콘 만들기

11-1 트라이 아이콘 만들기

트라이 아이콘이란?

간단하게 말해서 필요한 프로그램을 빨리 실행하기 위해서 한 곳으로 모아놓은 아이콘들이라고 생각하면 된다.

다음 그림이 바로 트라이 아이콘이다.

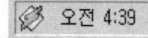

우리가 만들 프로그램은 다음 그림과 같다.

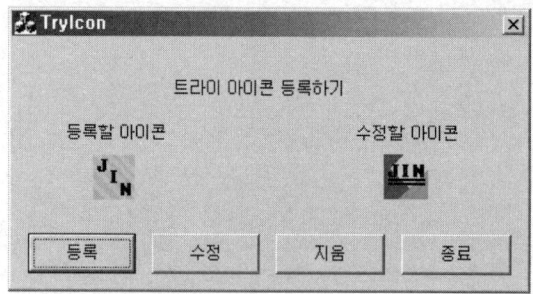

[등록] 버튼을 클릭하면 다음의 그림과 같이 트라이 아이콘에 등록된다.

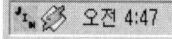

트라이 아이콘에 등록된 아이콘을 클릭하면 다음의 그림과 같은 메시지 상자가 출력된다.

트라이 아이콘을 등록하는데 실패하거나 등록이 되어 있으면 다음의 그림과 같은 메시지 상자가 출력된다.

[수정] 버튼을 클릭하면 다음의 그림과 같이 현재 등록되어 있는 아이콘이 변경된다.

트라이 아이콘을 수정하는데 실패하거나 트라이 아이콘이 등록되어 있지 않으면 다음의 그림과 같은 메시지 상자가 출력된다.

[지움] 버튼을 클릭하면 다음 그림과 같이 트라이 아이콘에 등록되어 있는 아이콘이 삭제된다.

트라이 아이콘을 삭제하는데 실패하거나 트라이 아이콘이 등록되어 있지 않으면 다음 그림과 같은 메시지 상자가 출력된다.

함수설명

```
typedef struct _NOTIFYICONDATA {
    DWORD cbSize;
    HWND hWnd;
    UINT uID;
    UINT uFlags;
    UINT uCallbackMessage;
    HICON hIcon;
    char szTip[64];
} NOTIFYICONDATA, *PNOTIFYICONDATA;
```
⇨ 위 구조체를 이용하여 트라이 아이콘에 대한 정보를 담는다.

DWORD cbSize;

⇨ 이 구조체의 크기를 지정

HWND hWnd;

⇨ 창의 핸들을 지정
API에서는 HWND 자료형을 가지고 핸들을 만들었다.
하지만 MFC에서는 간단하게 m_hWnd멤버를 사용하면 된다.

UINT uID;

⇨ ID를 지정

UINT uFlags;

⇨ 플래그를 지정한다.

플래그	설명
NIF_MESSAGE	트라이아이콘을 클릭하면 사용될 메시지나 콜 백 함수를 사용한다.
NIF_ICON	아이콘
NIF_TIP	풍선 도움말

UINT uCallbackMessage;

⇨ 콜 백 함수를 지정한다.

HICON hIcon;

⇨ 아이콘을 지정한다.

char szTip[64];

⇨ 풍선 도움말을 지정한다.

```
WINSHELLAPI BOOL WINAPI Shell_NotifyIcon(
    DWORD dwMessage,
    PNOTIFYICONDATA pnid
);
```
⇨ 위 함수는 트라이 아이콘에 아이콘을 등록, 지움, 수정 등을 한다.

WindowProc(UINT message, WPARAM wParam, LPARAM lParam)
⇨ 위 함수는 메시지를 처리할 때 사용된다.

UINT message
⇨ 메시지가 저장된다.

WPARAM wParam
⇨ 기타 부수적인 메시지

LPARAM lParam
⇨ 기타 부수적인 메시지

따라하기
Step by Step

- **Step 01** 메뉴에서 [파일] → [새로 만들기] → [프로젝트]를 선택한다.
- **Step 02** '새 프로젝트' 창이 뜨면 프로젝트 형식을(MFC 응용 프로그램) 선택하고,
- **Step 03** 프로젝트 이름(TryIcon)을 지정하고,
- **Step 04** 폴더 위치(C:\source)를 지정하고
- **Step 05** '솔루션용 디렉터리 만들기'에 체크 해제한다.
- **Step 06** [확인] 버튼을 클릭하고 다음 단계로 넘어 간다.
- **Step 07** 'MFC 응용 프로그램 마법사' 창이 나타나면
- **Step 08** '응용 프로그램 종류'를 클릭하고
- **Step 09** '응용 프로그램 종류'를 '대화 상자 기반'으로 설정하고
- **Step 10** '유니코드 라이브러리 사용'에 체크 해제한다.
- **Step 11** [마침] 버튼을 누른다.
- **Step 12** 우선 다이얼로그 상자에 표시되어 있는 "TODO: 여기에 대화 상자 컨트롤을 배치합니다."라는 문자열을 지우기 위해 마우스 왼쪽 버튼 클릭해서 선택한 후 마우스 오른쪽 버튼을 클릭하면 빠른 메뉴 상자가 나타난다. 이 빠른 메뉴 상자에서 [삭제]를 선택하면 삭제되며 또는 간단하게 Del키를 클릭해도 된다. [확인] 버튼과 [취소] 버튼도 마찬가지로 삭제한다.

Step 13 아래의 표를 보고 컨트롤을 만든다.

컨트롤	Static Text	Button	Button
ID	IDC_STATIC	IDC_BUTT_ADD	IDC_BUTT_MODIFY
Caption	트라이아이콘 등록하기	등록	수정
메시지		BN_CLICKED	BN_CLICKED
멤버 함수 이름		OnButtAdd	OnButtModify

컨트롤	Button	Button
ID	IDC_BUTT_DELETE	IDC_BUTT_EXIT
Caption	지움	종료
메시지	BN_CLICKED	BN_CLICKED
멤버 함수 이름	OnButtDelete	OnButExit

Step 14 다음의 아이콘을 리소스에 등록한다.

○ 파일 : Sorce\ADD.ico
리소스 ID : "IDI_ADD"

○ 파일 : Source\MODIFY.ico
리소스 ID : "IDI_MODIFY"

Step 15 메뉴에서 [보기] → [솔루션 탐색기]를 선택한 뒤 [Source files]를 선택하고 TryIconDlg.cpp 파일을 클릭한 다음 NOTIFYICONDATA nId; 를 아래의 소스코드처럼 입력한다.

```
// TryIconDlg.cpp : implementation file
//

#include "stdafx.h"
#include "TryIcon.h"
#include "TryIconDlg.h"

#ifdef _DEBUG
#define new DEBUG_NEW
#undef THIS_FILE
static char THIS_FILE[] = __FILE__;
#endif

NOTIFYICONDATA nId;
.
.
.
```

Step 16 WindowPoc에 함수를 만들고 아래의 소스코드를 입력한다.

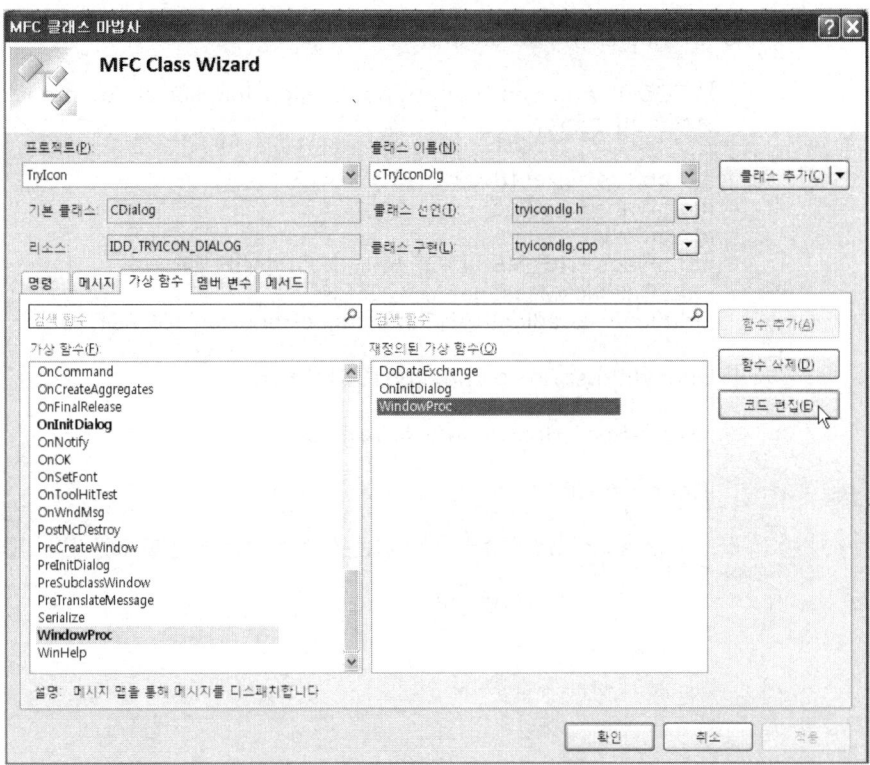

```
LRESULT CTryIconDlg::WindowProc(UINT message, WPARAM wParam, LPARAM lParam)
{
    // TODO: Add your specialized code here and/or call the base class
    switch(message)
    {
    case WM_USER:
        switch(lParam)
        {
        case WM_LBUTTONDOWN:
            MessageBox("트라이 아이콘이 클릭 되었다.","알림",NULL);
            break;
        }
        break;
    }

    return CDialog::WindowProc(message, wParam, lParam);
}
```

Step 17 [등록] 버튼을 더블클릭한 후 아래의 소스코드를 입력한다.

```
void CTryIconDlg::OnButtAdd()
{
    // TODO: Add your control notification handler code here
    static int nError;

    nId.cbSize=sizeof(NOTIFYICONDATA);
    nId.hWnd=m_hWnd;
    nId.uID=1;
    nId.uFlags=NIF_MESSAGE+NIF_ICON+NIF_TIP;
    nId.uCallbackMessage=WM_USER;
    nId.hIcon=LoadIcon(AfxGetInstanceHandle(),"IDI_ADD");

    lstrcpy(nId.szTip,"트라이 아이콘입니다.");

    nError=Shell_NotifyIcon(NIM_ADD,&nId);

    if(nError==0)
    {
        MessageBox("트라이 아이콘을 등록하는데 실패하였거나 이미 등록되어 있습니다.",
                   "알림",NULL);
    }
}
```

Step 18 [수정] 버튼을 더블클릭한 후 아래의 소스코드를 입력한다.

```
void CTryIconDlg::OnButtModify()
{
    // TODO: Add your control notification handler code here
    static int nError;

    nId.hWnd=m_hWnd;
    nId.uID=1;
    nId.uFlags=NIF_ICON+NIF_TIP;
    nId.uCallbackMessage=WM_USER;
    nId.hIcon=LoadIcon(AfxGetInstanceHandle(),"IDI_MODIFY");
    lstrcpy(nId.szTip,"트라이 아이콘입니다.");

    nError=Shell_NotifyIcon(NIM_MODIFY,&nId);

    if(nError==0)
    {
        MessageBox("트라이 아이콘을 수정하는데 실패하였거나 트라이 아이콘이 등록되어 있지 않습니다.","알림",NULL);
    }
}
```

Step 19 [지움] 버튼을 더블클릭한 후 아래의 소스코드를 입력한다.

```
void CTryIconDlg::OnButtDelete()
{
    // TODO: Add your control notification handler code here
    static int nError;

    nId.cbSize=sizeof(NOTIFYICONDATA);
    nId.hWnd=m_hWnd;
    nId.uID=1;

    nError=Shell_NotifyIcon(NIM_DELETE,&nId);
    if(nError==0)
    {

    MessageBox("트라이 아이콘을 삭제하는데 실패하였거나 트라이 아이콘이 등록되어 있지 않습니다.",
                "알림",NULL);
    }
}
```

Step 20 [종료] 버튼을 더블클릭한 후 아래의 소스코드를 입력한다.

```
void CTryIconDlg::OnButtExit()
{
    // TODO: Add your control notification handler code here
    OnOK();
}
```

Step 21 컴파일 한 후 실행해 본다.

Chapter 12

공통 대화상자

이번 장에서는 우리가 흔히 접하는 공통 대화상자에 대하여 알아보겠다. 공통 대화 상자는 모든 응용 프로그램에서 공통적으로 사용하는 대화상자이다.

간단하게 예를 들어 파일열기 대화상자를 보면 우리가 흔히 쓰는 메모장의 파일열기 대화상자나 페인트샵의 파일열기 대화상자나 모두 비슷하다.

다만 기능이나 모양에 약간의 차이는 있을 수 있다. 또한 윈도우즈의 버전에 따라서 기능의 차이가 있다. 하지만 기본적인 기능인 파일 열기, 파일 저장하기는 모두 같다.

대부분 API 함수들을 이용하였다.

12-1 폰트 선택 공통 대화상자 / 12-2 파일 선택 공통 대화상자 / 12-3 색상 선택 공통 대화상자

12-1 폰트 선택 공통 대화상자

이번에는 폰트 선택 공통 대화상자에 대하여 알아보겠다.

우리가 만들 프로그램은 다음 그림과 같다.

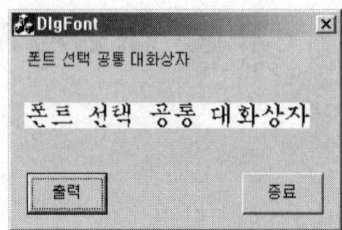

[출력] 버튼을 클릭하면 다음의 그림과 같이 폰트 선택 공통 대화상자가 출력된다.

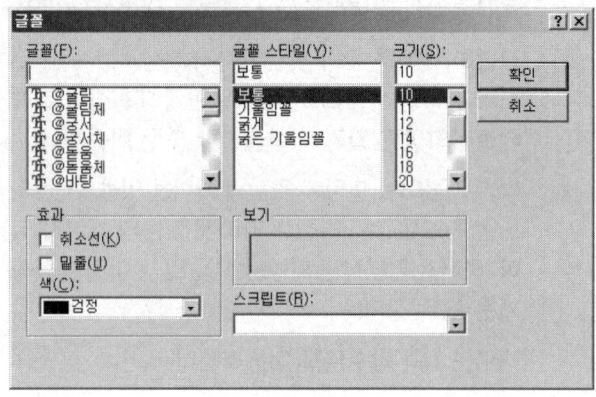

글꼴에서 바탕을 선택하고, 크기에서 16을 선택하고 [확인] 버튼을 클릭하면 다음의 그림과 같이 문자열이 바뀐다.

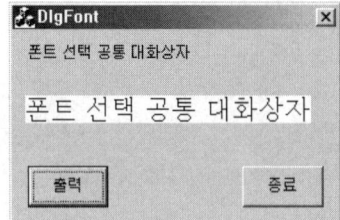

함수설명

```
typedef struct tagLOGFONT { // lf
    LONG lfHeight;
    LONG lfWidth;
    LONG lfEscapement;
    LONG lfOrientation;
    LONG lfWeight;
    BYTE lfItalic;
    BYTE lfUnderline;
    BYTE lfStrikeOut;
    BYTE lfCharSet;
    BYTE lfOutPrecision;
    BYTE lfClipPrecision;
    BYTE lfQuality;
    BYTE lfPitchAndFamily;
    TCHAR lfFaceName[LF_FACESIZE];
} LOGFONT;
```

⇨ 위 구조체는 글꼴의 정보를 가지고 있다.

LONG lfHeight;

⇨ 글꼴의 높이

LONG lfWidth;

⇨ 글꼴의 넓이

LONG lfEscapement;

⇨ 장치의 이스케이프먼트(Escapement) 백터와 x축 사이의 각도(1/10도)

LONG lfOrientation;

⇨ 각 글꼴의 기준선과 장치의 x축 사이의 각도(1/10도 단위)

LONG lfWeight;

⇨ 글꼴의 굵기

글꼴의 굵기	설명	글꼴의 굵기	설명
FW_DONTCARE	굵기 0	FW_MEDIUM	굵기 500
FW_THIN	굵기 100	FW_SEMIBOLD	굵기 600
FW_EXTRALIGHT	굵기 200	FW_BOLD	굵기 700
FW_LIGHT	굵기 300	FW_EXTRABOLD	굵기 800
FW_NORMAL	굵기 400	FW_HEAVY	굵기 900

BYTE lfItalic;

⇨ TRUE 값으로 지정하면 이탤릭체

BYTE lfUnderline;

⇨ TRUE 값으로 지정하면 밑줄체

BYTE lfStrikeOut;

⇨ TRUE 값으로 지정하면 취소 선

BYTE lfCharSet;

⇨ 원하는 문자열 세트
OEM문자 세트는 운영체제에 따라 다른데 lpszFace 파라미터에 글자체 이름이 정해져 있으면 lpszFace에서 지정한 글자체와 dwCharset값이 동일해야 한다.

- 미리 정의된 값

```
ANSI_CHARSET
BALTIC_CHARSET
CHINESEBIG5_CHARSET
DEFAULT_CHARSET
EASTEUROPE_CHARSET
GB2312_CHARSET
GREEK_CHARSET
HANGUL_CHARSET
MAC_CHARSET
OEM_CHARSET
RUSSIAN_CHARSET
SHIFTJIS_CHARSET
SYMBOL_CHARSET
TURKISH_CHARSET
Korean Windows:
JOHAB_CHARSET
Middle-Eastern Windows:
HEBREW_CHARSET
ARABIC_CHARSET
Thai Windows:
THAI_CHARSET
```

BYTE lfOutPrecision;

⇨ 원하는 출력의 정밀도

- 미리 정의된 값

```
OUT_CHARACTER_PRECIS
OUT_DEFAULT_PRECIS
OUT_DEVICE_PRECIS
OUT_OUTLINE_PRECIS
```

```
    OUT_RASTER_PRECIS
    OUT_STRING_PRECIS
    OUT_STROKE_PRECIS
    OUT_TT_ONLY_PRECIS
    OUT_TT_PRECIS
```

BYTE lfClipPrecision;

➪ 원하는 클리핑 정밀로

• 미리 정의된 값

```
CLIP_DEFAULT_PRECIS
CLIP_CHARACTER_PRECIS
CLIP_STROKE_PRECIS
CLIP_MASK
CLIP_EMBEDDED
CLIP_LH_ANGLES
CLIP_TT_ALWAYS
```

BYTE lfQuality;

➪ 원하는 출력물의 질을 정의

미리 정의된 값	설명
DEFAULT_QUALITY	글꼴의 모양이 이상해도 상관없음
DRAFT_QUALITY	글꼴의 모양은 PROOF_QUALITY값이 사용될 때보다 그리 중요하지 않음
PROOF_QUALITY	논리적 글꼴의 속성보다 글꼴의 질이 더 중요하다.

BYTE lfPitchAndFamily;

➪ 글꼴의 피치 종류

미리 정의된 값	설명
FF_DECORATIVE	장식체
FF_DONTCARE	아무거나 상관없다.
FF_MODERN	폭이 일정한 글꼴
FF_ROMAN	세리프가 있고 폭이 가변적인 스트로크로 되어 있는 글꼴
FF_SCRIPT	손으로 쓴 것처럼 보이게 하기 위한 글꼴
FF_SWISS	세리프가 없고 가변적인 스트로크로 되어 있는 글꼴

TCHAR lfFaceName[LF_FACESIZE];

➪ 글꼴의 이름

```
typedef struct {      // cf
    DWORD          lStructSize;
    HWND           hwndOwner;
    HDC            hDC;
    LPLOGFONT      lpLogFont;
    INT            iPointSize;
    DWORD          Flags;
    DWORD          rgbColors;
    LPARAM         lCustData;
    LPCFHOOKPROC   lpfnHook;
    LPCTSTR        lpTemplateName;
    HINSTANCE      hInstance;
    LPTSTR         lpszStyle;
    WORD           nFontType;
    WORD           __MISSING_ALIGNMENT__;
    INT            nSizeMin;
    INT            nSizeMax;
} CHOOSEFONT;
```

⇨ 위 구조체는 폰트 선택 공통 대화상자를 구성한다.

DWORD   lStructSize;

⇨ 이 구조체의 크기

HWND   hwndOwner;

⇨ 윈도우에 대한 핸들

HDC   hDC;

⇨ 디바이스컨텍스트

LPLOGFONT   lpLogFont;

⇨ 사용자가 폰트를 지정

INT   iPointSize;

⇨ 선택한 폰트의 크기를 1/10포인트 단위로 리턴

DWORD   Flags;

⇨ 폰트 선택 공통 대화상자를 구성하는 예약어를 지정
   미리 예약된 값

CF_APPLY

⇨ 적용 버튼을 표시

CF_ANSIONLY
CF_BOTH

⇨ CF_SCREENFONTS| CF_PRINTERFONTS로 지정하며 화면 폰트와 스크린 폰트를 동시에 보여줌

CF_TTONLY

⇨ 트루타입 폰트만 선택

CF_EFFECTS

⇨ 밑줄, 색상 등을 선택할 수 있게 한다.
다음의 그림을 참고한다.

CF_ENABLEHOOK

⇨ lpfnHook 멤버로 지정한 훅 프로시저를 사용할 수 있도록 함

CF_ENABLETEMPLATE

⇨ 커스텀 대화상자를 사용할 수 있도록 함.

CF_ENABLETEMPLATEHANDLE

⇨ 커스텀 대화상자를 사용할 수 있도록 함.

CF_FIXEDPITCHONLY

⇨ 고정 피치의 폰트만 선택

CF_FORCEFONTEXIST

⇨ 시스템에 설치되지 않은 폰트를 선택할 경우 에러메시지 출력

CF_INITTOLOGFONTSTRUCT

⇨ lpLogFont 멤버가 지정하는 LOFGONT 구조체로 대화상자 컨트롤들을 초기화

CF_LIMITSIZE

⇨ nSizeMin, nSizeMax 멤버 값 범위에서만 글꼴 크기를 선택

CF_NOFACESEL

⇨ 글꼴 이름 콤보상자를 LOGFONT 구조체의 값으로 초기화되지 않도록 함

CF_NOSCRIPTSEL
⇨ 언어 콤보상자를 사용할 수 없게 함

CF_NOSIZESEL
⇨ 크기 콤보상자를 LOGFONT 구조체의 값으로 초기화되지 않도록 함

CF_NOSIMULATIONS
⇨ GDI 폰트 시뮬레이션을 사용하지 못하도록 함

CF_NOVECTORFONTS
⇨ @로 시작되는 수직 방향의 폰트는 보여주지 않도록 함
CF_NOVERTFONTS 벡터 폰트를 선택하지 못하도록 함

CF_PRINTERFONTS
⇨ hDC 멤버가 지정한 프린터의 폰트만 보여준다.

CF_SCALABLEONLY
⇨ 크기 변경이 가능한 포트만 선택할 수 있도록 함

CF_SCREENFONTS
⇨ 화면에 출력할 수 있는 모든 폰트를 보여준다.
다음의 그림을 참고한다.

CF_SCRIPTSONLY
⇨ OEM 문자셋의 폰트는 선택되지 않도록 함

CF_SELECTSCRIPT
⇨ LOGFONT.lfCharSet 멤버로 지정한 문자 셋만 나타내도록 함

CF_SHOWHELP
⇨ 대화상자에 Help 버튼을 보여준다. 만약 이 버튼을 클릭하면 HELPMSGSTRING메시지 전달

CF_USESTYLE
⇨ lpszStyle의 값으로 글꼴 유형 콤보상자를 초기화하고 대화상자가 닫힌 후 사용자가 선택한 글꼴 유형을 lpszStyle에 대입

CF_WYSIWYG
⇨ 프린터와 화면에 모두 사용할 수 있는 폰트만 선택

DWORD   rgbColors;
⇨ CF_EFFECTS 플래그가 설정된 경우 사용자가 선택한 글꼴 색상을 리턴함.

LPTSTR   lpszStyle;
⇨ 글꼴 스타일 콤보상자가 초기화에 사용할 스타일 값이며 사용자가 선택한 스타일을 리턴

WORD   nFontType;
⇨ 글꼴 타임을 리턴

INT   nSizeMin;
⇨ CF_LIMITSIZE 플래그가 지정된 경우 사용자가 선택할 수 있는 최소 포인트 크기를 지정

INT   nSizeMax;
⇨ CF_LIMITSIZE 플래그가 지정된 경우 사용자가 선택할 수 있는 최대 포인트 크기를 지정

따라하기
Step by Step

Step 01 메뉴에서 [파일] → [새로 만들기] → [프로젝트]를 선택한다.

Step 02 '새 프로젝트' 창이 뜨면 프로젝트 형식을(MFC 응용 프로그램) 선택하고,

Step 03 프로젝트 이름(DlgFont)을 지정하고,

Step 04 폴더 위치(C:\source)를 지정하고

Step 05 '솔루션용 디렉터리 만들기'에 체크 해제한다.

Step 06 [확인] 버튼을 클릭하고 다음 단계로 넘어 간다.

Step 07 'MFC 응용 프로그램 마법사' 창이 나타나면

Step 08 '응용 프로그램 종류'를 클릭하고

Step 09 '응용 프로그램 종류'를 '대화 상자 기반'으로 설정하고

Step 10 '유니코드 라이브러리 사용'에 체크 해제한다.

Step 11 [마침] 버튼을 누른다.

Step 12 우선 다이얼로그 상자에 표시되어 있는 "TODO: 여기에 대화 상자 컨트롤을 배치합니다."라는 문자열을 지우기 위해 마우스 왼쪽 버튼 클릭해서 선택한 후 마우스 오른쪽 버튼을 클릭하면 빠른 메뉴 상자가 나타난다. 이 빠른 메뉴 상자에서 [삭제]를 선택

하면 삭제되며 또는 간단하게 Del키를 클릭해도 된다. [확인] 버튼과 [취소] 버튼도 마찬가지로 삭제한다.

Step 13 아래의 표를 보고 컨트롤을 만든다.

컨트롤	Static Text	Button	Button
ID	IDC_STATIC	IDC_BUTT_PRINT	IDC_BUTT_EXIT
Caption	폰트 선택 공통 대화상자	출력	종료
메시지		BN_CLICKED	BN_CLICKED
멤버 함수 이름		OnButtPrint	OnButtExit

Step 14 [출력] 버튼을 더블클릭한 후 아래의 소스코드를 입력한다.

```
void CDlgFontDlg::OnButtPrint()
{
    // TODO: Add your control notification handler code here
    memset(&cFt,0,sizeof(CHOOSEFONT));
    cFt.lStructSize=sizeof(CHOOSEFONT);
    cFt.hwndOwner=m_hWnd;
    cFt.lpLogFont=&lF;
    cFt.Flags=CF_EFFECTS|CF_SCREENFONTS;

    if(ChooseFont(&cFt))
    {
        Invalidate(TRUE);
    }
}
```

Step 15 [종료] 버튼을 더블클릭한 후 아래의 소스코드를 입력한다.

```
void CDlgFontDlg::OnButtExit()
{
    // TODO: Add your control notification handler code here
    OnOK();
}
```

Step 16 WM_PAINT 메시지의 함수에 아래의 소스코드를 입력한다.

```
LOGFONT lF;
CHOOSEFONT cFt;
HFONT hFont,OldFont;
char szText[]="폰트 선택 공통 대화상자";
```

```
void CDlgFontDlg::OnPaint()
{
    if (IsIconic())
    {
        .
        .
        .
    }
    else
    {
        CDialog::OnPaint();
    }
    CClientDC dc(this);
    hFont=CreateFontIndirect(&lF);
    OldFont=(HFONT)dc.SelectObject(hFont);
    dc.TextOut(10,50,szText,lstrlen(szText));
    dc.SelectObject(OldFont);
    DeleteObject(hFont);
}
```

Step 17 컴파일 한 후 실행해 본다.

12-2 파일 선택 공통 대화상자

이번에는 파일 선택 공통 대화상자에 대하여 알아보겠다.

우리가 만들 프로그램은 다음 그림과 같다.

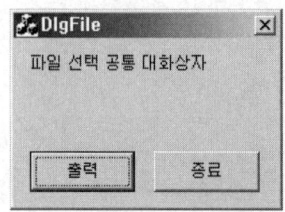

[출력] 버튼을 클릭하면 다음의 그림과 같은 파일 선택 공통 대화상자가 나타난다.

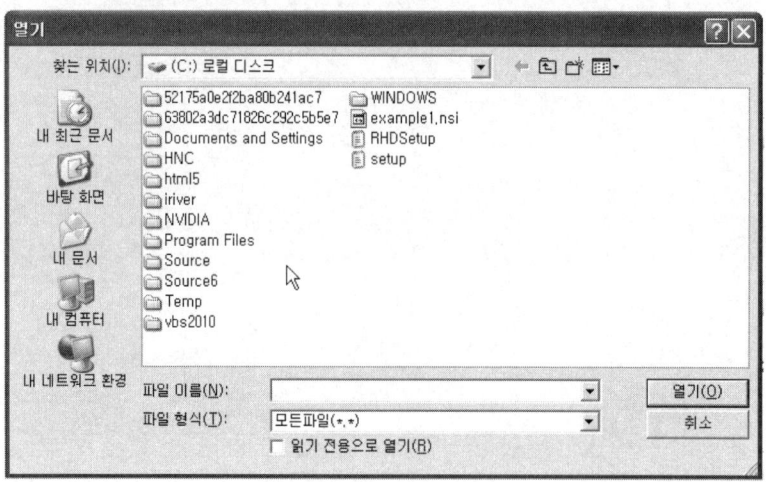

아무 파일이나 선택하고 [열기] 버튼을 클릭하면 다음의 그림과 같은 메시지 상자가 출력된다.

함수설명

```
typedef struct tagOFN { // ofn
    DWORD           lStructSize;
    HWND            hwndOwner;
    HINSTANCE       hInstance;
    LPCTSTR         lpstrFilter;
    LPTSTR          lpstrCustomFilter;
    DWORD           nMaxCustFilter;
    DWORD           nFilterIndex;
    LPTSTR          lpstrFile;
    DWORD           nMaxFile;
    LPTSTR          lpstrFileTitle;
    DWORD           nMaxFileTitle;
    LPCTSTR         lpstrInitialDir;
    LPCTSTR         lpstrTitle;
    DWORD           Flags;
    WORD            nFileOffset;
    WORD            nFileExtension;
    LPCTSTR         lpstrDefExt;
    DWORD           lCustData;
    LPOFNHOOKPROC   lpfnHook;
    LPCTSTR         lpTemplateName;
} OPENFILENAME;
```

⇨ 위 구조체는 파일 선택 공통 대화상자를 구성할 때 쓰인다.

DWORD   lStructSize;

⇨ 이 구조체의 크기

HWND   hwndOwner;

⇨ 윈도우에 대한 핸들

HINSTANCE   hInstance;

⇨ 인스턴스 핸들

LPCTSTR   lpstrFilter;

⇨ 파일 선택 공통 대화상자의 콤보상자에 쓰일 파일 형식을 지정함

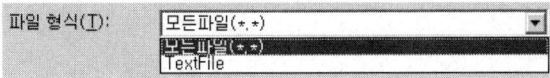

지정하는 방법은 "파일형식₩0필터"와 같이 지정함

```
LPTSTR          lpstrCustomFilter;
```
⇨ 사용자가 실행 중에 선택한 커스텀 필터를 저장하기 위한 버퍼
　이 버퍼에 필터 설명한 필터가 두 번째 문자열에 입력됨

```
DWORD           nMaxCustFilter;
```
⇨ lpstrCustomFilter의 길이

```
DWORD           nFilterIndex;
```
⇨ 파일 형식 콤보상자에서 사용할 필터의 인덱스를 지정

0

⇨ 커스텀 필터

1

⇨ lpstrFiler의 첫 번째 필터

2

⇨ lpstrFiler의 두 번째 필터

```
LPTSTR          lpstrFile;
```
⇨ 파일 선택 공통 대화상자에서 선택된 파일의 이름을 리턴

```
DWORD           nMaxFile;
```
⇨ lpstrFile길이

```
LPTSTR          lpstrFileTitle;
```
⇨ 파일의 이름을 돌려받기 위한 버퍼

```
DWORD           nMaxFileTitle;
```
⇨ lpstrFileTitle의 길이

```
LPCTSTR         lpstrInitialDir;
```
⇨ 파일 선택 공통 대화상자가 처음으로 열릴 폴더

```
LPCTSTR         lpstrTitle;
```
⇨ 파일 선택 공통 대화상자의 제목 표시줄을 지정

```
DWORD           Flags;
```
⇨ 파일 선택 공통 대화상자의 모양과 동작을 지정하는 옵션을 설정하는 플래그

플래그	설명
OFN_ALLOWMULTISELECT	복수 개의 파일을 선택할 수 있도록 함. OFN_EXPLORER플래그와 같이 사용하지 않으면 구형 대화상자가 열린다.
OFN_CREATEPROMPT	존재하지 않는 파일명을 입력했을 경우 사용자에게 파일을 생성할 것인지 물어본다.
OFN_ENABLEHOOK	lpfnHook멤버가 가리키는 훅 프로시저를 사용 함
OFN_ENABLESIZING	크기 조정이 가능하도록 함. 윈도우즈 98이상에서만 가능.
OFN_ENABLETEMPLATE	리소스 템플리트를 사용하며 hInstance는 리소스를 정의하는 모듈의 핸들이다.
OFN_ENABLETEMPLATEHANDLE	리소스 템플리트를 사용하며 hInstance는 템플리트 데이터 핸들이다.
OFN_EXPLORER	대화상자의 커스터마이징 방법을 지정함
OFN_EXTENSIONDIFFERENT	사용자가 입력한 확장자가 디폴트 확장자와 다를 때 이 플래그를 설정하며 lpstrDefExt가 NULL이면 이 플래그는 사용되지 않음
OFN_FILEMUSTEXIST	사용자는 존재하는 파일만 입력해 넣을 수 있으며 없는 파일을 입력할 경우 경고 창을 출력한다. 또한 OFN_PATHUSTEXIST를 포함한다.
OFN_HIDEREADONLY	읽기 전용 체크 상자를 숨김
OFN_LONGNAMES	구형 대화상자에서 긴 파일 이름을 보여준다.
OFN_NOCHANGEDIR	사용자가 파일 선택을 위해 폴더를 변경하더라도 현재 폴더는 원래대로 유지함
OFN_NODEREFERENCELINKS	쇼트컷 파일을 리턴하고 만약 이 플래그를 지정하지 않으면 쇼트컷이 참조하는 파일을 리턴 함
OFN_NOLONGNAMES	구형 대화상자에서 짧은 파일 이름을 보여 줌
OFN_NONETWORKBUTTON	네트워크 버튼을 숨김
OFN_NOREADONLYRETURN	선택된 파일은 읽기 전용 버튼이 선택되지 않은 상태이며 쓰기 가능한 폴더에 있음을 지정
OFN_NOTESTFILECREATE	대화상자가 닫히기 전에 파일이 생성되지 않도록 함
OFN_NOVALIDATE	파일명으로 사용할 수 없는 문자를 검사하지 않도록 함
OFN_OVERWRITEPROMPT	저장하기 대화상자에서 선택한 파일이 이미 있을 경우 파일을 덮어 쓸 것인지를 물어 봄
OFN_PATHMUSTEXIST	존재하는 경로와 파일만 입력할 수 있도록 함
OFN_READONLY	대화상자를 만들 때 읽기 전용 체크 상자를 선택한 채로 생성함
OFN_SHAREAWARE	네트워크 공유 위반 에러가 발생해도 선택한 파일을 리턴 함
OFN_SHOWHELP	도움말 버튼을 보여줌

```
WORD            nFileOffset;
```
⇨ lpstrFile 버퍼내의 파일명 오프셋을 리턴 함

```
WORD            nFileExtension;
```
⇨ lpstrFile 버퍼내의 파일 확장자 오프셋을 리턴 함

```
LPCTSTR         lpstrDefExt;
```
⇨ 사용자가 확장자를 입력하지 않았을 경우 디폴트 확장자를 지정
  예 "txt","doc"

```
DWORD           lCustData;
```
⇨ 훅 프로시저로 보낼 사용자 정의 데이터
  WM_INITDIALOG의 lParam으로 이 구조체 자체가 전달되며 또한 이 멤버를 읽어 사용자 정의 데이터를 구할 수 있음

```
LPOFNHOOKPROC lpfnHook;
```
⇨ 훅 프로시저를 지정함
  OFN_ENABLEHOOK 플래그가 지정되어 있어야 함

```
LPCTSTR         lpTemplateName;
```
⇨ 템플리트를 지정함
  OFN_ENABLETEMPLATE 플래그가 지정되어 있어야 함

```
BOOL GetOpenFileName(
  LPOPENFILENAME lpofn    // address of structure with initialization
                          // data
);
```
⇨ 위 함수는 파일 이름을 알아온다. 파일 이름을 알아왔으면 0이 아닌 값을 지정한다.

따라하기

Step by Step

- **Step 01** 메뉴에서 [파일] → [새로 만들기] → [프로젝트]를 선택한다.
- **Step 02** '새 프로젝트' 창이 뜨면 프로젝트 형식을(MFC 응용 프로그램) 선택하고,
- **Step 03** 프로젝트 이름(DlgFile)을 지정하고,
- **Step 04** 폴더 위치(C:₩source)를 지정하고
- **Step 05** '솔루션용 디렉터리 만들기'에 체크 해제한다.
- **Step 06** [확인] 버튼을 클릭하고 다음 단계로 넘어 간다.
- **Step 07** 'MFC 응용 프로그램 마법사' 창이 나타나면
- **Step 08** '응용 프로그램 종류'를 클릭하고
- **Step 09** '응용 프로그램 종류'를 '대화 상자 기반'으로 설정하고

Step 10 '유니코드 라이브러리 사용'에 체크 해제한다.

Step 11 [마침] 버튼을 누른다.

Step 12 우선 다이얼로그 상자에 표시되어 있는 "TODO: 여기에 대화 상자 컨트롤을 배치합니다."라는 문자열을 지우기 위해 마우스 왼쪽 버튼 클릭해서 선택한 후 마우스 오른쪽 버튼을 클릭하면 빠른 메뉴 상자가 나타난다. 이 빠른 메뉴 상자에서 [삭제]를 선택하면 삭제되며 또는 간단하게 Del키를 클릭해도 된다. [확인] 버튼과 [취소] 버튼도 마찬가지로 삭제한다.

Step 13 아래의 표를 보고 컨트롤을 만든다.

컨트롤	Static Text	Button	Button
ID	IDC_STATIC	IDC_BUTT_PRINT	IDC_BUTT_EXIT
Caption	파일 선택 공통 대화상자	출력	종료
메시지		BN_CLICKED	BN_CLICKED
멤버 함수 이름		OnButtPrint	OnButtExit

Step 14 [출력] 버튼을 더블클릭한 후 아래의 소스코드를 입력한다.

```
void CDlgFileDlg::OnButtPrint()
{
    // TODO: Add your control notification handler code here
    OPENFILENAME oFn;
    char FileName[200];
    char lpstrFile[MAX_PATH]="";

    memset(&oFn,0,sizeof(OPENFILENAME));
    oFn.lStructSize=sizeof(OPENFILENAME);
    oFn.hwndOwner=m_hWnd;
    oFn.lpstrFilter="모든파일(*.*)\0*.*\0TextFile\0*.txt";
    oFn.lpstrFile=lpstrFile;
    oFn.nMaxFile=256;
    oFn.lpstrInitialDir="C:\\";

    if(GetOpenFileName(&oFn)==0)
    {
        MessageBox("파일을 열지 못했음","알림!",NULL);
    }
    else
    {
        sprintf(FileName,"%s 파일을 선택하였다.",oFn.lpstrFile);
        MessageBox(FileName,"알림!",NULL);
    }

}
```

Step 15 [종료] 버튼을 더블클릭한 후 아래의 소스코드를 입력한다.

```
void CDlgFileDlg::OnButtExit()
{
    // TODO: Add your control notification handler code here
    OnOK();
}
```

Step 16 컴파일 한 후 실행해 본다.

12-3 색상 선택 공통 대화상자

이번에는 색상 선택 공통 대화상자에 대하여 알아보겠다.

우리가 만들 프로그램은 다음 그림과 같다.

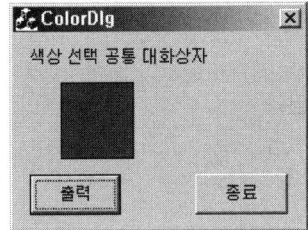

[출력] 버튼을 클릭하면 다음의 그림과 같이 컬러 선택 대화상자가 출력된다.

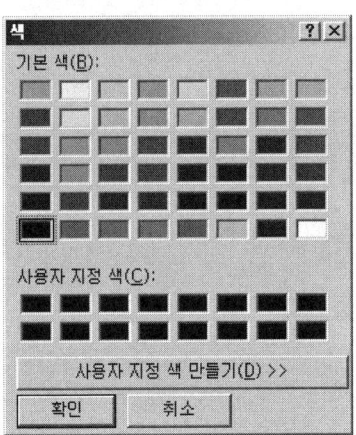

아무 색이나 선택하고 [확인] 버튼을 클릭하면 다이얼로그 상자에 있는 사각형의 색이 바뀐다.

함수설명

```
typedef struct {    // cc
    DWORD           lStructSize;
    HWND            hwndOwner;
    HWND            hInstance;
    COLORREF        rgbResult;
    COLORREF*       lpCustColors;
    DWORD           Flags;
    LPARAM          lCustData;
    LPCCHOOKPROC    lpfnHook;
    LPCTSTR         lpTemplateName;
} CHOOSECOLOR;
```

⇨ 위 구조체는 색상 선택 공통 대화상자를 구성할 때 쓰인다.

DWORD   lStructSize;

⇨ 이 구조체의 크기

HWND   hwndOwner;

⇨ 윈도우에 대한 핸들

HWND   hInstance;

⇨ 인스턴스 핸들

COLORREF   rgbResult;

⇨ 사용자가 선택한 색상이 이 변수로 전달된다.

COLORREF*   lpCustColors;

⇨ 사용자의 정의 색상이 변경되었을 경우 지정함

DWORD   Flags;

⇨ 플래그를 지정한다.

플래그	설명
CC_ANYCOLOR	기본 색상중 모든 색상을 보여줌
CC_FULLOPEN	대화상자를 확장형으로 보여줌
CC_PREVENTFULLOPEN	확장형을 열리지 못하도록 함
CC_RGBINIT	rgbResult 멤버가 지정하는 값을 초기 선택 색상으로 사용함
CC_SOLIDCOLOR	디더링 되지 않은 색상만 보여줌

```
BOOL ChooseColor(
  LPCHOOSECOLOR lpcc    // pointer to structure with initialization
                        // data
);
```

⇨ 위 함수는 색상을 선택한다.

LPCHOOSECOLOR lpcc

⇨ CHOOSECOLOR 구조체에 대한 포인터

따라하기

Step 01 메뉴에서 [파일] → [새로 만들기] → [프로젝트]를 선택한다.

Step 02 '새 프로젝트' 창이 뜨면 프로젝트 형식을(MFC 응용 프로그램) 선택하고,

Step 03 프로젝트 이름(ColorDlg)을 지정하고,

Step 04 폴더 위치(C:\source)를 지정하고

Step 05 '솔루션용 디렉터리 만들기'에 체크 해제한다.

Step 06 [확인] 버튼을 클릭하고 다음 단계로 넘어 간다.

Step 07 'MFC 응용 프로그램 마법사' 창이 나타나면

Step 08 '응용 프로그램 종류'를 클릭하고

Step 09 '응용 프로그램 종류'를 '대화 상자 기반'으로 설정하고

Step 10 '유니코드 라이브러리 사용'에 체크 해제한다.

Step 11 [마침] 버튼을 누른다.

Step 12 우선 다이얼로그 상자에 표시되어 있는 "TODO: 여기에 대화 상자 컨트롤을 배치합니다."라는 문자열을 지우기 위해 마우스 왼쪽 버튼 클릭해서 선택한 후 마우스 오른쪽 버튼을 클릭하면 빠른 메뉴 상자가 나타난다. 이 빠른 메뉴 상자에서 [삭제]를 선택하면 삭제되며 또는 간단하게 Del 키를 클릭해도 된다. [확인] 버튼과 [취소] 버튼도 마찬가지로 삭제한다.

Step 13 아래의 표를 보고 컨트롤을 만든다.

컨트롤	Static Text	Button	Button
ID	IDC_STATIC	IDC_BUTT_PRINT	IDC_BUTT_EXIT
Caption	색상 선택 공통 대화상자	출력	종료
메시지		BN_CLICKED	BN_CLICKED
멤버 함수 이름		OnButtPrint	OnButtExit

Step 14 [출력] 버튼을 더블클릭한 후 아래의 소스코드를 입력한다.

```cpp
void CColorDlgDlg::OnButtPrint()
{
    // TODO: Add your control notification handler code here
    CHOOSECOLOR cOl;
        memset(&cOl,0,sizeof(CHOOSECOLOR));
    cOl.lStructSize=sizeof(CHOOSECOLOR);
    cOl.hwndOwner=m_hWnd;
    cOl.lpCustColors=crTemp;
    cOl.Flags=0;

    if(ChooseColor(&cOl)!=0)
    {
        Color=cOl.rgbResult;
        Invalidate(TRUE);
    }

}
```

Step 15 [종료] 버튼을 더블클릭한 후 아래의 소스코드를 입력한다.

```cpp
void CColorDlgDlg::OnButtExit()
{
    // TODO: Add your control notification handler code here
    OnOK();
}
```

Step 16 컴파일 한 후 실행해 본다.

Chapter 13

서로 다른 프로그램간의 통신

이번 장에서는 서로 다른 프로그램간에 어떻게 통신을 하는지에 대해서 알아보겠다.

13-1 다른 프로그램의 WM_TIMER 메시지 발생하기 / 13-2 Spy++

13-1 다른 프로그램의 WM_TIMER 메시지 발생하기

우선 서로 다른 두 개의 프로그램을 만든다.

첫 번째로 우리가 만들 프로그램은 다음 그림과 같다.

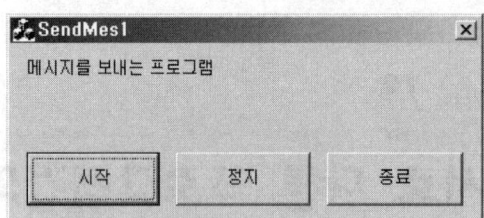
◐ 소스폴더 Source₩SendMes1

두 번째로 우리가 만들 프로그램은 다음 그림과 같다.

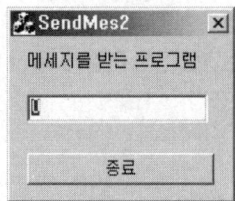
◐ 소스폴더 Source₩SendMes2

첫 번째 프로그램에서 [시작] 버튼을 클릭하면 다음의 그림처럼 두 번째 프로그램의 WM_TIMER 메시지가 발생하면서 에디터 상자에 수가 출력된다.

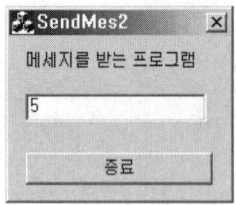

함수설명

```
HWND FindWindow(
  LPCTSTR lpClassName,   // pointer to class name
  LPCTSTR lpWindowName   // pointer to window name
);
```
⇨ 위 함수는 윈도우(다이얼로그 상자)의 클래스와 제목을 찾아 핸들을 리턴 한다.

LPCTSTR lpClassName
⇨ 찾을 윈도우의 클래스를 지정한다.

LPCTSTR lpWindowName
⇨ 찾을 윈도우의 제목을 지정한다.

```
LRESULT SendMessage(
  HWND hWnd,        // handle of destination window
  UINT Msg,         // message to send
  WPARAM wParam,    // first message parameter
  LPARAM lParam     // second message parameter
);
```
⇨ 위 함수는 메시지를 보낸다.

HWND hWnd
⇨ 윈도우의 핸들을 지정한다.

UINT Msg
⇨ 메시지를 지정한다.

WPARAM wParam
⇨ 다른 추가 정보를 입력

LPARAM lParam
⇨ 다른 추가 정보를 입력

실습 1 첫 번째 프로그램 작성

□ 소스폴더 Source\SendMes1 □

따라하기
Step by Step

Step 01 메뉴에서 [파일] → [새로 만들기] → [프로젝트]를 선택한다.

Step 02 '새 프로젝트' 창이 뜨면 프로젝트 형식을(MFC 응용 프로그램) 선택하고,

Step 03 프로젝트 이름(SendMes1)을 지정하고,

Step 04 폴더 위치(C:\source)를 지정하고

Step 05 '솔루션용 디렉터리 만들기'에 체크 해제한다.

Step 06 [확인] 버튼을 클릭하고 다음 단계로 넘어 간다.

Step 07 'MFC 응용 프로그램 마법사' 창이 나타나면

Step 08 '응용 프로그램 종류'를 클릭하고

Step 09 '응용 프로그램 종류'를 '대화 상자 기반'으로 설정하고

Step 10 '유니코드 라이브러리 사용'에 체크 해제한다.

Step 11 [마침] 버튼을 누른다.

Step 12 우선 다이얼로그 상자에 표시되어 있는 "TODO: 여기에 대화 상자 컨트롤을 배치합니다."라는 문자열을 지우기 위해 마우스 왼쪽 버튼 클릭해서 선택한 후 마우스 오른쪽 버튼을 클릭하면 빠른 메뉴 상자가 나타난다. 이 빠른 메뉴 상자에서 [삭제]를 선택하면 삭제되며 또는 간단하게 Del키를 클릭해도 된다. [확인] 버튼과 [취소] 버튼도 마찬가지로 삭제한다.

Step 13 아래의 표를 보고 컨트롤을 만든다.

컨트롤	Static Text	Button	Button	Button
ID	IDC_STATIC	IDC_BUTT_START	IDC_BUTT_STOP	IDC_BUTT_EXIT
Caption	메시지를 보내는 프로그램	시작	정지	종료
메시지		BN_CLICKED	BN_CLICKED	BN_CLICKED
멤버 함수 이름		OnButtStart	OnButtStop	OnButtExit

Step 14 클래스 마법사의 메시지 탭에서 WM_TIMER 메시지에 함수를 만든 후 아래의 소스 코드를 입력한다.

```
void CSendMes1Dlg::OnTimer(UINT nIDEvent)
{
    // TODO: Add your message handler code here and/or call default
    HWND hWnd=::FindWindow(NULL,"SendMes2");

    if(hWnd)
    {
        ::SendMessage(hWnd,WM_TIMER,0,0);
    }
    else
    {
        KillTimer(1);
        MessageBox("찾지 못했습니다.","경고",NULL);
    }
    CDialog::OnTimer(nIDEvent);
}
```

Step 15 [시작] 버튼을 더블클릭한 후 아래의 소스코드를 입력한다.

```
void CSendMes1Dlg::OnButtStart()
{
    // TODO: Add your control notification handler code here
    SetTimer(1,1000,NULL);
}
```

Step 16 [정지] 버튼을 더블클릭한 후 아래의 소스코드를 입력한다.

```
void CSendMes1Dlg::OnButtStop()
{
    // TODO: Add your control notification handler code here
    KillTimer(1);
}
```

Step 17 [종료] 버튼을 더블클릭한 후 아래의 소스코드를 입력한다.

```
void CSendMes1Dlg::OnButtExit()
{
    // TODO: Add your control notification handler code here
    OnOK();
}
```

Step 18 컴파일 한 후 실행해 본다. 이 프로그램은 다음의 두 번째 프로그램이 완성된 후 실행되었을 때 정상적인 동작을 한다.

실습 2 두 번째 프로그램 작성

□ 소스폴더 Source\SendMes2 □

따라하기

Step by Step

Step 01 메뉴에서 [파일] → [새로 만들기] → [프로젝트]를 선택한다.

Step 02 '새 프로젝트' 창이 뜨면 프로젝트 형식을(MFC 응용 프로그램) 선택하고,

Step 03 프로젝트 이름(SendMes2)을 지정하고,

Step 04 폴더 위치(C:\source)를 지정하고

Step 05 '솔루션용 디렉터리 만들기'에 체크 해제한다.

Step 06 [확인] 버튼을 클릭하고 다음 단계로 넘어 간다.

Step 07 'MFC 응용 프로그램 마법사' 창이 나타나면

Step 08) '응용 프로그램 종류'를 클릭하고

Step 09) '응용 프로그램 종류'를 '대화 상자 기반'으로 설정하고

Step 10) '유니코드 라이브러리 사용'에 체크 해제한다.

Step 11) [마침] 버튼을 누른다.

Step 12) 우선 다이얼로그 상자에 표시되어 있는 "TODO: 여기에 대화 상자 컨트롤을 배치합니다."라는 문자열을 지우기 위해 마우스 왼쪽 버튼 클릭해서 선택한 후 마우스 오른쪽 버튼을 클릭하면 빠른 메뉴 상자가 나타난다. 이 빠른 메뉴 상자에서 [삭제]를 선택하면 삭제되며 또는 간단하게 Del키를 클릭해도 된다. [확인] 버튼과 [취소] 버튼도 마찬가지로 삭제한다.

Step 13) 아래의 표를 보고 컨트롤을 만든다.

컨트롤	Static Text	Edit Box	Button
ID	IDC_STATIC	IDC_EDIT_A	IDC_BUTT_EXIT
Caption	메세지를 받는 프로그램		종료
멤버 변수 이름		m_EditA	
범주		Value	
변수 형식		int	
메시지			BN_CLICKED
멤버 함수 이름			OnButtExit

Step 14) 클래스 마법사의 메시지 탭에서 WM_TIMER 메시지에 함수를 만든 후 아래의 소스 코드를 입력한다.

```
void CSendMes2Dlg::OnTimer(UINT nIDEvent)
{
    // TODO: Add your message handler code here and/or call default
    m_EditA=m_EditA+1;
    UpdateData(FALSE);
    CDialog::OnTimer(nIDEvent);
}
```

Step 15) [종료] 버튼을 더블클릭한 후 아래의 소스코드를 입력한다.

```
void CSendMes2Dlg::OnButtExit()
{
    // TODO: Add your control notification handler code here
    OnOK();
}
```

Step 16) 컴파일 한 후 실행해 본다. 첫 번째 프로그램을 실행 시킨 후 테스트 해 본다.

13-2 Spy++

위의 프로그램을 잘만 이용하면 계산기나, 한글 같은 프로그램에도 메시지를 보낼 수 있다. 하지만 이들 프로그램에게 메시지를 보내려면 핸들과 메시지의 종류를 알아야 한다. 그래서 다른 프로그램의 핸들과 메시지를 알아내는 프로그램이 바로 Spy++이다.

간단하게 이 프로그램의 사용 방법에 대하여 알아보겠다. 계산기의 정보에 대하여 알아보겠다.

따라하기
Step by Step

Step 01 먼저 [시작] → [모든 프로그램] → [보조 프로그램] → [계산기]를 차례로 선택해서 계산기 프로그램을 실행시켜 놓는다.

Step 02 [시작] → [모든 프로그램] → [Microsoft Visual Studio 2010] → [Visual Studio Tools] → [Spy++]를 차례로 선택한다.

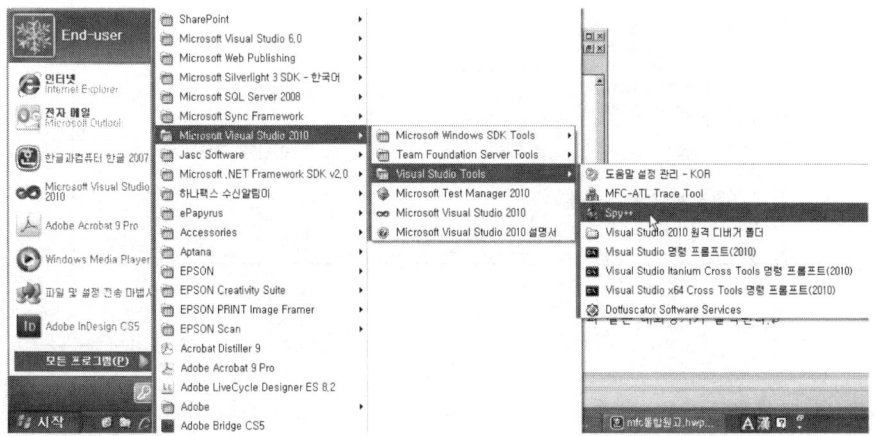

Step 03 다음의 그림과 같은 프로그램이 실행 될 것이다.

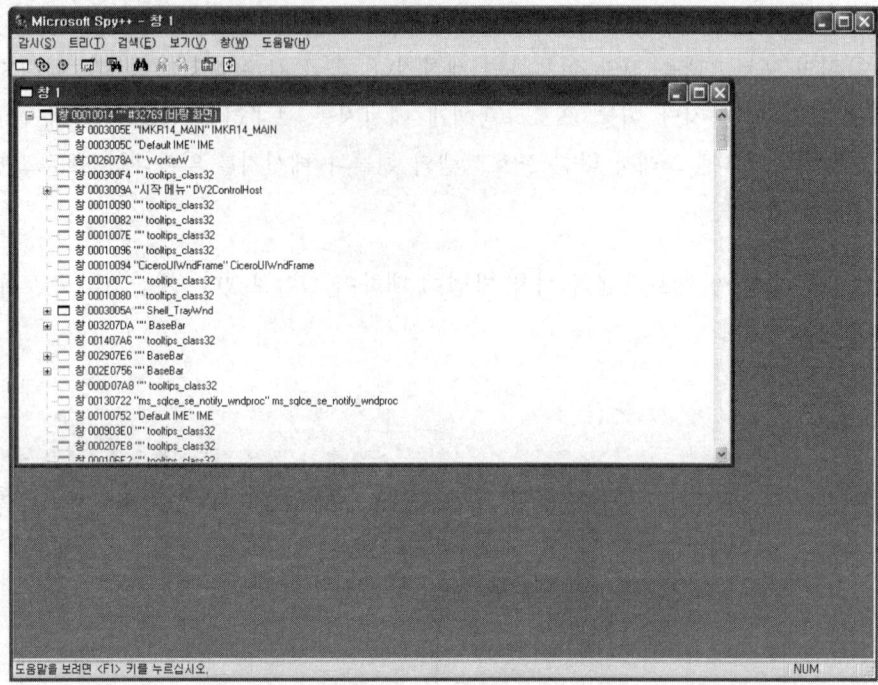

Step 04 메뉴에서 [감시] → [로그 메시지]를 선택하면 다음의 그림과 같이 메시지 옵션 대화상자가 출력된다.

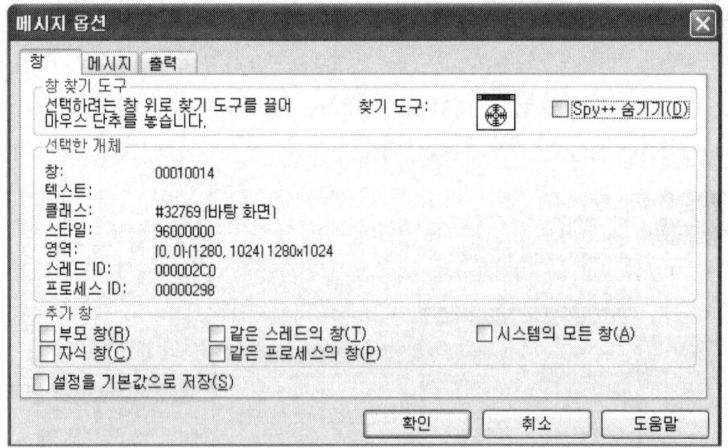

Step 05 위 메시지 옵션 대화상자에서 찾기 도구: 의 옆에 있는 그림을 드래그 한 후 계산기에 드롭 한다.

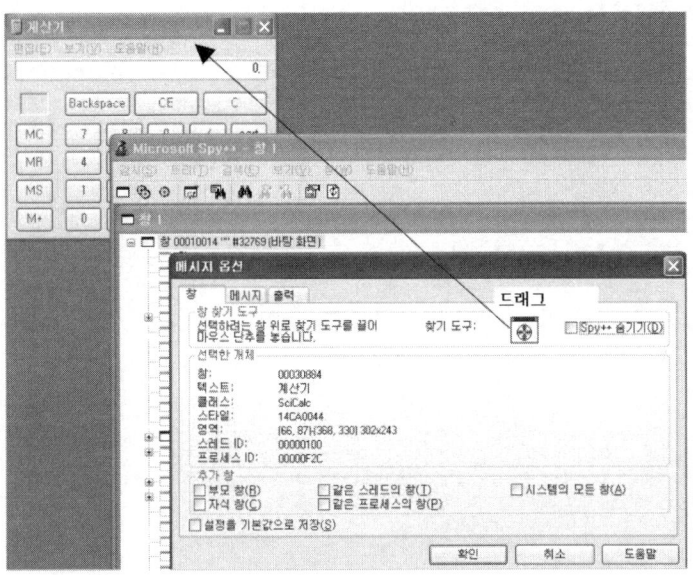

Step 06 이 결과 위 메시지 옵션 대화상자의 [선택한 개체]에 계산기의 정보가 출력된다.

Step 07 메시지 옵션 대화상자의 [메시지] 탭을 선택하면 계산기가 사용하는 메시지들을 볼 수 있다.

Chapter 14

사운드와 동영상 연주하기

이번 장에서는 사운드와 동영상을 연주하는 방법에 대하여 알아보겠다.

14-1 Wav 파일 연주하기 / 14-2 리소스에 있는 Wav 파일 연주하기 / 14-3 레지스트리에 등록된 Wav 연주 / 14-4 MCI를 이용한 Wav파일 연주하기 / 14-5 MID 연주하는 프로그램 / 14-6 AVI연주하는 프로그램

Visual C++ 2010 MFC 프로그래밍

14-1 Wav 파일 연주하기

이번에는 Wav 파일을 연주하는 방법에 대하여 알아보겠다.

우리가 만들 프로그램은 다음 그림과 같다.

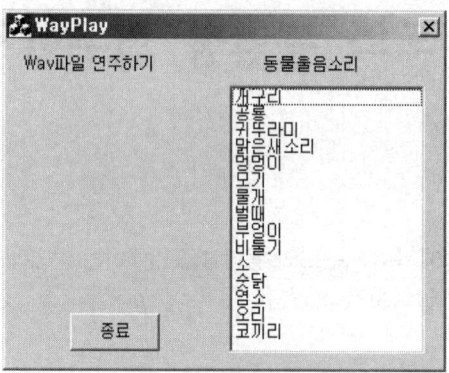

리스트 상자에서 각각의 동물 이름을 클릭하면 동물 울음소리가 출력된다.

```
BOOL PlaySound(
   LPCSTR pszSound,
   HMODULE hmod,
   DWORD fdwSound
);
```

⇨ 위 함수는 Wav파일 등을 연주한다.

LPCSTR pszSound
⇨ 파일의 이름을 지정한다.

HMODULE hmod
⇨ 리소스에 있는 Wav파일을 연주할 경우 핸들을 지정한다.

DWORD fdwSound
⇨ 연주 방식을 지정하는 플래그를 지정한다.

플래그	설명
SND_ALIAS	pszSound는 레지스트리에 정의된 시스템 이벤트이다.
SND_ALIAS_ID	pszSound는 미리 정의된 사운드의 ID다.
SND_ASYNC	비동기 연주.
SND_FILENAME	pszSound는 사운드 파일의 이름이다.
SND_LOOP	무한 반복 연주한다.
SND_MEMORY	메모리에 사운드가 있다. 그러므로 pszSound에는 메모리 주소를 지정한다.
SND_NODEFAULT	pszSound에서 지정한 사운드가 없을 경우 디폴트 경고음을 연주하는데 이 경고음을 연주하지 않는다.
SND_NOSTOP	연주가 다 끝날 때까지 새로 연주하지 않는다.
SND_NOWAIT	사운드 드라이버가 사용중일 경우 대기하지 않고 즉각 리턴 한다.
SND_RESOURCE	pszSound가 리소스의 아이디이면 hmod는 그 리소스의 핸들이다.
SND_SYNC	동기화 연주.

따라하기
Step by Step

Step 01 메뉴에서 [파일] → [새로 만들기] → [프로젝트]를 선택한다.

Step 02 '새 프로젝트' 창이 뜨면 프로젝트 형식을(MFC 응용 프로그램) 선택하고,

Step 03 프로젝트 이름(WavPlay)을 지정하고,

Step 04 폴더 위치(C:\source)를 지정하고

Step 05 '솔루션용 디렉터리 만들기'에 체크 해제한다.

Step 06 [확인] 버튼을 클릭하고 다음 단계로 넘어 간다.

Step 07 'MFC 응용 프로그램 마법사' 창이 나타나면

Step 08 '응용 프로그램 종류'를 클릭하고

Step 09 '응용 프로그램 종류'를 '대화 상자 기반'으로 설정하고

Step 10 '유니코드 라이브러리 사용'에 체크 해제한다.

Step 11 [마침] 버튼을 누른다.

Step 12 우선 다이얼로그 상자에 표시되어 있는 "TODO: 여기에 대화 상자 컨트롤을 배치합니다."라는 문자열을 지우기 위해 마우스 왼쪽 버튼 클릭해서 선택한 후 마우스 오른쪽 버튼을 클릭하면 빠른 메뉴 상자가 나타난다. 이 빠른 메뉴 상자에서 [삭제]를 선택하면 삭제되며 또는 간단하게 Del키를 클릭해도 된다. [확인] 버튼과 [취소] 버튼도 마찬가지로 삭제한다.

Step 13 아래의 표를 보고 컨트롤을 만든다.

컨트롤	Static Text	Static Text	List Box
ID	IDC_STATIC	IDC_STATIC	IDC_LIST
Caption	Wav파일 연주하기	동물울음소리	
멤버 변수 이름			m_List
범주			Control
변수 형식			CListBox

컨트롤	Button	Button
ID	IDC_BUTT_STOP	IDC_BUTT_EXIT
Caption	정지	종료
메시지	BN_CLICKED	BN_CLICKED
멤버 함수 이름	OnButtStop	OnButtExit

Step 14 [메뉴] → [프로젝트] → [WavPlay 속성]을 차례로 선택한 후 나타나는 WavPlay 속성 페이지 대화 상자에서 [구성 속성] → [링커] → [입력]을 차례로 선택한다.

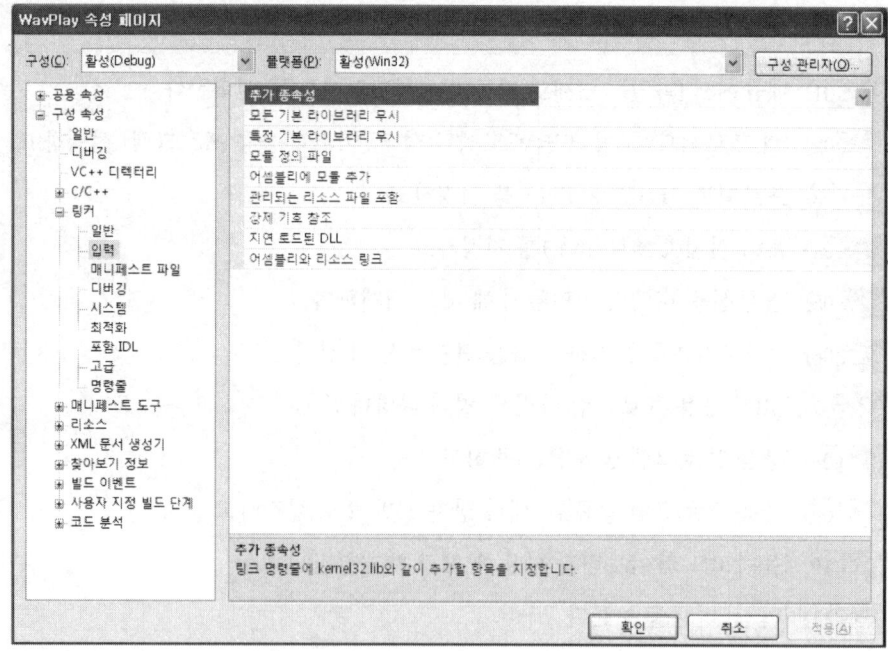

Step 15 위의 그림처럼 [추가 종속성]의 에디터 상자에 winmm.lib라고 적어 주고 [확인] 버튼을 클릭한다.

Chapter 14 사운드와 동영상 연주하기

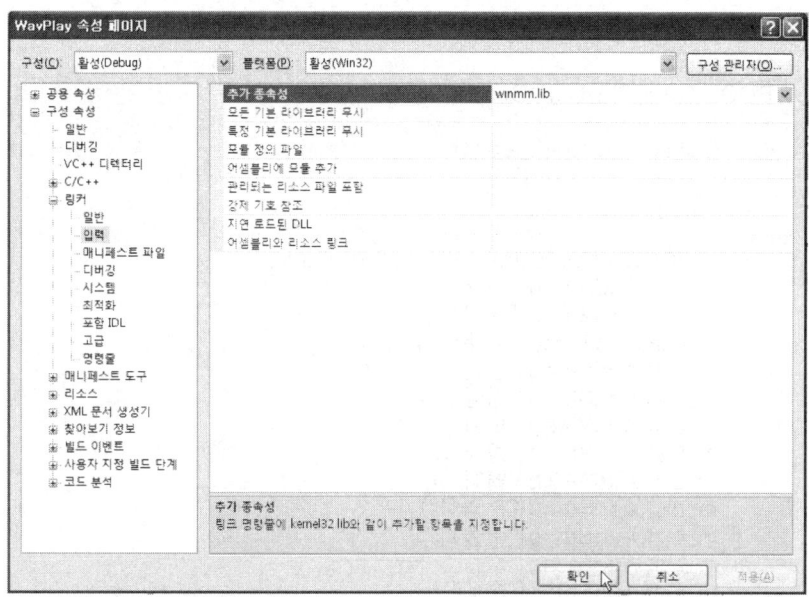

PlaySound() 함수를 사용하기 위해서는 winmm.lib 라이브러리 파일을 링크 해 주어야 하고 mmsystem.h 헤더파일을 include 해주어야 한다.

Step 16 mmsystem.h 헤더파일을 include 해주기 위해 메뉴에서 [보기] → [솔루션 탐색기]를 선택해서 솔루션 탐색기를 실행시킨 후 WavPlayDlg.cpp에 다음 그림처럼 입력해 준다.

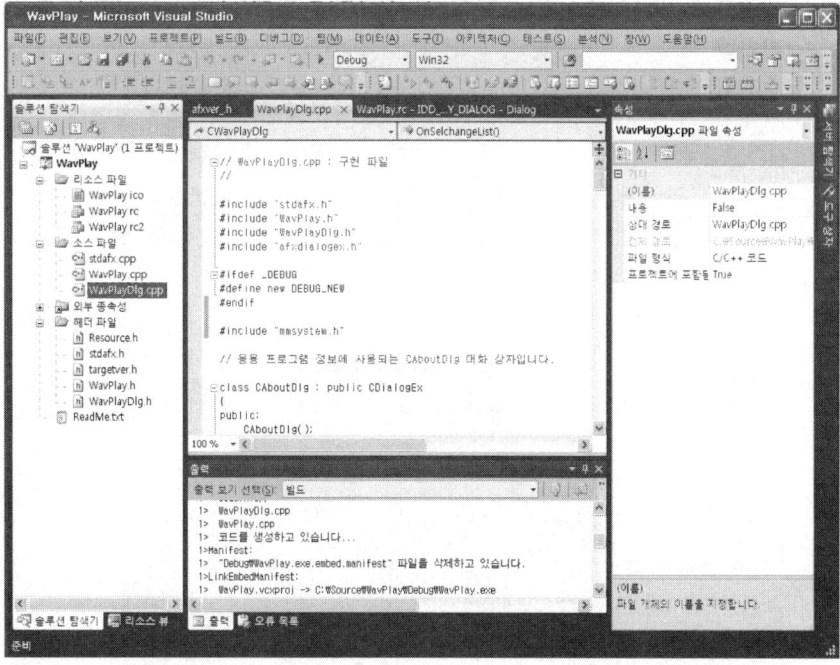

341

Step 17 OnInitDialog 함수에 아래의 소스코드를 입력한다.

```
BOOL CWayPlayDlg::OnInitDialog()
{
    CDialog::OnInitDialog();
      .
      .
      .
    // TODO: Add extra initialization here
    m_List.AddString("개구리");
    m_List.AddString("공룡");
    m_List.AddString("귀뚜라미");
    m_List.AddString("맑은새소리");
    m_List.AddString("멍멍이");
    m_List.AddString("모기");
    m_List.AddString("물개");
    m_List.AddString("벌때");
    m_List.AddString("부엉이");
    m_List.AddString("비둘기");
    m_List.AddString("소");
    m_List.AddString("숫닭");
    m_List.AddString("염소");
    m_List.AddString("오리");
    m_List.AddString("코끼리");

    return TRUE;  // return TRUE  unless you set the focus to a control
}
```

Step 18 리스트 상자의 LBN_SELCHANGE 메시지에 함수를 만든 후 아래의 소스코드를 입력한다.

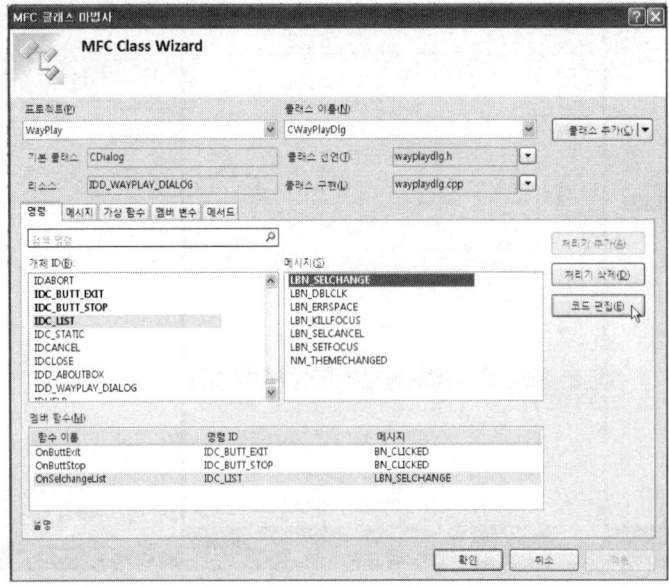

```cpp
void CWayPlayDlg::OnSelchangeList()
{
    // TODO: Add your control notification handler code here
    int nCount=0;
    nCount=m_List.GetCurSel();

    switch(nCount)
    {
    case 0:
        PlaySound("c:\\Source\\wav\\개구리.wav",NULL,SND_ASYNC);
        break;
    case 1:
        PlaySound("c:\\Source\\wav\\공룡.wav",NULL,SND_ASYNC);
        break;
    case 2:
        PlaySound("c:\\Source\\wav\\귀뚜라미.wav",NULL,SND_ASYNC);
        break;
    case 3:
        PlaySound("c:\\Source\\wav\\맑은새소리.wav",NULL,SND_ASYNC);
        break;
    case 4:
        PlaySound("c:\\Source\\wav\\멍멍이.wav",NULL,SND_ASYNC);
        break;
    case 5:
        PlaySound("c:\\Source\\wav\\모기.wav",NULL,SND_ASYNC);
        break;
    case 6:
        PlaySound("c:\\Source\\wav\\물개.wav",NULL,SND_ASYNC);
        break;
    case 7:
        PlaySound("c:\\Source\\wav\\벌떼.wav",NULL,SND_ASYNC);
        break;
    case 8:
        PlaySound("c:\\Source\\wav\\부엉이.wav",NULL,SND_ASYNC);
        break;
    case 9:
        PlaySound("c:\\Source\\wav\\비둘기.wav",NULL,SND_ASYNC);
        break;
    case 10:
        PlaySound("c:\\Source\\wav\\소.wav",NULL,SND_ASYNC);
        break;
    case 11:
        PlaySound("c:\\Source\\wav\\숫닭.wav",NULL,SND_ASYNC);
        break;
    case 12:
        PlaySound("c:\\Source\\wav\\염소.wav",NULL,SND_ASYNC);
        break;
```

```
        case 13:
            PlaySound("c:\\Source\\wav\\오리.wav",NULL,SND_ASYNC);
            break;
        case 14:
            PlaySound("c:\\Source\\wav\\코끼리.wav",NULL,SND_ASYNC);
            break;
    }
}
```

여기에 사용된 Wav 파일들은 부록파일의 Source\Wav에 있다.

Step 19 [정지] 버튼을 더블클릭한 후 아래의 소스코드를 입력한다.

```
void CWayPlayDlg::OnButtStop()
{
    // TODO: Add your control notification handler code here
    PlaySound(NULL,NULL,SND_ASYNC);
}
```

Step 20 [종료] 버튼을 더블클릭한 후 아래의 소스코드를 입력한다.

```
void CWayPlayDlg::OnButtExit()
{
    // TODO: Add your control notification handler code here
    OnOK();
}
```

Step 21 컴파일 한 후 실행해 본다.

14-2 리소스에 있는 Wav 파일 연주하기

이번에는 리소스에 있는 Wav 파일을 연주하여 보겠다.
리소스에 Wav 파일을 포함하면 Wav 파일이 실행(.exe)파일에 같이 포함되어 Wav 파일이 지워져도 상관없이 연주할 수 있다. 단 실행 파일의 용량이 늘어나는 단점이 있다.

□ 소스폴더 Source₩ResWav □

우리가 만들 프로그램은 다음 그림과 같다.

[연주] 버튼을 클릭하면 코끼리 울음소리가 연속으로 날 것이다.

Step 01 메뉴에서 [파일] → [새로 만들기] → [프로젝트]를 선택한다.
Step 02 '새 프로젝트' 창이 뜨면 프로젝트 형식을(MFC 응용 프로그램) 선택하고,
Step 03 프로젝트 이름(ResWav)을 지정하고,
Step 04 폴더 위치(C:₩source)를 지정하고
Step 05 '솔루션용 디렉터리 만들기'에 체크 해제한다.
Step 06 [확인] 버튼을 클릭하고 다음 단계로 넘어 간다.
Step 07 'MFC 응용 프로그램 마법사' 창이 나타나면
Step 08 '응용 프로그램 종류'를 클릭하고
Step 09 '응용 프로그램 종류'를 '대화 상자 기반'으로 설정하고
Step 10 '유니코드 라이브러리 사용'에 체크 해제한다.
Step 11 [마침] 버튼을 누른다.

Step 12 우선 다이얼로그 상자에 표시되어 있는 "TODO: 여기에 대화 상자 컨트롤을 배치합니다."라는 문자열을 지우기 위해 마우스 왼쪽 버튼 클릭해서 선택한 후 마우스 오른쪽 버튼을 클릭하면 빠른 메뉴 상자가 나타난다. 이 빠른 메뉴 상자에서 [삭제]를 선택하면 삭제되며 또는 간단하게 Del키를 클릭해도 된다. [확인] 버튼과 [취소] 버튼도 마찬가지로 삭제한다.

Step 13 아래의 표를 보고 컨트롤을 만든다.

컨트롤	Static Text	Button	Button	Button
ID	IDC_STATIC	IDC_BUTT_PLAY	IDC_BUTT_STOP	IDC_BUTT_EXIT
Caption	리소스에 있는 Wav 파일 연주하기	연주	정지	종료
메시지		BN_CLICKED	BN_CLICKED	BN_CLICKED
멤버 함수 이름		OnButtPlay	OnButtStop	OnButtExit

Step 14 [메뉴] → [프로젝트] → [ResWav 속성]을 차례로 선택한 후 나타나는 ResWav 속성 페이지 대화 상자에서 [구성 속성] → [링커] → [입력]을 차례로 선택한다.

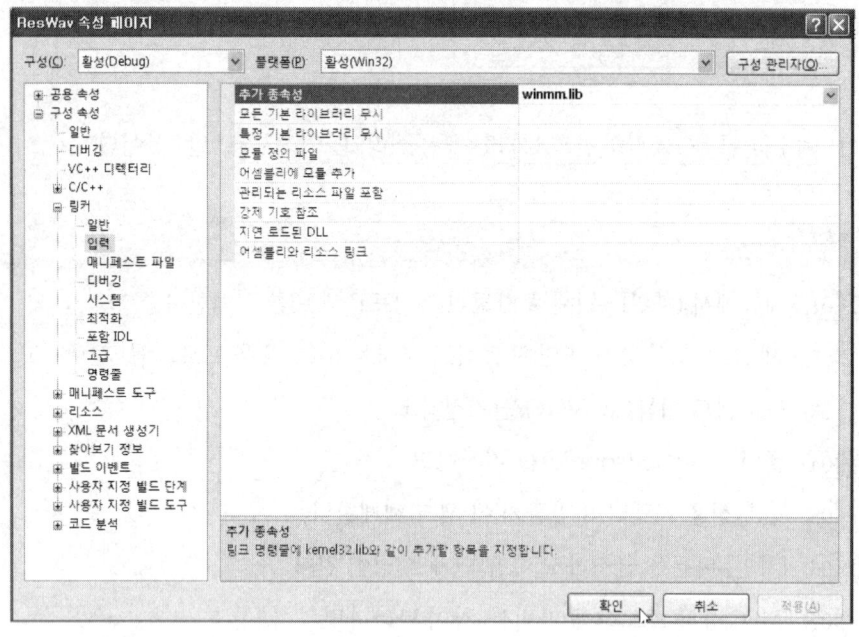

Step 15 위의 그림처럼 [추가 종속성]의 에디터 상자에 winmm.lib라고 적어 주고 [확인] 버튼을 클릭한다.

PlaySound() 함수를 사용하기 위해서는 winmm.lib 라이브러리 파일을 링크 해 주어야 하고 mmsystem.h 헤더파일을 include 해주어야 한다.

Step 16 mmsystem.h 헤더파일을 include 해주기 위해 메뉴에서 [보기] → [솔루션 탐색기]를 선택해서 솔루션 탐색기를 실행 시킨 후 ResWavDlg.cpp에 다음 그림처럼 입력해 준다.

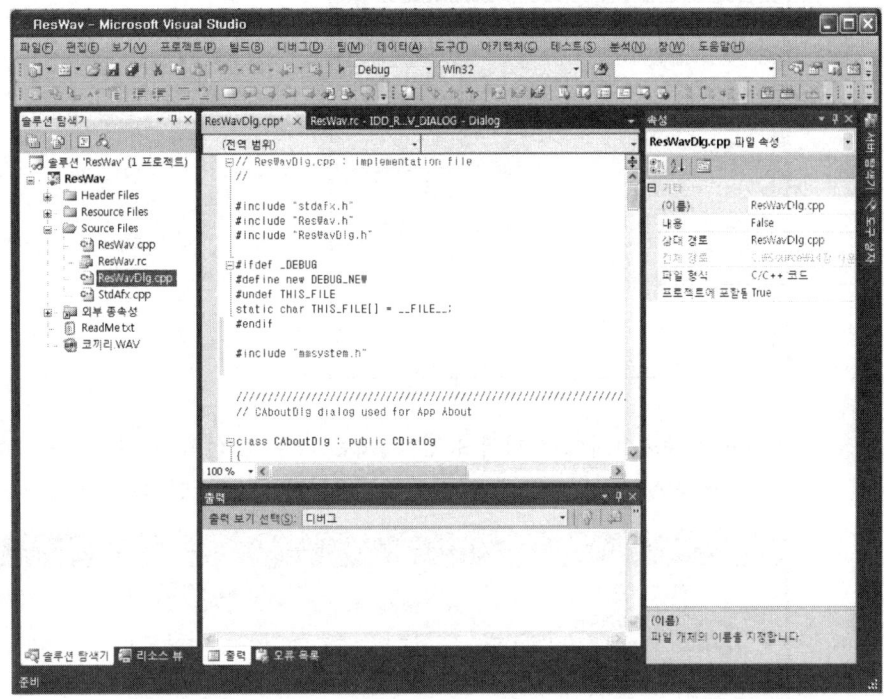

Step 17 리소스에 코끼리.wav 파일을 추가하기 위해서 ResWav 리소스 뷰에서 마우그 오른쪽 버튼을 클릭하고 나타나는 메뉴에서 [추가] → [리소스]를 선택한다.

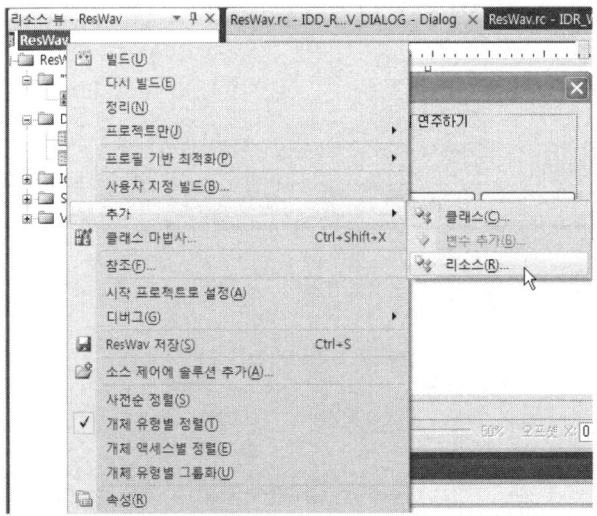

Step 18 나타나는 리소스 추가 대화상자에서 "WAVE"를 선택한 후 [가져오기] 버튼을 클릭한다.

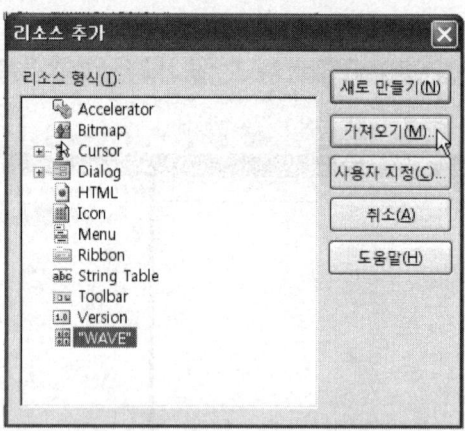

Step 19 가져오기 대화상자에서 개체 유형을 "모든 파일'로 선택 한 후 부록 소스 파일의 Source₩WAV에서 "코끼리"를 선택한 후 [열기] 버튼을 클릭한다.

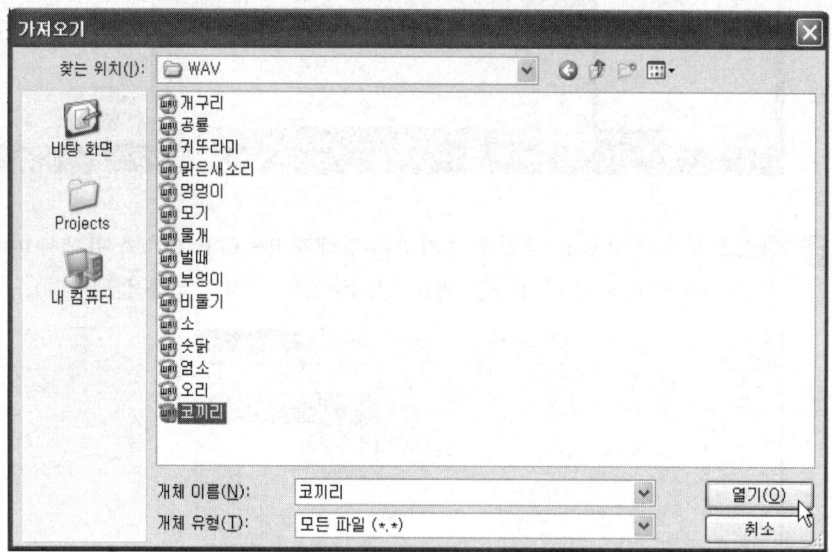

Step 20) 위 작업 결과 다음의 그림처럼 리소스 파일이 추가 될 것이다.

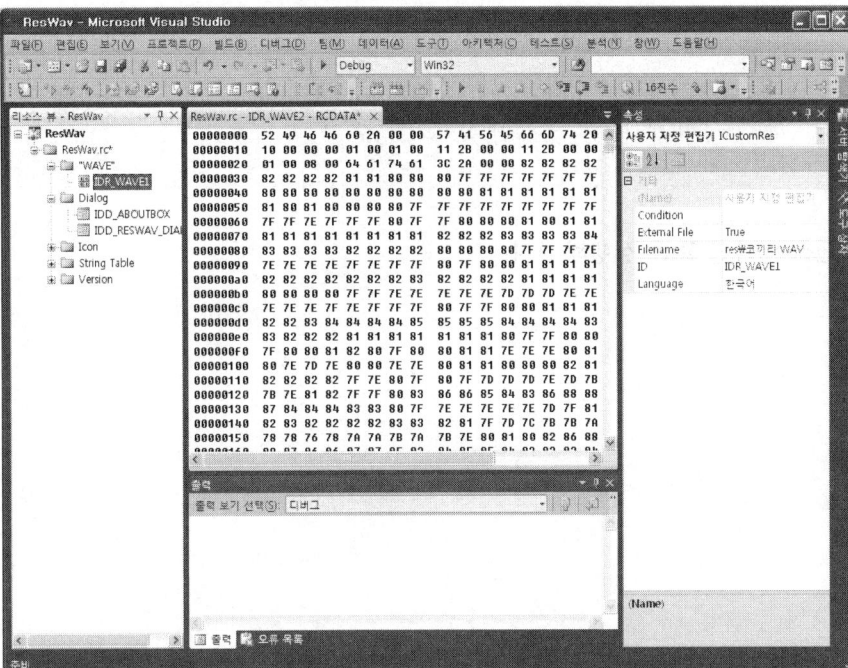

Step 21) [연주] 버튼을 더블클릭한 후 아래의 소스코드를 입력한다.

```
void CResWavDlg::OnButtPlay()
{
    // TODO: Add your control notification handler code here

PlaySound(MAKEINTRESOURCE(IDR_WAVE1),AfxGetInstanceHandle(),
        SND_RESOURCE | SND_ASYNC | SND_LOOP);
}
```

Step 22) [정지] 버튼을 더블클릭한 후 아래의 소스코드를 입력한다.

```
void CResWavDlg::OnButtStop()
{
    // TODO: Add your control notification handler code here
    PlaySound(NULL,NULL,NULL);
}
```

Step 23 [종료] 버튼을 더블클릭한 후 아래의 소스코드를 입력한다.

```
void CResWavDlg::OnButtExit()
{
    // TODO: Add your control notification handler code here
    OnOK();
}
```

Step 24 컴파일 한 후 실행해 본다.

14-3 레지스트리에 등록된 Wav 연주

이번에는 레지스트리에 등록된 Wav를 연주하는 방법에 대하여 알아보겠다.

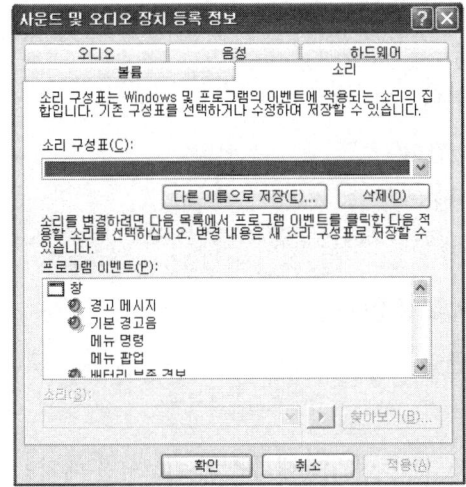

윈도우 제어판에서 [사운드및 오디오 장치]의 등록정보를 보면 Wav 파일이 각각의 항목에 링크되어 있는 것을 볼 수 있다.

각각의 항목은 레지스트리에 등록되어 있다. 예를 들어 기본 경고음은 SystemDefault라는 이름으로 등록되어 있다. 그래서 이 이름을 PlaySound() 함수의 첫 번째 인수에 적어주면 그에 링크되어 있는 Wav 파일이 연주되는 것이다.

우리가 만들 프로그램은 다음 그림과 같다.

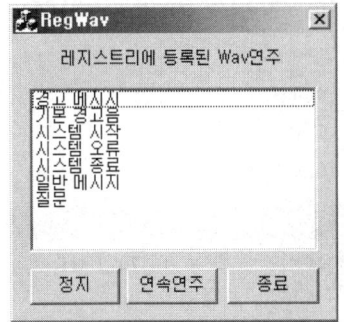

[연속연주] 버튼을 클릭하면 한 번에 다 연주가 된다.

따라하기

Step 01) 메뉴에서 [파일] → [새로 만들기] → [프로젝트]를 선택한다.
Step 02) '새 프로젝트' 창이 뜨면 프로젝트 형식을(MFC 응용 프로그램) 선택하고,
Step 03) 프로젝트 이름(RegWav)을 지정하고,
Step 04) 폴더 위치(C:₩source)를 지정하고
Step 05) '솔루션용 디렉터리 만들기'에 체크 해제한다.
Step 06) [확인] 버튼을 클릭하고 다음 단계로 넘어 간다.
Step 07) 'MFC 응용 프로그램 마법사' 창이 나타나면
Step 08) '응용 프로그램 종류'를 클릭하고
Step 09) '응용 프로그램 종류'를 '대화 상자 기반'으로 설정하고
Step 10) '유니코드 라이브러리 사용'에 체크 해제한다.
Step 11) [마침] 버튼을 누른다.
Step 12) 우선 다이얼로그 상자에 표시되어 있는 "TODO: 여기에 대화 상자 컨트롤을 배치합니다."라는 문자열을 지우기 위해 마우스 왼쪽 버튼 클릭해서 선택한 후 마우스 오른쪽 버튼을 클릭하면 빠른 메뉴 상자가 나타난다. 이 빠른 메뉴 상자에서 [삭제]를 선택하면 삭제되며 또는 간단하게 Del키를 클릭해도 된다. [확인] 버튼과 [취소] 버튼도 마찬가지로 삭제한다.
Step 13) 아래의 표를 보고 컨트롤을 만든다.

컨트롤	Static Text	List Box
ID	IDC_STATIC	IDC_LIST
Caption	레지스트리에 등록된 Wav연주	
멤버 변수 이름		m_List
범주		Control
변수 형식		CListBox

컨트롤	Button	Button	Button
ID	IDC_BUTT_Stop	IDC_BUTT_LOOP	IDC_BUTT_EXIT
Caption	정지	연속연주	종료
메시지	BN_CLICKED	BN_CLICKED	BN_CLICKED
멤버 함수 이름	OnButtStop	OnButtLoop	OnButtExit

Step 14) [메뉴] → [프로젝트] → [RegWav 속성]을 차례로 선택한 후 나타나는 RegWav 속성 페이지 대화 상자에서 [구성 속성] → [링커] → [입력]을 차례로 선택한다.

Step 15 [추가 종속성]의 에디터 상자에 winmm.lib라고 적어 주고 [확인] 버튼을 클릭한다. PlaySound() 함수를 사용하기 위해서는 winmm.lib 라이브러리 파일을 링크 해 주어야 하고 mmsystem.h 헤더파일을 include 해주어야 한다.

Step 16 mmsystem.h 헤더파일을 include 해주기 위해 메뉴에서 [보기] → [솔루션 탐색기]를 선택해서 솔루션 탐색기를 실행시킨 후 RegWavDlg.cpp에 다음 그림처럼 입력해 준다.

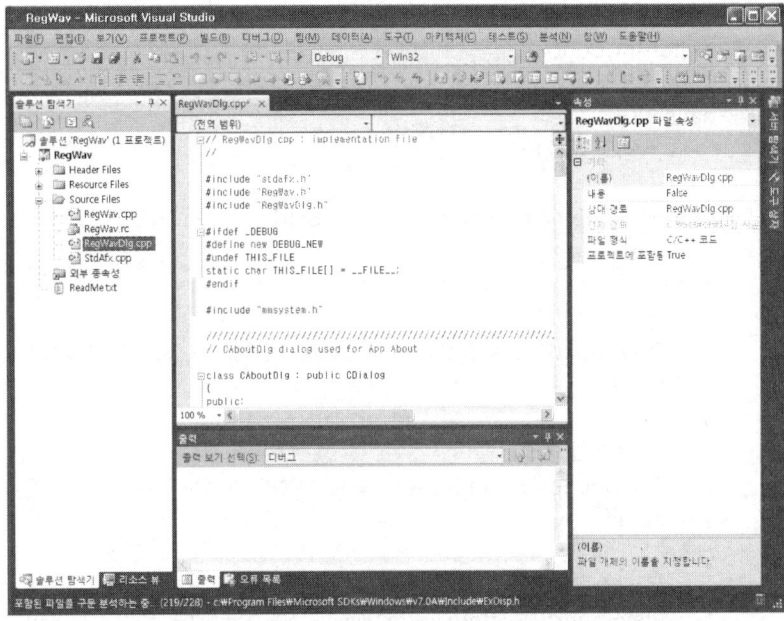

Step 17 OnInitDialog 함수에 아래의 소스코드를 입력한다.

```
BOOL CRegWavDlg::OnInitDialog()
{
    CDialog::OnInitDialog();
        .
        .
        .
    // TODO: Add extra initialization here
    m_List.AddString("경고 메시지");
    m_List.AddString("기본 경고음");
    m_List.AddString("시스템 시작");
    m_List.AddString("시스템 오류");
    m_List.AddString("시스템 종료");
    m_List.AddString("질문");
    m_List.AddString("일반 메시지");

    return TRUE;  // return TRUE  unless you set the focus to a control
}
```

Step 18 리스트 상자의 LBN_SELCHANGE 메시지에 함수를 만든 후 아래의 소스코드를 입력한다.

```cpp
void CRegWavDlg::OnSelchangeList()
{
    // TODO: Add your control notification handler code here
    int nCount=0;
    nCount=m_List.GetCurSel();

    switch(nCount)
    {
    case 0:
        // 경고 메시지
        PlaySound("SystemExclamation",NULL,SND_ALIAS|SND_ASYNC);
        break;
    case 1:
        // 기본 경고음
        PlaySound("SystemDefault",NULL,SND_ALIAS|SND_ASYNC);
        break;
    case 2:
        // 시스템 시작
        PlaySound("SystemStart",NULL,SND_ALIAS|SND_ASYNC);
        break;
    case 3:
        // 시스템 오류
        PlaySound("SystemHand",NULL,SND_ALIAS|SND_ASYNC);
        break;
    case 4:
        // 시스템 종류
        PlaySound("SystemExit",NULL,SND_ALIAS|SND_ASYNC);
        break;
    case 5:
        // 일반 메시지
        PlaySound("SystemAsterisk",NULL,SND_ALIAS|SND_ASYNC);
        break;
    case 6:
        // 질문
        PlaySound("SystemQuestion",NULL,SND_ALIAS|SND_ASYNC);
        break;
    }
}
```

Step 19 [정지] 버튼을 더블클릭한 후 아래의 소스코드를 입력한다.

```cpp
void CRegWavDlg::OnButtStop()
{
    // TODO: Add your control notification handler code here
        PlaySound(NULL,NULL,NULL);
}
```

Step 20 [연속연주] 버튼을 더블클릭한 후 아래의 소스코드를 입력한다.

```cpp
void CRegWavDlg::OnButtLoop()
{
    // TODO: Add your control notification handler code here
    int nCount=0;

    for(nCount=0; nCount<=6 ; nCount++)
    {
        switch(nCount)
        {
        case 0:
        // 경고 메시지
            PlaySound("SystemExclamation",NULL,SND_ALIAS|SND_SYNC);
            break;
        case 1:
        // 기본 경고음
            PlaySound("SystemDefault",NULL,SND_ALIAS|SND_SYNC);
            break;
        case 2:
        // 시스템 시작
            PlaySound("SystemStart",NULL,SND_ALIAS|SND_SYNC);
            break;
            case 3:
            // 시스템 오류
            PlaySound("SystemHand",NULL,SND_ALIAS|SND_SYNC);
            break;
            case 4:
        // 시스템 종류
            PlaySound("SystemExit",NULL,SND_ALIAS|SND_SYNC);
            break;
        case 5:
        // 일반 메시지
            PlaySound("SystemAsterisk",NULL,SND_ALIAS|SND_SYNC);
            break;
        case 6:
```

```
        // 질문
        PlaySound("SystemQuestion",NULL,SND_ALIAS|SND_SYNC);
        break;
        }
    }

}
```

참고로 비동기와 동기 방식은 비동기는 Wav 파일을 연주하는 순간에 다음 작업을 할 수 있다. 하지만 그와 반대로 동기 방식은 연주가 끝날 때까지 다음 작업을 할 수 없다.

Step 21) [종료] 버튼을 더블클릭한 후 아래의 소스코드를 입력한다.

```
void CResWavDlg::OnButtExit()
{
    // TODO: Add your control notification handler code here
    OnOK();
}
```

Step 22) 컴파일 한 후 실행해 본다.

14-4 MCI를 이용한 Wav파일 연주하기

이번에는 MCI를 이용해서 Wav파일을 연주해 보겠다.
MCI는 간단하게 말해서 어떤 인터페이스 카드를 컴퓨터가 인식할 수 있게끔 하는 디바이스(장치)이다. 이 MCI를 잘만 이용하면 wav, mid, avi등등의 파일을 쉽게 연주할 수 있다.

MCI가 등록된 디바이스를 보려면 윈도우즈 폴더에 있는 system.ini파일 연 뒤 [MCI] 부분을 보면 아래와 같이 디바이스가 등록되어 있을 것이다.

```
[mci]
waveaudio=mciwave.drv         sequencer=mciseq.drv
cdaudio=mcicda.drv            avivideo=mciavi.drv
```

예를 들어 waveaudio=mciwave.drv는 웨이브 파일은 mciwave.drv 디바이스를 사용하겠다는 말이다. 그리고 sequencer는 mid 파일을 말하고 cdaudio는 CD 오디오를 말하며 avivideo는 AVI 파일을 말한다.

참고로 위의 정보는 컴퓨터마다 다르게 나와 있을 수 있다.

우리가 만들 프로그램은 다음 그림과 같다.

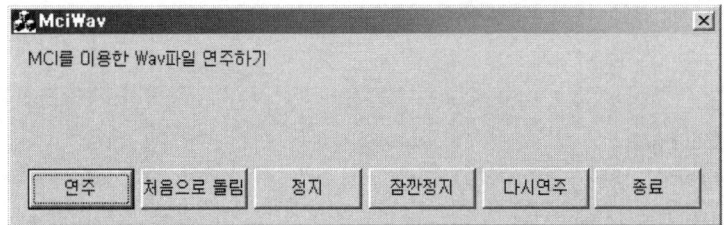

[연주]   버튼을 클릭하면 귀뚜라미 소리가 날 것이다.
[처음으로 돌림]   버튼은 Wav파일을 처음의 연주 부분으로 돌린다.
[정지]   버튼은 연주를 정지한다.
[잠깐정지]   버튼은 아예 정지를 하는 것이 아니라 잠깐 동안만 정지한다.
[다시연주]   버튼은 잠깐정지 한 부분부터 다시 연주한다.

함수설명

```
typedef struct {
    DWORD         dwCallback;
    MCIDEVICEID   wDeviceID;
    LPCSTR        lpstrDeviceType;
    LPCSTR        lpstrElementName;
    LPCSTR        lpstrAlias;
} MCI_OPEN_PARMS;
```

⇨ 위 구조체는 디바이스를 연다. 위 구조체를 이용하여 디바이스를 열고 ID를 발급 받아야 한다.

dwCallback

⇨ 메시지를 받을 창을 지정

MCIDEVICEID   wDeviceID;

⇨ 디바이스가 열릴 때 발급 받은 아이디가 저장됨

LPCSTR   lpstrDeviceType;

⇨ 연주하고자 하는 디바이스의 타입을 지정

LPCSTR   lpstrElementName;

⇨ 연주하고자 하는 파일을 지정

LPCSTR   lpstrAlias;

⇨ 여기서는 사용되지 않는다.

- 이 구조체와 관련된 플래그

플래그	설명
MCI_OPEN	디바이스를 연다.
MCI_OPEN_TYPE	디바이스의 타입
MCI_OPEN_ELEMENT	파일의 이름

```
typedef struct {
    DWORD dwCallback;
    DWORD dwFrom;
    DWORD dwTo;
} MCI_PLAY_PARMS;
```

⇨ 위 구조체는 연주할 때 사용된다.

DWORD dwCallback;

⇨ MCI_NOTIFY 플래그가 지정되었을 경우 메시지를 받을 창을 지정함

DWORD dwFrom;
⇨ 연주 시작의 위치를 지정

DWORD dwTo;
⇨ 연주 종료의 위치를 지정함

• 이 구조체와 관련된 플래그

플래그	설명
MCI_PLAY	연주한다.
MCI_NOTIFY	MM_MCINOTIFY 메시지 발생

```
typedef struct {
    DWORD dwCallback;
} MCI_GENERIC_PARMS;
```
⇨ 위 구조체는 정지, 잠깐정지, 다시 연주, 디바이스를 닫을 때 사용한다.

DWORD dwCallback
⇨ 메시지를 받을 창을 지정

• 이 구조체와 관련된 플래그

플래그	설명
MCI_PAUSE	잠깐 정지
MCI_WAIT	연주가 완전 종료될 때까지 기다린다.
MCI_STOP	완전 정지
MCI_RESUME	다시 연주
MCI_CLOSE	디바이스를 닫는다.

```
typedef struct {
    DWORD dwCallback;
    DWORD dwTo;
} MCI_SEEK_PARMS;
```
⇨ 위 구조체는 wav파일의 연주 위치를 지정할 때 사용한다.

DWORD dwCallback
⇨ 메시지를 받을 창을 지정한다.

DWORD dwTo
⇨ 연주할 위치를 지정

• 이 구조체와 관련된 플래그

플래그	설명
MCI_SEEK	연주 위치를 지정
MCI_SEEK_TO_START	연주 위치를 처음으로
MCI_SEEK_TO	dwTo가 지정된 위치부터

```
MCIERROR mciSendCommand(
  MCIDEVICEID IDDevice,
  UINT uMsg,
  DWORD fdwCommand,
  DWORD dwParam
);
```
⇨ 위 함수는 MCI장치에 메시지를 보낸다.

MCIDEVICEID IDDevice
⇨ 명령 메시지를 받을 디바이스의 아이디 지정

UINT uMsg
⇨ 디바이스로 보낼 메시지

DWORD fdwCommand
⇨ 메시지에 대한 플래그를 지정한다.

DWORD dwParam
⇨ 추가 정보를 지정한다.

대부분 위 구조체들의 포인터로 지정한다.

따라하기 *Step by Step*

Step 01 메뉴에서 [파일] → [새로 만들기] → [프로젝트]를 선택한다.

Step 02 '새 프로젝트' 창이 뜨면 프로젝트 형식을(MFC 응용 프로그램) 선택하고,

Step 03 프로젝트 이름(MciWav)을 지정하고,

Step 04 폴더 위치(C:₩source)를 지정하고

Step 05 '솔루션용 디렉터리 만들기'에 체크 해제한다.

Step 06 [확인] 버튼을 클릭하고 다음 단계로 넘어 간다.

Step 07 'MFC 응용 프로그램 마법사' 창이 나타나면

Step 08 '응용 프로그램 종류'를 클릭하고

Step 09 '응용 프로그램 종류'를 '대화 상자 기반'으로 설정하고

Step 10 '유니코드 라이브러리 사용'에 체크 해제한다.

Step 11 [마침] 버튼을 누른다.

Step 12 우선 다이얼로그 상자에 표시되어 있는 "TODO: 여기에 대화 상자 컨트롤을 배치합니다."라는 문자열을 지우기 위해 마우스 왼쪽 버튼 클릭해서 선택한 후 마우스 오른쪽 버튼을 클릭하면 빠른 메뉴 상자가 나타난다. 이 빠른 메뉴 상자에서 [삭제]를 선택하면 삭제되며 또는 간단하게 Del키를 클릭해도 된다. [확인] 버튼과 [취소] 버튼도 마찬가지로 삭제한다.

Step 13 아래의 표를 보고 컨트롤을 만든다.

컨트롤	Static Text	Button	Button	Button
ID	IDC_STATIC	ID_BUTT_PLAY	ID_BUTT_FIRST	ID_BUTT_STOP
Caption	MCI를 이용한 Wav 파일 연주하기	연주	처음으로 돌림	정지
메시지		BN_CLICKED	BN_CLICKED	BN_CLICKED
멤버 함수 이름		OnButtPlay	OnButtFirst	OnButtStop

컨트롤	Button	Button	Button
ID	IDC_BUTT_PAUSE	IDC_BUTT_RESUME	IDC_BUTT_EXIT
Caption	잠깐정지	다시연주	종료
메시지	BN_CLICKED	BN_CLICKED	BN_CLICKED
멤버 함수 이름	OnButtPause	OnButtResume	OnButtExit

Step 14 [메뉴] → [프로젝트] → [MciWav 속성]을 차례로 선택한 후 나타나는 MciWav 속성 페이지 대화 상자에서 [구성 속성] → [링커] → [입력]을 차례로 선택한다.

Step 15 [추가 종속성]의 에디터 상자에 winmm.lib라고 적어 주고 [확인] 버튼을 클릭한다.

PlaySound() 함수를 사용하기 위해서는 winmm.lib 라이브러리 파일을 링크 해 주어야 하고 mmsystem.h 헤더파일을 include 해주어야 한다.

Step 16 mmsystem.h 헤더파일을 include 해주기 위해 메뉴에서 [보기] → [솔루션 탐색기]를 선택해서 솔루션 탐색기를 실행 시킨 후 다음의 소스 코드를 McWavDlg.cpp에 다음 그림처럼 입력해 준다.

```
#include "mmsystem.h"
static DWORD dwID;
```

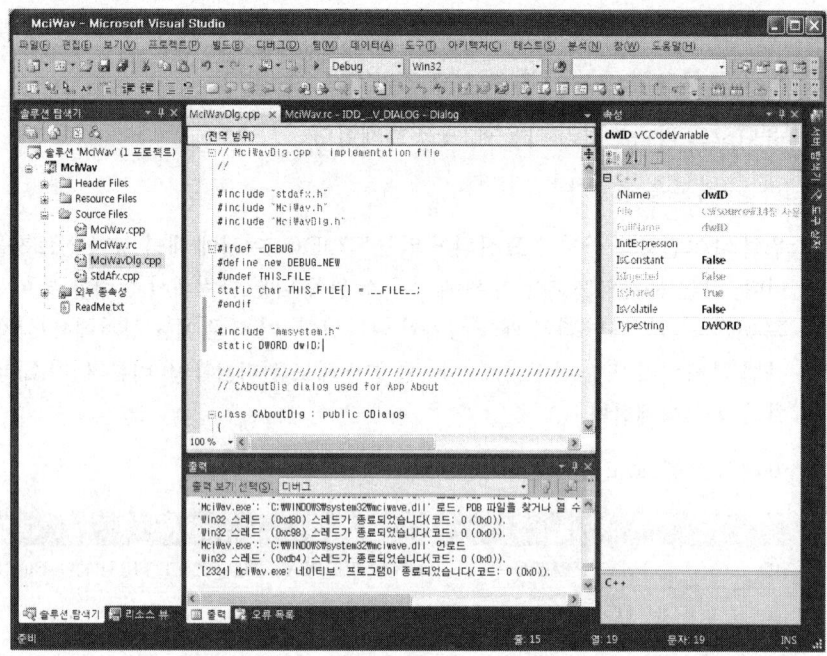

Step 17 WM_CREATE 메시지에 함수를 만든 후 아래의 소스코드를 입력한다.

```cpp
int CMciWavDlg::OnCreate(LPCREATESTRUCT lpCreateStruct)
{
    if (CDialog::OnCreate(lpCreateStruct) == -1)
        return -1;

    // TODO: Add your specialized creation code here
    MCI_OPEN_PARMS mciOpen;
    MCIERROR mciErr;

    mciOpen.lpstrDeviceType="waveaudio";
    mciOpen.lpstrElementName="c:\\Source\\wav\\귀뚜라미.wav";

    mciErr=mciSendCommand(NULL,MCI_OPEN,MCI_OPEN_TYPE|MCI_OPEN_ELEMENT,
                    (DWORD)&mciOpen);
    if(mciErr)
    {
        MessageBox("MCI를 열지 못했습니다.","경고",NULL);
    }

    dwID=mciOpen.wDeviceID;
    return 0;
}
```

Step 18 [연주] 버튼을 더블클릭한 후 아래의 소스코드를 입력한다.

```cpp
void CMciWavDlg::OnButtPlay()
{
    // TODO: Add your control notification handler code here
    MCI_PLAY_PARMS mciPlay;
    MCIERROR mciErr;

    mciErr=mciSendCommand(dwID,MCI_PLAY,NULL,(DWORD)&mciPlay);

    if(mciErr)
    {
        MessageBox("연주를 못함","경고",NULL);
    }
}
```

Step 19 [처음으로 돌림] 버튼을 더블클릭한 후 아래의 소스코드를 입력한다.

```cpp
void CMciWavDlg::OnButtFirst()
{
    // TODO: Add your control notification handler code here
    MCI_SEEK_PARMS mciSeek;
    MCIERROR mciErr;

    mciErr=mciSendCommand(dwID,MCI_SEEK,MCI_SEEK_TO_START,(DWORD)&mciSeek);

    if(mciErr)
    {
        MessageBox("처음으로 돌리지 못함","경고",NULL);
    }
}
```

Step 20 [정지] 버튼을 더블클릭한 후 아래의 소스코드를 입력한다.

```cpp
void CMciWavDlg::OnButtStop()
{
    // TODO: Add your control notification handler code here
    MCI_GENERIC_PARMS mciGeneric;
    MCIERROR mciErr;

    mciErr=mciSendCommand(dwID,MCI_STOP,MCI_WAIT,(DWORD)& mciGeneric);

    if(mciErr)
    {
        MessageBox("정지 못함","경고",NULL);
    }
}
```

Step 21 [잠깐정지] 버튼을 더블클릭한 후 아래의 소스코드를 입력한다.

```cpp
void CMciWavDlg::OnButtPause()
{
    // TODO: Add your control notification handler code here
    MCI_GENERIC_PARMS mciGeneric;
    MCIERROR mciErr;

    mciErr=mciSendCommand(dwID,MCI_PAUSE,MCI_WAIT,(DWORD)&mciGeneric);

    if(mciErr)
    {
        MessageBox("잠깐 정지 못함","경고",NULL);
    }
}
```

Step 22 [다시연주] 버튼을 더블클릭한 후 아래의 소스코드를 입력한다.

```cpp
void CMciWavDlg::OnButtResume()
{
    // TODO: Add your control notification handler code here
    MCI_GENERIC_PARMS mciGeneric;
    MCIERROR mciErr;

    mciErr=mciSendCommand(dwID,MCI_RESUME,MCI_WAIT,(DWORD)&mciGeneric);

    if(mciErr)
    {
        MessageBox("재 연주 못함","경고",NULL);
    }
}
```

Step 23 [종료] 버튼을 더블클릭한 후 아래의 소스코드를 입력한다.

```cpp
void CMciWavDlg::OnButtExit()
{
    // TODO: Add your control notification handler code here
    // 장치를 닫는다.

    MCI_GENERIC_PARMS mciGeneric;
    MCIERROR mciErr;

    mciErr=mciSendCommand(dwID,MCI_CLOSE,MCI_WAIT,(DWORD)&mciGeneric);

    if(mciErr)
    {
        MessageBox("닫지 못함","경고",NULL);
    }
    OnOK();
}
```

Step 24 컴파일 한 후 실행해 본다.

14-5 MID 연주하는 프로그램

이번에도 마찬가지고 MCI를 이용해서 MID 파일을 연주하는 방법에 대하여 알아보겠다.

우리가 만들 프로그램은 다음 그림과 같다.

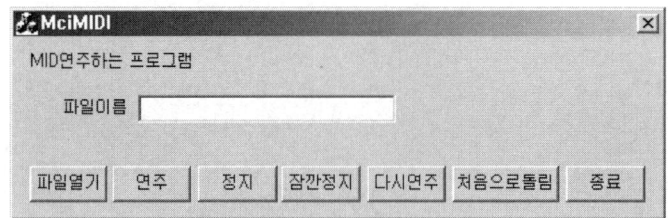

여기에 사용된 MID 파일은 부록 파일의 Source\MID폴더에 있다.
[파일열기] 버튼을 클릭하면 다음의 그림과 같은 대화상자가 나타난다.

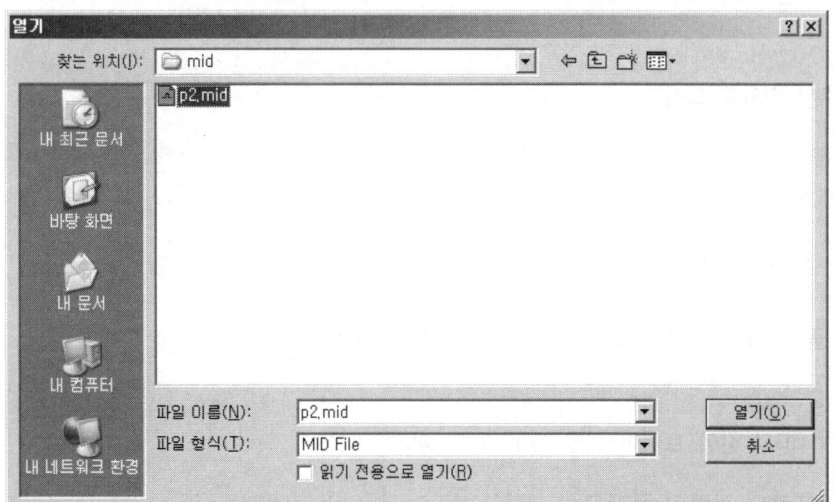

MID파일을 선택하고 [열기] 버튼을 클릭하면 다음의 그림처럼 에디터 상자에 MID 파일의 위치가 출력된다.

이제 [연주] 버튼을 클릭하면 MID파일이 연주된다.

함수설명

```
typedef struct {
    DWORD dwCallback;
    DWORD dwReturn;
    DWORD dwItem;
    DWORD dwTrack;
} MCI_STATUS_PARMS;
```
➪ 위 구조체는 연주된 위치 등등을 알려준다.

DWORD dwCallback
➪ 메시지를 받을 창을 지정한다.

DWORD dwReturn
➪ 연주된 위치를 리턴

DWORD dwItem
➪ 플래그를 지정

MCI_STATUS_POSITION
➪ 위치를 알려줌
　이 플래그를 지정해야 dwReturn인수로 위치가 리턴 됨

DWORD dwTrack
➪ 음악 CD와 같이 트랙이 있을 경우 트랙 넘버를 리턴

- 이 구조체와 관련된 플래그

플래그	설명
MCI_STATUS	연주된 위치
MCI_STATUS_ITEM	dwItem에 대한 정보

따라하기

Step 01 메뉴에서 [파일] → [새로 만들기] → [프로젝트]를 선택한다.

Step 02 '새 프로젝트' 창이 뜨면 프로젝트 형식을(MFC 응용 프로그램) 선택하고,

Step 03 프로젝트 이름(MciMIDI)을 지정하고,

Step 04 폴더 위치(C:\source)를 지정하고

Step 05 '솔루션용 디렉터리 만들기'에 체크 해제한다.

Step 06 [확인] 버튼을 클릭하고 다음 단계로 넘어 간다.

Step 07 'MFC 응용 프로그램 마법사' 창이 나타나면

Step 08 '응용 프로그램 종류'를 클릭하고

Step 09 '응용 프로그램 종류'를 '대화 상자 기반'으로 설정하고

Step 10 '유니코드 라이브러리 사용'에 체크 해제한다.

Step 11 [마침] 버튼을 누른다.

Step 12 우선 다이얼로그 상자에 표시되어 있는 "TODO: 여기에 대화 상자 컨트롤을 배치합니다."라는 문자열을 지우기 위해 마우스 왼쪽 버튼 클릭해서 선택한 후 마우스 오른쪽 버튼을 클릭하면 빠른 메뉴 상자가 나타난다. 이 빠른 메뉴 상자에서 [삭제]를 선택하면 삭제되며 또는 간단하게 Del키를 클릭해도 된다. [확인] 버튼과 [취소] 버튼도 마찬가지로 삭제한다.

Step 13 아래의 표를 보고 컨트롤을 만든다.

컨트롤	Static Text	Static Text	Edit Box	Button
ID	IDC_STATIC	IDC_STATIC	IDC_EDIT_A	IDC_BUTT_OPEN
Caption	MID연주하는 프로그램	파일이름		파일열기
메시지				BN_CLICKED
멤버 함수 이름			m_EditA	OnButtOpen
범주			Value	
변수 형식			CString	

컨트롤	Button	Button	Button
ID	IDC_BUT_PLAY	IDC_BUTT_STOP	IDC_BUTT_PAUSE
Caption	연주	정지	잠깐정지
메시지	BN_CLICKED	BN_CLICKED	BN_CLICKED
멤버 함수 이름	OnButtPlay	OnButtStop	OnButtPause

컨트롤	Button	Button	Button
ID	IDC_BUT_RESUME	IDC_BUTT_FIRST	IDC_BUTT_EXIT
Caption	다시연주	처음으로돌림	종료
메시지	BN_CLICKED	BN_CLICKED	BN_CLICKED
멤버 함수 이름	OnButtResume	OnButtFirst	OnButtExit

Step 14 [메뉴] → [프로젝트] → [McuMIDI 속성]을 차례로 선택한 후 나타나는 McuMIDI 속성 페이지 대화 상자에서 [구성 속성] → [링커] → [입력]을 차례로 선택한다.

Step 15 [추가 종속성]의 에디터 상자에 winmm.lib라고 적어 주고 [확인] 버튼을 클릭한다.

PlaySound() 함수를 사용하기 위해서는 winmm.lib 라이브러리 파일을 링크 해 주어야 하고 mmsystem.h 헤더파일을 include 해주어야 한다.

Step 16 mmsystem.h 헤더파일을 include 해주기 위해 메뉴에서 [보기] → [솔루션 탐색기]를 선택해서 솔루션 탐색기를 실행 시킨 후 다음의 소스 코드를 McuMIDIDlg.cpp에 다음 그림처럼 입력해 준다.

```
#include "mmsystem.h"
static DWORD dwID;
```

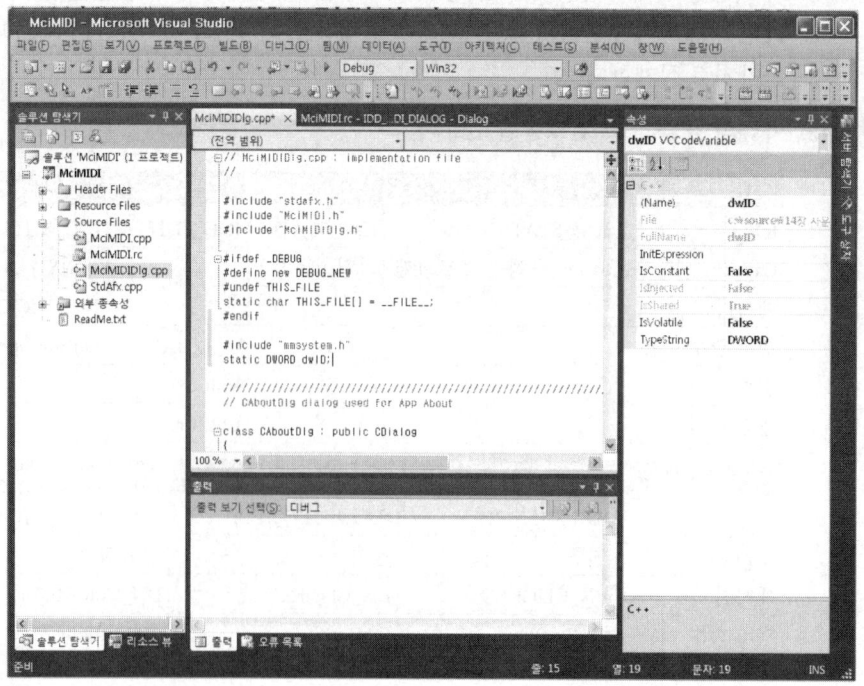

Step 17 [파일열기] 버튼을 더블클릭한 후 아래의 소스코드를 입력한다.

```cpp
void CMciMIDIDlg::OnButtOpen()
{
    // TODO: Add your control notification handler code here
    // 파일 공통 대화상자를 이용하여 파일 열기
    OPENFILENAME oFn;
    MCI_OPEN_PARMS mciOpen;
    MCIERROR mciErr;

    char lpstrFile[MAX_PATH]="";

    memset(&oFn,0,sizeof(OPENFILENAME));
    oFn.lStructSize=sizeof(OPENFILENAME);
    oFn.hwndOwner=m_hWnd;
    oFn.lpstrFilter="MID File\0*.mid";
    oFn.lpstrFile=lpstrFile;
    oFn.nMaxFile=256;
    oFn.lpstrInitialDir="C:\\";

    if(GetOpenFileName(&oFn)==0)
    {
        MessageBox("파일을 열지 못했음","경고",NULL);
    }
    else // 파일을 열었을 경우 디바이스를 연다.
    {
        mciOpen.lpstrDeviceType="sequencer";
        mciOpen.lpstrElementName=oFn.lpstrFile;

        mciErr=mciSendCommand(NULL,MCI_OPEN,
                        MCI_OPEN_TYPE|MCI_OPEN_ELEMENT,
                            (DWORD)&mciOpen);
        if(mciErr)
        {
            MessageBox("파일을 열지 못했음","경고",NULL);

        }
        else // 파일을 열었을 경우 에디터 상자에 파일이름 출력
        {
            m_EditA=oFn.lpstrFile;
            UpdateData(FALSE);

            dwID=mciOpen.wDeviceID; // 디바이스 아이디
        }
    }
}
```

Step 18 [연주] 버튼을 더블클릭한 후 아래의 소스코드를 입력한다.

```cpp
void CMciMIDIDlg::OnButtPlay()
{
    // TODO: Add your control notification handler code here
    MCI_PLAY_PARMS mciPlay;
    MCIERROR mciErr;

    mciPlay.dwCallback=(DWORD)m_hWnd;
    mciErr=mciSendCommand(dwID,MCI_PLAY,MCI_NOTIFY,(DWORD)&mciPlay);

    if(mciErr)
    {
        MessageBox("연주 못함","경고",NULL);
    }
}
```

Step 19 [정지] 버튼을 더블클릭한 후 아래의 소스코드를 입력한다.

```cpp
void CMciMIDIDlg::OnButtStop()
{
    // TODO: Add your control notification handler code here
    MCI_GENERIC_PARMS mciGeneric;
    MCIERROR mciErr;

    mciErr=mciSendCommand(dwID,MCI_STOP,MCI_WAIT,(DWORD)&mciGeneric);

    if(mciErr)
    {
        MessageBox("정지 못함","경고",NULL);
    }
}
```

Step 20 [잠깐정지] 버튼을 더블클릭한 후 아래의 소스코드를 입력한다.

```cpp
void CMciMIDIDlg::OnButtPause()
{
    // TODO: Add your control notification handler code here
    MCI_GENERIC_PARMS mciGeneric;
    MCIERROR mciErr;

    mciErr=mciSendCommand(dwID,MCI_PAUSE,MCI_WAIT,(DWORD)&mciGeneric);

    if(mciErr)
    {
        MessageBox("잠깐 정지 못함","경고",NULL);
    }
}
```

Step 21 [다시연주] 버튼을 더블클릭한 후 아래의 소스코드를 입력한다.

```cpp
void CMciMIDIDlg::OnButtResume()
{
    // TODO: Add your control notification handler code here
    // 잠깐 정지한 위치를 알아낸다.
    DWORD dwPos;
    MCI_STATUS_PARMS mciStatus;
    MCI_SEEK_PARMS mciSeek;
    MCIERROR mciErr;

    mciStatus.dwItem=MCI_STATUS_POSITION;
    mciErr=mciSendCommand(dwID,
                    MCI_STATUS,
                      MCI_STATUS_ITEM,
                        (DWORD)&mciStatus);
    if(mciErr)
    {
        MessageBox("위치를 알아내지 못함","경고",NULL);
    }
    else // 위치를 알아내면
    {
        // 위치를 리턴
        dwPos=mciStatus.dwReturn;

        // 다시 연주할 위치를 지정
        mciSeek.dwTo=dwPos;
        mciErr=mciSendCommand(dwID,
                        MCI_SEEK,
                    MCI_TO,
                        (DWORD)&mciSeek);
        if(mciErr)
        {
            MessageBox("다시 연주할 위치 지정 못함","경고",NULL);
        }
        else // 위치를 지정했으면
        {
            OnButtPlay(); // 이 함수를 호출하여 다시 연주
        }

    }
}
```

Step 22 [처음으로돌림] 버튼을 더블클릭한 후 아래의 소스코드를 입력한다.

```cpp
void CMciMIDIDlg::OnButtFirst()
{
    // TODO: Add your control notification handler code here
    MCI_SEEK_PARMS mciSeek;
    MCIERROR mciErr;

    mciSeek.dwTo=0;
    mciErr=mciSendCommand(dwID,MCI_SEEK,
                                MCI_TO,
                    (DWORD)&mciSeek);
    if(mciErr)
    {
        MessageBox("처음으로 못 돌림","경고",NULL);
    }
}
```

Step 23 [종료] 버튼을 더블클릭한 후 아래의 소스코드를 입력한다.

```cpp
void CMciMIDIDlg::OnButtExit()
{
    // TODO: Add your control notification handler code here
    MCI_GENERIC_PARMS mciGeneric;
    MCIERROR mciErr;


mciErr=mciSendCommand(dwID,MCI_CLOSE,MCI_WAIT,(DWORD)&mciGeneric);

    if(mciErr)
    {
        MessageBox("닫지 못함","경고",NULL);
    }
    OnOK();

}
```

Step 24 컴파일 한 후 실행해 본다.

14-6 AVI연주하는 프로그램

이번에는 MID, WAV를 연주하는 방법보다 쉬운 AVI 파일을 연주하는 방법에 대하여 알아보겠다. 이 방법은 함수 하나로 AVI 파일을 연주할 수 있다.

우리가 만들 프로그램은 다음 그림과 같다.

[열기] 버튼을 클릭하면 다음의 그림과 같은 파일 선택 공통 대화상자가 나타난다.

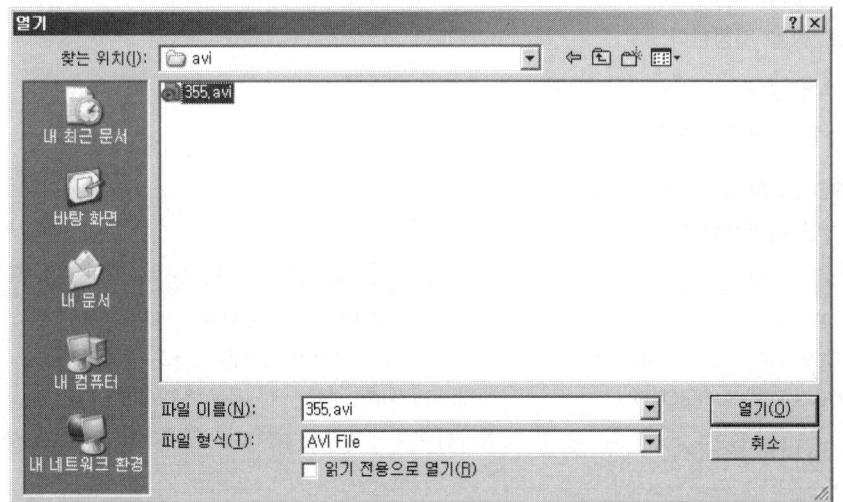

AVI 파일을 선택하고 [열기] 버튼을 클릭하면 다음의 그림처럼 AVI를 연주하는 창이 따로 뜬다. 참고로 이 AVI 파일은 부록 파일의 Source\AVI 폴더에 있다.

함수설명

```
HWND MCIWndCreate(
  HWND hwndParent,
  HINSTANCE hInstance,
  DWORD dwStyle,
  LPSTR szFile
);
```
⇨ 위 함수는 MCIWnd 창을 등록, 만들고, 디바이스를 읽어오는 일까지 한 번에 해준다.

HWND hwndParent
⇨ 부모 창을 지정한다.

HINSTANCE hInstance
⇨ 인스턴스 핸들을 지정

DWORD dwStyle
⇨ 스타일 플래그를 지정

스타일 플래그	설명
MCIWNDF_NOAUTOSIZEWINDOW	이미지 크기에 맞게 창의 크기를 조정하지 않음.
MCIWNDF_NOAUTOSIZEMOVIE	창 크기에 맞게 이미지 크기를 조정하지 않음.
MCIWNDF_NOERRORDLG	에러가 발생해도 에러 메시지를 출력하지 않음.
MCIWNDF_NOMENU	툴바의 메뉴와 버튼을 숨기고 사용자가 팝업 메뉴를 사용하지 못하도록 함
MCIWNDF_NOOPEN	팝업 메뉴의 파일 열기와 닫기 항목을 없앰

스타일 플래그	설명
MCIWNDF_NOPLAYBAR	툴바를 숨김
MCIWNDF_NOTIFYANSI	MCIWNDF_NOTIFYMODE 플래그와 함께 사용하여야 하고 통지 메시지를 보낼 때 ANSI 문자열을 사용하도록 함
MCIWNDF_NOTIFYMODE	모드가 바뀔 때마다 통지 메시지를 보냄
MCIWNDF_NOTIFYPOS	연주의 위치가 바뀔 때마다 통시 메시지를 보냄
MCIWNDF_NOTIFYMEDIA	디바이스가 바뀌거나 파일이 열릴 때마다 통지 메시지를 보냄
MCIWNDF_NOTIFYSIZE	창의 크기가 변경되면 통지 메시지 보냄
MCIWNDF_NOTIFYERROR	MCI에서 에러가 발생하면 통지 메시지 보냄
MCIWNDF_NOTIFYALL	상술한 모든 통지 메시지를 보냄
MCIWNDF_RECORD	녹음 기능을 사용할 수 있도록 함
MCIWNDF_SHOWALL	MCIWNDF_SHOWMODE	MCIWNDF_SHOWNAME	MCIWNDF_SHOWPOS를 한거와 같다.
MCIWNDF_SHOWMODE	MCIWnd 창의 제목 표시줄에 현재 모드를 출력 함
MCIWNDF_SHOWNAME	재생중인 파일명을 제목표시줄에 출력
MCIWNDF_SHOWPOS	재상 위치를 제목표시줄에 출력

LPSTR szFile

⇨ 파일 이름을 지정

따라하기

Step 01) 메뉴에서 [파일] → [새로 만들기] → [프로젝트]를 선택한다.

Step 02) '새 프로젝트' 창이 뜨면 프로젝트 형식을(MFC 응용 프로그램) 선택하고,

Step 03) 프로젝트 이름(AviPlay)을 지정하고,

Step 04) 폴더 위치(C:₩source)를 지정하고

Step 05) '솔루션용 디렉터리 만들기'에 체크 해제한다.

Step 06) [확인] 버튼을 클릭하고 다음 단계로 넘어 간다.

Step 07) 'MFC 응용 프로그램 마법사' 창이 나타나면

Step 08) '응용 프로그램 종류'를 클릭하고

Step 09) '응용 프로그램 종류'를 '대화 상자 기반'으로 설정하고

Step 10) '유니코드 라이브러리 사용'에 체크 해제한다.

Step 11) [마침] 버튼을 누른다.

Step 12) 우선 다이얼로그 상자에 표시되어 있는 "TODO: 여기에 대화 상자 컨트롤을 배치합니다."라는 문자열을 지우기 위해 마우스 왼쪽 버튼 클릭해서 선택한 후 마우스 오른쪽 버튼을 클릭하면 빠른 메뉴 상자가 나타난다. 이 빠른 메뉴 상자에서 [삭제]를 선택하면 삭제되며 또는 간단하게 Del 키를 클릭해도 된다. [확인] 버튼과 [취소] 버튼도 마찬가지로 삭제한다.

Step 13) 아래의 표를 보고 컨트롤을 만든다.

컨트롤	Static Text	Button	Button
ID	IDC_STATIC	IDC_BUTT_OPEN	IDC_BUTT_EXIT
Caption	AVI연주하는 프로그램	열기	종료
메시지		BN_CLICKED	BN_CLICKED
멤버 함수 이름		OnButtOpen	OnButtExit

Step 14) [메뉴] → [프로젝트] → [AviPlay 속성]을 차례로 선택한 후 나타나는 AviPlay 속성 페이지 대화 상자에서 [구성 속성] → [링커] → [입력]을 차례로 선택한다.

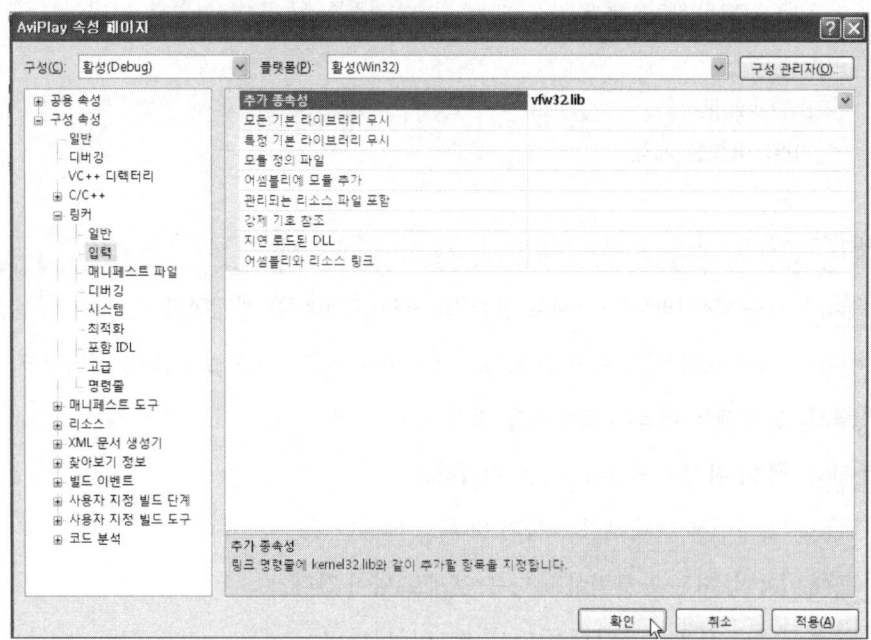

Step 15) 위의 그림처럼 [추가 종속성]의 에디터 상자에 vfw32.lib 라고 적어 주고 [확인] 버튼을 클릭한다.

Step 16 vfw.h 헤더파일을 include 해주기 위해 메뉴에서 [보기] → [솔루션 탐색기]를 선택해서 솔루션 탐색기를 실행 시킨 후 AviPlayDlg.cpp에 다음의 소스코드를 그림처럼 입력해 준다.

```
#include <vfw.h>
HWND hAviWnd;
```

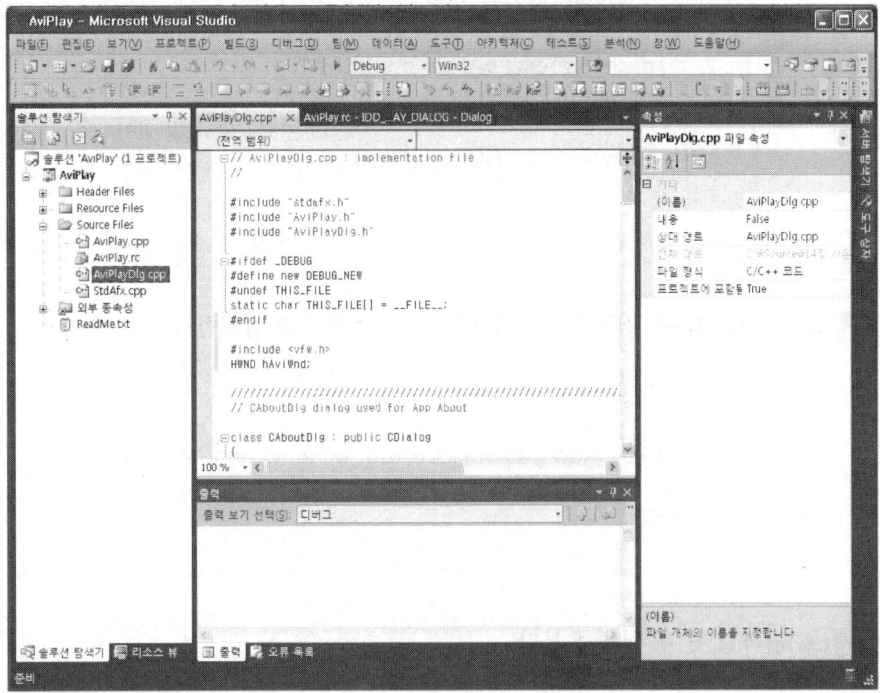

Step 17 [열기] 버튼을 더블클릭한 후 아래의 소스코드를 입력한다.

```
void CAviPlayDlg::OnButtOpen()
{
    // TODO: Add your control notification handler code here
    char szText[100];
    OPENFILENAME oFn;
    char lpstrFile[MAX_PATH]="";


    memset(&oFn,0,sizeof(OPENFILENAME));
    oFn.lStructSize=sizeof(OPENFILENAME);
    oFn.hwndOwner=m_hWnd;
    oFn.lpstrFilter="AVI File\0*.avi";
    oFn.lpstrFile=lpstrFile;
```

```
    oFn.nMaxFile=256;
    oFn.lpstrInitialDir="C:\\";

    if(GetOpenFileName(&oFn)==0)
    {
        MessageBox("파일을 열지 못했음","경고",NULL);
    }
    else // 파일을 열었을 경우
    {
        sprintf(szText,"%s",oFn.lpstrFile);
        hAviWnd=MCIWndCreate(m_hWnd,
                            AfxGetInstanceHandle(),
                    NULL,szText);
    }
}
```

Step 18 [종료] 버튼을 더블클릭한 후 아래의 소스코드를 입력한다.

```
void CAviPlayDlg::OnButtExit()
{
    // TODO: Add your control notification handler code here
    MCIWndDestroy(hAviWnd);
    OnOK();
}
```

Step 19 컴파일 한 후 실행해 본다.

Chapter 15

캐 럿

이번 장에서는 캐럿에 대하여 알아보겠다.

15-1 캐럿 생성하기

캐럿이란?

간단하게 말해서 다음 입력될 문자열의 위치를 알려준다. 옛날 도스에서는 '_' 모양이었고 윈도우에서는 'I' 모양으로 변경되었다. 또한 용어도 도스에서는 커서라고 하였고 윈도우에서는 캐럿이라고 한다.

○ 도스에서의 커서(캐럿) 모양

○ 윈도우즈에서의 캐럿(커서) 모양

15-1 캐럿 생성하기

이번에는 캐럿을 생성하는 방법에 대하여 알아보겠다.

우리가 만들 프로그램은 다음 그림과 같다.

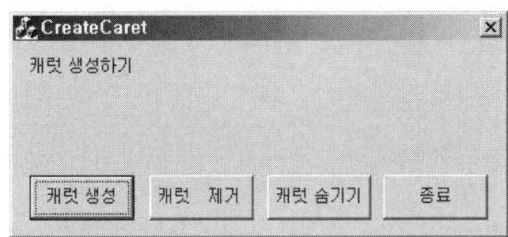

[캐럿 생성] 버튼을 클릭하면 다음의 그림과 같이 캐럿이 생성된다.

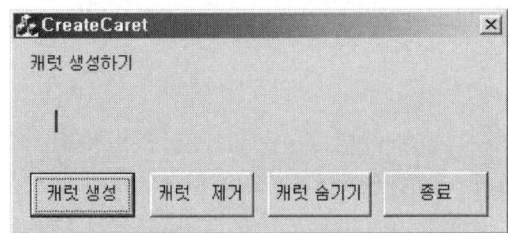

[캐럿 제거] 버튼은 생성된 캐럿은 제거하고 [캐럿 숨기기] 버튼은 캐럿을 제거하는 것이 아니라 숨긴다.

BOOL CreateSolidCaret(int nWidth, int nHeight);
⇨ 위 함수는 캐럿을 생성한다.

int nWidth
⇨ 캐럿의 넓이

int nHeight
⇨ 캐럿의 높이

BOOL SetCaretPos(
  int X, // horizontal position
  int Y   // vertical position
);
⇨ 위 함수는 캐럿의 위치를 지정한다.

int X
⇨ x좌표

int Y
⇨ y좌표

BOOL ShowCaret( );
⇨ 위 함수는 캐럿을 보이게 한다.

BOOL DestroyCaret(VOID)
⇨ 위 함수는 캐럿을 제거한다.

BOOL HideCaret( );
⇨ 위 함수는 캐럿을 숨긴다.

- 이 외에 캐럿에 관련된 함수

BOOL SetCaretBlinkTime(
  UINT uMSeconds // blink time, in milliseconds
);
⇨ 위 함수는 캐럿의 깜박임 속도를 지정한다.

UINT uMSeconds
⇨ 1/1000초 단위로 지정한다.
   즉! 1000은 1초이다.

UINT GetCaretBlinkTime(VOID)
⇨ 위 함수는 캐럿의 깜박임 속도를 알아온다.

따라하기

Step 01 메뉴에서 [파일] → [새로 만들기] → [프로젝트]를 선택한다.

Step 02 '새 프로젝트' 창이 뜨면 프로젝트 형식을(MFC 응용 프로그램) 선택하고,

Step 03 프로젝트 이름(CreateCaret)을 지정하고,

Step 04 폴더 위치(C:\source)를 지정하고

Step 05 '솔루션용 디렉터리 만들기'에 체크 해제한다.

Step 06 [확인] 버튼을 클릭하고 다음 단계로 넘어 간다.

Step 07 'MFC 응용 프로그램 마법사' 창이 나타나면

Step 08 '응용 프로그램 종류'를 클릭하고

Step 09 '응용 프로그램 종류'를 '대화 상자 기반'으로 설정하고

Step 10 '유니코드 라이브러리 사용'에 체크 해제한다.

Step 11 [마침] 버튼을 누른다.

Step 12 우선 다이얼로그 상자에 표시되어 있는 "TODO: 여기에 대화 상자 컨트롤을 배치합니다."라는 문자열을 지우기 위해 마우스 왼쪽 버튼 클릭해서 선택한 후 마우스 오른쪽 버튼을 클릭하면 빠른 메뉴 상자가 나타난다. 이 빠른 메뉴 상자에서 [삭제]를 선택하면 삭제되며 또는 간단하게 Del키를 클릭해도 된다. [확인] 버튼과 [취소] 버튼도 마찬가지로 삭제한다.

Step 13 아래의 표를 보고 컨트롤을 만든다.

컨트롤	Static Text	Button	Button
ID	IDC_STATIC	IDC_BUTT_CREATE	IDC_BUTT_KILL
Caption	캐럿 생성하기	캐럿 생성	캐럿 제거
메시지		BN_CLICKED	BN_CLICKED
멤버 함수 이름		OnButtCreate	OnButtKill

컨트롤	Button	Button
ID	IDC_BUTT_HIDE	IDC_BUTT_EXIT
Caption	캐럿 숨기기	종료
메시지	BN_CLICKED	BN_CLICKED
멤버 함수 이름	OnButtHide	OnButtExit

Step 14 [캐럿 생성] 버튼을 더블클릭한 후 아래의 소스코드를 입력한다.

```
void CCreateCaretDlg::OnButtCreate()
{
    // TODO: Add your control notification handler code here
    CPoint pT;
    pT.x=30;
    pT.y=50;

        CreateSolidCaret(2,16);
    SetCaretPos(pT);
    ShowCaret();
}
```

Step 15 [캐럿 제거] 버튼을 더블클릭한 후 아래의 소스코드를 입력한다.

```
void CCreateCaretDlg::OnButtKill()
{
    // TODO: Add your control notification handler code here
    DestroyCaret();
}
```

Step 16 [캐럿 숨기기] 버튼을 더블클릭한 후 아래의 소스코드를 입력한다.

```
void CCreateCaretDlg::OnButtHide()
{
    // TODO: Add your control notification handler code here
    HideCaret();
}
```

Step 17 [종료] 버튼을 더블클릭한 후 아래의 소스코드를 입력한다.

```
void CCreateCaretDlg::OnButtExit()
{
    // TODO: Add your control notification handler code here
    OnOK();
}
```

Step 18 컴파일 한 후 실행해 본다.

Chapter 16

초기화 파일

이번 장에서는 초기화 파일에 대하여 알아보겠다.

16-1 win.ini 초기화 파일 읽어오는 프로그램 / 16-2 사용자 초기화 파일

초기화 파일이란?

간단하게 말해서 시스템 초기 환경 설정 데이터를 저장하는 데 사용되는 일종의 텍스트 파일이다. 초기화 파일을 이용하면 좋은 점은 응용 프로그램의 초기 설정 사항들을 논리적으로 모아 놓을 수 있다. 초기화 파일은 확장자가 .ini이다.

초기화 파일의 구조

초기화 파일의 구조는 섹션과 그리고 키와 키 값으로 아주 간단하게 되어 있다.

다음의 그림을 보자.

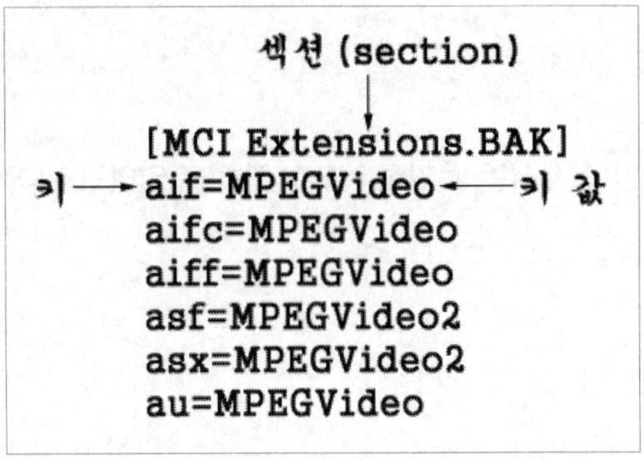

```
              섹션 (section)
                   ↓
         [MCI Extensions.BAK]
  키 ──→ aif=MPEGVideo ←── 키 값
         aifc=MPEGVideo
         aiff=MPEGVideo
         asf=MPEGVideo2
         asx=MPEGVideo2
         au=MPEGVideo
```

섹션은 INI 파일 내에서 각 내용별로 나뉘어져 있는 부분들을 섹션이라고 하고 키는 이름이 붙어 있는 환경 설정 자료들이며 키 값은 키에 해당하는 값을 말한다.

16-1 win.ini 초기화 파일 읽어오는 프로그램

이번에는 win.ini의 초기화 파일을 읽어 오는 프로그램을 만들어 보겠다.

우리가 만들 프로그램은 다음 그림과 같다.

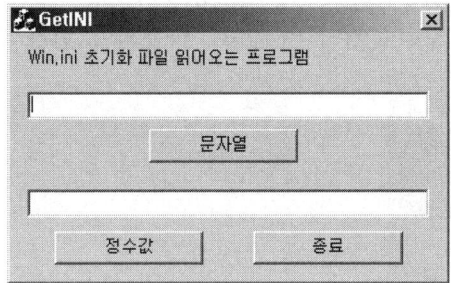

이 프로그램은 C드라이브의 Windows 폴더에 있는 win.in 초기화 파일의 섹션을 읽어오는 프로그램이다. 필자의 win.ini 초기화 파일은 아래와 같이 되어 있다. 참고로 필자가 지금 쓰고 있는 OS는 윈도우즈 XP 이다.

```
; for 16-bit app support
[fonts]
[extensions]
[mci extensions]
[files]
[Mail]
MAPI=1
[MCI Extensions.BAK]
aif=MPEGVideo
aifc=MPEGVideo
aiff=MPEGVideo
asf=MPEGVideo2
.
.
.
```

[문자열] 버튼을 클릭하면 MCI Extensions.BAK 섹션의 aif키의 키 값을 다음의 그림과 같이 첫 번째 에디터 상자에 출력한다.

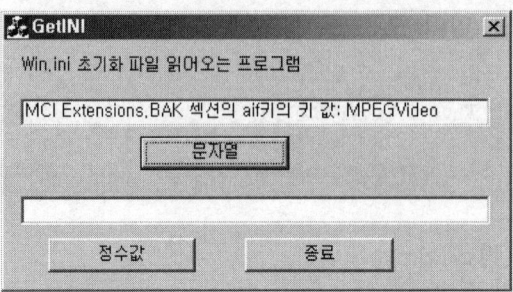

[정수값] 버튼을 클릭하면 Mail 섹션의 MAPI 키의 키 값을 다음의 그림과 같이 두 번째 에디터 상자에 출력한다.

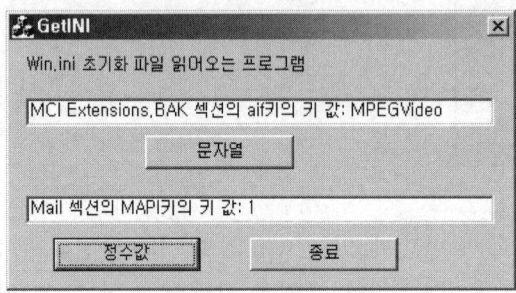

함수설명

```
DWORD GetProfileString(
  LPCTSTR lpAppName,         // address of section name
  LPCTSTR lpKeyName,         // address of key name
  LPCTSTR lpDefault,         // address of default string
  LPTSTR lpReturnedString,   // address of destination buffer
  DWORD nSize                // size of destination buffer
);
```

⇨ 위 함수는 win.ini 초기화 파일에서 키의 문자열 값을 구한다.

LPCTSTR lpAppName
⇨ 섹션 이름을 지정

LPCTSTR lpKeyName
⇨ 키 이름을 지정

LPCTSTR lpDefault
⇨ 지정한 섹션의 키를 찾을 수 없을 경우 여기에 지정된 문자열이 리턴된다.

LPTSTR lpReturnedString
⇨ 시스템에 의해서 채워지게 될 버퍼를 지정

DWORD nSize
⇨ lpReturnedString이 가리키는 버퍼의 크기

```
UINT GetProfileInt(
  LPCTSTR lpAppName,   // address of section name
  LPCTSTR lpKeyName,   // address of key name
  INT nDefault         // default value if key name is not found
);
```
⇨ 위 함수는 win.ini 초기화 파일에서 키의 정수 값을 구한다.

LPCTSTR lpAppName
⇨ 섹션 이름을 지정

LPCTSTR lpKeyName,
⇨ 키 이름을 지정

INT nDefault
⇨ 지정한 섹션의 키를 찾을 수 없을 경우 여기에 지정된 정수 값이 리턴된다.

따라하기 *Step by Step*

Step 01) 메뉴에서 [파일] → [새로 만들기] → [프로젝트]를 선택한다.
Step 02) '새 프로젝트' 창이 뜨면 프로젝트 형식을(MFC 응용 프로그램) 선택하고,
Step 03) 프로젝트 이름(GetINI)을 지정하고,
Step 04) 폴더 위치(C:\source)를 지정하고
Step 05) '솔루션용 디렉터리 만들기'에 체크 해제한다.
Step 06) [확인] 버튼을 클릭하고 다음 단계로 넘어 간다.
Step 07) 'MFC 응용 프로그램 마법사' 창이 나타나면
Step 08) '응용 프로그램 종류'를 클릭하고
Step 09) '응용 프로그램 종류'를 '대화 상자 기반'으로 설정하고
Step 10) '유니코드 라이브러리 사용'에 체크 해제한다.
Step 11) [마침] 버튼을 누른다.

Step 12 우선 다이얼로그 상자에 표시되어 있는 "TODO: 여기에 대화 상자 컨트롤을 배치합니다."라는 문자열을 지우기 위해 마우스 왼쪽 버튼 클릭해서 선택한 후 마우스 오른쪽 버튼을 클릭하면 빠른 메뉴 상자가 나타난다. 이 빠른 메뉴 상자에서 [삭제]를 선택하면 삭제되며 또는 간단하게 Del키를 클릭해도 된다. [확인] 버튼과 [취소] 버튼도 마찬가지로 삭제한다.

Step 13 아래의 표를 보고 컨트롤을 만든다.

컨트롤	Static Text	Edit Box	Button
ID	IDC_STATIC	IDC_EDIT_A	IDC_BUTT_PRINT
Caption	Win.ini 초기화 파일 읽어오는 프로그램		문자열
멤버 변수 이름		m_EditA	
범주		Valuse	
변수 형식		CString	
메시지			BN_CLICKED
멤버 함수 이름			OnButtPrint

컨트롤	Edit Box	Button	Button
ID	IDC_EDIT_B	IDC_BUTT_PRINT2	IDC_BUTT_EXIT
Caption		정수값	종료
멤버 변수 이름	m_EditB		
범주	Valuse		
변수 형식	CString		
메시지		BN_CLICKED	BN_CLICKED
멤버 함수 이름		OnButtPrint2	OnButtExit

Step 14 [문자열] 버튼을 더블클릭한 후 아래의 소스코드를 입력한다.

```
void CGetINIDlg::OnButtPrint()
{
    // TODO: Add your control notification handler code here

    char szBuff[100],szText[256];
    GetProfileString("MCI Extensions.BAK",
                                "aif",
                    "에러",
                    szBuff,
                    100);
    sprintf(szText,"MCI Extensions.BAK 섹션의 aif키의 키 값: %s",
            szBuff);
    m_EditA=szText;
    UpdateData(FALSE);
}
```

Step 15 [정수값] 버튼을 더블클릭한 후 아래의 소스코드를 입력한다.

```cpp
void CGetINIDlg::OnButtPrint2()
{
    // TODO: Add your control notification handler code here
    static int nBuff;
    char szText[256];

    nBuff=GetProfileInt("Mail",
                        "MAPI",
                         nBuff);
    sprintf(szText,"Mail 섹션의 MAPI키의 키 값: %d",nBuff);
    m_EditB=szText;
    UpdateData(FALSE);
}
```

Step 16 [종료] 버튼을 더블클릭한 후 아래의 소스코드를 입력한다.

```cpp
void CGetINIDlg::OnButtExit()
{
    // TODO: Add your control notification handler code here
    OnOK();
}
```

Step 17 컴파일 한 후 실행해 본다.

16-2 사용자 초기화 파일

이번에는 사용자가 초기화 파일을 만들어서 섹션, 키, 키 값을 생성하는 방법에 대하여 알아보겠다.

소스폴더 Source\UserINI

우리가 만들 프로그램은 다음 그림과 같다.

[생성] 버튼을 클릭하면 C 드라이브의 root 폴더에 userini.ini 초기화 파일을 생성하고 그 파일에 섹션, 키, 키 값을 추가로 생성한 후 다음의 그림과 같이 에디터 상자에 문자열이 출력된다.

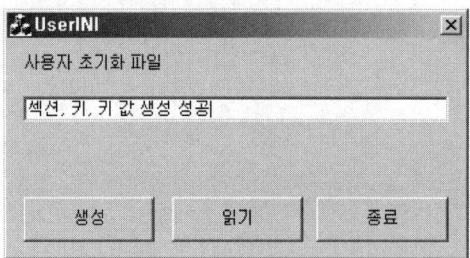

C 드라이브의 root 폴더의 userini.ini 파일을 메모장으로 열어보면 다음의 그림과 같이 되어 있다.

[읽기] 버튼을 클릭하면 다음의 그림과 같이 조금 아까 생성했던 섹션의 키 값이 출력된다.

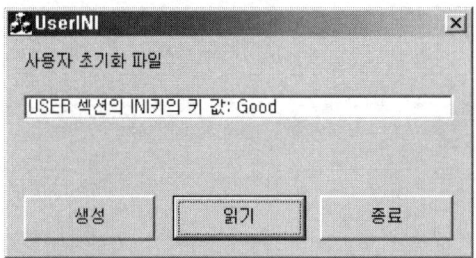

함수설명

```
BOOL WritePrivateProfileSection(
  LPCTSTR lpAppName,  // pointer to string with section name
  LPCTSTR lpString,   // pointer to string with data
  LPCTSTR lpFileName  // pointer to string with filename
);
```
⇨ 위 함수는 초기화 파일을 생성하고 섹션과 키를 생성한다.

LPCTSTR lpAppName
⇨ 섹션을 지정

LPCTSTR lpString
⇨ 키를 지정

LPCTSTR lpFileName
⇨ 파일 이름을 지정

```
BOOL WritePrivateProfileString(
  LPCTSTR lpAppName,  // pointer to section name
  LPCTSTR lpKeyName,  // pointer to key name
  LPCTSTR lpString,   // pointer to string to add
  LPCTSTR lpFileName  // pointer to initialization filename
);
```
⇨ 위 함수는 키 값을 생성한다.

LPCTSTR lpAppName
⇨ 섹션을 지정

LPCTSTR lpKeyName
⇨ 키를 지정

LPCTSTR lpString
⇨ 키 값을 지정

LPCTSTR lpFileName
⇨ 파일 이름을 지정

```
DWORD GetPrivateProfileString(
    LPCTSTR lpAppName,          // points to section name
    LPCTSTR lpKeyName,          // points to key name
    LPCTSTR lpDefault,          // points to default string
    LPTSTR lpReturnedString,    // points to destination buffer
    DWORD nSize,                // size of destination buffer
    LPCTSTR lpFileName          // points to initialization filename
);
```
⇨ 위 함수는 사용자가 지정한 초기화 파일에서 키의 문자열 값을 구한다.

LPCTSTR lpAppName
⇨ 섹션 이름을 지정

LPCTSTR lpKeyName
⇨ 키 이름을 지정

LPCTSTR lpDefault
⇨ 지정한 섹션의 키를 찾을 수 없을 경우 여기에 지정된 문자열이 리턴된다.

LPTSTR lpReturnedString
⇨ 시스템에 의해서 채워지게 될 버퍼를 지정

DWORD nSize
⇨ lpReturnedString가 가리키는 버퍼의 크기

LPCTSTR lpFileName
⇨ 파일 이름을 지정

따라하기

Step 01 메뉴에서 [파일] → [새로 만들기] → [프로젝트]를 선택한다.

Step 02 '새 프로젝트' 창이 뜨면 프로젝트 형식을(MFC 응용 프로그램) 선택하고,

Step 03 프로젝트 이름(UserINI)을 지정하고,

Step 04 폴더 위치(C:\source)를 지정하고

Step 05 '솔루션용 디렉터리 만들기'에 체크 해제한다.

Step 06 [확인] 버튼을 클릭하고 다음 단계로 넘어 간다.

Step 07 'MFC 응용 프로그램 마법사' 창이 나타나면

Step 08 '응용 프로그램 종류'를 클릭하고

Step 09 '응용 프로그램 종류'를 '대화 상자 기반'으로 설정하고

Step 10 '유니코드 라이브러리 사용'에 체크 해제한다.

Step 11 [마침] 버튼을 누른다.

Step 12 우선 다이얼로그 상자에 표시되어 있는 "TODO: 여기에 대화 상자 컨트롤을 배치합니다."라는 문자열을 지우기 위해 마우스 왼쪽 버튼 클릭해서 선택한 후 마우스 오른쪽 버튼을 클릭하면 빠른 메뉴 상자가 나타난다. 이 빠른 메뉴 상자에서 [삭제]를 선택하면 삭제되며 또는 간단하게 Del키를 클릭해도 된다. [확인] 버튼과 [취소] 버튼도 마찬가지로 삭제한다.

Step 13 아래의 표를 보고 컨트롤을 만든다.

컨트롤	Static Text	Edit Box	Button
ID	IDC_STATIC	IDC_EDIT_A	IDC_BUTT_CREATE
Caption	사용자 초기화 파일		생성
멤버 변수 이름		m_EditA	
범주		Valuse	
변수 형식		CString	
메시지			BN_CLICKED
멤버 함수 이름			OnButtCreate

컨트롤	Button	Button
ID	IDC_BUTT_READ	IDC_BUTT_EXIT
Caption	읽기	종료
메시지	BN_CLICKED	BN_CLICKED
멤버 함수 이름	OnButtRead	OnButtExit

Step 14 [생성] 버튼을 더블클릭한 후 아래의 소스코드를 입력한다.

```cpp
void CUserINIDlg::OnButtCreate()
{
    // TODO: Add your control notification handler code here
    static BOOL bBool;

    //섹션과 키를 생성
    bBool=WritePrivateProfileSection("USER",
                                    "INI=SZ",
                                    "C:\\userini.ini");
    if(bBool=TRUE) // 섹션과 키를 생성했으면
    {
        // 키 값을 생성
        WritePrivateProfileString("USER",
                                  "INI",
                                  "Good",
                                  "C:\\userini.ini");
        m_EditA="섹션, 키, 키 값 생성 성공";
        UpdateData(FALSE);
    }
}
```

Step 15 [읽기] 버튼을 더블클릭한 후 아래의 소스코드를 입력한다.

```cpp
void CUserINIDlg::OnButtRead()
{
    // TODO: Add your control notification handler code here
    char szBuff[100],szText[256];
    GetPrivateProfileString("USER",
                            "INI",
                            "에러",
                            szBuff,
                            100,
                            "c:\\userini.ini");
    sprintf(szText,"USER 섹션의 INI키의 키 값: %s",szBuff);
    m_EditA=szText;
    UpdateData(FALSE);

}
```

Step 16 [종료] 버튼을 더블클릭한 후 아래의 소스코드를 입력한다.

```cpp
void CUserINIDlg::OnButtExit()
{
    // TODO: Add your control notification handler code here
    OnOK();
}
```

Step 17 컴파일 한 후 실행해 본다.

Chapter 17

문자열 변환

이번 장에서는 간단하게 문자열을 변환하는 방법에 대하여 알아보겠다.

이를테면 대문자를 소문자로 변환한다든지 소문자를 대문자로 변환한다든지 등등에 대하여 알아보겠다.

17-1 문자열 대↔소문자 변환

17-1 문자열 대↔소문자 변환

이번에는 문자열을 대문자에서 소문자, 소문자에서 대문자로 변환하는 방법에 대하여 알아보겠다.

우리가 만들 프로그램은 다음 그림과 같다.

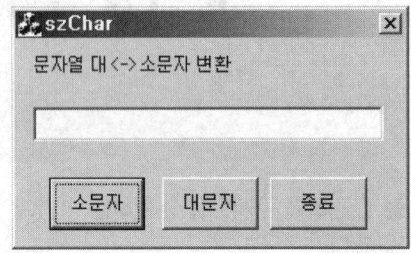

[소문자] 버튼을 클릭하면 다음의 그림과 같이 대문자가 소문자로 출력된다.

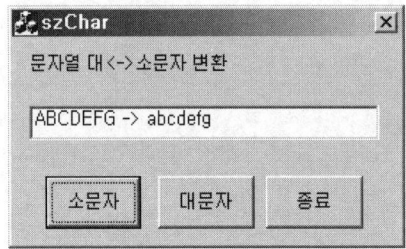

[대문자] 버튼을 클릭하면 다음의 그림과 같이 소문자가 대문자로 출력된다.

함수설명

```
LPTSTR CharLower(
  LPTSTR lpsz    // single character or pointer to string
);
```

⇨ 위 함수는 대문자를 소문자로 변환한다.

LPTSTR lpsz

⇨ 문자열을 지정

```
LPTSTR CharUpper(
  LPTSTR lpsz    // single character or pointer to string
);
```

⇨ 위 함수는 소문자를 대문자로 변환한다.

LPTSTR lpsz

⇨ 문자열을 지정

따라하기

Step by Step

Step 01 메뉴에서 [파일] → [새로 만들기] → [프로젝트]를 선택한다.

Step 02 '새 프로젝트' 창이 뜨면 프로젝트 형식을(MFC 응용 프로그램) 선택하고,

Step 03 프로젝트 이름(szChar)을 지정하고,

Step 04 폴더 위치(C:₩source)를 지정하고

Step 05 '솔루션용 디렉터리 만들기'에 체크 해제한다.

Step 06 [확인] 버튼을 클릭하고 다음 단계로 넘어 간다.

Step 07 'MFC 응용 프로그램 마법사' 창이 나타나면

Step 08 '응용 프로그램 종류'를 클릭하고

Step 09 '응용 프로그램 종류'를 '대화 상자 기반'으로 설정하고

Step 10 '유니코드 라이브러리 사용'에 체크 해제한다.

Step 11 [마침] 버튼을 누른다.

Step 12 우선 다이얼로그 상자에 표시되어 있는 "TODO: 여기에 대화 상자 컨트롤을 배치합니다."라는 문자열을 지우기 위해 마우스 왼쪽 버튼 클릭해서 선택한 후 마우스 오른쪽 버튼을 클릭하면 빠른 메뉴 상자가 나타난다. 이 빠른 메뉴 상자에서 [삭제]를 선택하면 삭제되며 또는 간단하게 Del키를 클릭해도 된다. [확인] 버튼과 [취소] 버튼도 마찬가지로 삭제한다.

Step 13 아래의 표를 보고 컨트롤을 만든다.

컨트롤	Static Text	Edit Box
ID	IDC_STATIC	IDC_EDIT_A
Caption	문자열 대↔소문자 변환	
멤버 변수 이름		m_EditA
범주		Value
변수 형식		CString

컨트롤	Button	Button	Button
ID	IDC_BUTT_LOWER	IDC_BUTT_UPPER	IDC_BUTT_Exit
Caption	소문자	대문자	종료
메시지	BN_CLICKED	BN_CLICKED	BN_CLICKED
멤버 함수 이름	OnButtLower	OnButtUpper	OnButtExit

Step 14 [소문자] 버튼을 더블클릭한 후 아래의 소스코드를 입력한다.

```
void CSzCharDlg::OnButtLower()
{
    // TODO: Add your control notification handler code here
    char szLower[]="ABCDEFG";
    char szText[100];

    CharLower(szLower);
    sprintf(szText,"ABCDEFG -> %s",szLower);

    m_EditA=szText;
    UpdateData(FALSE);
}
```

Step 15 [대문자] 버튼을 더블클릭한 후 아래의 소스코드를 입력한다.

```
void CSzCharDlg::OnButtUpper()
{
    // TODO: Add your control notification handler code here
    char szUpper[]="abcdefg";
    char szText[100];

    CharUpper(szUpper);
    sprintf(szText,"abcdefg -> %s",szUpper);

    m_EditA=szText;
    UpdateData(FALSE);
}
```

Step 16 [종료] 버튼을 더블클릭한 후 아래의 소스코드를 입력한다.

```
void CSzCharDlg::OnButtExit()
{
    // TODO: Add your control notification handler code here
    OnOK();
}
```

Step 17 컴파일 한 후 실행해 본다.

Chapter 18

데이터베이스

이번에는 비주얼 C++에서 데이터베이스 프로그래밍에 대하여 알아보겠다. 또한 MS-Access를 이용하여 MDB 파일을 작성하는 방법에 대해서도 간단하게 알아보겠다.

18-1 MS-Access를 이용한 MDB 파일 생성하기 / 18-2 OLE DB를 이용한 MDB 파일 읽기 / 18-3 ODBC를 사용한 데이터베이스 프로그램

18-1 MS-Access를 이용한 MDB 파일 생성하기

지금부터 간단하게 MS-Access를 이용하여 MDB 파일을 생성하는 방법에 대하여 알아보겠다.

MS-Access란?

간단하게 말해서 관계형 데이터베이스로서 초보자들도 쉽게 배울 수 있고 또한 다른 프로그램들과 연동이 쉬우며 강력한 GUI(Graphical User Interface)인터페이스를 제공한다.

실습 MDB파일 생성하기

따라하기 *Step by Step*

Step 01 Microsoft Access를 실행한다.

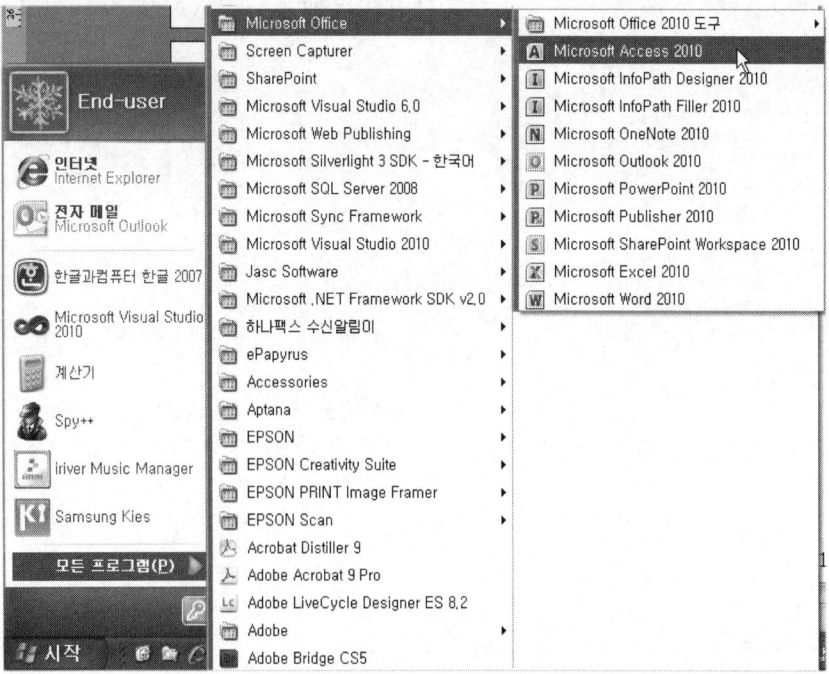

Step 02 [새 데이터베이스]를 선택하고 다음 그림과 같이 오른쪽 하단의 파일 이름 박스 오른쪽에 있는 폴더 아이콘을 클릭한다.

Step 03 새 데이터베이스 파일 대화상자가 나타나면 데이터베이스가 만들어질 폴더는 C 드라이브의 Source 폴더를 선택하고 파일 형식은 반드시 Micosoft Access 데이터베이스(2002-2003 형식)를 선택한 후 파일 이름(DB1)을 입력하고 [확인] 버튼을 클릭한다.

Step 04) 다음 화면에서 [만들기] 버튼을 클릭한다.

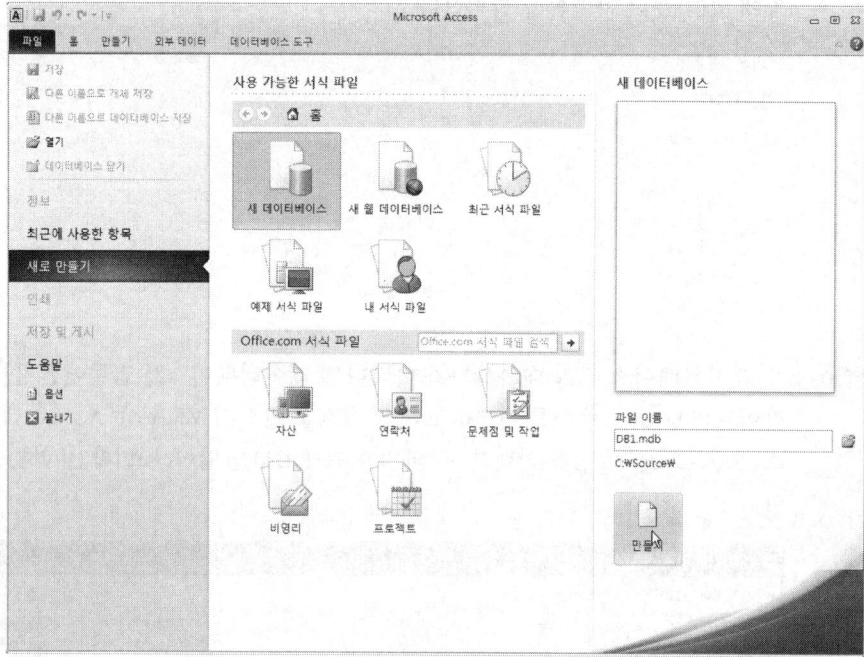

Step 05) 위 작업에 의해 다음과 같은 화면이 나타난다.

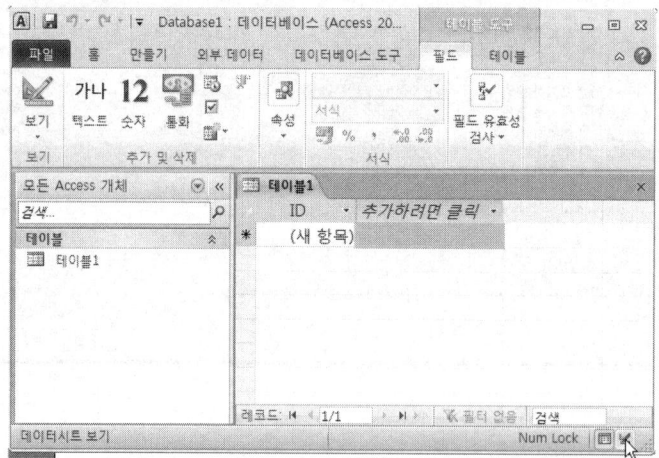

Step 06) 위 화면에서 오른쪽 맨 밑 하단의 디자인 보기( ) 버튼을 클릭한다.

Chapter 18 데이터베이스

Step 07 위 화면이 나타나면 [확인] 버튼을 클릭한다.

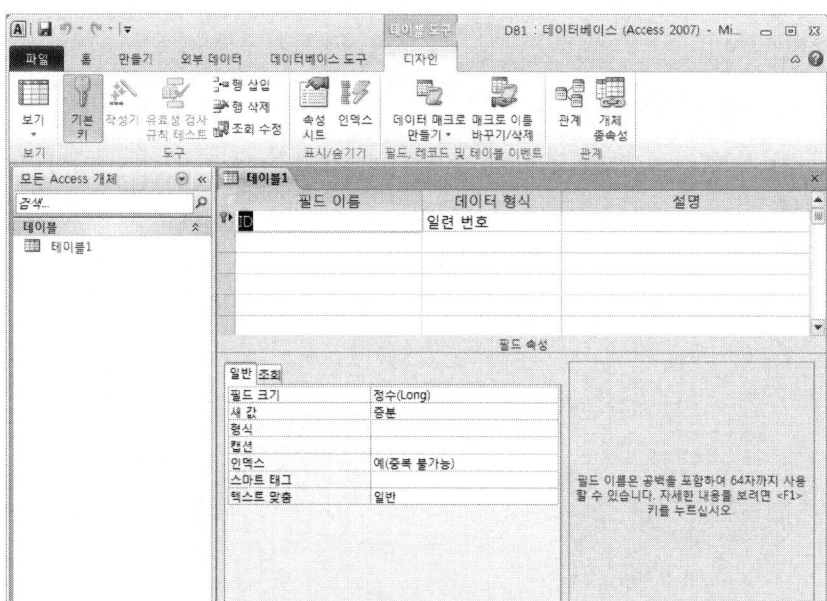

Step 08 위 화면에서 필드 이름에는 [이름] 이라고 입력하고 데이터 형식에는 [텍스트]를 선택한다.

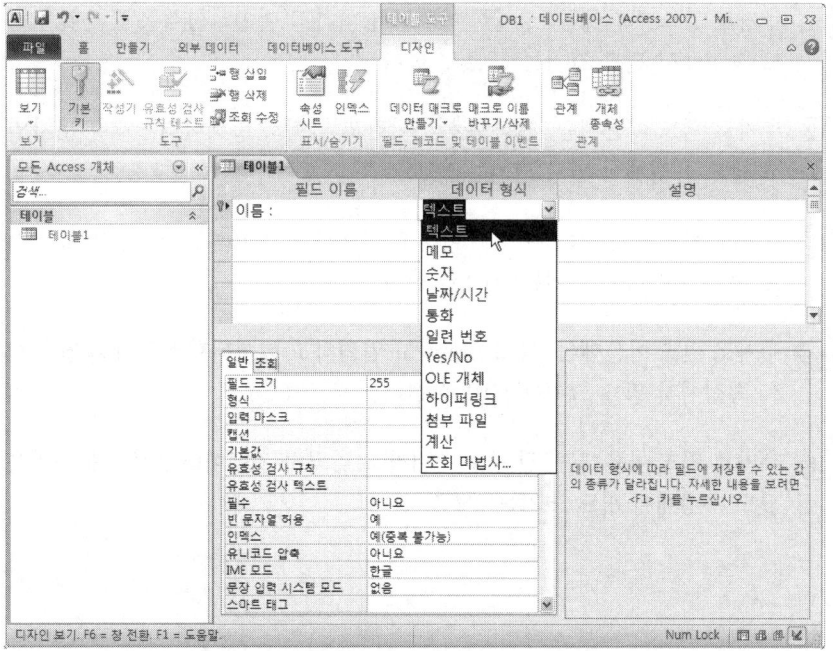

Step 09 데이터 형식을 선택할 때 화면의 하단 부분에 필드 속성이 나타나는데 필드 크기는 50으로 지정한다.

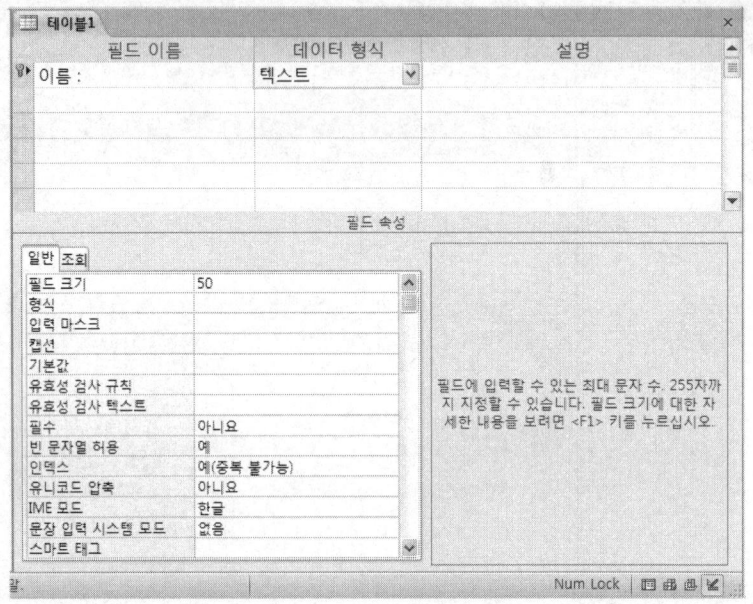

Step 10 추가로 필드 이름에는 "나이" 이라고 입력하고 데이터 형식은 숫자를 선택하고 필드 속성에서 필드 크기는 정수(Long)를 선택한다.

Step 11 추가로 필드 이름에는 "생일 :" 이라고 입력하고 데이터형식은 문자열을 선택하고 필드 속성에서 필드 크기는 50으로 한다.

Step 12 추가로 필드 이름에는 "전화번호 :" 이라고 입력하고 데이터형식은 문자열을 선택하고 필드 속성에서 필드 크기는 50으로 한다.

Step 13 추가로 필드 이름에는 "취미 :" 이라고 입력하고 데이터형식은 문자열을 선택하고 필드 속성에서 필드 크기는 50으로 한다.

Step 14 추가로 필드 이름에는 "특기 :" 이라고 입력하고 데이터형식은 문자열을 선택하고 필드 속성에서 필드 크기는 50으로 한다.

Step 15 추가로 필드 이름에는 "집 주소 :" 이라고 입력하고 데이터형식은 문자열을 선택하고 필드 속성에서 필드 크기는 255로 한다.

Step 16) 추가로 필드 이름에는 "메일주소 :" 이라고 입력하고 데이터형식은 문자열을 선택하고 필드 속성에서 필드 크기를 150으로 한다.

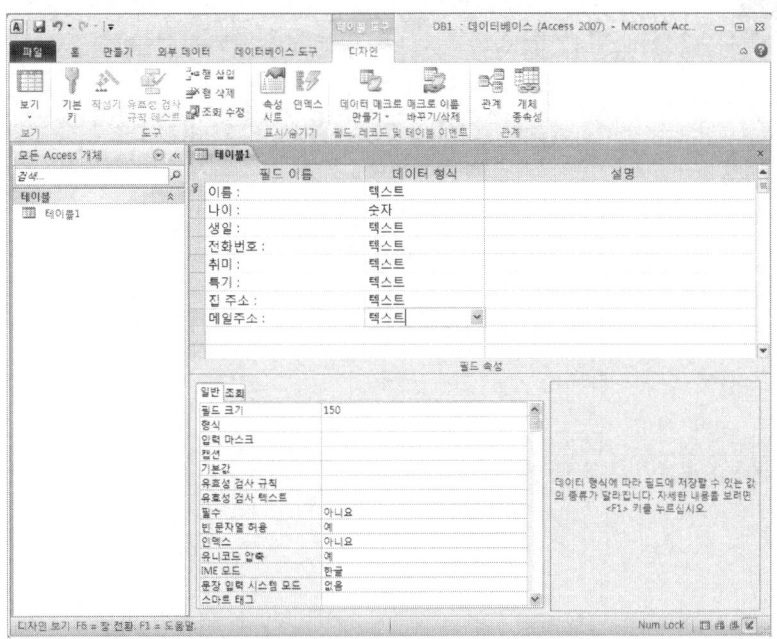

Step 17) 위 필드 데이터가 모두 입력되면 이어서 화면 오른쪽 맨 하단의 [데이터 시트로 보기 ( )] 버튼을 클릭한다.

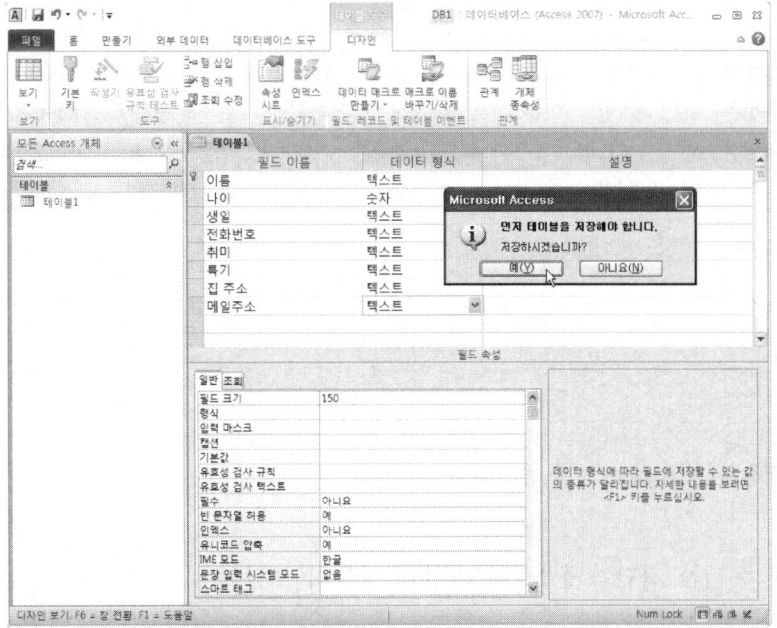

Step 18 [예] 버튼을 클릭해서 [테이블1]을 저장한다. 이어서 다음과 같은 화면이 나타난다.

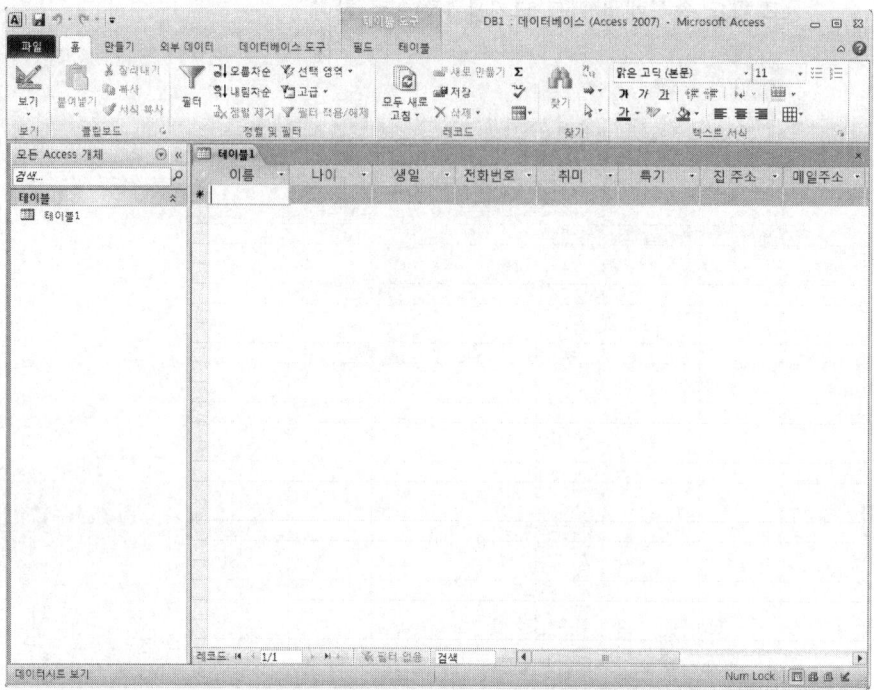

Step 19 위 화면에서 다음과 같이 데이터를 입력한다.

이름	나이	생일	전화번호	취미	특기	집주소	메일주소
홍길동	23	12월25일	010-999-xxxx	무술연마	무술	경기도 고양시	KilDong@mfc.co.kr
최미영	26	2월6일	02-876-xxxx	요리	뜨개질	서울시 도봉구	Miy@nate.com
윤동춘	45	5월9일	010-678-xxxx	등산	축구	부산시 동래구	YDCN@empal.com
황영식	56	11월12일	010-356-xxxx	노래하기	기타치기	서울시 강서구	Hwangys@naver.co
성삼수	34	9월8일	010-456-xxxx	운동	태권도	인천광역시	SSS@mfc.co.kr

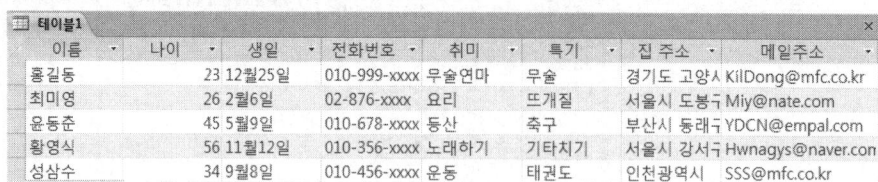

Step 20 저장을 하고 Access를 종료한다.

이로써 우리는 간단하게 MDB 파일을 만들어 보았다.

18-2 OLE DB를 이용한 MDB 파일 읽기

이번에는 OLE DB를 이용하여 MS-Access 파일을 읽어오는 방법에 대하여 알아보겠다.

우리가 만들 프로그램은 다음 그림과 같다.

다음의 레코드를 보려면 툴바의 [◀] 나 [▶] 버튼 등을 클릭하면 다음의 그림과 같이 이전 또는 다음의 레코드가 출력된다. 여기서 레코드란 간단하게 말해서 MDB 파일에 저장되어 있는 데이터라고 생각하면 된다.

위 다이얼로그 상자는 우리가 디자인 해주어야 하고 메뉴나, 툴바 등등은 비주얼 스튜디오에서 자동으로 만들어 준다.

따라하기

Step 01 메뉴에서 [파일] → [새로 만들기] → [프로젝트]를 선택한다.
Step 02 '새 프로젝트' 창이 뜨면 프로젝트 형식을(MFC 응용 프로그램) 선택하고,
Step 03 프로젝트 이름(dAddress)을 지정하고,
Step 04 폴더 위치(C:\source)를 지정하고
Step 05 '솔루션용 디렉터리 만들기'에 체크 해제한 후 [확인] 버튼을 클릭한다.

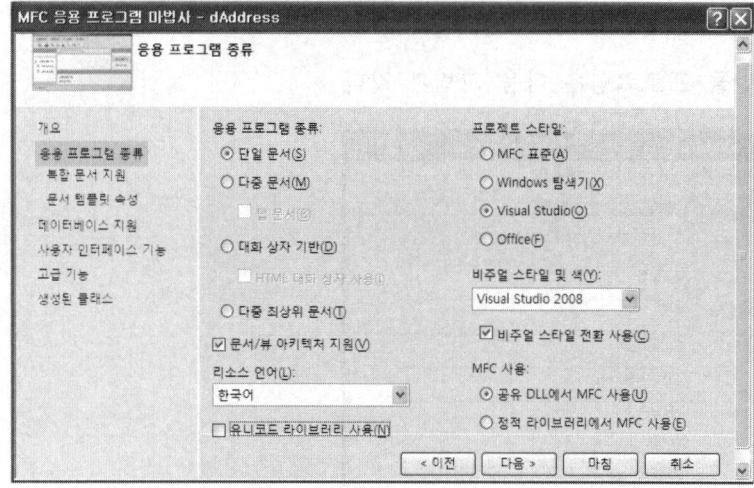

Step 06 [응용프로그램 종류]에서 응용 프로그램 종류는 [단일 문서]를 선택하고 [유니코드 라이브러리 사용]의 체크 표시를 해제한다.

Step 07 이어서 [데이터베이스 지원]을 클릭한다.

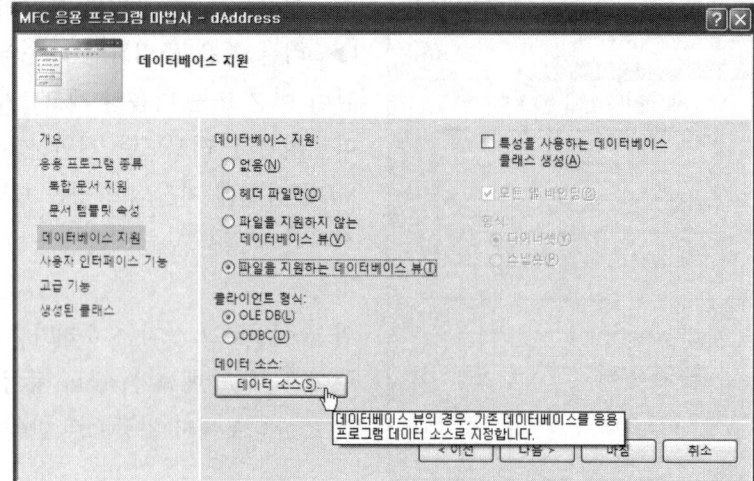

Chapter 18 데이터베이스

Step 08 [파일을 지원하는 데이터베이스 뷰]를 선택하고, 클라이언트 형식은 [OLE DB]를 선택한 후 [데이터 소스] 버튼을 클릭한다.

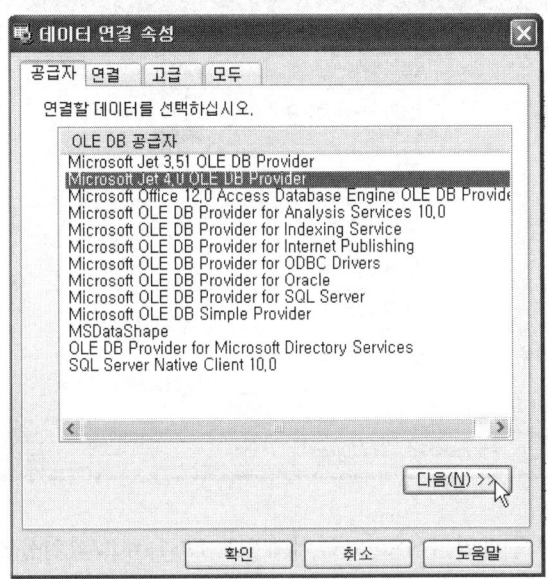

Step 09 [Microsoft Jet 4.0 OLE DB Provider]를 선택한 후 [다음] 버튼을 클릭한다.

Step 10 ▥ 버튼을 클릭한다.

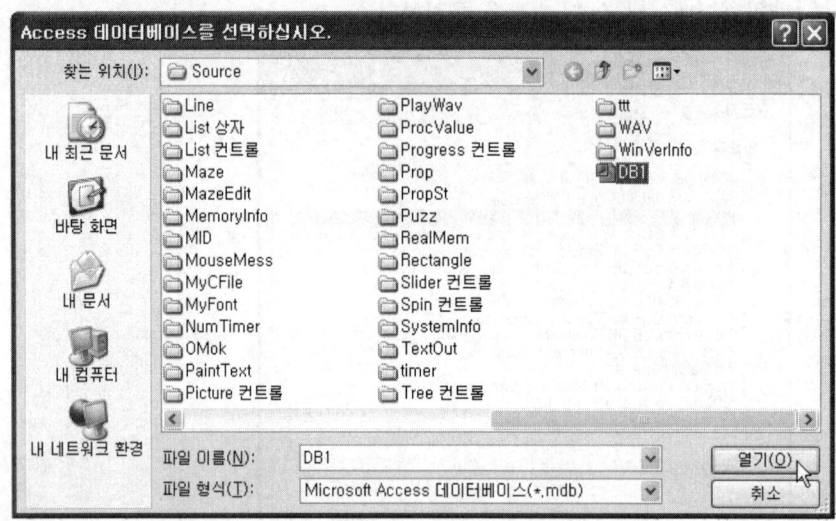

Step 11 앞에서 만들어 두었던 부록 파일의 Source 폴더에 있는 DB1.mdb 파일을 선택한 후 [열기] 버튼을 클릭한다.

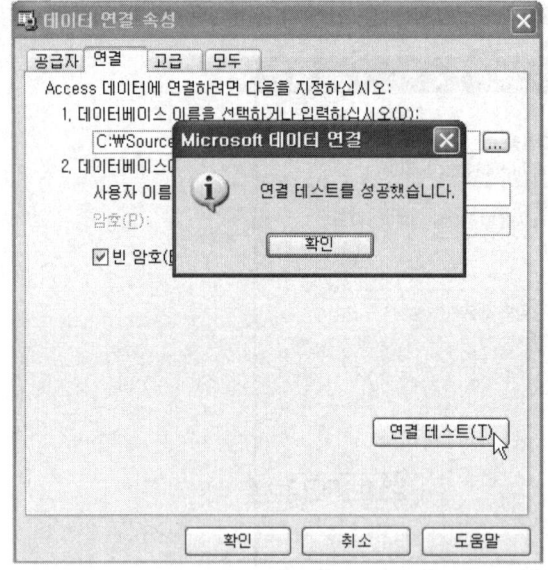

Step 12 [연결 테스트] 버튼을 클릭해서 위 화면에서처럼 "연결 테스트를 성공했습니다." 메시지 상자가 나타나면 된다. [확인] 버튼을 클릭해서 메시지 상자를 닫는다.

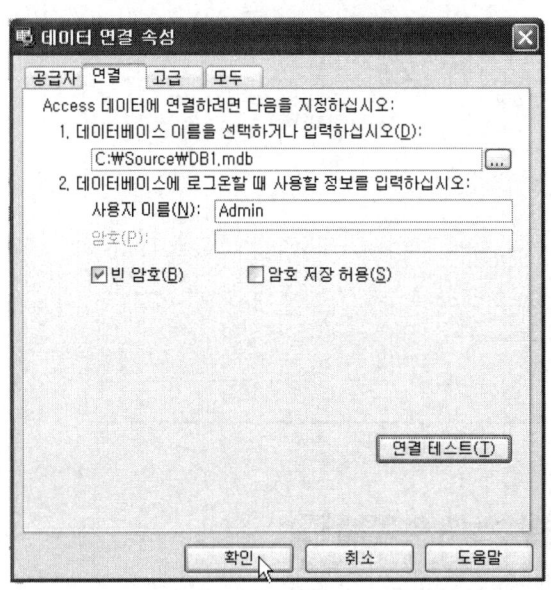

Step 13 [확인] 버튼을 클릭한다. 이 결과 다음과 같은 화면이 나타난다.

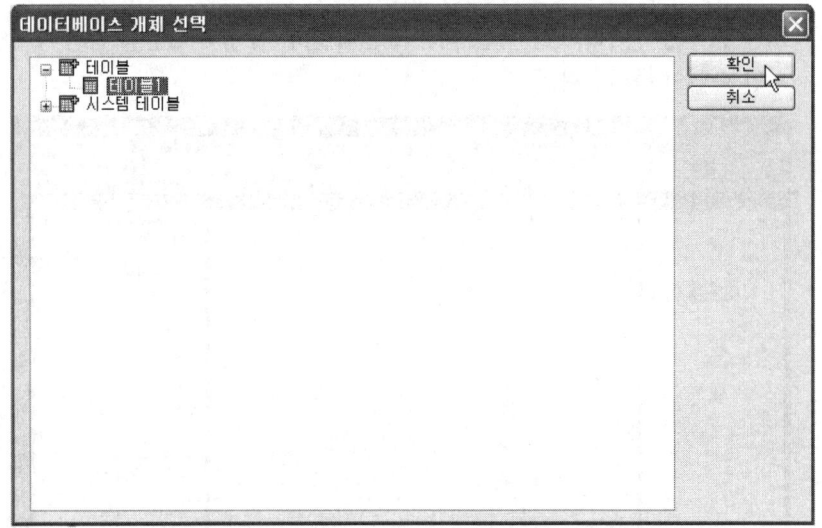

Step 14 [테이블]을 더블클릭해서 펼친 후 [테이블1]을 선택하고 이어서 [확인] 버튼을 클릭한다.

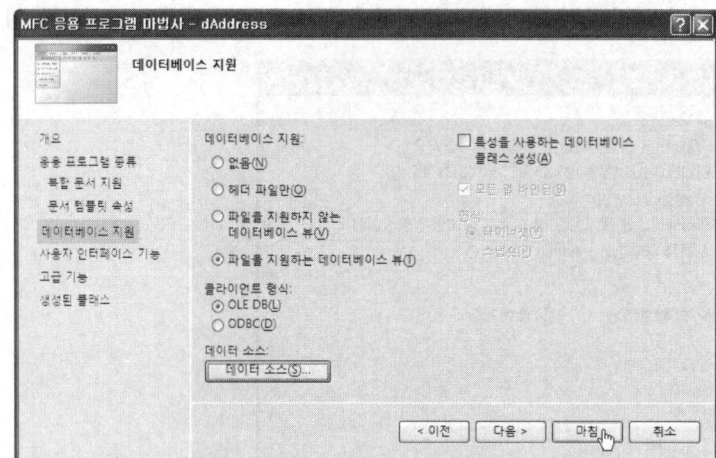

Step 15 [마침] 버튼을 클릭한다.

Step 16 보안 경고 창이 나타나면 [확인] 버튼을 클릭한다. 이 결과 다음과 같이 다이얼로그 디자인 화면이 나타난다.

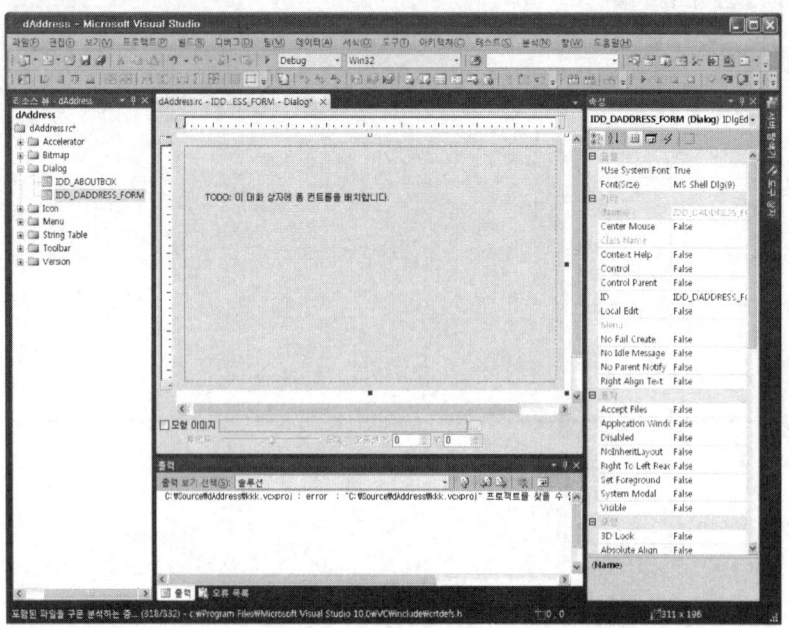

Step 17 "TODO: 이 대화 상자에 폼 컨트롤들을 배치합니다."를 지우고 다음 표와 같이 컨트롤 들을 작성한다.

컨트롤	Static Text	Static Text	Edit Box	Static Text
ID	IDC_STATIC	IDC_STATIC	IDC_EDIT_A	IDC_STATIC
Caption	OLE DB를 이용한 MDB 파일 읽기	이름:		나이:
액세스			private	
멤버 변수 이름			m_column1	
범주			Value	
변수 형식			CString	

컨트롤	Edit Box	Static Text	Edit Box	Static Text
ID	IDC_EDIT_B	IDC_STATIC	IDC_EDIT_C	IDC_STATIC
Caption		생일:		전화번호:
액세스	private		private	
멤버 변수 이름	m_column2		m_column3	
범주	Value		Value	
변수 형식	long		CString	

컨트롤	Edit Box	Static Text	Edit Box	Static Text
ID	IDC_EDIT_D	IDC_STATIC	IDC_EDIT_E	IDC_STATIC
Caption		취미:		특기:
액세스	private		private	
멤버 변수 이름	m_column4		m_column5	
범주	Value		Value	
변수 형식	CString		CString	

컨트롤	Edit Box	Static Text	Edit Box	Static Text
ID	IDC_EDIT_F	IDC_STATIC	IDC_EDIT_G	IDC_STATIC
Caption		집 주소:		메일주소:
액세스	private		private	
멤버 변수 이름	m_column6		m_column7	
범주	Value		Value	
변수 형식	CString		CString	

컨트롤	Edit Box
ID	IDC_EDIT_H
Caption	
액세스	private
멤버 변수 이름	m_column8
범주	Value
변수 형식	CString
메시지	
멤버 함수 이름	

Step 18 위 컨트롤 작성이 모두 완료되면 메뉴에서 [빌드] → [솔루션 빌드]를 선택한다.

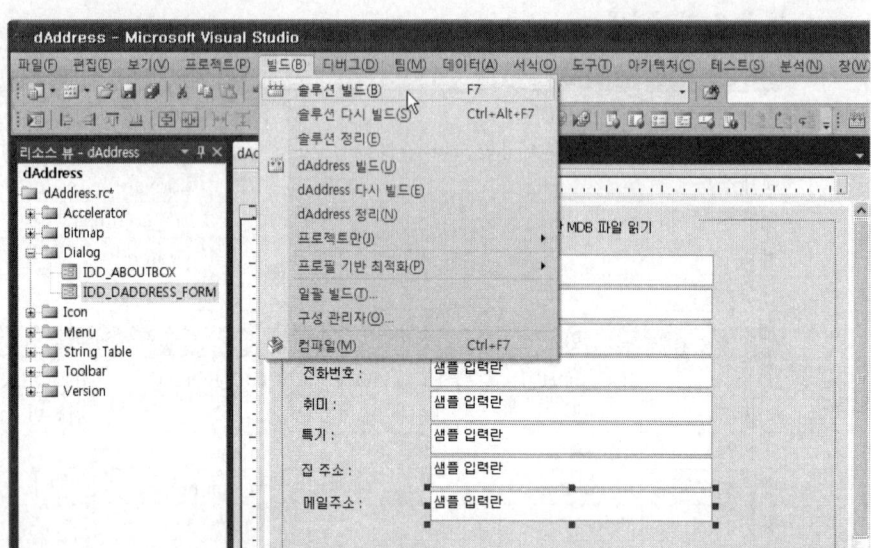

Step 19 위 작업 결과 아래 그림처럼 빌드가 성공하지 못하고 실패할 것이다. 이는 보안 경고 때문에 발생하는 에러이므로 아래 그림처럼 [오류 목록]을 클릭한다.

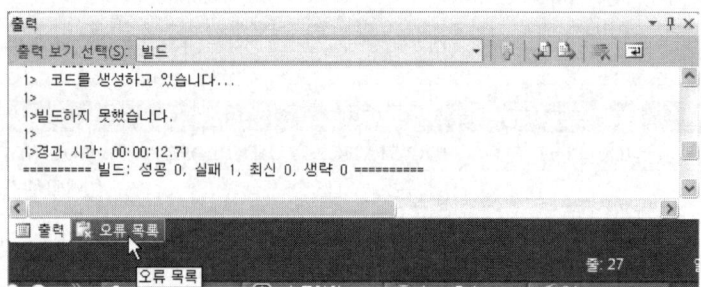

Step 20 위 작업 결과 아래 그림처럼 보안 문제로 인한 오류 표시가 나타난다. 아래 그림처럼 이를 더블클릭한다.

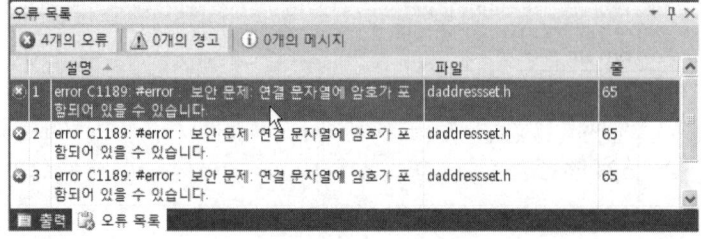

Chapter 18 데이터베이스

Step 21 이 결과 다음 그림처럼 에러가 발생한 부분의 소스코드를 보여준다.

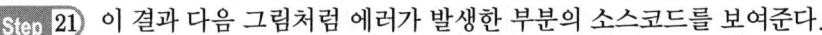

Step 22 이 부분을 맨 앞쪽에 // 를 입력해서 주석 처리 해준다.

| #error 보안 문제: 연결 문자열에 암호가 포함되어 있을 수 있습니다. |

⇩

| // #error 보안 문제: 연결 문자열에 암호가 포함되어 있을 수 있습니다. |

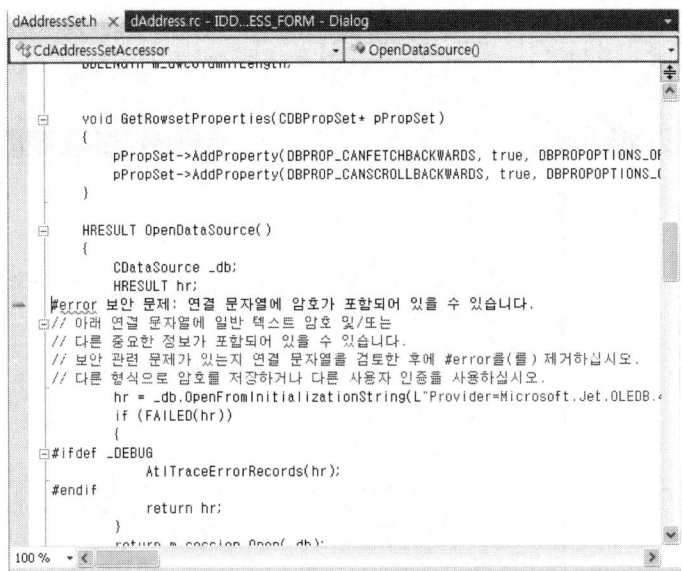

Step 23 이어서 메뉴에서 [빌드] → [솔루션 다시 빌드]를 선택한다.

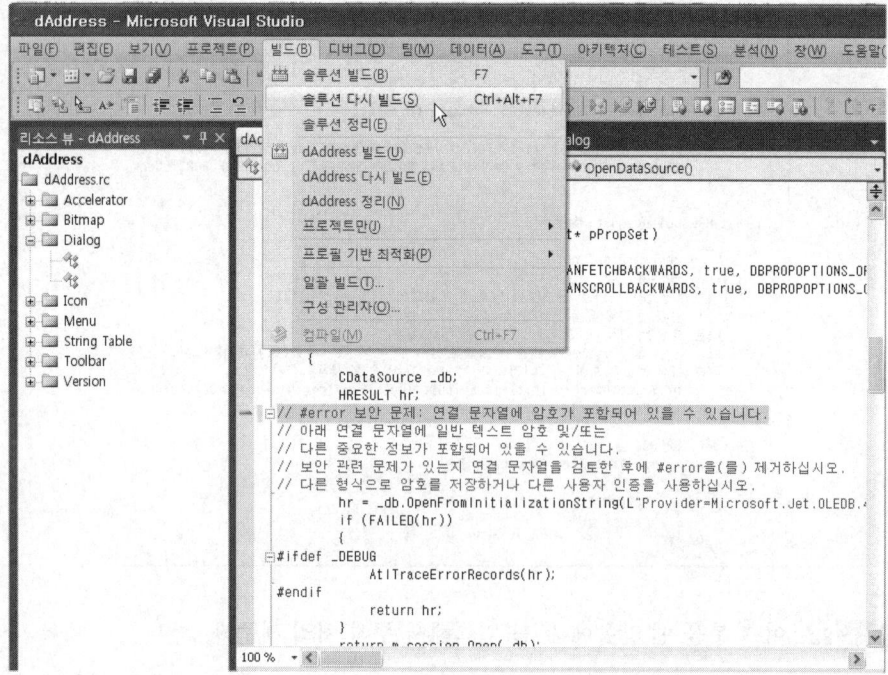

Step 24 위 작업 결과 빌드가 다시 진행되며 빌드가 성공적으로 끝나면 화면 하단에 다음과 같은 메시지가 출력된다.

Step 25) 이때 위 메시지 상자 위쪽에 소스코드 부분을 살펴보면 다음 그림과 같은 부분을 발견할 수 있을 것이다. 이 부분을 잘 눈여겨 봐둬야 한다.

```
operator const CSession&( )
{
    return m_session;
}

CSession m_session;

BEGIN_COLUMN_MAP(CdAddressSetAccessor)
    COLUMN_ENTRY_LENGTH_STATUS(2, m_column0, m_dwcolumn0Length, m_dwcolumn
    COLUMN_ENTRY_LENGTH_STATUS(8, m_column1, m_dwcolumn1Length, m_dwcolumn
    COLUMN_ENTRY_LENGTH_STATUS(3, m_column2, m_dwcolumn2Length, m_dwcolumn
    COLUMN_ENTRY_LENGTH_STATUS(1, m_column3, m_dwcolumn3Length, m_dwcolumn
    COLUMN_ENTRY_LENGTH_STATUS(4, m_column4, m_dwcolumn4Length, m_dwcolumn
    COLUMN_ENTRY_LENGTH_STATUS(7, m_column5, m_dwcolumn5Length, m_dwcolumn
    COLUMN_ENTRY_LENGTH_STATUS(5, m_column6, m_dwcolumn6Length, m_dwcolumn
    COLUMN_ENTRY_LENGTH_STATUS(6, m_column7, m_dwcolumn7Length, m_dwcolumn
END_COLUMN_MAP( )
};

class CdAddressSet : public CTable<CAccessor<CdAddressSetAccessor> >
{
public:
    HRESULT OpenAll( )
    {
        HRESULT hr;
```

```
COLUMN_ENTRY_LENGTH_STATUS(2, m_column0, m_dwcolumn0Length,
m_dwcolumn0Status)
COLUMN_ENTRY_LENGTH_STATUS(8, m_column1, m_dwcolumn1Length,
m_dwcolumn1Status)
COLUMN_ENTRY_LENGTH_STATUS(3, m_column2, m_dwcolumn2Length,
m_dwcolumn2Status)
COLUMN_ENTRY_LENGTH_STATUS(1, m_column3, m_dwcolumn3Length,
m_dwcolumn3Status)
COLUMN_ENTRY_LENGTH_STATUS(4, m_column4, m_dwcolumn4Length,
m_dwcolumn4Status)
COLUMN_ENTRY_LENGTH_STATUS(7, m_column5, m_dwcolumn5Length,
m_dwcolumn5Status)
COLUMN_ENTRY_LENGTH_STATUS(5, m_column6, m_dwcolumn6Length,
m_dwcolumn6Status)
COLUMN_ENTRY_LENGTH_STATUS(6, m_column7, m_dwcolumn7Length,
m_dwcolumn7Status)
```

위 소스코드를 보면 에디터 상자에 표시되어야할 칼럼 필드 정보들이 2, 8, 3, 1, 4, 7, 5, 6순으로 표시되어져 있는 것을 확인할 수 있을 것이다. 거기에 대응하는 데이터베이스 칼럼 데이터들은 m_column0부터 시작해서 m_column7까지로 되어있다. 즉, 이 의미는 이름 데이터가 표시될 화면의 첫 번째 에디터 상자에 해당하는 멤버 변수 이름은 m_column2 이며 데이터베이스에서는 m_column0에 해당하고, 나이에 해당하는 두 번째 에디터 상자는 m_column8 이며 데이터베이스에서는

m_column1에 해당하고, 생일에 해당하는 세 번째 에디터 상자는 m_column3 이
며 데이터베이스에서는 m_column2에 해당하고, 전화번호에 해당하는 네 번째 에
디터 상자는 m_column1 이며 데이터베이스에서는 m_column3에 해당하고, 취미
에 해당하는 다섯 번째 에디터 상자는 m_column4 이며 데이터베이스에서는
m_column4에 해당하고, 특기에 해당하는 여섯 번째 에디터 상자는 m_column7
이며 데이터베이스에서는 m_column5에 해당하고, 집 주소에 해당하는 일곱 번째
에디터 상자는 m_column5 이며 데이터베이스에서는 m_column6에 해당하고, 메
일 주소에 해당하는 여덟 번째 에디터 상자는 m_column6 이며 데이터베이스에서
는 m_column7에 해당된다.

Step 26 위 내용 대로 화면의 에디터 상자에 넣어 주기 위해 메뉴에서 [보기] → [솔루션 탐색
기]를 실행시킨 후 [소스 파일]에서 [dAddressView.ccp]를 더블클릭해서 소스 파일
을 불러낸 후 다음 그림과 같이 아래의 소스코드를 입력해준다.

```
m_column2=m_pSet->m_column0;
m_column8=m_pSet->m_column1;
m_column3=m_pSet->m_column2;
m_column1=m_pSet->m_column3;
m_column4=m_pSet->m_column4;
m_column7=m_pSet->m_column5;
m_column5=m_pSet->m_column6;
m_column6=m_pSet->m_column7;
```

여기서 중요한 부분은 뷰의 멤버 변수로 CDAddressSet의 포인터인 m_pSet가 선언
되어 있는데 이 멤버 변수를 사용하여 뷰에서 테이블을 참조하게 되는 것이다.

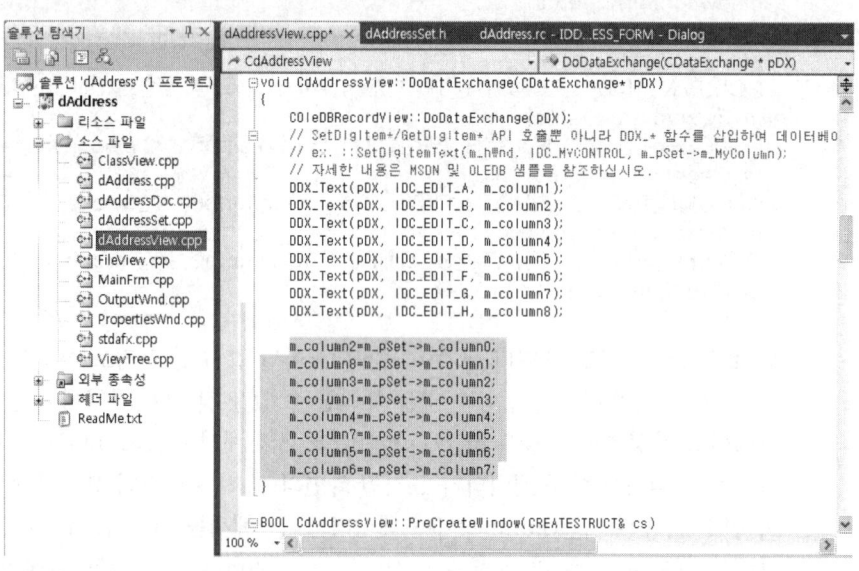

Step 27) 메뉴에서 [빌드] → [솔루션 다시 빌드]를 선택한다.

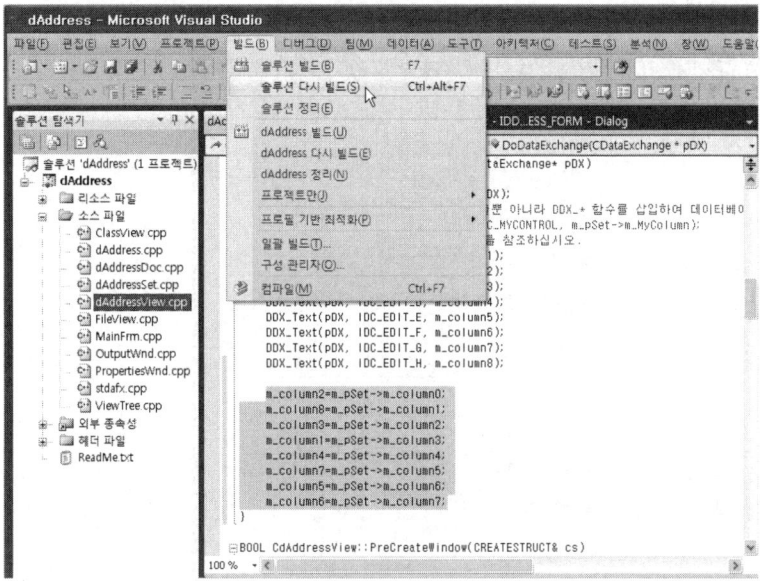

Step 28) 빌드가 성공적으로 끝나면 이어서 메뉴에서 [디버그] → [디버깅 시작]을 선택해서 실행시킨다.

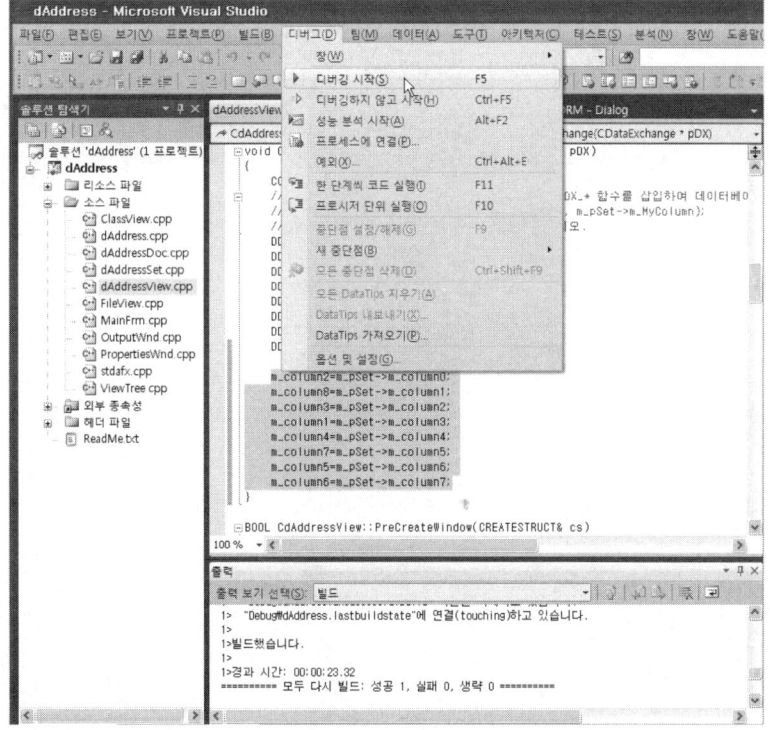

Step 29 실행 화면이 나타나면 [◀] 버튼이나 [▶] 버튼 등을 클릭해서 데이터베이스의 데이터들을 검색해 본다.

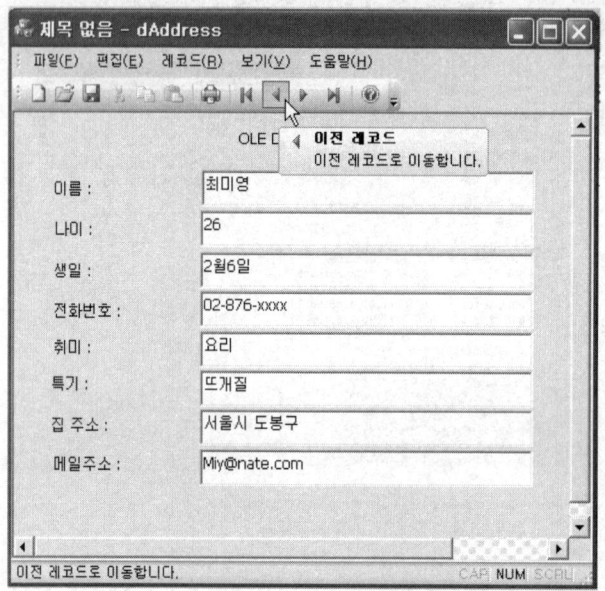

18-3 ODBC를 사용한 데이터베이스 프로그램

이번에는 ODBC를 사용해서 데이터베이스 프로그램을 만들어 보겠다.
우선 OBDC를 사용하려면 OLE DB처럼 데이터베이스 파일이 있어야 한다. 즉, 데이터베이스 파일의 하나인 MDB 파일이 있어야한다. OLE DB에서는 MDB 파일을 링크하는 식으로 연결만 해주었지만 ODBC는 좀 다르다.

일단 MDB를 만들었으면 ODBC 데이터 원본이 우리가 만든 데이터베이스를 가리키도록 설정을 해야 한다.

여기서는 전에 만들어 두었던 MDB 파일을 사용하겠다.

따라하기

Step 01 윈도우에서 [시작] → [제어판] → [관리 도구] → [데이터원본(ODBC)]를 실행한다.

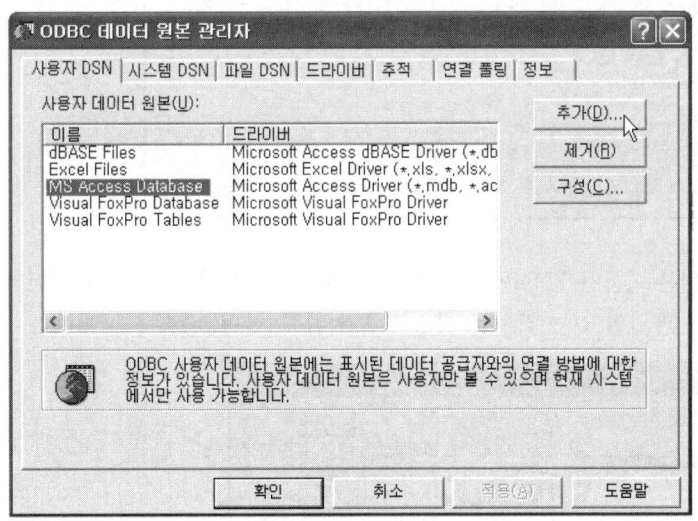

Step 02) 위 그림에서처럼 새로운 데이터 원본을 추가하기 위해 [추가] 버튼을 클릭한다.

Step 03) 위 그림은 새 데이터 원본에 대한 데이터베이스 드라이버를 선택할 수 있도록 하는 대화상자이다. 우리는 Access의 MDB 파일을 사용할 것이므로 Driver do Microsoft Access (*.mdb)를 선택하고 [마침] 버튼을 클릭한다.

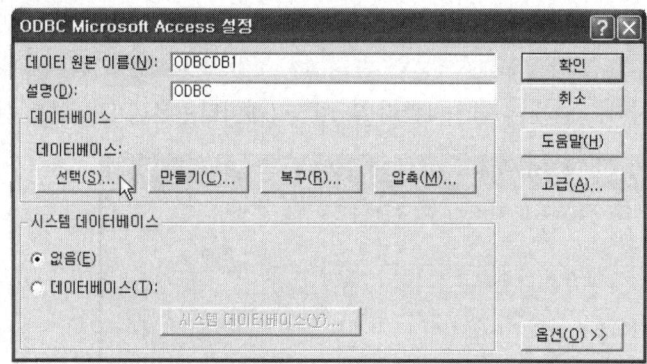

Step 04) 데이터 원본 이름은 "ODBCDB1"이라고 입력하고 설명에는 "ODBC"이라고 입력한 후 MDB 파일이 있는 위치를 지정해주기 위해 [선택] 버튼을 클릭한다.

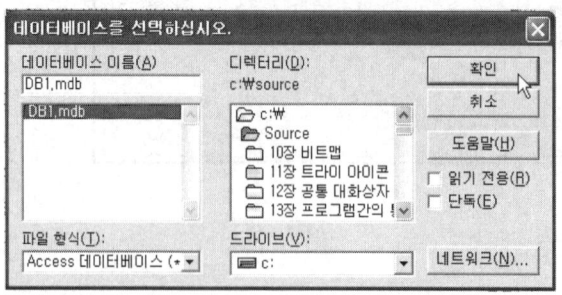

Step 05) MDB 파일의 위치를 지정하고 [확인] 버튼을 클릭한다. 이 파일은 부록 파일의 Source 폴더에 있다.

Step 06 다시 [확인] 버튼을 클릭하면 다음의 그림과 같이 우리가 추가한 데이터 원본 이름인 "ODBCDB1"이 보일 것이다.

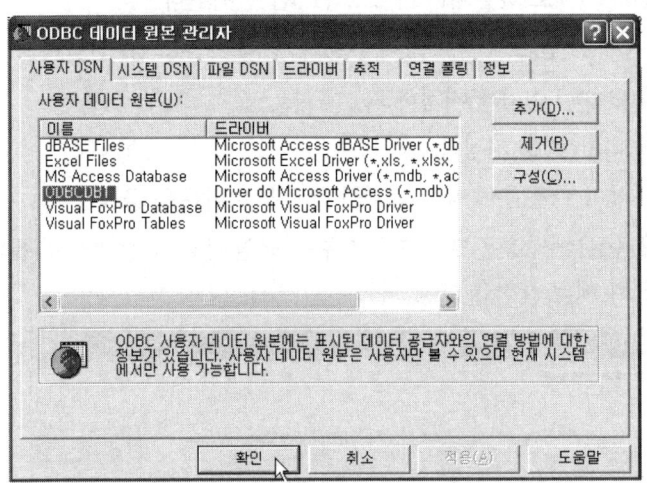

Step 07 [확인] 버튼을 클릭하여 빠져 나온다.

지금까지 ODBC 데이터 원본이 우리가 만든 데이터베이스를 가리키도록 설정을 하였다. 이제 우리는 이 ODBC를 이용하여 다음의 그림과 같은 프로그램을 만들어 보겠다.

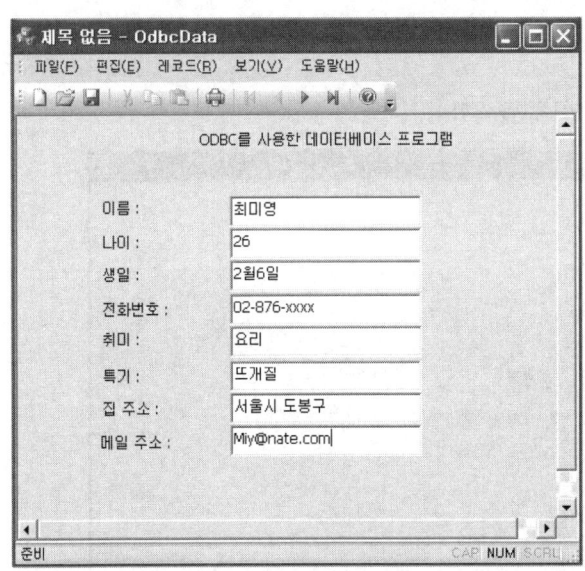

겉모양은 OLE DB를 이용해서 만든 프로그램과 비슷하다.

따라하기

Step 01 메뉴에서 [파일] → [새로 만들기] → [프로젝트]를 선택한다.
Step 02 '새 프로젝트' 창이 뜨면 프로젝트 형식을(MFC 응용 프로그램) 선택하고,
Step 03 프로젝트 이름(OdbcData)을 지정하고,
Step 04 폴더 위치(C:\source)를 지정하고
Step 05 '솔루션용 디렉터리 만들기'에 체크 해제한 후 [확인] 버튼을 클릭한다.
Step 06 [응용프로그램 종류]에서 응용 프로그램 종류는 [단일 문서]를 선택하고 [유니코드 라이브러리 사용]의 체크 표시를 해제한다.

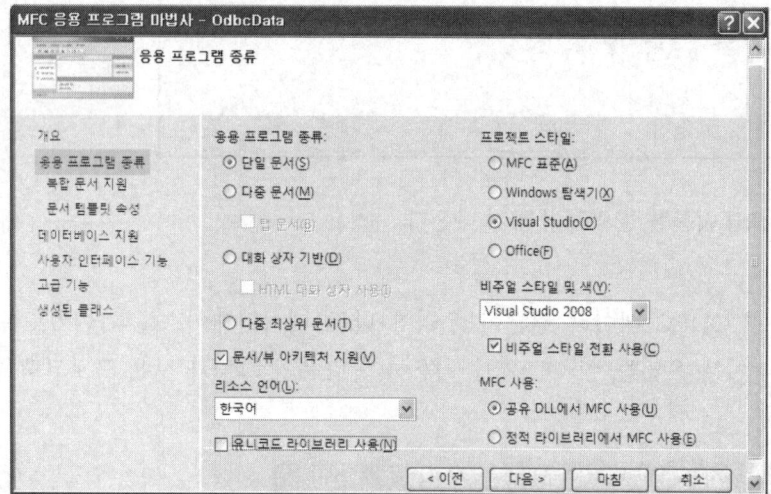

Step 07 이어서 [데이터베이스 지원]을 클릭한다.

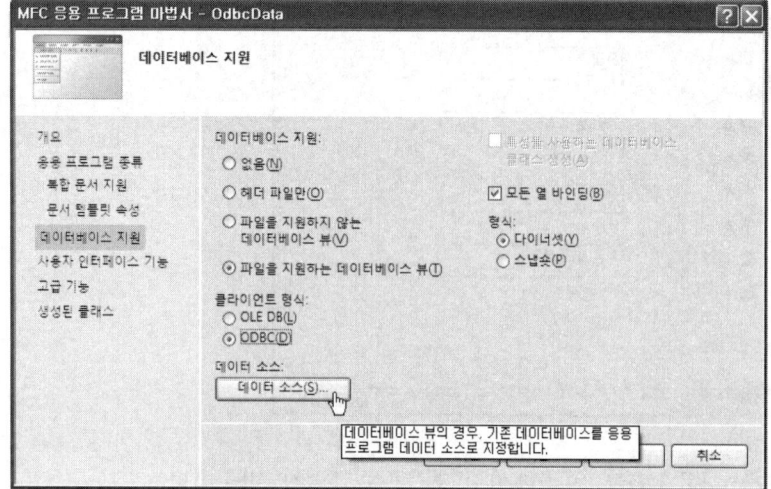

Step 08 [파일을 지원하는 데이터베이스 뷰]를 선택하고, 클라이언트 형식은 [ODBC]를 선택한 후 [데이터 소스] 버튼을 클릭한다.

Step 09 데이터 원본 선택 대화상자에서 [컴퓨터 데이터 원본] 탭을 선택한 후 데이터 원본 이름은 앞에서 설정해둔 [ODBCDB1]을 선택하고 [확인] 버튼을 클릭한다.

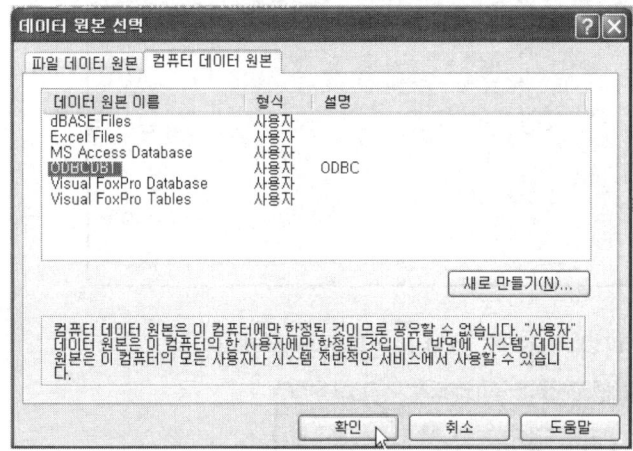

Step 10 다음 그림처럼 로그인 대화상자가 나타나면 그냥 [확인] 버튼을 클릭한다.

Step 11 테이블1을 선택하고 [확인] 버튼을 클릭한다.

Step 12 [마침] 버튼을 클릭한다.

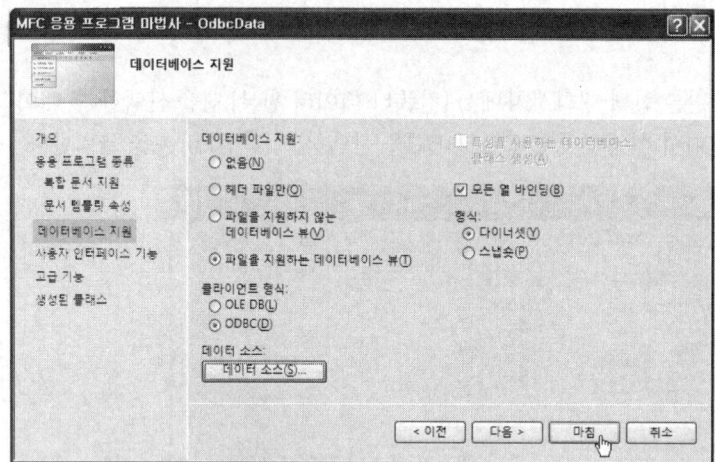

Step 13 보안 경고 창이 나타나더라도 그냥 [확인] 버튼을 클릭한다.

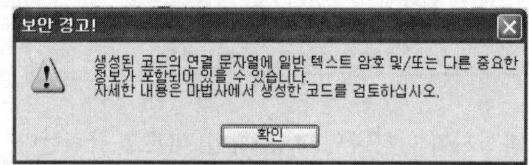

Step 14 리소스 뷰에서 펼침 목록을 펼친 후 IDD_ODBCDATA_FORM을 더블클릭으로 선택해서 다이얼로그 화면을 나타낸다.

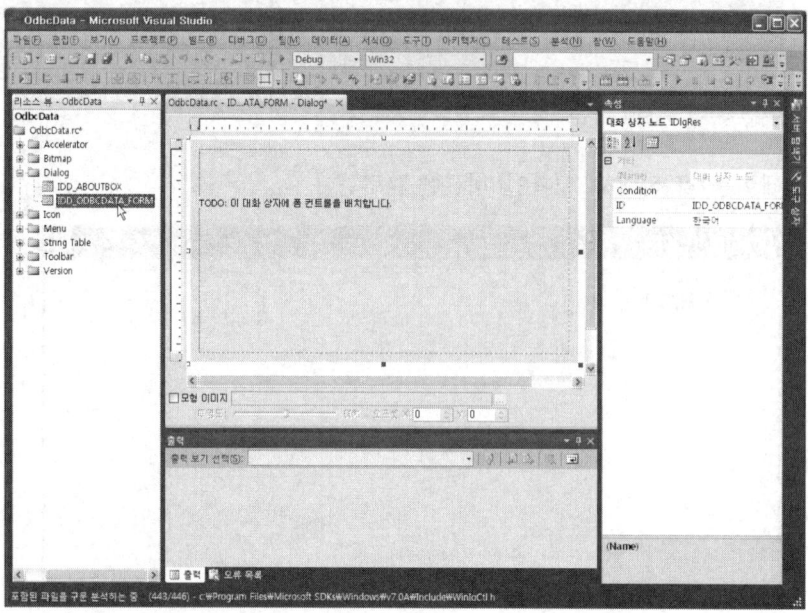

Step 15 아래의 표를 보고 컨트롤을 만든다.

컨트롤	Static Text	Static Text
ID	IDC_STATIC	IDC_STATIC
Caption	ODBC를 사용한 데이터베이스 프로그램	이름:
액세스		
멤버 변수 이름		
범주		
변수 형식		

컨트롤	Edit Box	Static Text	Edit Box	Static Text
ID	IDC_EDIT_A	IDC_STATIC	IDC_EDIT_B	IDC_STATIC
Caption		나이:		생일:
액세스	private		private	
멤버 변수 이름	m_column1		m_column2	
범주	Value		Value	
변수 형식	CString		long	

컨트롤	Edit Box	Static Text	Edit Box	Static Text
ID	IDC_EDIT_C	IDC_STATIC	IDC_EDIT_D	IDC_STATIC
Caption		전화번호:		취미:
액세스	private		private	
멤버 변수 이름	m_column3		m_column4	
범주	Value		Value	
변수 형식	CString		CString	

컨트롤	Edit Box	Static Text	Edit Box	Static Text
ID	IDC_EDIT_E	IDC_STATIC	IDC_EDIT_F	IDC_STATIC
Caption		특기:		집 주소:
액세스	private		private	
멤버 변수 이름	m_column5		m_column6	
범주	Value		Value	
변수 형식	CString		CString	

컨트롤	Edit Box	Static Text	Edit Box
ID	IDC_EDIT_G	IDC_STATIC	IDC_EDIT_H
Caption		메일주소:	
액세스	private		private
멤버 변수 이름	m_column7		
범주	Value		Value
변수 형식	CString		CString

Step 16) 위 작업이 모두 완료되면 메뉴에서 [빌드] → [솔루션 빌드]를 선택한다.

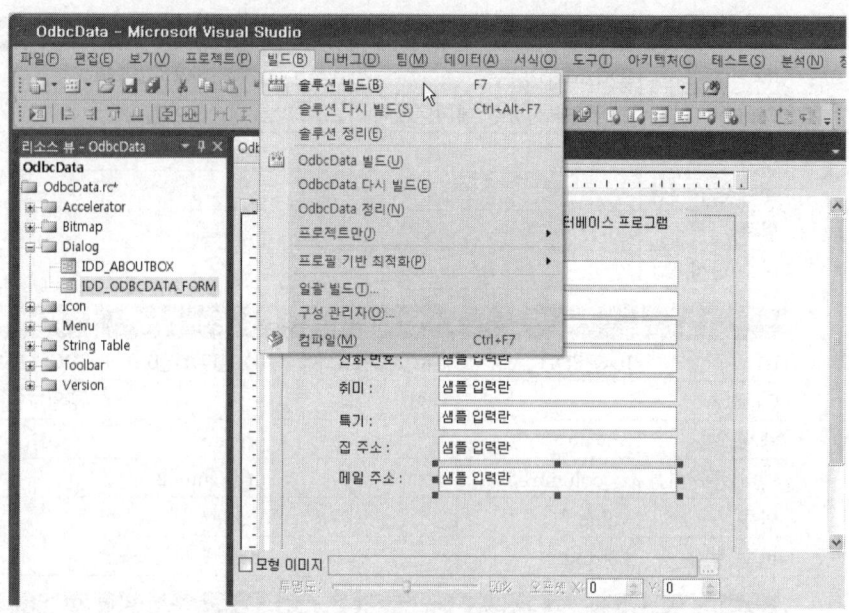

Step 17) 솔루션 빌드 작업을 해 보면 다음과 같이 에러가 발생할 것이다.

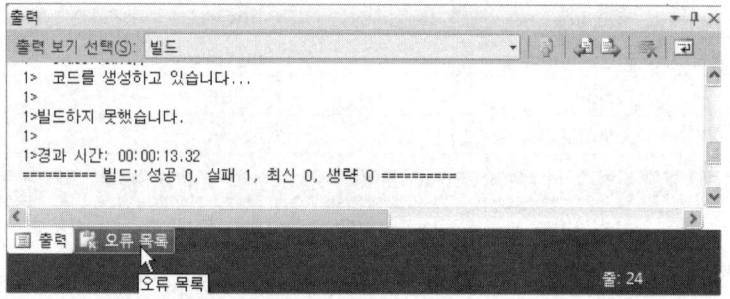

Step 18) 하단의 [오류 목록]을 선택한다.

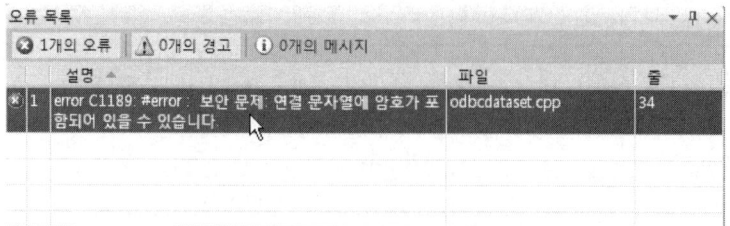

Chapter 18 데이터베이스

Step 19 보안 문제로 인한 에러로 우선 위 메시지를 더블클릭한다.

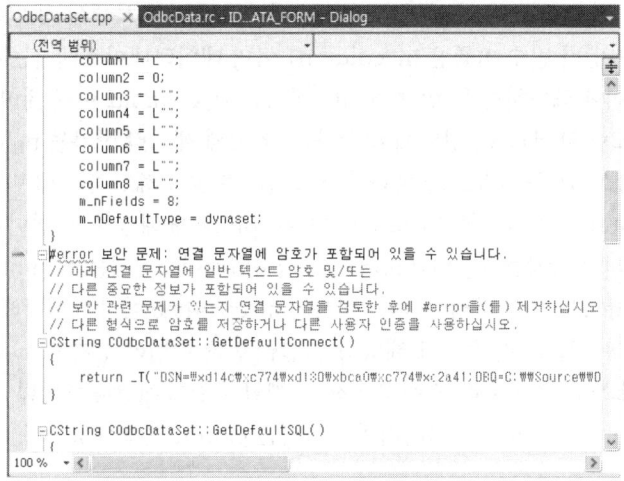

Step 20 위 에러 부분을 다음과 같이 주석처리 한다.

#error 보안 문제: 연결 문자열에 암호가 포함되어 있을 수 있습니다.

⇩

// #error 보안 문제: 연결 문자열에 암호가 포함되어 있을 수 있습니다.

Step 21 이어서 메뉴에서 [빌드] → [솔루션 다시 빌드]를 선택한다.

Step 22 빌드가 정상적으로 성공하면 메뉴에서 [보기] → [솔루션 탐색기]를 실행한 후 소스 파일에서 [OdbcDataSet.ccp]를 클릭해서 다음과 같은 부분의 소스 코드를 확인해 보자.

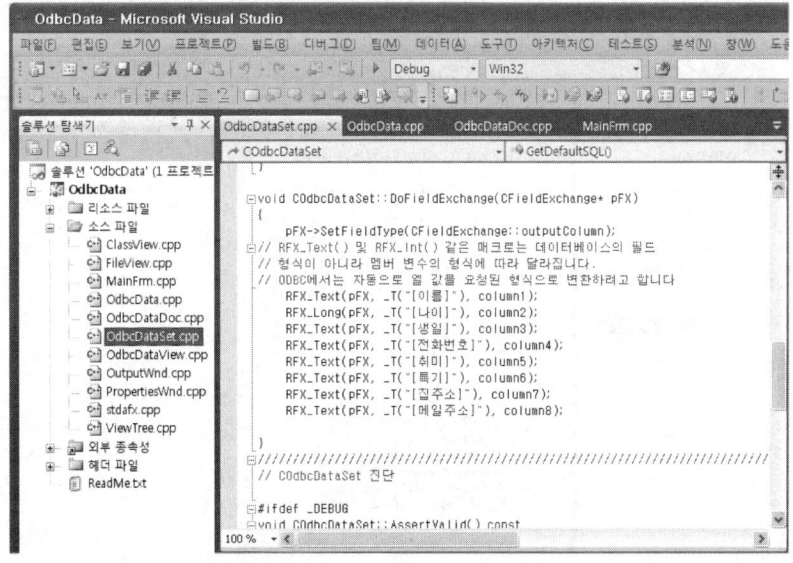

433

위 소스코드를 보면 [이름]부터 [메일주소]까지 매칭되는 colume 정보를 확인할 수 있을 것이다. 즉, 위 소스 코드의 의미는 이름 데이터가 표시될 화면의 첫 번째 에디터 상자에 해당하는 멤버 변수 이름은 m_column1 이며 데이터베이스에서는 column1에 해당하고, 나이에 해당하는 두 번째 에디터 상자는 m_column2 이며 데이터베이스에서는 column2에 해당하고, 생일에 해당하는 세 번째 에디터 상자는 m_column3 이며 데이터베이스에서는 column3에 해당하고, 전화번호에 해당하는 네 번째 에디터 상자는 m_column4 이며 데이터베이스에서는 column4에 해당하고, 취미에 해당하는 다섯 번째 에디터 상자는 m_column5 이며 데이터베이스에서는 column5에 해당하고, 특기에 해당하는 여섯 번째 에디터 상자는 m_column6 이며 데이터베이스에서는 column6에 해당하고, 집 주소에 해당하는 일곱 번째 에디터 상자는 m_column7 이며 데이터베이스에서는 column7에 해당하고, 메일 주소에 해당하는 여덟 번째 에디터 상자는 m_column8 이며 데이터베이스에서는 column8에 해당된다.

Step 23 이어서 [OdbcDataView.ccp]를 더블클릭해서 소스 코드를 불러낸 후 다음과 같은 부분에 아래 소스 코드를 입력해준다.

```
m_column1=m_pSet->column1;
m_column2=m_pSet->column2;
m_column3=m_pSet->column3;
m_column4=m_pSet->column4;
m_column5=m_pSet->column5;
m_column6=m_pSet->column6;
m_column7=m_pSet->column7;
m_column8=m_pSet->column8;
```

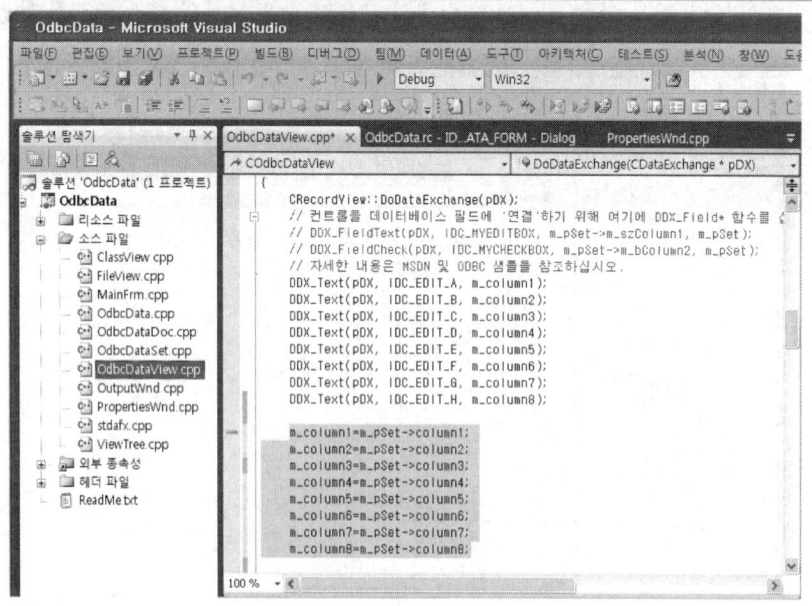

Step 24) 메뉴에서 [빌드] → [솔루션 다시 빌드]를 선택한다.

Step 25) 빌드가 성공적으로 완료되면 이어서 메뉴에서 [디버그] → [디버깅 시작]을 선택해서 실행시켜 본다. 실행 화면이 나타나면 [◀] 버튼이나 [▶] 버튼 등을 클릭해서 데이터 베이스의 데이터들을 검색해 본다.

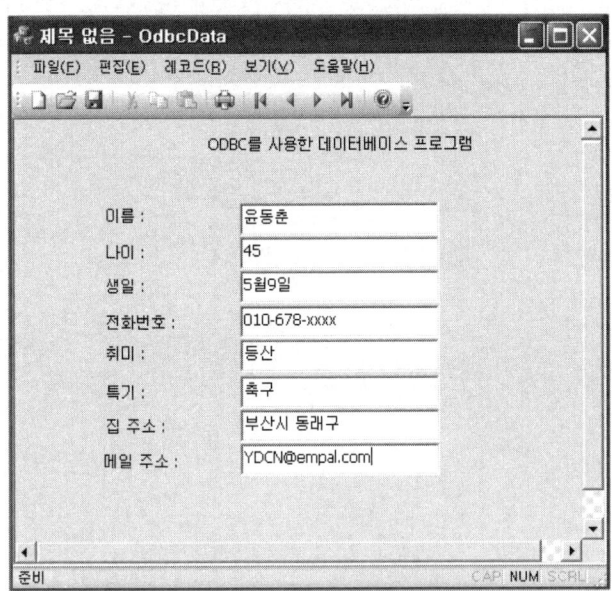